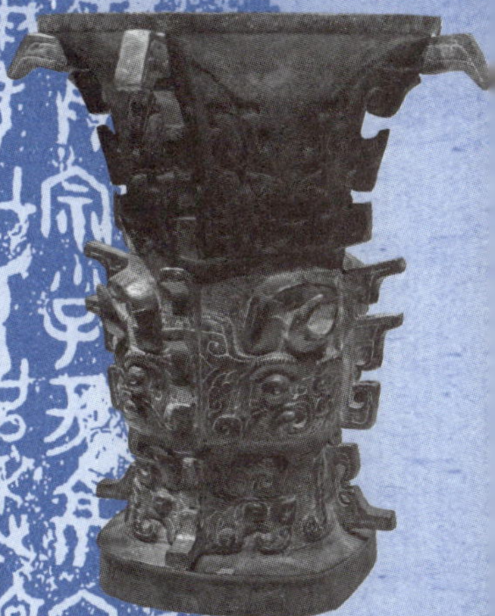

新标准 中文本科系列教材

高级中文综合教程 ②

GAOJI ZHONGWEN ZONGHE JIAOCHENG

总主编：张　浩
主　编：李　文
编　者（按姓氏笔画排列）：
　　李　文　杨　洁　宋红芳　张亚茹　张咏梅　柯润兰　洪桐怀

©2025北京语言大学出版社，社图号24145

图书在版编目(CIP)数据

高级中文综合教程. 2 / 李文主编；李文等编. --
北京：北京语言大学出版社，2025. 3. -- (新标准中文
本科系列教材 / 张浩总主编). -- ISBN 978-7-5619
-6628-0

I. H195.4

中国国家版本馆CIP 数据核字第2025FV3231号

高级中文综合教程2
GAOJI ZHONGWEN ZONGHE JIAOCHENG 2

排版制作：	北京创艺涵文化发展有限公司
责任印制：	周　燚

出版发行：**北京语言大学出版社**

社　　址：	北京市海淀区学院路15号，100083
网　　址：	www.blcup.com
电子信箱：	service@blcup.com
电　　话：	编辑部　8610-82303647/3592/3724
	国内发行　8610-82303650/3591/3648
	海外发行　8610-82303365/3080/3668
	北语书店　8610-82303653
	网购咨询　8610-82303908
印　　刷：	天津嘉恒印务有限公司

版　次：	2025年3月第1版	印　次：	2025年3月第1次印刷
开　本：	787毫米×1092毫米　1/16	印　张：	24
字　数：	381千字		
定　价：	95.00元		

PRINTED IN CHINA

凡有印装质量问题，本社负责调换。售后QQ号1367565611，电话010-82303590

总前言

中文作为第二语言教学，其命名从"对外汉语教学"演变为"汉语国际教育"，再进一步发展为"国际中文教育"，这两次关键性的更名标志着中文教学领域的持续拓宽，彰显了其在全球范围内的普及与影响力的逐步提升。为顺应新时代国际中文教育事业的发展需求，2021年3月，中华人民共和国教育部、国家语言文字工作委员会正式发布了《国际中文教育中文水平等级标准》。该标准创造性地推出了"三等九级"的新范式，同时提出了"等级质量"与"集成创新"的新理念，优化升级了"3 + 5"（"3"指言语交际能力、话题任务内容、语言量化指标三个层面，"5"指听、说、读、写、译五种语言技能）规范化新路径。正是在这样的时代背景下，"新标准中文本科系列教材"（以下简称"新标准中文"）应运而生。本系列教材旨在以《国际中文教育中文水平等级标准》为参照，更好地满足新标准下本科来华留学生中文教学的需求。

一、适用对象

"新标准中文"主要是为来华攻读汉语言专业本科学历的留学生量身打造的，能够全面满足初、中、高各层次的中文综合课、专业技能课和专业知识课的教学需求；也可用作海内外相关培训课程的中文教材，来华学习中文的长期进修生及中文自学者也可选用。

二、结构规模

"新标准中文"教材体系与专业课程体系联系紧密，采取综合语言能力培养与听、说、读、写、译专项语言技能训练相融合的教学模式和教材编写模式。此外，还增设了商务、翻译、教学等专业方向的专业语言技能教材和专业知识教材，以满足不同领域的学习需求。全套教材被精心划分为三个层级和两个序列，即初、中、高三个层级，横向和纵向两个序列。横向序列，根据课程性质和专业方向，划分为汉语言技能与知识、文化知识、汉外翻译、商务汉语四大板块，确保学生在各个领域得到全面学习。纵向序列则以综合课教材为主线，辅以听、说、读、写各分项技能的配套教材，该序列贯穿一至四年级，平衡了一般技能课与各层级专业技能课、知识课的比例，确保学生在各个学习阶段都能获得均衡而深入的学习效果。

三、编写理念

本系列教材深度融汇了第二语言教学理论及学习理论，充分考虑了学习者的个体特征、认知差异以及实际需求。在编写过程中，我们始终秉持语言学习与知识学习相融合的教学理念，旨在全方位提升学习者的汉语言能力及自主学习能力，特别强调对学习者认知能力与跨文化交际能力的双重培养，确保学习者在掌握语言技能的同时，拥有更加宽广的视野和跨文化的沟通素养。

"多元、立体、创新、智能"是本套教材的基本理念。多元，即对教学法、教学理论、教学大纲及教学材料、训练方式兼容并包；立体，即加强主干教材和配套教学资源的综合开发；创新，即在继承原有成熟的教学理念、教学方式和教材编写研究成果的基础上，对各分系列教材进行整体和局部的特色设计；智能，即在教材研发模式上，依托多媒体数字化平台，以更智能、更灵活的方式服务于课堂内外的教学工作。

四、编写原则

为实现本系列教材的编写理念，本系列教材在编写过程中遵循如下原则：

依据标准　以《国际中文教育中文水平等级标准》为基石，将其核心理念融入教材编写的每个环节。针对各类教材特性，研制与之匹配的教学大纲，确保每部教材独具匠心，同时又能与其他教材形成互补，共同构建完整的教材体系。

结构模式　秉持"语言结构—功能—文化"三者融合的理念，将语言的结构规则、交际功能以及文化知识结合起来，形成一个全面、系统的教学体系，从而实现语言知识、语言技能与文化认知的协同发展。

话题设计　精选多元话题，从校园生活点滴到当前社会热点，从中华传统文化的深度介绍到现代中国的多维展示。话题设计兼具开放性与包容性，注重跨文化交际的深度解析，旨在增进学习者对中国社会的全面理解，推动不同文明间的交流与互鉴。

语言知识　遵循中文教学与学生认知规律，系统呈现中文基本词汇、语法与汉字知识，多角度展示中文口语与书面语的差异，强调语言要素的语用功能，突出语段与语篇的教学，以此助力学生掌握并灵活运用中文。

技能训练 涵盖听、说、读、写、译五大分项技能，五大技能既各自独立，又相互关联，形成一个完整的技能体系。各分项技能在初级、中级、高级教学阶段逐层递进，实现多层级覆盖，从而精准满足不同层次学习者的实际需求。

专业培养 中文技能培养贯穿本科教学始终，中高级阶段渐进式强化专业技能与专业知识，专业特色鲜明的教材资源帮助学生实现从单一中文能力向"语言 + 专业"综合素养的跃升，彰显复合型、多元化的人才培养理念。

五、教学资源

教学资源是确保教材高效利用的关键支撑。为助力教学工作顺利进行，本系列教材配备教师用书、精选教案及教学示范视频等丰富的资源，依托多媒体数字化平台，以智能化、多样化的方式全面服务于课堂内外的教学实践。

六、分工与致谢

本系列教材编写团队由北京语言大学国际中文学院（原汉语学院）的中青年骨干教师组成。在编写过程中，我们得到了众多支持和指导，对此深表感激！同时，我们也热切期待各位专家、学者、老师及同学们能够不吝赐教，提出宝贵的意见和建议，以使本系列教材日臻完善。

张 浩

2024 年 6 月 26 日

编写说明

《高级中文综合教程》是北京语言大学国际中文学院（原汉语学院）"新标准中文本科系列教材"中的一种，共三册，主要适用于汉语言、汉语国际教育等本科专业三、四年级的来华留学生。已达到中文中级水平并计划学习高级中文的来华进修生，以及具有相同需求的海外中文学习者，也可以选用本教材。

本教材依据2021年3月教育部、国家语委发布的《国际中文教育中文水平等级标准》（下文简称《等级标准》）进行编写，这使教材名称中的"高级中文"做到了名实一致。《等级标准》将中文水平分为初、中、高三等，每一等内部再分为三级，共"三等九级"。其中高等七—九级属新增水平等级，语言能力定位在"能够理解多种主题和体裁的复杂语言材料，进行深入的交流和讨论。能够就社会生活、学术研究等领域的复杂话题进行规范得体的社会交际"，同时，能够"深入了解中国文化知识，具备国际视野和跨文化交际能力"。从话题任务来看，七—九级各有自己的话题领域及需要完成的交际任务。从语言量化指标来看，七—九级内部不再分级，高级阶段规定应掌握的词语总量为11,092个，在中级基础上新增5636个；语法点总量572个，新增148个。《等级标准》高级阶段各项标准是本教材编写的重要参考依据。

本教材1、2册依据话题分册，话题安排循序渐进，与《等级标准》的话题分级基本一致。第1册话题涉及社会、文化遗产、心理健康、动物保护等方面，第2册话题涉及历史、科技、探险、医学伦理、艺术等领域。第3册课文也有具体的话题归属，不过体裁已基本限定在论文，除特别安排的两课"名著欣赏"外，其他八课重心已转向学术文章，话题涉及哲学、比较文学、语言文字、翻译技巧、学术研究方法等。总之，三册话题各有分工，体裁则从追求多样逐渐转向单一，这一变化与高级阶段中文学习重点的转换相一致。

教材所选课文除了要符合话题的要求，同时也必须能够提供足够的高级阶段词语和语法、修辞现象。《等级标准》高等词语有 5636 个，教材重点讲解和练习的词语基本就在这个范围之内。《等级标准》高等语法点有 148 个，涉及词类、短语、固定格式、复句、句群等，教材对此分两类处理，复句关联词全部安排在第 1 册，每课讲解一到两个复句类型；其他语法点只重点讲解课文中出现的项目，余者则暂不涉及。修辞手法在《等级标准》中未做等级分类，本教材选取最常见的 11 种在第 2 册进行集中讲解。

作为本科中文教材，本书具有鲜明的专业特色。1. 系统性。三册的内容编排各有侧重，共同构成一个整体。第 1 册重在学习语法，特别是高级阶段的复句关联词，第 2 册则系统学习常用修辞格。在此基础上，第 3 册专门针对学术文章的阅读和写作进行训练，以便学生对学术文章之章法有较为系统的认识。在每册内部，各课在内容上也互相配合，共同实现教学设计意图。2. 知识性。课文等语料既是语言学习的材料，更是知识的载体，选入教材的每篇课文及每一则语料都承担着向学习者传授知识的重任。既有知识容量又有专业深度的语料，可以激发学习者更强的学习动力和更旺盛的求知欲。因此，教材围绕各课中心话题精心挑选了各层级的语料。值得一提的是，这里说的"知识性"核心在于对语料真实性的追求。教材中的每一则语料，甚至小到每一个例句，都尽可能做到内容真实，不违背常识，不违背事实，实事求是。3. 科学性。科学性是教材设计的总目标，上述"系统性""知识性"也可视为一种"科学性"。除此之外，本教材的科学性还体现在作为本科教材，尊重中文学习规律，科学处理《等级标准》未涉及的问题。比如修辞格，《等级标准》并没有具体的介绍和分级，但常用修辞格在高级阅读和写作中都十分重要，故教材安排在第 2 册进行系统讲解。又如成语，《等级标准》有 300 多条，几乎全部收于七—九级词汇。考虑到大量常用成语未能收入，而高级阶段的词汇学习不能忽视成语，故本教材将课文中出现但未列入《等级标准》的常用成语也作为各册词语讲练的重点，对其用法做了非常详细的介绍。

本教材的使用需要注意以下几点。第一，不同分册的教学目标和语言训练重点均有所不同。第二，每册所包含的十课均按两个单元来设计，五课为一个单元，每个单元内部题材或体裁力求丰富，其中第五课、第十课安排为叙事散文或小说。第三，每课均按五个模块来设计：①前课文模块；②课文模块；③语言点讲解模块；④练习模块；⑤语言实践模块。

◆ 前课文模块。这个模块主要是从作者、作品、话题或文体角度为把握课文背景做基本的准备，一般包括"作者简介、作品出处、话题归属/文体说明、课堂报告选题"四个部分。其中，"课堂报告选题"提供了解课文背景的各种视角，供学生分组后选择。每组可选择一题进行资料准备，并在课堂上完成报告。这个环节将为课文的学习奠定基础。

◆课文模块。这个模块为该课学习的主要内容。课文选用原汁原味的中文文章，除受限于课文长度进行必要的删减（课文一般在3000字左右），一般不对原文做任何改动。鉴于高级教材课文较长，一般会按原文章节把课文划分成若干部分，并为每个部分设置"阅读提示"和"词语表"（第3册每课只列一个词语总表）。"阅读提示"可以从内容角度检查学生对课文的理解程度；"词语表"则列出课文中所有高等词语和未被《等级标准》收纳的重要词语，并且列出绝大部分词语的常见搭配，其中的高等词语是练习模块中重点训练的词语的基本来源。课文都有注释，主要针对人物、事件、专业术语等进行说明，以辅助教学或自学。"课文回顾与思考"是课文模块的最后一项，旨在对课文进行全方位的总结，以便加深和拓展学生对课文主题、语言和体裁特点的认识。

需要注意的是，"词语表"中"搭配举例"列出的是词语可能出现的搭配组合，而不是使用中的具体用法。比如，"名＋形"的组合在实际使用中可以是主谓关系，也可以表现为定中关系。以"视野—开阔"为例，其为主谓关系，但也可以表示"开阔（的）—视野"。"词语表"中"名＋形"实际包含了这两种可能出现的用法。如果"名＋形"一般只有定中关系，则以"形＋名"的形式出现。"词语表"中表示语法关系的"的""地"等词一般会省略。

◆语言点讲解模块。本模块讲解的内容主要包括常见文言词、高级阶段的虚词/固定短语/特殊句式、成语、复句关联词、修辞格、文章结构等，其中复句关联词、修辞格和文章结构依次安排在三册中进行全面而系统的介绍，其他语言点则只针对课文中出现的进行讲解。安排在第3册中的文章结构（"提要与提纲"）涉及文章章法，是掌握论文写法并提高论文写作能力的锁钥。在本模块中，用于解说的文字简洁明晰，例句均经过精心选择，可以满足课堂教学和学生自学的基本需要。本模块相对独立，其中大部分项目与课文在内容上并无紧密关联，所以也可以单列出来进行学习。

◆练习模块。这个模块有以下四个特点。第一，内容全面，且每册各有重点。1、2

两册各课的练习均包含三个部分：词汇/语法/修辞（第2册增加）、拓展阅读、写作。第3册练习没有再细分为三个部分，但训练内容一致，并且增加了涉及文章结构的题型。第二，词语和语法练习重点明确，以"词语表"中的高等词语和语言点讲解中的内容为基本范围。第三，三册均坚持从句到段、从段到篇的训练层次的完整性，并逐步加大语段、语篇训练的比重。第四，练习中所有语料均紧扣课文话题。从句或段落排序到段落、篇章论点归纳，从修辞、阅读到写作题材料，语料内容都在该课的中心话题范围之内。

◆ 语言实践模块。本模块一般会列出两个任务以供选择，内容跟课文有一定的关联，旨在巩固学生课堂所学，培养兴趣，并锻炼解决实际问题的能力。1、2两册的任务大致包括设计问卷进行采访、就某个问题搜集资料做统计分析、实地参观博物馆、组织辩论会等。第3册的任务为"论文设计与讨论"，专为论文写作服务，这与本科最后阶段的学习重点一致。

最后还需对教材中使用的图标做一些说明。特殊符号的使用主要集中在"词语表"中，表中某词语出现上标"○"，表示这是《等级标准》中的七—九级词。如第1册第一课"词语表"中"沉思"一词，标为"沉思○"，表示这是七—九级词。未标注的词语则表示没有出现在《等级标准》中。"词语表·搭配举例"中用到"◇"和"◎"两种符号，"◇"表示词语搭配用的是该词的比喻义，"◎"表示固定搭配。"◎"也用在练习二或练习三的词语搭配练习中，同样表示这里的搭配是固定搭配。此外，在1、2两册目录的"词语例释"中，如果一个词语出现上标，则表示该词语至少会出现两次。如"之"字，安排在第1册第四课、第六课中讲解，分别标为"之[1]""之[2]"，第三次出现在第2册第五课，则标为"之[3]"。

《高级中文综合教程》是根据《等级标准》编写的教材，可以帮助进入高级阶段的学习者稳步提高中文水平，并最终实现高级阶段的学习目标。由于本教材侧重满足本科专业三、四年级的需求，不同学习目标的使用者可以根据自身需要选择合适的分册，并对教材内容进行取舍。限于水平、编写时间等因素，教材中错误和不当之处在所难免，恳请使用者批评指正。

李 文

2024年3月31日

目 录

| 第 一 课 | 吃食和文学 | 1 |

词语例释 看样子　尽（jìn）　此　由
成语运用 挺身而出　津津有味　独往独来　各取所需
　　　　　　见仁见智
修辞讲解 双关

| 第 二 课 | 发现"中国" | 33 |

词语例释 相比之下　以^2　至　于
成语运用 无可置疑　身价倍增　名存实亡　无足轻重
修辞讲解 排比

| 第 三 课 | 神话：集体人格的故乡 | 65 |

词语例释 非　毫不　凭着
成语运用 虚无缥缈　长年累月　所见所闻　可歌可泣
　　　　　　众目睽睽
修辞讲解 引用

| 第四课 | 大数据 | 101 |

词语例释　　相继　基于　尽早　综上所述
成语运用　　习以为常　去伪存真　郁郁葱葱　车水马龙
修辞讲解　　设问

| 第五课 | 微纪元 | 131 |

词语例释　　绝　之³　丝毫
成语运用　　小心翼翼　大惊小怪　轻而易举　目瞪口呆
　　　　　　怒气冲冲　取之不尽　一脉相传
修辞讲解　　反问

| 第六课 | 倾听自己 | 173 |

词语例释　　进而　及其　若　不过……罢了　除此之外
成语运用　　废寝忘食　尽心尽力　得过且过　持之以恒
　　　　　　更上一层楼
修辞讲解　　反复

| 第七课 | 行走也是一种修行 | 205 |

词语例释　　日趋　不亚于　顿时　自
成语运用　　破釜沉舟　蛛丝马迹　半途而废　行之有效
修辞讲解　　夸张

第八课　"永不言弃"？　243

词语例释　其　继而　再……不过　一面
成语运用　捷报频传　讨价还价　得寸进尺　死里逃生
　　　　　　新陈代谢
修辞讲解　仿词

第九课　神圣的宁静——维米尔的绘画世界　273

词语例释　无不　似
成语运用　日积月累　不厌其烦　相提并论　心旷神怡
　　　　　　心满意足　可想而知
修辞讲解　对比

第十课　重返哥廷根　305

词语例释　万万　频频　一一
成语运用　争先恐后　莫名其妙　五光十色　痴心妄想
　　　　　　应有尽有　判若两人　相依为命
修辞讲解　比喻　对偶

附录（一）词语总表　345
附录（二）成语索引　367

第一课　吃食和文学

汪曾祺

课文导览

【作者简介】

汪曾祺（1920—1997），江苏人。著名小说家、散文家和剧作家。代表作有《异秉》《受戒》《大淖记事》《徙》等短篇小说和《蒲桥集》《旅食集》《塔上随笔》《逝水》等多部散文集。汪曾祺博学多识，兴趣广泛。他善于对琐碎的日常生活进行艺术加工，在平凡中发现生活之美。其作品反映的生活面很广，语言风格平淡质朴，简洁含蓄。本课所选的两篇短文，借食物写生活道理，发人深省，令人回味。

【作品出处】

课文选自《旅食与文化》，九州出版社，2016年版。《吃食和文学》由三篇短文组成，课文选择了其中的两篇。课名中的"吃食"为口语词，指食物。

【话题归属】

课文可以围绕饮食与社会这个中心话题进行学习和讨论。既可以就食物本身的特性、食用历史和不同的饮食习惯来谈，也可以从语言、文学、美学、文化、历史的角度来考察食物对我们的物质生活和精神生活所具有的意义。与此相关的话题，如食物与地域的关系，食物与民族的关系，不同民族、不同国家或地区之间的食物交流史，也都可以作为讨论的内容。

> **课前准备——课堂报告选题**
>
> 1. 汪曾祺的文学成就；
> 2. 学生本国具有象征意义的食物（比如节日食品）；
> 3. 从外国传入中国的食物；
> 4. 从中国走向世界的美食；
> 5. 汉语中有关"吃"的词语；
> 6. 食物禁忌举例（包括原因分析）；
> 7. 健康观念与最新饮食潮流。

课　文

江苏高邮汪曾祺纪念馆（泱波　摄）

口味·耳音[1]·兴趣　🎧 01-01

　　我有一次买牛肉。排在我前面的是一个中年妇女，看样子是个知识分子，南方人。轮到她了，她问卖牛肉的："牛肉怎么做？"我很奇怪，问："你没有做过牛肉？"——

---

1 耳音：方言词，指听力。

"没有。我们家不吃牛羊肉。"——"那您买牛肉——?"——"我的孩子大了,他们会到外地去。我让他们习惯习惯,出去了好适应。"这位做母亲的用心良苦。我于是尽了一趟义务,把她请到一边,讲了一通牛肉做法,从清炖、红烧、咖喱牛肉,直到广东的蚝油炒牛肉,四川的水煮牛肉、干煸牛肉丝……

有人不吃羊肉。我们到内蒙古去体验生活。有一位女同志不吃羊肉——闻到羊肉气味都恶心,这可苦了。她只好顿顿吃开水泡饭,吃咸菜。看见我吃手抓羊肉、羊贝子(全羊)吃得那样香,直生气!

有人不吃辣椒。我们到重庆去体验生活。有几个女演员去吃汤圆,进门就嚷嚷:"不要辣椒!"卖汤圆的冷冷地说:"汤圆没有放辣椒的!"

许多东西不吃,"下去"[1],很不方便。到一个地方,听不懂那里的话,也很麻烦。

我们到湘鄂赣[2]去体验生活。在长沙,有一个同志的鞋坏了,去修鞋,鞋铺里不收。"为什么?"——"修鞋的不好过。"——"什么?"——"修鞋的不好过!"我只得给他翻译一下,告诉他修鞋的今天病了,不舒服。上了井冈山,更麻烦了:井冈山说的是客家话[3]。我们听一位队长介绍情况,他说这里没有人肯当干部,他挺身而出,他老婆反对,说是"辣子毛补,两头秀腐"。——"什么什么?"我又得给他翻译:"辣椒没有营养,吃下去两头受苦。"这样一翻译可就什么味道也没有了。

我去看昆曲,《打虎游街》[4]《借茶·活捉》[5]……好戏。小丑[6]的苏白[7]尤其传神,我听得津津有味,不时发出笑声。邻座是一个唱花旦的京剧女演员,她听不懂,直着急,老问:"他说什么?说什么?"我又不能逐句翻译,她很遗憾。

---

1 "下去":这里指作家或演员到基层体验生活。
2 湘鄂赣:湖南、湖北、江西,湘、鄂(È)、赣(Gàn)分别是这三个省的简称。
3 客家话:汉语方言之一。主要分布在广东、江西、福建和台湾等地。井冈山在江西省。
4《打虎游街》:昆曲传统剧目。取材于《水浒传》中武松的故事。武松在景阳冈打死老虎成了英雄,在阳谷县游街时巧遇哥哥武大郎,兄弟团圆。
5《借茶·活捉》:也是源自《水浒传》的故事,由《借茶》和《活捉》两部分组成。张文远和阎婆惜是剧中的两位主角。张文远利用借茶的机会勾引了阎婆惜,阎婆惜死后也不能忘记张文远,想跟他团聚,于是把张文远也捉到了地府。
6 小丑:戏曲行当"丑角"之一。下文"花旦"是戏曲行当"旦角"之一。行当指戏曲中的角色分工类别。小丑为滑稽可笑的小人物,花旦为性格开朗泼辣的青年女子。
7 苏白:苏州话,这里指用苏州话说的道白。道白指戏曲中除了唱词以外的台词,昆曲中有些角色的道白采用苏州话。

我有一次到民族饭店去找人，身后有几个少女在叽叽呱呱地说很地道的苏州话。一边的电梯来了，一个少女大声招呼她的同伴："乖面乖面（这边这边）！"我回头一看：说苏州话的是几个美国人！

我们那位唱花旦的女演员在语言能力上比这几个美国少女可差多了。

一个文艺工作者、一个作家、一个演员的口味最好杂一点，从北京的豆汁到广东的龙虱[1]都尝尝（有些吃的我也招架不了，比如贵州的鱼腥草）；耳音要好一些，能多听懂几种方言，四川话、苏州话、扬州话（有些话我也一句不懂，比如温州话）。否则，是个损失。

口味单调一点、耳音差一点，也还不要紧，最要紧的是对生活的兴趣要广一点。

1986 年 8 月 12 日

阅读提示（一）

1. 作者用了哪些例子说明有些人"口味单调"？
2. 作者用了哪些例子说明有些人"耳音差"？
3. "辣子毛补，两头秀腐"为什么是"辣椒没有营养，吃下去两头受苦"的意思？"毛"和"秀腐"分别对应于普通话中的什么词语？
4. 作者用口味单调和耳音差的具体例子，想说明什么观点？

词语表（一） 01-02

序号	词语	拼音	词性	搭配举例
1	口味○	kǒuwèi	名	（食品）～好/鲜美/清淡;（食品）合/不合（人）～;◇适合/符合/迎合/败坏（观众/读者）～;～多样
2	看样子○	kàn yàngzi		
3	知识分子○	zhīshi fènzǐ		
4	用心良苦	yòngxīn liángkǔ		

---

1 龙虱：lóngshī。一种水生昆虫。

5	炖○	dùn	动	～鸡/鸭/肉/排骨；清～
6	咖喱	gālí	名	～饭/粉/酱
7	蚝油	háoyóu	名	
8	煸	biān	动	～肉丝/鱼；～炒
9	丝○	sī	名	萝卜/土豆～；钢/铁～
10	同志○	tóngzhì	名	◎老～
11	气味○	qìwèi	名	～芳香/好闻/刺鼻/难闻；◎～相投
12	泡饭	pàofàn	名	
13	咸菜	xiáncài	名	腌～
14	辣椒○	làjiāo	名	红/青～；～粉/酱
15	汤圆○	tāngyuán	名	
16	嚷○	rǎng	动	乱/瞎～；◎大吵大～
17	鞋铺	xiépù		
18	干部○	gànbù	名	培养～；◎老～；国家/领导/文职/机关/学生～
19	挺身而出	tǐngshēn'érchū	成语	
20	受苦○	shòu//kǔ	动	◎～受难
21	传神	chuánshén	形	语言/描写/形象/表演～
22	津津有味○	jīnjīn-yǒuwèi	成语	
23	邻座	línzuò	名	
24	逐句	zhú jù		～解释/翻译；◎逐字～
25	少女○	shàonǚ	名	◎妙龄/花季～；少男～；～时代
26	叽叽呱呱	jījiguāguā	拟声	
27	地道○	dìdao	形	发音/口音/语言/用词～；◇为人～
28	同伴○	tóngbàn	名	
29	招架	zhāojià	动	～不了；难以～
30	要紧○	yàojǐn	形	（某事）～/不～；最～

苦瓜是瓜吗? 🎧 01-03

昨天晚上,家里吃白兰瓜。我的一个小孙女,还不到三岁,一边吃,一边说:"白兰瓜、哈密瓜、黄金瓜、华莱士瓜、西瓜,这些都是瓜。"我很惊奇了:她已经能自己经过归纳,形成"瓜"的概念了(没有人教过她)。这表示她的智力已经发展到了一个重要的阶段。凭借概念,进行思维,是一切科学的基础。她奶奶问她:"黄瓜呢?"她点点头。"苦瓜呢?"她摇摇头。我想:她大概认为"瓜"是可吃的,并且是好吃的(这些瓜她都吃过)。今天早起,又问她:"苦瓜是不是瓜?"她还是坚决地摇了摇头,并且说明她的理由:"苦瓜不像瓜。"我于是进一步想:我对她的概念的分析是不完全的。原来在她的"瓜"概念里除了好吃不好吃,还有一个像不像的问题(苦瓜的表皮疙里疙瘩的,也确实不大像瓜)。我翻了翻《辞海》,看到苦瓜属葫芦科。那么,我的孙女认为苦瓜不是瓜,是有道理的。我又翻了翻《辞海》的"黄瓜"条:黄瓜也是属葫芦科。苦瓜、黄瓜习惯上都叫作瓜;而另一种很"像"是瓜的东西,在北方却称之为"西葫芦"。瓜乎?葫芦乎?苦瓜是不是瓜呢?我倒糊涂起来了。

前天有两个同乡因事到北京,来看我。吃饭的时候,有一盘炒苦瓜。同乡之一问:"这是什么?"我告诉他是苦瓜。他说:"我倒要尝尝。"夹了一小片入口:"乖乖[2]!真苦啊!这个东西能吃?为什么要吃这种东西?"我说:"酸甜苦辣咸,苦也是五味之一。"他说:"不错!"我告诉他们这就是癞葡萄。另一同乡说:"'癞葡萄',那我知道的。癞葡萄能这个吃法?"

水乡高邮——西依京杭大运河、高邮湖(泱波 摄)

---

1 《辞海》:大型综合性辞书,兼收语言条目和百科条目,是中国最权威的工具书之一。"条目"指词典中所收的词语及解释。下文"'黄瓜'条"中的"条",就是"条目"的意思。

2 乖乖:guāiguai,方言词,表示惊讶,扬州方言中极其常用。汪曾祺是扬州高邮人,其同乡也说扬州话。

"苦瓜"之名,我最初是从石涛[1]的画上知道的。我家里有不少有正书局[2]珂罗版[3]印的画集,其中石涛的画不少。我从小喜欢石涛的画。石涛的别号甚多,除石涛外有释济、清湘道人、大涤子、瞎尊者和苦瓜和尚。但我不知道苦瓜为何物。到了昆明[4],一看:哦,原来就是癞葡萄!我的大伯父每年都要在后园里种几棵癞葡萄,不是为了吃,是为了成熟之后摘下来装在盘子里看着玩的。有时也剖开一两个,挖出籽儿来尝尝。有一点甜味,并不好吃。而且颜色鲜红,如同一个一个血饼子,看起来很刺激,也使人不大敢吃它。当作菜,我没有吃过。有一个西南联大[5]的同学,是个诗人,他整[6]了我一下子。我曾经吹牛,说没有我不吃的东西。他请我到一个小饭馆吃饭,要了三个菜:凉拌苦瓜、炒苦瓜、苦瓜汤!我咬咬牙,全吃了。从此,我就吃苦瓜了。

石涛《山水花卉册》

苦瓜原产于印度尼西亚,中国最初种植是广东、广西。现在云南、贵州都有。据我所知,最爱吃苦瓜的似是湖南人。有一盘炒苦瓜——加青辣椒、豆豉,少放点猪肉,湖南人可以吃三碗饭。石涛是广西全州人,他从小就是吃苦瓜的,而且一定很爱吃。"苦瓜和尚"这别号可能有一点禅机,有一点独往独来、不随流俗的傲气,正如他

---

[1] 石涛:1641—约1718年。清初画家。姓朱,名若极。明朝王室子孙。
[2] 有正书局:由著名书画家、鉴藏家、出版家狄葆贤(1873—1941,字楚青,号平子)在上海创立的出版社,以编印出版精美画集而著称。
[3] 珂罗版:一种印刷技术,印出的图画精美逼真。大约在清光绪年间(1875—1908)传入中国。"珂罗"一词是希腊语"胶"(collo)的音译。从传入中国开始,就以"珂罗版"来称呼这种印刷术。
[4] 到了昆明:汪曾祺从1939到1946年在昆明,其中前五年在国立西南联合大学(简称"西南联大")读书。
[5] 西南联大:抗日战争全面爆发后,由北京大学、清华大学和南开大学三所大学在昆明共同组建的大学(1937—1946)。西南联大为中国保存了当时极为重要的科研力量,并培养出了一大批各领域的优秀人才。
[6] 整:使别人吃苦头。

叫"瞎尊者",其实并不瞎;但也可能是一句实在话。石涛中年流寓[1]南京,晚年久住扬州。南京人、扬州人看见这个和尚拿癞葡萄来炒了吃,一定会觉得非常奇怪的。

北京人过去是不吃苦瓜的。菜市场偶尔有苦瓜卖,是从南方运来的。买的也都是南方人,近两年北京人也有吃苦瓜的了,有人还很爱吃。农贸市场卖的苦瓜都是本地的菜农种的,所以格外鲜嫩。看来人的口味是可以改变的。

阅读提示(二)

1. 作者的小孙女理解的"瓜"包含哪些特点?
2. 对于苦瓜之"苦",作者和他的同乡有什么不同的看法?
3. 作者是从哪里知道苦瓜这个名字的?当时作者见过苦瓜吗?他是怎么开始吃苦瓜的?
4. 关于苦瓜,作者有哪些知识?石涛"苦瓜和尚"的别号可能具有什么样的深意?
5. 作者举北京人吃苦瓜的例子,想说明什么道理?

词语表(二)   01-04

序号	词语	拼音	词性	搭配举例
31	苦瓜	kǔguā	名	◎～脸
32	惊奇○	jīngqí	形	令人～;感到～
33	归纳○	guīnà	动	把……～成/为……;～总结;◎～法
34	凭借○	píngjiè	动	～知识/优势/权力/手段/本领
35	表皮	biǎopí	名	植物～;～光滑
36	疙里疙瘩	gēligēdā		
37	葫芦	húlu	名	◎闷～
38	糊涂○	hútu	形	头脑/认识/思想～;一时～;装～;◎一塌～;糊里～;难得～;～账
39	同乡	tóngxiāng	名	～关系;◎～会
40	五味	wǔwèi	名	◇打翻了～瓶;◎～俱全

---

1 流寓:流落他乡并于他乡定居。

41	画集	huàjí	名	山水/花鸟~
42	别号	biéhào	名	
43	道人	dàoren	名	
44	瞎○	xiā	动/副	眼睛~；~说/写/猜/忙/花钱/折腾
45	尊者	zūnzhě	名	
46	和尚○	héshang	名	当/做~
47	伯父○	bófù	名	
48	剖开	pōukāi		
49	籽（儿）	zǐ(r)	名	油菜/石榴/棉~
50	鲜红	xiānhóng	形	血液/晚霞/国旗~
51	拌○	bàn	动	~黄瓜/沙拉；凉~；~均匀
52	产○	chǎn	动	~黄金/煤/石油/粮食
53	豆豉	dòuchǐ	名	
54	禅机	chánjī	名	充满~
55	独往独来	dúwǎng-dúlái	成语	
56	流俗	liúsú	名	不随~；◎~之见
57	傲气	àoqì	名/形	十分~；~得很；◎~十足
58	晚年○	wǎnnián	名	~生活/时光；◎安度~
59	菜市场○	càishìchǎng	名	
60	农贸市场	nóngmào shìchǎng		
61	菜农	càinóng	名	
62	鲜嫩	xiānnèn	形	瓜果/蔬菜/牧草/肉~

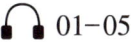

由苦瓜我想到几个有关文学创作的问题：

一、应该承认苦瓜也是一道菜。谁也不能把苦从五味里开除出去。我希望评论家、作家——特别是老作家，口味要杂一点，不要偏食。不要对自己没有看惯的作品轻易地否定、排斥。不要像我的那位同乡一样，问道："这个东西能吃？为什么要吃这种东西？"提出："这样的作品能写？为什么要写这样的作品？"我希望他们能习惯类似苦瓜一样的作品，能吃出一点味道来，如现在的某些北京人。

二、《辞海》说苦瓜"未熟嫩果作蔬菜，成熟果瓤可生食"。对于苦瓜，可以各取所需，愿吃皮的吃皮，愿吃瓤的吃瓤。对于一个作品，也可以见仁见智。可以探索其哲学意蕴，也可以踪迹其美学追求。北京人吃凉拌芹菜，只取嫩茎，西餐馆做罗宋汤则专要芹菜叶。人弃人取，各随尊便。

三、一个作品算是现实主义的也可以，算是现代主义[1]的也可以，只要它真是一个作品。作品就是作品。正如苦瓜，说它是瓜也行，说它是葫芦也行，只要它是可吃的。苦瓜就是苦瓜——如果不是苦瓜，而是狗尾巴草，那就另当别论。截至现在，还没有人认为狗尾巴草很好吃。

1986年9月6日

阅读提示（三）

1. 苦瓜的"苦"跟文学创作有什么关系？作者对文学评论家、作家有什么建议？
2. 苦瓜有各种吃法，文学评论可以从这里学到什么？
3. 苦瓜比较难归类，这对文艺作品的归类有什么启发？

词语表（三） 01-06

序号	词语	拼音	词性	搭配举例
63	开除○	kāichú	动	～学生/学籍/党籍；被～；把……～
64	评论家	pínglùnjiā	名	文学/电影/美术/政治～
65	偏食	piānshí	动	～严重
66	看惯	kànguàn		看得惯；看不惯
67	排斥○	páichì	动	～观念/思想/人；～异端；被～；遭到/受到～
68	嫩○	nèn	形	～芽/叶；◇（人）太～；装～；◎细皮～肉
69	瓤	ráng	名	瓜/果～；红/白～

---

[1] 现代主义：兴起于十九世纪末、流行于二十世纪的一种社会思潮和文化风格，特点是摈弃传统观念和传统模式。

70	各取所需	gèqǔ-suǒxū	成语	
71	见仁见智○	jiànrén-jiànzhì	成语	
72	意蕴	yìyùn	名	文化/哲学/历史/审美/艺术～；～深长/深刻
73	踪迹	zōngjì	名	留下/隐藏/寻找/发现/不见～；～皆无
74	美学	měixué	名	～观点/风格/价值/体系/意义
75	芹菜	qíncài	名	
76	茎○	jīng	名	根～；花～
77	罗宋汤	luósòngtāng	名	
78	现实主义	xiànshí zhǔyì		～作家/作品/文学/小说/方法/风格/传统
79	现代主义	xiàndài zhǔyì		～思潮；◎后～
80	另当别论	lìng dāng biélùn		

课文回顾与思考

1. 作者写《口味·耳音·兴趣》，是为了说明什么道理？从课文内容来看，口味、耳音、兴趣三个词是什么关系？
2. 作者写苦瓜是从哪些方面来写的？引用了哪些资料？
3. 你认为作者受苦瓜的启发而总结出的有关文学创作的几点看法有道理吗？为什么？
4. 抓住生活中大家都习以为常的小事进行思考，并从中感悟生活的道理。你对这种写法有什么评价？
5. 通过课文，你能了解到有关汪曾祺的家庭、个人经历及爱好的哪些情况？

词语例释

1. 看样子

口语词。表示根据人、物或事情所处的状态进行推测。常作为插入语使用。

一是推测现在或到目前为止的情况。如：

（1）我有一次买牛肉。排在我前面的是一个中年妇女，看样子是个知识分子，南方人。

（2）他最近可能太忙了，眼圈黑黑的，看样子非常疲劳。

（3）我的新邻居天天在自己的小花园里栽花种草，看样子对家庭园艺很感兴趣。

（4）在北京的孔庙中，至今还生长着一百多棵有着数百年树龄的古树。它们高大挺拔，枝繁叶茂，看样子还非常健康。

（5）从旅馆的阳台上能看到不远处的小树林里鸟雀众多，看样子这里的生态环境非常不错。

二是推测未来的情况。如：

（6）我们仔细研究了对手的情况，也发现了他们的一些薄弱环节，在球场上赢他们看样子还有一丝希望。

（7）我问她今年能否毕业，她迟疑着不知如何回答，看样子打算延期了。

（8）资金不足，服务员也因为薪水太低而招不到，看样子小饭馆要重新开张还需要等待一段时间。

（9）农谚说"燕子低飞要下雨"，院子里燕子叽叽喳喳边飞边叫，乌云也在头顶开始聚集，看样子马上就要下雨了。

2. 尽（jìn）

有动词和副词两种用法。

做动词时，有三个基本义项。

第一，用力完成（义务/责任/职责等）。可构成"尽责、尽职"等词。如：

（1）这位做母亲的用心良苦。我于是尽了一趟义务，把她请到一边，讲了一通牛肉做法。

（2）作为父母，应该为教育子女尽到自己的责任。

（3）既然你是讲解员，你就应该尽到自己的职责，为游客提供高质量的专业服务。

第二，拿出全部，全部用出。可以说"尽全力/努力/人事/孝心"等。可以构成"尽力、尽心、尽孝、尽情"等词。如：

（4）急诊室的医生正在尽全力抢救病人。（"尽全力"常常说成"竭尽全力"）

（5）实习的时候，我们应该尽自己最大的努力，多实践，多掌握一些实用的技能。

（6）明知事情的结果不可改变，他还是想尽尽人事，继续寻找能帮助公司走出困境的办法。

（7）因为不跟父母一起生活，他无法在父母需要的时候在他们身边尽孝心。

第三，完，结束。经常用来做补语，比如"想尽、说尽、用尽"等。"想尽"表示想完了所有的（办法），"说尽"表示说完了所有的（好话或理由），"用尽"表示用完了所有的（力气等）。"感激不尽、取之不尽"中的"尽"就是这种用法，前者表示无比感激，后者表示（某种资源）永远取用不完。如：

（8）为了说服他跟我们合作，我们想尽了办法，说尽了好话。

（9）有一段时间他迷上了"穷游"——一种时尚的自助游方式，花最少的钱，寻求最大的精神享受。后来发现，用尽心思计划怎么省钱，也是一件非常伤脑筋的事情。

做副词时，意思是"全部、都"。"不尽相同、应有尽有"中的"尽"就是这种用法。"不尽相同"，不完全相同；"应有尽有"，应该有的都有。如：

（10）很遗憾，在这个家庭中，引起矛盾的尽是些小事，但总能吵得天翻地覆。

（11）地球上的蝴蝶有 14,000 多种。各种蝴蝶大小不一，色彩各异，习性也不尽相同，其中有 200 多种能像候鸟一样随季节而迁徙。

（12）这家农贸市场一年四季肉、菜、蛋、海鲜应有尽有，任人选择，想吃什么都能买到。

3. 此

指示代词。用于书面语，有以下两个义项。

第一，这、这个。"此人、此时、此地"中的"此"都是这个意思。又如"据此"，根据这个；"除此之外"，除了这个以外；"与此同时"，跟这个同样的时间；"由此看来/可见"，从这种情况可以看出。成语"诸如此类"，表示很多像这一类的；"岂有此理"，表示反问，难道有这样的道理？如：

（1）刚来此地，人生地不熟，还需要时间适应。

（2）2002 年，考古学家在青海省的喇家遗址发现了 4000 多年前的面条实物，据此我们可以骄傲地说，这是世界上已知的第一碗面条。

（3）越来越多的科研成果表明，危害人类健康的很多疾病是饮食不当引起的。由此可见，科学饮食很重要。

（4）预习、复习、做作业、准备报告……诸如此类的事情，是我们学生每天的功课。

第二，表示此时或此地，即这时、这里。"从此、此前、此后、来此、至此、此起彼伏"等词语中，"此"都是这个意思。"从此"，从这个时间开始；"此前、此后"，这个时间之前、之后；"来此"，来这里；"至此"，到这个时间或到这个地步；"事已至此"，事情已到这个地步；成语"此起彼伏"，表示这里刚起来、那里又落下，形容连续不断。如：

（5）他请我到一个小饭馆吃饭，要了三个菜：凉拌苦瓜、炒苦瓜、苦瓜汤！我咬咬牙，全吃了。从此，我就吃苦瓜了。

（6）听了大家的真实想法后，她改变了此前的态度，不再要求大家必须参加这次的活动了。

（7）青海湖中的鸟岛大名鼎鼎，这里水草丰美，吸引了大批候鸟来此栖息。

（8）合作团队已宣布解散，事已至此，他却还是不想承认失败。

4. 由

有动词和介词两种用法。

做动词时，意思是"顺从、听从"。"由着性子"，意思是顺着某人的脾气，他想怎么做就怎么做；"不由自主"，控制不了自己；"身不由己"，表示人不能听从自己的命令，而是受别人控制。如：

（1）父母宠爱孩子，但也不意味着事事都由着他。

（2）我崇尚自由，但也知道，做事得按理性，不能事事由着自己的性子来。

（3）没想到山上突然下起了雪，气温骤降，我的牙齿不由自主地上下打战。

（4）等你跟公司签了合同，你就身不由己，必须按照公司的要求做事了。

做介词时，有以下几个义项。

第一，由于。表示原因。如：

（5）地震是海啸产生的最主要原因，也就是说，大部分海啸是由海底地震引起的。

（6）夜盲症是一种眼病，眼睛在明亮的地方视力正常，但在夜间或光线昏暗的地方则看不清楚。这种病常常是由缺乏维生素A引起的。

第二，从。表示起点。"由表及里、由此及彼"中的"由"就是这个意思。"由表及里"，从外到内，指对事物从浅到深、从表面现象到事物本质的认识过程；"由此及彼"，从这里到那里，指分析问题时，从一个现象联系到另一个现象。如：

（7）发生火灾等紧急情况时，请大家由紧急出口撤离。

（8）由苦瓜我想到几个有关文学创作的问题。

（9）由这些有关教育投资收益的统计数据可知，教育的经济功能是客观存在的。

（10）对于未知事物，我们一般都是按照由表及里、从现象到本质的顺序来认识。

第三，引出动作的实际主语。"由我负责"，表示我负责；"由你决定"，表示你决定；"A由B组成"，表示B组成了A。如：

（11）论文答辩会的整个准备工作都由答辩秘书负责。

（12）人的身心的最终发展方向、内容和水平，是在遗传的基础上，由后天的环境和教育决定的。

（13）空气是混合物，主要由氮气（N_2）、氧气（O_2）、稀有气体、二氧化碳（CO_2）以及其他物质（如水蒸气、杂质等）组成。

（14）力学三大定律是由英国物理学家、数学家牛顿（Isaac Newton，1643—1727）创立的。

成语运用

1. 挺身而出

形容遇到困难和危险时，能不顾自己的安危，为了他人或公众的利益勇敢地站出来。褒义。使用中相当于动词，常做谓语。如：

（1）英雄是谁？英雄是那些在危难时刻挺身而出、牺牲自己保护他人的人。

（2）在地铁上遇到歹徒持刀行凶，他挺身而出，制服了歹徒，保护了其他乘客的安全。

（3）我们听一位队长介绍情况，他说这里没有人肯当干部，他挺身而出，他老婆反对。

（4）在企业快要倒闭的时候，是他挺身而出，带领大家踏实苦干，走出了一条创新之路。

（5）如果职工的合法权益受到侵害，工会组织就应该挺身而出，拿起法律武器维护职工权益。

2. 津津有味

津津：兴趣浓厚的样子。形容做某事感到特别有兴趣。使用中相当于形容词，多做补语和状语。如：

（1）小丑的苏白尤其传神，我听得津津有味，不时发出笑声。

（2）刚有电视机的年代，不管电视机大小，也不管节目好坏，大家都看得津津有味。

（3）晚饭一般是全家人一起吃。家庭气氛好，自然吃得津津有味，不知不觉中就会多吃。

（4）同样是普通人的生活，有人过得津津有味，有人则活得非常苦闷。

（5）看到美术课上一群小学生津津有味地学做泥塑，我感到非常有趣。

（6）每次路过网吧，我都会看到很多人在里面津津有味地打游戏。

（7）老人是位探险家，他常常津津有味地给孩子们讲自己年轻时候的经历。

3. 独往独来

常作"独来独往"。独自一个人来往，表示跟周围人接触不多。常常用来形容独立精神。使用中相当于动词，常做谓语和定语。如：

（1）森林之王老虎永远是独往独来，而狼则是群居动物。

（2）据说不少哲学家、科学家都喜欢独往独来。也许他们习惯于沉浸在自己的世界中进行思考。

（3）人是社会的人，他不可能一个人独来独往。这句话的意思是，一个人总会与其他社会成员发生各种联系，结成各种社会关系。

（4）"苦瓜和尚"这别号可能有一点禅机，有一点独往独来、不随流俗的傲气。

（5）一个人独来独往的生活状态，并不意味着孤独，相反，却常常表示精神世界的独立。

4. 各取所需

各人选取自己所需要的。表示物资等很丰富，每个人可以根据需要选用。使用中相当于动词，常做谓语。如：

（1）对于苦瓜，可以各取所需，愿吃皮的吃皮，愿吃瓤的吃瓤。

（2）自助餐受欢迎的原因之一在于顾客可以各取所需，吃得自在舒心。

（3）为了丰富学生双休日的活动内容，学校推出了一系列活动项目，学生可以各取所需，自由参加。

（4）我们的网页版面是经过精心设计的，信息量大，也方便阅读。读者可以根据自己的爱好，各取所需。

（5）电视台在节假日的时候，娱乐、文艺、体育等各个栏目都准备了丰富多彩的精彩节目，应有尽有，观众可以各取所需。

5. 见仁见智

仁者见仁，智者见智。形容对同一个问题，不同的人从不同的立场或角度去看，会有不同的看法。使用中相当于动词，常做谓语，有时也做定语。如：

（1）对于苦瓜，可以各取所需，愿吃皮的吃皮，愿吃瓤的吃瓤。对于一个作品，也可以见仁见智。

（2）电子书问世以后，纸质书会消失吗？对这个问题，人们看法不一，见仁见智。

（3）如果问谁是中国最伟大的思想家，可能见仁见智，不同的人会有不同的答案。但如果问谁是中国最伟大的教育家，答案可能只有一个——孔子。

（4）如何评价汉武帝的历史地位？大家可以见仁见智，发表自己的看法。

（5）一个国家的公共假期是不是越长越好，这可能是一个见仁见智的问题。

（6）这首古诗究竟表达了作者怎样的感情，大家可以做出见仁见智的解释。

修辞讲解

"修辞"一词，简单地说，就是修饰语言，使之更好地发挥交际功能。语言依靠各种修辞方法来达到特定的效果。具有固定格式或特定模式的修辞方法就叫修辞格，也叫辞格。本册将结合各课所出现的修辞现象对其中重要的修辞格进行说明。

双关

课文中有这样两句话：

（1）我希望评论家、作家——特别是老作家，口味要杂一点，不要偏食。

（2）我希望他们能习惯类似苦瓜一样的作品，能吃出一点味道来，如现在的某些北京人。

例（1）表面是建议评论家、作家的口味应该杂一点，要什么都吃，其实是希望他们学会接受不同风格和类型的文学作品。例（2）表面是希望他们能吃出苦瓜的味道，实际是希望他们能品出具有独特风格的作品的味道，认识到这些作品所具有的独特价值。

像例（1）、例（2）这样，一句话同时含有表里两层含义，需要通过表层的意思去体会深层的含义，这样的修辞格就是双关。双关可以使语言含蓄委婉，又可以增强幽默风趣的效果。

双关可分为语义双关和谐音双关两类。

1. 语义双关

利用词语或句子的多义性在特定语境中形成双重意义的双关类型，例（1）、例（2）就属于这种类型。又如：

（3）"将！你完了！"

（4）其实地上本没有路，走的人多了，也便成了路。

（5）又过了三个月。

　　一九三六年十月十七日，鲁迅先生病又发了，又是气喘。

　　十七日，一夜未眠。

　　十八日，终日喘着。

　　十九日，夜的下半夜，人衰弱到极点了。天将发白时，鲁迅先生就像他平日一样，工作完了，他休息了。

例（3）是老舍先生的话剧《茶馆》第一幕的最后一句台词，是正在下棋的茶客说的话。故事背景是在清末。从表面上看，是宣布下棋的结果，一人赢了，一人要输；暗含的另一层意思是，大清国很快就要灭亡了。例（4）是鲁迅先生的小说《故乡》结尾处的名句。表面是讲路是怎么形成的，实际是谈社会革新的希望。如果大家都勇于尝试，敢于探索，就能找到改造社会的方法。例（5）是萧红《回忆鲁迅先生》一文的结尾。"工作完了，他休息了"表面是写鲁迅先生平日的习惯，工作到天将亮的时候，而1936年10月19日这天的凌晨，鲁迅先生去世，所以这句话实写鲁迅先生结束了一生的工作，从此长眠。

在古代的诗歌或散文中，这一类双关也是很常见的。如：

（6）予独爱莲之出淤泥而不染。

（7）千锤万凿出深山，烈火焚烧若等闲。粉骨碎身浑不怕，要留清白在人间。

例（6）是宋代理学家周敦颐（1017—1073）的散文名篇《爱莲说》中的句子。作者写自己爱莲花从淤泥中长出来，自身却丝毫没有受到污染，实则是写自己爱君子人格的高洁，不被肮脏的社会所污染。例（7）是明代名臣于谦（1398—1457）的诗《石灰吟》。表面上是赞美石灰的通体洁白，实则赞美君子面对磨难无惧无畏的一腔正气。

2. 谐音双关

利用音同或音近的条件使词语或句子具有双重意义，这类双关的使用非常广泛。如：

（8）梅落京华举世痛悼，兰芳世界万古常青。

例（8）是京剧大师梅兰芳先生（1894—1961）去世时的一副挽联。上联中的"梅"，既指梅花，也指梅兰芳。"梅落"字面义是梅花凋落，实指梅兰芳去世。下联中"兰芳"为兰草芬芳之意，也是梅兰芳之名。兰芳世界，字面义是说兰草芬芳的世界，实指梅兰芳的艺术成就。梅兰芳先生去世，举世哀悼，但梅派京剧艺术将长盛不衰。这是挽联的含义。

（9）春蚕到死丝方尽，蜡炬成灰泪始干。

（10）杨柳青青江水平，闻郎江上唱歌声。东边日出西边雨，道是无晴却有晴。

例（9）是唐代诗人李商隐（813—858）的爱情诗《无题·相见时难别亦难》中的两句，上句写春蚕到死的时候丝才吐完，这里的"丝"跟"思"同音，表示的另一层意思是爱情的坚定，相思之情到死的时候才会停止。例（10）是唐代诗人刘禹锡（772—842）《竹枝词》中的一首，也是一首爱情诗。字面是写半晴半雨的天气，实则写少女的"感情"。"晴"与"情"同音。听到情郎的歌声，少女惊喜又疑虑，不知道他对自己是有感情还是无感情，这实在让人难以捉摸。

汉语歇后语中也有不少是利用谐音关系构成的。歇后语是一种口语色彩非常强的固定短语，由两部分组成。前一部分打比方，后一部分指出其意义。其中有一类，后一部分需要根据某个字的同音字，猜出其真正的含义。如：

（11）孔夫子搬家——尽是书。〖书—输〗

（12）茶壶里煮饺子——倒不出来。〖倒—道〗

（13）老庙里的古钟——远近闻鸣。〖鸣—名〗

（14）蛤蟆（háma）跳井——扑通。〖扑通—不懂／不通〗

（15）刀子切元宵——不圆。〖圆—愿〗

例（11）中，孔夫子即中国古代伟大的教育家孔子，藏书很多。孔子搬家的时候，主要搬的都是"书"。这是歇后语表面的意思。"书"与"输"同音，此歇后语要表达的真正意思是"都输了，完全输了"。例（12），茶壶的口比较小，煮熟的饺子不能从茶壶口倒出来。"倒"与"道"同音，真正的意思是"道不出来"，即说不出来。例（13），古庙敲钟，远近都可以听到钟鸣之声。"鸣"与"名"同音，"闻鸣"即"闻名"。真正的意思是一个人非常有名，人们都知道他的大名。同理，例（14）、例（15）中，分别利用蛤蟆跳井的声音"扑通"和刀切元宵打比方，利用谐音关系，表示"不懂／不通"和"不愿"。

谐音双关广泛运用于社会生活的各个方面，甚至形成了特有的谐音文化。比如中国传统民俗中的吉祥物，就是追求吉祥的祈福语言。鱼，表示"年年有余"；苹果，表示"平平安安"；年糕，表示"高升"；蝙蝠，表示"福气"；等等。文学作品中给人物起名字，有时也利用谐音的手段。比如在《红楼梦》中，很多人物的名字也有两层意思，如"贾政（假正）、王仁（忘仁）、霍起（祸起）、娇杏（侥幸）、英莲（应怜）"等，名字代表人物的性格或预示人物的命运。"贾政"谐音"假正"，即假正经，表示虚伪；"王仁"谐音"忘仁"，忘了仁义，表示品德恶劣；"英莲"谐音"应怜"，暗示命运悲惨可怜。

中文搜索引擎"百度"的取名，也与谐音有关。"百度"一词源自宋代词人辛弃疾（1140—1207）《青玉案·元夕》中的名句"众里寻他千百度"，表示千百次的寻找，与搜索引擎的功能相合。同时，"度"与"渡"同音，也表示"百度"像一艘船，帮助大家渡过知识的大海，走向成功。又如知名德国汽车品牌"Mercedes-Benz"的中文译名"奔驰"，既是"Benz"的音译，又提示了该汽车"快速、迅捷"的品质。这是利用谐音双关进行翻译的成功事例。

练 习

第一部分 词汇、语法、修辞

一、解释加点语素的意思，并根据拼音完成新词，同时说明其词义。

1. 用心良苦（　　　　）
   沉思良 jiǔ _____
   感慨良 duō _____

2. 受苦（　　　　）
   受 piàn _____
   受 zuì _____

3. 邻座（　　　　）
   邻 guó _____
   邻 cūn _____

4. 逐句（　　　　）
   逐 nián _____
   逐 tiáo _____

5. 吃法（　　　　）
   ___ chàng ___ 法
   ___ huà ___ 法

6. 画集（　　　　）
   ___ shī ___ 集
   ___ wén ___ 集

7. 原产（　　　　）
   原 chuàng _____
   原 zhuāng _____

8. 菜农（　　　　）
   ___ guā ___ 农
   ___ huā ___ 农

9. 看惯（　　　　　）

　　chī____惯

　　yòng____惯

10. 偏食（　　　　　　）

　　偏 ài____

　　偏 tīng____偏 xìn____

二、选择成语改写句子并造句。

> 挺身而出　津津有味　独往独来　各取所需　见仁见智

1. 一部文学作品能提供给读者的启发是多方面的，读者可以按照自己的需求，从中获取对自己有益的营养。

　　改写：_____

　　造句：_____

2. 生活中有两种人，一种不管做什么，都喜欢有人陪伴，而另一种则喜欢独处。

　　改写：_____

　　造句：_____

3. 这个问题没有标准答案，每个人有每个人的看法，请大家发表自己的意见。

　　改写：_____

　　造句：_____

4. 我从来没有想到，我的室友曾在有人落水的关键时刻，勇敢地下河救人，使两名儿童获得了第二次生命。

　　改写：_____

　　造句：_____

5. 每次公园举办摄影展，总会有不少观众前来参观。他们会花很长时间，很有兴趣地一幅幅欣赏。

　　改写：_____

　　造句：_____

三、词语搭配与填空。

口味 — 鲜嫩
气味 — 多样
口音 — 糊涂
头脑 — 地道
瓜果 — 芳香

（1）情况越复杂，他处理问题越冷静，_____越不_____。
（2）她是一位歌唱演员，十分注意艺术风格的创新。她常说，现在观众的艺术欣赏_____已变得越来越_____了。
（3）老舍先生20世纪20年代曾在伦敦大学东方学院中文部教中文。他曾经参与编写了一部有声教材《言语声片》，并亲自录音。现在，我们还能通过老唱片听到他一口漂亮的北京话，声音清亮，_____ _____。
（4）春天到了，_____的_____蔬菜都摆到了显眼的位置上，逛菜市场成为一种享受。
（5）_____的_____、香甜的口感、诱人的外观、耐储存的特性等都是我们的新品种苹果让人难以抵御的魅力。

◎ 知识　市场
　 文职　时代
　 少女　分子
　 农贸　主义
　 现实　干部

（6）果戈理（Nikolai Gogol，1809—1852）是19世纪俄国伟大的_____ _____作家。鲁迅先生去世前翻译的最后一部小说就是他的《死魂灵》。
（7）20世纪80年代，由政府投资并管理的"菜篮子工程"——_____ _____出现了！不管网购多么方便，如今它依然是城市烟火气的象征。
（8）_____ _____应该是有社会责任感的一个群体，而不仅仅是有学问。
（9）每一个白发苍苍的老婆婆，都曾有如花一般的_____ _____。
（10）所谓"_____ _____"，是指在军队中从事科研、教学、文艺、体育等工作的军人。

四、用指定词语完成句子或对话。

1. 最近他天天去图书馆借书，_____（看样子）
2. A：中餐的烹调方法有许多种，你能否简单地介绍一种？
   B：_____（炖）
3. 汉语中有些词的词义在近几十年中发生了一些变化，比如说，_____

_____（同志）

4. 在公共场所应该保持安静，_____（嚷）

5. 每当战争或自然灾害来临，_____（受苦）

6. 幼儿园对儿童来说是很重要的成长环境，_____（同伴）

7. 如果你是一个人在外旅行，_____（要紧）

8. 多了解一点有关动物或植物的知识，_____（惊奇）

9. A：中国的饮食文化很发达，你认为有哪些原因？

   B：_____（归纳）

10. _____，她获得了全校歌手大奖赛的冠军。（凭借）

11. 时间是最宝贵的，我们应该把时间花在正事上，_____（瞎）

12. A：在餐馆吃饭你一般喜欢点什么凉菜？

    B：_____（拌）

13. A：东北被称为中国的粮仓，你知道是为什么吗？

    B：_____（产）

14. 我们社区经常为退休人员举办健康讲座，_____（晚年）

15. 请所有新会员认真阅读我们的协会章程，_____（开除）

16. 在一个比较保守的社会中，_____（排斥）

17. 在竞选院长的时候，年轻可能算不上是一个优势，_____
    _____（嫩）

五、选择适当的关联词填空，如果所填关联词是合用关联词中的一个，请画出另一个。

> 因为　　都　　也　　可是　　至于
> 与　　而是　　从　　即使　　而且

夸奖这个古城的某一点是容易的，_____那就把北平[1]看得太小了。我所爱的北平不是枝枝节节的一些什么，_____整个儿与我的心灵相黏合的一段历史，一大块地方。多少风景名胜，_____雨后什刹海的蜻蜓一直到我梦里的玉泉山的塔影，_____积凑到一块。每一小的事件中有个我，我的每一思念中有个北平，这只有说不出而已。

---

[1] 北平：北京在1928—1949年之间的名称。练习中的这两段文字选自老舍先生回忆故乡的名作《想北平》。文中的"什刹海""玉泉山"都是北京的名胜。

好学的，爱古物的，人们自然喜欢北平，_____这里书多古物多。我不好学，_____没钱买古物。对于物质上，我却喜爱北平的花多菜多果子多。花草是种费钱的玩意，可是此地的"草花儿"很便宜，_____家家有院子，可以花不多的钱而种一院子花，_____算不了什么，可是到底可爱呀。墙上的牵牛、墙根的靠山竹与草茉莉，是多么省钱省事而也足以招来蝴蝶呀！_____青菜、白菜、扁豆、毛豆角、黄瓜、菠菜等，大多数是直接由城外担来而送到家门口的。雨后，韭菜叶上还往往带着雨时溅起的泥点。青菜摊子上的红红绿绿几乎有诗似的美丽。果子有不少是由西山_____北山来的，西山的沙果、海棠，北山的黑枣、柿子，进了城还带着一层白霜儿呀！

六、排序，并画出各句所用关联词及其他可提示句子顺序的词语。

1. A. 而汪先生不仅会品评
   B. 并能不断有所创新
   C. 有的美食家只会品尝、评论
   D. 汪曾祺先生是一位享誉海内外的作家
   E. 还能自己下厨做饭
   F. 也是一位知名的美食家
   正确语序：_____

2. A. 该片的目标是以美食作为窗口让海内外观众领略中华饮食之美
   B. 系列电视纪录片《舌尖上的中国》主要介绍中国各地的美食
   C. 进而感知中国的文化传统和社会变迁
   D. 包括中国的日常饮食流变、千差万别的饮食习惯和独特的味觉审美等
   E. 以及与之相应的东方价值观
   正确语序：_____

3. A. 并将这些美食写进诗词里：有鱼有肉，有茶有酒……
   B. 不过这反而让他有机会游历了很多地方
   C. 北宋大文学家苏东坡（1037—1101）一生中被多次贬官
   D. 他每到一处都会尽情品尝当地美食
   E. 更能发现他丰富的个人情感和人生体验
   F. 从这些诗词中你不仅可以读出他对生活的真情关注

正确语序：_____

4. A. 饮食文化是无比复杂的人类社会生活现象

   B. 才能全面了解那个民族的饮食文化

   C. 反过来说，只有全面了解了一个民族的历史

   D. 也就从一定意义上了解了那个民族的历史

   E. 全面了解一个民族的饮食文化

   F. 它几乎同人类文化的任何门类都有不同程度的关联

   正确语序：_____

5. A. 在一种文化中被认定为不洁、不可食的食物，在另一种文化中却不仅可以食用

   B. 甚至还可能被视作佳肴

   C. 指某一社会群体自觉避免食用某些特定动物或植物的现象

   D. 不过，饮食禁忌常因文化不同而不同

   E. 饮食禁忌是一种特殊的禁忌

   正确语序：_____

七、修辞练习。

1. 找出下面这段文字中的双关句，并说明它们表达了哪两层意思。

《韩非子·喻老》中讲述了这样一个故事：楚庄王统治国家已有三年，但没有发布一项政令，也没有做出一项政绩。他的一个大臣来到他身边，打了这样一个比方。他说："有一只鸟栖息在南方的山上，三年不展翅，不飞翔，也不鸣叫，沉默无声。这是什么缘故呢？"楚庄王说："三年不展翅，是为了让翅膀上的羽毛得以生长；不飞翔、不鸣叫，是为了观察民众做事的准则。虽然它还没有飞，但飞起来必将冲上云霄；虽然它还没有鸣叫，但叫起来必将使人震惊。您放心，我知道了。"过了半年，楚庄王开始处理政务，从此朝政一新。这就是典故"不鸣则已，一鸣惊人"的由来。

2. 写出下列歇后语中蓝色字的谐音字，并据此说明歇后语的含义。

（1）冻豆腐——难拌。〖拌—_____〗

（2）黄河水——倒不完。〖倒—_____〗

（3）飞机上挂暖壶——高水瓶。〖水瓶—水_____〗

（4）山上打钟——有鸣声。〖鸣声—_____声〗

（5）和尚打伞——无发无天。〖无发—无_____〗

（6）九毛加一毛——十毛。〖十毛—_____ _____〗

第二部分 拓展阅读

八、选择合适的句子填入短文画线处，并概括短文的主要内容。

A. 中国的烹饪方法也十分复杂

B. 汉语中与"吃"有关的词语和用法当然远远不止以上这些

C. 下面就举一些具体的例子看看汉语词语与饮食的关系

D. 在汉语中常常用来比喻复杂的人生

中国的"吃"举世闻名，这不仅表现在中国的食物非常丰富，种类非常繁多，而且表现在独具特色的烹制方法上。在汉语中，有关"吃""喝"的词语或说法比比皆是。_____。

有关味道的词语酸、甜、苦、辣、香等，_____。

"酸"字多用来描写一个人的书生气，像"寒酸""穷酸""酸溜溜"。"酸"也可以是人身体的感觉，如"腰酸""他鼻子一酸，就哭起来"。正因为如此，"酸"字又可以引申出表示情感悲痛的意思，像"辛酸""悲酸""酸楚"等都表示情感上的不舒服。

"甜"是一种美好的味道，因此"甜"又引申出"美好"等意思，像"甜言蜜语""睡得很甜""生活甜美""大有甜头""苦尽甜来"等，其中的"甜"字都是"好"的意思。"甜"也可以用来形容人的相貌、言语。形容女孩容貌姣好，惹人喜爱，可以说"长得很甜""笑得很甜"；"嘴甜"指说出的话让人爱听。

"苦"是一种让人不舒服的味道，因此含"苦"字的词语与含有"甜"字的词语意思相反，常常含有"艰难""挫折"等意思，像"辛苦""苦难""苦头""苦酒""吃过很多苦"等，这些词语中的"苦"都有不好的意思。

"辣"是一种刺激强烈的味道，它常常用来比喻性格火暴、言语尖刻等，多用于形容女性。如"泼辣""小辣椒""辣妹子"，这些都成了描写女性的专用词语。由于"辣"有"火辣辣、热辣辣"的感觉，所以又引申出"狠毒""厉害"等意思，像"毒辣""心狠手辣"。

"香"在汉语中是普遍受人欢迎的味道，所以有些含"香"字的词语表示受重视。

例如："他在单位很吃香。""香饽饽"本来是一种食品，引申表示受重视的人，例如："你是咱们单位的香饽饽。""香"还可以引申出"好"的意思，例如："他现在吃得香、睡得香，无忧无虑。"

_____，常见的有煎、熬、炒、爆、焖、煮、炸等。这些词语在汉语里也经常被引申或借用，用来表示各种情感或社会现象。

"煎"是一种烹调方法，如可以煎鱼，由此引申出"煎熬"。"熬"的特点是费工夫，因此引申出"熬夜""这些年总算熬过来了""三十年的媳妇熬成婆"。"炒"也有很多引申的用法，如"炒外汇""炒股票""炒鱿鱼""炒冷饭""炒夹生饭"等等。眼下又出现了"炒老板""炒经理"等说法。"爆"有"爆冷门""爆满""火爆"。"煮"组成的词语相对来说要少一些，像"煮饺子"比喻人很多，"生米煮成熟饭"比喻既成事实无法更改。

_____，要想掌握汉语中"吃"的学问，还要下一番苦功才行。

这篇短文的主要内容是（请选择）：

☐ A. 中国"吃"的文化很发达
☐ B. 汉语中有关"吃"的词语主要集中在味道和烹饪方法两方面
☐ C. 汉语中有关"吃"的词语非常丰富，可以表示社会人生的方方面面
☐ D. "吃"的词语可以用来比喻人生和万事万物

九、阅读下面的文章，并完成后面的练习。

旅食与文化[1]

汪曾祺

（一）题记

"旅食"作为词语始见于杜甫诗。杜甫《奉赠韦左丞丈二十二韵》：

……

---

[1]《旅食与文化》是汪曾祺本人编选的散文集，九州出版社，2016年版，共收入44篇作品。练习中选了"题记"和《故乡的食物》中的《咸菜茨菇汤》部分。

骑驴十三载，

旅食京华春。

朝扣富儿门，

暮随肥马尘。

残杯与冷炙，

到处潜悲辛。

我没有杜甫那样的悲辛，这里的"旅食"只是说旅行和吃食。

我是喜欢旅行的，但是近年脚力①渐渐不济。人老先从腿上老。六十岁时就有年轻人说我走路提不起脚后跟。七十岁生日作诗抒怀，有句云：

悠悠七十犹耽酒，

唯觉登山步履迟。

七十以后有相邀至外边走走，我即声明："遇山而止，逢高不上"了。前年重到雁荡，我就不能再登观音阁，只是在山下平地上看看，走走。即使司马光的见道之言"登山亦有道，徐行则不踬"也不能奉行。甚矣吾衰也！岁数不饶人，不服老②是不行的。

老了，胃口就差。有人说装了假牙，吃东西就不香了。有人不以为然，说：好吃不好吃，决定于舌上的味蕾，与牙无关。但是剥食螃蟹，咔嚓一声咬下半个心里美萝卜，总不那么利落，那么痛快了。虽然前几年在福建云霄吃血蚶，我还是兴致勃勃，吃了的空壳在面前堆成一座小山，但这样时候不多矣。因为这里那里有点故障，医生就嘱咐这也不许吃、那也不许吃，立了很多戒律③。肝不好，白酒已经戒断。胆不好，不让吃油炸的东西。前几月做了一次"食道造影"，坏了！食道有一小静脉曲张，医生命令不许吃硬东西，怕碰破曲张部分流血，连烙饼也不能吃，吃苹果要搅碎成糜。这可怎么活呢？不过，幸好还有"世界第一"的豆腐，我还是能鼓捣出一桌豆腐席来的，不怕！

舍伍德·安德森的《小城畸人》记一老作家，"他的躯体是老了，不再有多大用处了，但他身体内有些东西却是全然④年轻的"。我希望我能像这位老作家，童心常绿。我还写一点东西，还能陆陆续续地写更多的东西，这本《旅食与文化》会逐年加进一点东西。

活着多好呀。我写这些文章的目的也就是使人觉得：活着多好呀！

1997年2月20日

(二)故乡的食物·咸菜茨菰[1]汤

一到下雪天,我们家就喝咸菜汤,不知是什么道理。是因为雪天买不到青菜?那也不见得。除非大雪三日,卖菜的出不了门,否则他们总还会上市卖菜的。这大概只是一种习惯。一早起来,看见飘雪花了,我就知道,今天中午是咸菜汤!

咸菜是青菜腌的。我们那里过去不种白菜,偶有卖的,叫作"黄芽菜",是外地运去的,很名贵。一盘黄芽菜炒肉丝,是上等菜。平常吃的,都是青菜,青菜似油菜,但高大得多。入秋,腌菜,这时青菜正肥。把青菜成担地买来,洗净,晾去水气,下缸。一层菜,一层盐,码实,即成。随吃随取[5],可以一直吃到第二年春天。

腌了四五天的新咸菜很好吃,不咸,细、嫩、脆、甜,难可比拟。

咸菜汤是咸菜切碎了煮成的。到了下雪的天气,咸菜已经腌得很咸了,而且已经发酸。咸菜汤的颜色是暗绿的。没有吃惯的人,是不容易引起食欲的。

咸菜汤里有时加了茨菰片,那就是咸菜茨菰汤。或者叫茨菰咸菜汤,都可以。

我小时候对茨菰实在没有好感。这东西有一种苦味。民国二十年,我们家乡闹大水,各种作物减产[6],只有茨菰却丰收。那一年我吃了很多茨菰,而且是不去茨菰的嘴子的,真难吃。

我十九岁离乡,辗转漂流,三四十年没有吃到茨菰,并不想。

前好几年,春节后数日,我到沈从文[2]老师家去拜年,他留我吃饭,师母张兆和[3]炒了一盘茨菰肉片。沈先生吃了两片茨菰,说:"这个好!格比土豆高。"我承认他这话。吃菜讲究"格"的高低,这种语言正是沈老师的语言。他是对什么事情都讲"格"的,包括对于茨菰、土豆。

因为久违[7],我对茨菰有了感情。前几年,北京的菜市场在春节前后有卖茨菰的。我见到,必要买一点回来加肉炒了。家里人都不怎么爱吃,所有的茨菰,都由我一个人"包圆儿[8]"了。

北方人不识茨菰。我买茨菰,总要有人问我:"这是什么?"——"茨菰。"——"茨菰是什么?"这可不好回答。

---

1 茨菰:《现代汉语词典》(第7版)推荐词形为"慈姑"。
2 沈从文:1902—1988年,湖南人,文学家和文物研究专家。小说代表作有《边城》《长河》等,文物研究方面的专著有《中国古代服饰研究》。
3 张兆和:1910—2003年,作家。

北京的茨菰卖得很贵，价钱和"洞子货"（温室所产）的西红柿、野鸡脖韭菜差不多。

我很想喝一碗咸菜茨菰汤。

我想念家乡的雪。

1. **请给第二篇文章拟一个新的题目（写在下面的横线上）。**

   _____

2. **解释文中画线词语。**

   ①脚力　　　　　　　②服老

   ③戒律　　　　　　　④全然

   ⑤随吃随取　　　　　⑥减产

   ⑦久违　　　　　　　⑧包圆儿

3. **判断下列说法是否符合文章原意（符合画"√"，不符合画"×"）。**

   （1）"人老先从腿上老"的意思是，人老首先表现为腿脚不再灵便。（　　）

   （2）作者70岁以后，就不再爬山了。（　　）

   （3）作者认为假牙对吃饭香不香没有影响。（　　）

   （4）因为身体有各种疾病，作者主动放弃了很多爱吃的东西，开始吃豆腐餐。（　　）

   （5）作者小时候一到下雪天家里就喝咸菜汤，因为下雪天不容易买到新鲜的蔬菜。（　　）

   （6）青菜是作者家乡非常常见的蔬菜。（　　）

   （7）作者对茨菰有感情，是因为师母向他推荐了茨菰肉片这个菜。（　　）

   （8）沈从文先生说的"格"，既包含"味道"，也包含"品格"。（　　）

4. **回答问题。**

   （1）进入老年以后，作者遇到了哪些身体上的问题？他有没有因此改变自己的生活态度？

   _____

   _____

   _____

（2）作者写《故乡的食物·咸菜茨菰汤》，是为了表达一种什么样的感情？从文章中的什么地方可以看出来？

_____
_____
_____
_____

第三部分 写作

十、写出课文第二篇《苦瓜是瓜吗？》的内容提要。（300字左右）

十一、阅读汪曾祺《故乡的食物·端午的鸭蛋》中的一段，结合作者对家乡的思念，谈谈食物与乡情的关系。（600字左右）

> 我的家乡是水乡。出鸭。高邮大麻鸭是著名的鸭种。鸭多，鸭蛋也多。高邮人也善于腌鸭蛋。高邮咸鸭蛋于是出了名。我在苏南、浙江，每逢有人问起我的籍贯，回答之后，对方就会肃然起敬："哦！你们那里出咸鸭蛋！"上海的卖腌腊的店铺里也卖咸鸭蛋，必用纸条特别标明："高邮咸蛋"。高邮还出双黄鸭蛋。别处鸭蛋也偶有双黄的，但不如高邮的多，可以成批输出。双黄鸭蛋味道其实无特别处。还不就是个鸭蛋！只是切开之后，里面圆圆的两个黄，使人惊奇不已。我对异乡人称道高邮鸭蛋，是不大高兴的，好像我们那穷地方就出鸭蛋似的！不过高邮的咸鸭蛋，确实是好，我走的地方不少，所食鸭蛋多矣，但和我家乡的完全不能相比！曾经沧海难为水[1]，他乡咸鸭蛋，我实在瞧不上。

---

[1] 曾经沧海难为水：这是唐代诗人元稹（779—831）《离思五首（其四）》中的名句，下一句是"除却巫山不是云"。表示经历过无比深广的大海和变幻神奇的巫山雨云之后，其他地方的水和云就很难再吸引他了。

语言实践

一、选择一家餐馆吃饭，注意查看一下菜单，看看有没有用谐音双关的方法给菜取名的，并做好记录。

二、看一集电视纪录片《舌尖上的中国》，并记下这一集的主要内容。同时可以根据自己的感受，对这一集的内容提出增补意见。

第二课　发现"中国"

葛剑雄

课文导览

【作者简介】

葛剑雄（1945— ），浙江人。复旦大学教授。长期从事历史地理学的研究工作，是中国历史地理学、人口史、移民史等研究领域的著名学者。专著有《中国人口发展史》、《西汉人口地理》、《中国移民史》(第一、二卷)、《统一与分裂：中国历史的启示》等。

【作品出处】

课文选自《黄河与中华文明》(第二章第三节)，中华书局，2020年版。原章节题为"中国的来历"，利用考古发现讲述"中国"名称的由来。课名为编者所加。

【话题归属】

课文可以围绕古代文明的探索发现这一主题进行学习和讨论。考古领域的一个个新成果，使我们在文明溯源的道路上得以揭开一个个谜团。了解文明起源，探寻文化之根，我们不仅可以对历史多一份了解，也可以多一把认识现实的钥匙。古文明的类型、产生条件、交流互通、保存现状、相关学术研究，以及处于随时更新状态的考古新发现等相关问题，也都值得我们认真讨论。

课前准备——课堂报告选题

1. 有关中华文明起源的重要考古发现；
2. 周文王、周武王、周成王和周公；
3. 何尊和它的铭文；
4. 中国青铜器的铸造技术和艺术成就；
5. 中国的古文字——金文；
6. 世界文明古国（任选）；
7. 学生本国的古代文明。

课 文

🎧 02-01

考古学家认为山西襄汾的陶寺遗址"非常可能"就是传说中的尧都[1]，称之为"最早的中国"。之所以说"非常可能"，而不能直接肯定，最大的缺憾就是没有发现正式的文字记载。相比之下，"中国"一词的来历得到明确的肯定虽然也来自考古的证据，却因为有了文字而无可置疑。

1963年8月，在大雨过后的一个上午，租住在陕西宝鸡县贾村一个农家院的陈某，发现后院的土崖因雨水冲刷部分坍塌了，下面好像有点亮光。他用手和小镢头刨，结果刨出了一个铜器，就取回家放着。第二年，陈某返回固原，临走时将铜器交给邻居保管。1965年，邻居缺钱花，就将这件铜器以废铜的价格卖给废品收购站。宝鸡市博物馆一位干部在市区玉泉废品收购站看到这件铜器，感觉应该是一件比较珍贵的文物，便向馆长汇报。馆长随即让保管部主任去查看，主任赶到废品收购站后，也断定这是一件珍贵文物，便以收购站当初购入的价格30元将这尊[2]高39厘米、口径28.6厘米、重14.6公斤的铜器买回博物馆。

经考古人员确认，这是一尊西周[3]早期的青铜酒器。全器造型如"亞[4]"字，长颈，腹微鼓[5]，高圈足[6]。体侧装饰有四道镂空扉棱[7]，从上至下将圆形器体分为四个部分。主体花纹为高浮雕兽面纹[8]，位于中部，巨目利爪[9]，狰厉凶猛。口沿和圈足部位的纹饰，分别为兽形

---

1 尧都：尧的都城。尧，Yáo，历史记载中上古时期的圣王。山西省襄汾县的陶寺村自20世纪50年代开始进行考古发掘，有许多重要发现，有一批学者认为陶寺遗址是尧的都城。
2 尊：量词。主要用于神佛塑像和大炮。这里用作青铜器的量词。
3 西周：前1046—前771年。
4 亞："亚"的繁体字形。
5 鼓：这里是动词，凸出。微鼓，稍稍有点凸出。
6 圈足：这里指青铜器底部圆形或方形的一个圈，用来托住器身，相当于脚的作用。
7 扉棱：fēiléng，青铜器上一种常见的装饰，一般为凸出的条状，将器物上连续的图案分成不同的部分。
8 兽面纹："兽面"指动物的脸，"纹"指花纹。下文"雷纹""饕餮纹"中的"纹"都是花纹的意思。"雷"，雷电。"饕餮"，tāotiè，传说中凶恶又贪食的野兽。"饕餮纹"也叫"兽面纹"。雷纹和兽面纹都是青铜器中常见的花纹。
9 巨目利爪：巨大的眼睛，锋利的爪子。

蕉叶纹和相对简单的浅浮雕兽面纹。整器的装饰以雷纹为地，部分采用三层花[1]的装饰手法，看起来华美瑰丽。这尊铜器成了宝鸡市博物馆1958年成立后收藏的第一件青铜器。

宝鸡青铜器博物院（郝新国　摄）

1975年，为纪念中日建交，国家文物局要在日本举办中国出土文物精品展，王冶秋[2]局长聘请青铜器专家马承源[3]组织筹备。马承源很快从全国各地调集了100件一级品文物，其中就有宝鸡出土的这件饕餮纹铜尊[4]。马承源在故宫武英殿[5]见到这件青铜器后，反复看了好几遍，心中一直纳闷：这么大造型的器物为什么没有铭文[6]？随即他用手在铜尊内壁底部反复摩挲，感觉底部某个地方似乎刻有文字。他大为振奋，随即让人送去除锈。经过清除泥土和锈迹，果然在铜尊底部发现了一篇12行共122字的铭文。马承源将这件青铜器命名为"何尊"，因为根据铭文的内容，周王宗族"何"的先人曾追随文王[7]，周王[8]赏赐给"何"贝30朋[9]，"何"因此制作此酒具，以作纪念。因为这一重

---

1 三层花：一种雕刻装饰工艺。"三层"指雕刻的层次，共三层。"花"指花纹，即纹饰。"三层花"的工艺不仅能增强艺术品的立体感，还能提高其艺术价值。
2 王冶秋：1909—1987年。文物专家。
3 马承源：1927—2004年。考古学家、古文字学家、文物专家，在青铜器研究方面有很深的造诣。1985至1999年任上海博物馆馆长。
4 尊：古代酒器的一种。"铜尊"，青铜的盛酒器。
5 武英殿：北京故宫太和殿西南方的一组建筑群，其主殿名为武英殿。明清两代曾先后作为皇家处理政务、刻印图书的处所。2005年成为故宫博物院书画馆，2018年改为陶瓷馆。
6 铭文：这里指铸或刻在青铜器上的文字。
7 文王：周文王，商朝的诸侯国周国的君主。其子周武王灭了商朝，建立了周朝。
8 周王：按照铭文，这里的周王指周成王（约前1056—前1021），周武王的儿子。
9 朋：量词。历史记载中国古代曾以贝壳为货币，五贝为一串，两串为一朋。

大发现，国家文物局取消了何尊赴日本展出的安排。[1]

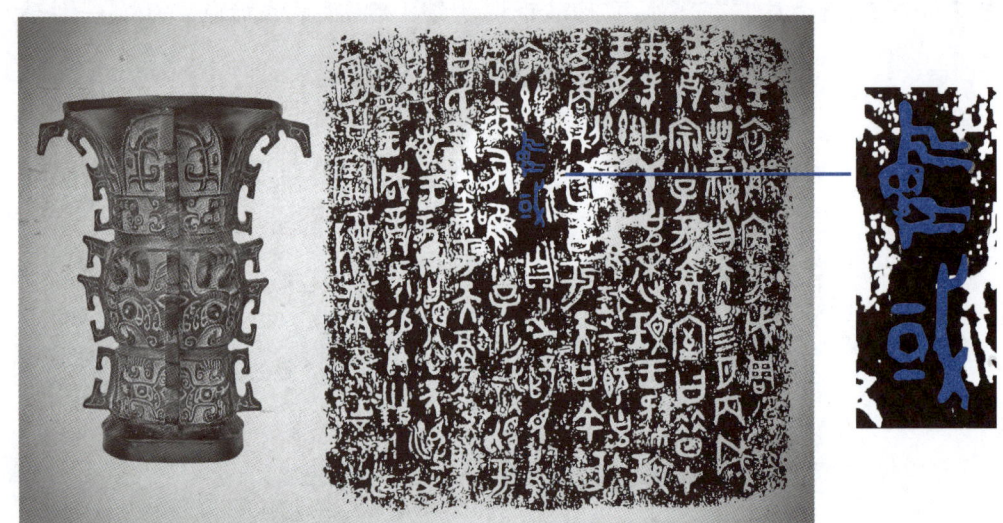

何尊及其铭文

1980年，国家文物局又请马承源组织筹备"伟大的中国青铜器"展，以赴美国进行友好交流。美方提出展品中必须有何尊。国宝出展，身价倍增，最后投保达3000万美元。此后何尊多次出展，向世界人民展示了中华民族悠久的历史和灿烂的文化。根据文化部2001年第19号令公布实施的《文物藏品定级标准》，何尊被定为国家一级文物。2002年，国家文物局确定了首批禁止出国（境）展览[2]的重要文物共64件（组），何尊是其中之一。

阅读提示（一）

1. 山西省襄汾县的陶寺遗址为什么不能直接确定为传说中尧的都城？
2. 何尊是谁发现的？经过了哪些曲折它才来到宝鸡市博物馆？
3. 何尊属于什么年代？造型有什么特点？上面刻有哪些形状的花纹？属于哪种类型的青铜器？
4. 何尊的铭文是谁发现的？是怎么发现的？为什么命名为"何尊"？
5. 何尊铭文发现后，何尊的地位有了怎样的改变？

---

1 因为铭文的发现，何尊赴日展出被紧急叫停，专家们开始了对铭文的研究。1976年，马承源在《文物》杂志发表了研究文章《何尊铭文初释》。
2 为了保护国家一级文物中的孤品和易损品，国家文物局于2002年1月18日公布了禁止出国（境）展览的文物64件（组），2012年公布第二批37件（组），2013年公布第三批94件（组）。三批共计195件（组）。

词语表（一） 🎧 02-02

序号	词语	拼音	词性	搭配举例
1	考古学家	kǎogǔxuéjiā	名	
2	缺憾	quēhàn	名	存在/留下/弥补～
3	相比之下○	xiāngbǐ zhī xià		
4	来历○	láilì	名	节日/生肖/外号/名称～；大有/很有～；◎～不明
5	无可置疑	wúkě-zhìyí	成语	
6	农家院	nóngjiāyuàn	名	
7	土崖	tǔyá	名	
8	冲刷	chōngshuā	动	雨水/河水/流水/洪水/海浪～
9	坍塌	tāntā	动	河岸/山坡/建筑物/围墙～
10	亮光	liàngguāng	名	～刺眼/微弱；发出～
11	镢头	juétou	名	
12	刨○	páo	动	～土/食；◎～根问底
13	铜器	tóngqì	名	制造/铸造～
14	保管○	bǎoguǎn	动	～文物/物品/财物
15	废○	fèi	形	～铁/铜/报纸/玻璃/塑料
16	废品○	fèipǐn	名	收/收购/卖～；～回收/加工/利用；◎～率
17	收购站	shōugòuzhàn	名	粮食/木材/废品～
18	馆长	guǎnzhǎng	名	图书馆/博物馆/纪念馆～
19	保管部	bǎoguǎnbù	名	物资/档案～
20	断定○	duàndìng	动	可以/无法/不敢～
21	购○	gòu	动	～书/物/货；～入
22	口径○	kǒujìng	名	望远镜/水管/火炮/导弹～；◇统一～；～一致
23	经○	jīng	动	～……确认/同意/协商

24	青铜	qīngtóng	名	～铸造 / 冶炼；～礼器 / 酒器 / 乐器 / 兵器 / 农具；◎～器；～时代
25	酒器	jiǔqì	名	陶瓷 / 金银 / 青铜～
26	颈	jǐng	名	～部
27	腹	fù	名	～部 / 肌 / 痛
28	微	wēi	副	～辣 / 甜 / 红；～感（不适 / 疲倦）
29	镂空	lòukōng	动	～门窗 / 屏风 / 花瓶 / 花边 / 图案 / 皮鞋[1]；～技术
30	圆形○	yuánxíng	名	～屋顶 / 阳台 / 轨道；◎半 / 椭～
31	花纹○	huāwén	名	～精美 / 美观 / 别致 / 细密 / 艳丽；雕刻～
32	浮雕	fúdiāo	名	◎浅 / 高～
33	狞厉	nínglì	形	图案 / 眼神～
34	凶猛○	xiōngměng	形	动物 / 性情 / 炮火 / 进攻 / 来势～
35	口沿	kǒuyán	名	碗 / 盆 / 壶～
36	纹饰	wénshì	名	动物 / 龙形 / 蝙蝠 / 兽面～；～图案；～精美 / 朴实 / 多样
37	相对○	xiāngduì	形	～稳定 / 独立 / 宽松 / 复杂
38	华美	huáměi	形	装饰 / 服饰 / 言辞～
39	建交○	jiàn//jiāo	动	两国～
40	文物局	wénwùjú	名	国家 / 省 / 市～
41	筹备○	chóubèi	动	～会议；◎～会 / 组
42	调集	diàojí	动	～军队 / 人马 / 粮食
43	纳闷（儿）○	nàmèn(r)	动	感到～
44	器物	qìwù	名	日用 / 金银～
45	铭文	míngwén	名	青铜器～；铸有～
46	内壁	nèibì	名	容器 / 花瓶～
47	底部	dǐbù	名	花盆 / 箱子 / 水池 / 河床 / 海洋～

[1] 这组搭配均为名词性短语。"镂空"相当于"镂空的"，做定语。

48	摩挲	mósuō	动	用手/轻轻/反复～
49	振奋○	zhènfèn	形/动	令人～；精神～；～精神/人心
50	锈○	xiù	名/动	除～；◎生～
51	清除○	qīngchú	动	～垃圾/废物/毒素/病毒；◇～影响/异己；◎定点～
52	泥土○	nítǔ	名	～松软/芳香
53	锈迹	xiùjì	名	◎～斑斑
54	命名○	mìng//míng	动	以/为……～；◎～权/法
55	宗族	zōngzú	名	～组织/观念/势力
56	先人	xiānrén	名	历代～；无愧于/告慰～
57	赏赐	shǎngcì	动/名	～臣子/下人；～金银/土地/物品；～丰厚
58	赴○	fù	动	～会/宴/京/法国/欧洲
59	展出○	zhǎnchū	动	～艺术品/图书/图片/实物；～时间/地点
60	展品	zhǎnpǐn	名	～丰富/有限
61	国宝○	guóbǎo	名	堪称～；被誉为～；◎～级（人物/文物/动植物）
62	出展	chūzhǎn	动	
63	身价倍增	shēnjià-bèizēng	成语	
64	投保	tóu//bǎo	动	～人/期/金额；为……～
65	悠久○	yōujiǔ	形	历史/文化/文明～
66	文化部	Wénhuà Bù		
67	藏品○	cángpǐn	名	博物馆/私人～；◎一级～
68	定级	dìng//jí	动	藏品/文物/能力～
69	出境○	chū//jìng	动	～旅游/考察；～手续/管理

🎧 02-03

何尊铭文大意是：成王五年[1]四月，周王开始在成周[2]营建都城，对武王进行丰福之祭[3]。周王于丙戌日[4]在京宫大室中对宗族小子[5]"何"进行训诰[6]，内容讲到"何"的先父公氏[7]追随文王，文王受上天大命统治天下。武王灭商后则告祭于天，以此地作为天下的中心，统治民众。

而对我们来说，铭文中最重要的话，就是周王营建成周的前提：

惟武王既克大邑商，则廷告于天，曰："余其宅兹[8]中国，自之辟民。"（或释作"自之乂民"，大意相同。）

大意是：武王在攻克了商的都城后，举行隆重的仪式向上天报告："我现在把中国当我的家园了，亲自统治那里的民众。"

这是迄今为止找到的最早的"中国"两字的实证，而且明白无误地告诉我们，早在约3100年前，中国的含义就是当时最高统治者居住的地方。在商朝[9]时，就是指"大邑商"，商王所居的都城。到了周朝，"中国"就是周王居住的地方，开始在丰、镐[10]，而在周成王时，选定成周营建未来的都城，成周将成为"中国"。无论是商朝后期都城殷（大邑商，今河南安阳一带），周朝的都城丰、镐（今陕西西安一带），还是新选定的成周（今河南洛阳一带），都不出黄河中下游范围。

为什么将最高统治者所在的都城称为"中国"呢？因为"国"的本意就是由城墙包围的、由专人守卫的居民点、聚落、城。"中"的本意是一面特殊用途的大旗，商人[11]

---

1 成王五年：周成王五年为公元前1038年。
2 成周：一般认为在今河南洛阳一带。
3 丰福之祭：祭礼。
4 丙戌日："丙戌"这一天。中国古代用天干、地支的组合来纪年。天干10个：甲、乙、丙、丁、戊、己、庚、辛、壬、癸。地支12个：子、丑、寅、卯、辰、巳、午、未、申、酉、戌、亥。天干、地支的组合一共有60个。干支也可以用来标记月、日和时辰。
5 宗族小子：即同宗族的子弟。
6 训诰：xùngào，训导告诫。
7 先父公氏："先父"指死去的父亲。"公氏"，表示他的姓氏是"公"。
8 兹：zī，指示代词。这个。
9 商朝：约前1600—前1046年。
10 丰、镐：西周王朝的国都，称丰京和镐（hào）京。位于陕西西安的沣河两岸。
11 商人：商朝人。

用作召集士兵或民众聚集的标志。这面大旗插在哪里，民众、士兵就会在它的周围聚集，它也因此成为中点、中心、中央的代名词，引申出来的意思就是最关键的、最重要的、最高的。在商朝和西周，可以称为"国"的城数以千计，因而有"万国"一词比喻其数量多。在"万国"中，只是最高统治者所在的国才能被称为"中国"。

周成王虽然营建了成周，有了新的"中国"，但他以后的西周君主还是以关中[1]的丰、镐为首都，这个"中国"一直沿用，这样就有了两个"中国"。随着西周分封范围的扩大和稳定，近支宗室和主要诸侯的都城也开始分享"中国"的荣光，"中国"的范围逐渐扩大到周朝的中心区域。《诗经》有"惠此中国，以绥四方"[2]的诗句，说明"中国"是对"四方"而言，四方的中间、中心就是"中国"。

到了东周[3]，天子名存实亡，"中国"不再是天子的专利。不仅原来处于中心区域、重要地位的诸侯国以"中国"自居，连原来被视为"戎狄""蛮夷"[4]的秦国、楚国也自称"中国"了。春秋时还存在的一千多个国，到战国时只剩下秦、楚、齐、燕、韩、赵、魏七国和若干无足轻重的小国，"中国"的概念却扩大到了七国。到公元前221年秦始皇灭六国，建秦朝，秦朝的全部统治区都成了"中国"。从此，中国成了中原王朝的代名词。政权可以更迭，朝代可以改名，皇帝可以易姓，但"中国"名称不改，"中国"代表的地域范围随着疆域的扩展最终覆盖今天中国领土的全部。1912年起，中国成为我们国家的正式名称，是中华民国的简称；1949年起是中华人民共和国的简称。

追根溯源，"中国"产生在黄河之滨，黄河流域曾经是中国的主体。

阅读提示（二）

1. 何尊铭文记录了什么重要的史实？
2. 何尊铭文中出现的"中国"一词，具体含义是什么？
3. 在西周时代，"中国"的含义跟汉字"中"的意思有什么关系？那个时代，"国"的意思跟现

---

1 关中：陕西中部地区。
2 "惠此中国，以绥四方"：这两句诗出自《诗经·大雅·民劳》。意思是，爱护京城的老百姓，以安抚诸侯定四方。
3 东周：前770—前256年。周朝分西周和东周。
4 "戎狄""蛮夷"：非华夏部落的统称。周朝时居民有华夏和四夷的区分：南方部落为蛮，东方部落为夷，西方部落为戎，北方部落为狄。

在的一样吗?

4. "中国"一词所表示的范围是怎么逐步扩大的?

5. "中国"的源头在哪里?

词语表(二)  02-04

序号	词语	拼音	词性	搭配举例
70	营建	yíngjiàn	动	~宫殿/寺庙/陵墓
71	都城	dūchéng	名	营建~
72	祭○	jì	动	~祖先/神
73	受命	shòumìng	动	◎~于天
74	上天	shàngtiān	名	~恩赐
75	统治○	tǒngzhì	动	~国家/人民;◎~阶级/地位/者
76	兹○	zī	代	~事
77	攻克	gōngkè	动	~难关/难题/疾病/城市
78	隆重○	lóngzhòng	形	~举行/召开/开幕/接待/纪念;仪式~
79	实证	shízhèng	名	◎~主义/法
80	统治者	tǒngzhìzhě	名	
81	中游	zhōngyóu	名	河流~
82	下游○	xiàyóu	名	河流~;◇处于中~水平
83	本意○	běnyì	名	出于……的~;违背~
84	城墙○	chéngqiáng	名	~坚固/雄伟/古老;修筑/拆毁~;◎古~
85	专人○	zhuānrén	名	~负责/守卫;◎~专用
86	守卫	shǒuwèi	动	~国土/首都/城市/军事重镇
87	居民点	jūmíndiǎn	名	建立~
88	聚落	jùluò	名	原始~

89	召集○	zhàojí	动	～学生／代表／人马／手下；◎～人
90	聚集○	jùjí	动	人群／人才／废气／毒素～；～成群
91	中点	zhōngdiǎn	名	线段／连线～
92	代名词	dàimíngcí	名	
93	引申	yǐnshēn	动	字义／词义～；～出；◎～义
94	数以千计	shù yǐ qiān jì		
95	比喻○	bǐyù	动／名	把……～为／成……；～生动／巧妙／贴切
96	沿用	yányòng	动	～制度／做法／说法
97	分封	fēnfēng	动	～土地／子弟；◎～制
98	近支	jìnzhī	名	皇族／王族～
99	宗室	zōngshì	名	皇族／王族～；～子弟
100	诸侯	zhūhóu	名	～争霸；◎～国／王
101	荣光	róngguāng	形	无上～
102	四方	sìfāng	名	统治／流浪／云游～
103	名存实亡	míngcún-shíwáng	成语	
104	天子	tiānzǐ	名	◎真龙／真命～；～脚下
105	自称○	zìchēng	动／名	～为／是（神／上帝／圣人／能人）；以……～
106	无足轻重○	wúzú-qīngzhòng	成语	
107	统治区	tǒngzhìqū	名	
108	中原	zhōngyuán	名	～地区／大地；◎～文化／王朝
109	王朝	wángcháo	名	唐／明／清～；历代／末代／封建～；～更迭
110	更迭	gēngdié	动	政权／王朝／朝代／四季～
111	朝代○	cháodài	名	～兴衰／更迭／更替
112	改名○	gǎimíng	动	～（为）……；◎～换姓／易姓

113	易姓	yìxìng		◎改名～
114	疆域	jiāngyù	名	～辽阔 / 广大 / 变迁
115	覆盖◯	fùgài	动	～范围 / 全球 / 城乡 / 大地 / 原野；◎～面 / 率
116	领土◯	lǐngtǔ	名	～完整 / 神圣 / 辽阔；～范围 / 主权
117	简称◯	jiǎnchēng	名 / 动	国名 / 城市名～；……～（为）……
118	追根溯源	zhuīgēn-sùyuán	成语	
119	流域◯	liúyù	名	◎长江 / 尼罗河 / 两河 / 大河～

课文回顾与思考

1. 何尊是谁制作的？是出于什么目的制作的？它的命运经历了哪些神奇的时刻？
2. 何尊铭文的发现具有怎样的意义？从中能看出文字在考古中具有怎样的重要作用？
3. 本课名《发现"中国"》具有几层含义？结合课文和自己所查资料，谈一谈"中国"一词的含义从古到今所发生的变化。
4. 文物展对于各国之间的文化交流具有怎样的意义？
5. 对于禁止珍贵文物出国展出，你有什么看法？

词语例释

1. 相比之下

用于引出两个或多个事物比较的结果。常作为插入语使用，句子结构一般为"A……，相比之下，B……"。如：

（1）之所以说"非常可能"，而不能直接肯定，最大的缺憾就是没有发现正式的文字记载。相比之下，"中国"一词的来历得到明确的肯定虽然也来自考古的证据，却因为有了文字而无可置疑。

（2）在所有动物中，人出生后的自生能力可能最弱，相比之下，马的自生能力极强，小马出生半小时左右即可站立走路。

（3）中国民间历来把鸳鸯当作恩爱夫妻的象征。雄鸳鸯算得上是世界上最美的水鸟之一，相比之下，雌鸳鸯一身深褐色羽毛，显得朴实无华。

（4）词汇与社会发展的联系最直接，所以词汇对社会发展的反应最灵敏，变化因而比较快。相比之下，语音和语法就稳定得多。语言系统的各个组成部分变化速度是不均衡的。

（5）健康乃是一种身体上、精神上的良好状态，相比之下，"无病即健康"的观念就太陈旧了。

（6）世界历史上曾出现过著名的古埃及文化、古巴比伦文化等，但相比之下，中国古文明保存最完好。

2. 以²

"以"有介词、连词两种用法。

做介词时，有"按照""用（方式）"等不同的意思，《高级中文综合教程1》第四课介绍过这一用法，本课中也出现了这样的用例，并且是以"以……价格""以……自居""数以……计"这样的固定搭配形式出现。"以……价格"表示"按照……的价格"，"以……自居"表示"认为自己是……"，"数以……计"表示数量达到了多少。如：

（1）1965年，邻居缺钱花，就将这件铜器以废铜的价格卖给废品收购站。

（2）到了东周，天子名存实亡，"中国"不再是天子的专利。不仅原来处于中心区域、重要地位的诸侯国以"中国"自居，连原来被视为"戎狄""蛮夷"的秦国、楚国也自称"中国"了。

（3）在商朝和西周，可以称为"国"的城数以千计，因而有"万国"一词比喻其数量多。

介词"以"可构成"以……为……"的格式，意思是"把……作为……"，这是高级阶段的一个固定格式。如：

（4）整器的装饰以雷纹为地，部分采用三层花的装饰手法，看起来华美瑰丽。

（5）周成王虽然营建了成周，有了新的"中国"，但他以后的西周君主还是以关中的丰、镐为首都，这个"中国"一直沿用，这样就有了两个"中国"。

（6）武王灭商后则告祭于天，以此地作为天下的中心，统治民众。

"以……为……"的固定格式也构成了不少成语，如"以攻为守、以退为进、以人为鉴"等。"以攻为守"，把进攻作为防御的手段，指用主动进攻来达到防御的目的。"以退为进"，把退让作为进攻的手段。"以人为鉴"，表示把别人的经验教训作为自己的参照，鉴：镜子。

做连词时，表示目的。这一用法在《高级中文综合教程1》第三课目的复句中做过简单的介绍，这里结合课文中的例子，再对"以 + 小句"的用法做一点说明。"以"作为单音节连词独立使用，可以与后面的动词自由搭配，后面的动词为单音节或双音节均可。如：

（7）1980年，国家文物局又请马承源组织筹备"伟大的中国青铜器"展，以赴美国进行友好交流。

（8）周王宗族"何"的先人曾追随文王，周王赏赐给"何"贝30朋，"何"因此制作此酒具，以作纪念。

（9）他很注意抓紧白天的时间工作，以腾出晚上的时间用来自学。

（10）花生、杏仁、核桃等坚果含有多种营养成分，素食者可以常吃，以获得均衡营养。

3. 至

"至"有动词、副词两种用法。

做动词时，意思是"到"。可以构成"至今、直至、至此"等词。"至今"，直到现在；"直至"，直到；"至此"，到这里，或到这个时候、这个地步。在成语"自始至终、无微不至"中，"至"也是这种用法。"自始至终"，从开始到结束，表示一直如此；"无微不至"，没有一个细微的地方没有照顾到，表示细致周到。如：

（1）体侧装饰有四道镂空扉棱，从上至下将圆形器体分为四个部分。

（2）1978年开始的改革开放持续至今，中国出现了前所未有的深刻变化。

（3）陆地上的脊椎动物演化从两栖类开始，接着有爬行动物的兴盛、鸟类的产生、哺乳动物的兴起，最后到灵长类的出现，直至人类的诞生。

（4）继1982年、1986年之后，1994年1月4日，国务院又公布了乐山、都江堰等37座城市为第三批国家历史文化名城。至此，我国已拥有国家历史文化名城99座。

（5）讨论会的气氛自始至终十分热烈，参会代表就会议主题进行了坦诚的交流。

做副词时，意思是"最、极"，后接形容词，表示程度最高。可以构成"至多、至少、至亲"等词，"至多、至少"都是副词，分别表示最多、最少。"至亲"，名词，关系最近的亲属。在成语和固定短语"至高无上、至尊至贵、至善至美、至关重要"中，"至"均为副词用法。"至高无上"，表示最高，没有比这个更高的了；"至尊至贵"，表示最尊贵；"至善至美"，表示最完善、最美好；"至关重要"，表示最为重要。如：

（6）我们学校教学楼电梯载重为1000公斤，一次至多载13人。

（7）在皇权时代，皇帝拥有至高无上的权力，地位至尊至贵。

（8）公司还要进行改革，我们的制度还远远没有达到至善至美的程度。

（9）农业科技对农业的发展起着至关重要的作用。

4. 于

介词，有多个义项，其宾语常表示动作行为的时间、处所等。

第一，在。后接时间、方位均可。"位于""处于"，表示位置在；"着眼于"，表示考虑某个方面的情况。如：

（1）周王于丙戌日在京宫大室中对宗族小子"何"进行训诰，内容讲到"何"的先父公氏追随文王，文王受上天大命统治天下。

（2）主体花纹为高浮雕兽面纹，位于中部，巨目利爪，狞厉凶猛。口沿和圈足部位的纹饰，分别为兽形蕉叶纹和相对简单的浅浮雕兽面纹。

（3）不仅原来处于中心区域、重要地位的诸侯国以"中国"自居，连原来被视为"戎狄""蛮夷"的秦国、楚国也自称"中国"了。

（4）处理问题，不要只看眼前，更要着眼于将来。

第二，向。"求救于"，表示向……求救。如：

（5）武王灭商后则告祭于天，以此地作为天下的中心，统治民众。

（6）野外遇到风雪天气，手机可能没有信号，电脑可能没有网络。这时可求救于附近村庄的村民或过往的车辆。

第三，给。"献身于"，表示把全部的精力献给某项事业或工作；"服务于"，表示为……服务。如：

（7）从年轻时代开始，他就下决心一辈子献身于考古事业。

（8）笔记本电脑有多种类型，其中特殊用途的机型服务于专业人士，可以在酷暑、严寒、低气压、高海拔、强辐射等恶劣环境中使用。

第四，对、对于。"不利于"，表示对……不利；"有助于"，表示对……有帮助；"无济于事"，表示对事情没有帮助，济：帮助。如：

（9）2500—4000米的高寒区，不利于粮食作物生长，但适合发展林业和牧业。

（10）音乐是一种非语言的交流形式，音乐活动实际上是一种社会化活动，有助于增强人的社会适应能力。

（11）阅读障碍是一种与阅读有关的学习障碍，跟大脑不能协调处理视觉和听觉信息有关。因此，治疗视力无济于事。

第五，自、从。"来源于"，从……起源；"得益于"，从……获得好处。如：

（12）土壤污染主要来源于生活污水和工业废水、废渣，以及化肥、农药。

（13）人民生活水平的提高得益于人口和经济的良性协调发展。

第六，表示比较。构成"形容词/动词＋于＋比较对象"的结构。"仅次于"，仅仅比……低；"不亚于"，不比……差；"莫过于"，没有一个能超过……。如：

（14）在云南省的建水古城，有一座始建于元代的文庙（即"孔庙"），就现存规模和建筑水平来说，仅次于曲阜和北京的孔庙。

（15）兔子不仅听觉特别灵敏，嗅觉也不亚于警犬，它能靠嗅觉判断周围有无别的动物。

（16）几百年前，对于航海的船员来说，健康的头号杀手莫过于坏血症，这是缺乏维生素C所引起的一种疾病。

第七，表示被动。"受制于"，被……限制；"不容于"，不被……接受、容纳。如：

（17）朋友之间的关系是平等的，不必受制于对方。

（18）明朝思想家李贽（1527—1602），因反对理学思想而不容于当时的社会。被捕后，在狱中自杀身亡。

成语运用

1. 无可置疑

没有什么可怀疑的。表示事实很明显或理由很充足，不需要怀疑。使用中相当于形容词，多做谓语和定语。如：

（1）相比之下，"中国"一词的来历得到明确的肯定虽然也来自考古的证据，却因为有了文字而无可置疑。

（2）粮食安全对一个国家来说至关重要，这一点无可置疑。

（3）他已独立完成了多项复杂的工作，他的能力无可置疑。

（4）丝绸起源于中国，这是无可置疑的事实。

（5）商务印书馆是中国第一家现代出版机构，已有一百多年的历史。它出版的工具书具有无可置疑的权威性。

（6）篮球场上，高个子队员当然具有无可置疑的身高优势。

2. 身价倍增

身价：指一个人的社会地位或价值。比喻一个人的社会地位大大提升，也借指物品价值大大提高。使用中相当于动词，做谓语。如：

（1）自从被评为"足球先生"，他成了各大俱乐部争相聘请的球员，一时身价倍增。

（2）国宝出展，身价倍增，最后投保达3000万美元。

（3）随着人们对无污染、无公害食品需求的增加，生长在森林中的食用植物，即所谓的"森林蔬菜"身价倍增，越来越受到人们的欢迎。

（4）如果一幅未署名的绘画作品被鉴定为某著名画家的作品，那立刻就会身价倍增。

（5）参加国际比赛获得金奖后，他们的产品身价倍增，立刻打开了销路。

3. 名存实亡

亡：消亡，不存在。名义上还有，实际上已不存在。指一个事物只留下一个名称或形式，实际已经消失了。使用中相当于动词，多做谓语和定语。如：

(1) 到了东周，天子名存实亡，"中国"不再是天子的专利。

(2) 随着城市建设速度的加快和城市规模的扩大，许多历史文化名城遭受了严重的破坏，不少名城已名存实亡，被改造得面目全非。

(3) 法律如果不能被遵守，不能被执行，也就名存实亡了。

(4) 如果夫妻双方的感情确实已经破裂，无恢复和好的可能，那么结束这种名存实亡的关系，对双方都是一种解脱。

(5) 我们的中学校友会已经多年没有活动，实际上已处于名存实亡的状态。

4. 无足轻重

不重要，不受重视或不值得重视。使用中相当于形容词，多做定语和谓语。如：

(1) 春秋时还存在的一千多个国，到战国时只剩下秦、楚、齐、燕、韩、赵、魏七国和若干无足轻重的小国，"中国"的概念却扩大到了七国。

(2) 中年以后他渐渐明白，很多曾经让他烦恼的事情，其实都是无足轻重的小事，不必看得太重要。

(3) 人际交往不是无足轻重的小事，处理好人际关系对我们的生活和工作很重要。

(4) 即使是演无足轻重的配角，她也十分用心，把配角当成主角来塑造，总能给人留下深刻的印象。

(5) 在我们的企业中，每个人都是重要的，没有人是无足轻重的。

(6) 不少人认为，要了解一位作家，读他的代表作就可以了，其他的作品无足轻重。这种看法是很片面的。

修辞讲解

排比

课文中出现了这样一个复句：

(1) 政权可以更迭，朝代可以改名，皇帝可以易姓，但"中国"名称不改，"中国"代表的地域范围随着疆域的扩展最终覆盖今天中国领土的全部。

句中画线的三个句子结构相同，语义相关。它采用的修辞格就叫排比。

排比由三个或三个以上的句子（或句子成分）构成，这些句子（或句子成分）结构相同或相似（字数不必相等），语义相关，语气一致。排比项中常出现相同的词或短语，用于提示结构，加强语气。这些相同的词或短语就叫"提挈语"。排比的使用，可以使说理更透彻，感情的抒发更淋漓尽致。在文学作品或说理性的文章中，排比是常见的修辞手段。

排比可以分为两种类型：一是句子的排比，一是句子成分的排比。

1. 句子的排比

句子包括单句、复句中的某些分句和复句。如：

（2）绿色是多宝贵的啊！它是生命，它是希望，它是慰安，它是快乐。我怀念着绿色把我的心等焦了。（陆蠡《囚绿记》）

（3）我的生活是忙碌的：忙着看，忙着听，忙着说，忙着走。（巴金《朋友》）

（4）唐诗对中国人而言，是一种全方位的美学唤醒：唤醒内心，唤醒山河，唤醒文化传代，唤醒生存本性。（余秋雨《唐诗几男子》）

（5）燕子去了，有再来的时候；杨柳枯了，有再青的时候；桃花谢了，有再开的时候。但是，聪明的，你告诉我，我们的日子为什么一去不复返呢？（朱自清《匆匆》）

（6）生命是母亲给我的。我之能长大成人，是母亲的血汗灌养的。我之能成为一个不十分坏的人，是母亲感化的。我的性格、习惯，是母亲传给的。（老舍《我的母亲》）

（7）你如爱花，这里多的是锦绣似的草原。你如爱鸟，这里多的是巧啭的鸣禽。你如爱儿童，这乡间到处是可亲的稚子。你如爱人情，这里多的是不嫌远客的乡人……（徐志摩《我所知道的康桥》）

（8）梦想在生命中是非常重要的东西。为什么非常重要？因为只有梦想可以使我们温暖，只有梦想可以使我们有希望，只有梦想可以使我们保持充沛的想象力与创造力。（林清玄《保持梦想的心》）

例（2）—（8）中，都用了提挈语（蓝色部分）。例（2）—（4），提挈语是短语或词；例（5）—（8），提挈语为结构，"……了，有……的时候""……，是母亲……的""你如爱……，这里多的是……""只有梦想可以使我们……"。提挈语的使用，使结构的相似性更加突出。

2. 句子成分的排比

各种句子成分也可以用来排比。如：

（9）生活有了高、有了广、有了深，才可以说是充实。（李霁野《试谈人生》）

（10）我所谓死，并不一定是埋在土里的意思。不能接受新的印象、新的经验、新的思想，换句话说，就是变成了老顽固，我以为这就是精神的死亡。（李霁野《试谈人生》）

（11）瞻瞻！你尤其可佩服。你是身心全部公开的真人。你什么事体都像拼命地用全副精力去对付。小小的失意，像花生米翻落地了、自己嚼了舌头了、小猫不肯吃糕了，你都要哭得嘴唇翻白，昏去一两分钟。（丰子恺《给我的孩子们》）

（12）我的生活曾是悲苦的，黑暗的。然而朋友们把多量的同情、多量的爱、多量的欢乐、多量的眼泪都分给了我，这些东西都是生存所必需的。（巴金《朋友》）

（13）这样一来，他的笔下就出现了各种色调、各种风致、各种意绪、各种情境的大组合。

(余秋雨《历史母本》)

（14）一片无边的是雪的世界。<u>在</u>山<u>上</u>、<u>在</u>原野<u>上</u>、<u>在</u>房屋<u>上</u>、<u>在</u>树木<u>上</u>，都是盖着皑白的雪层。是银的宇宙，是铅的宇宙。（穆木天《雪的回忆》）

例（9）—（14）中也都使用了提挈语（蓝色部分）。排比项在句子中所充当的成分分别是：例（9）谓语，例（10）、例（11）动词宾语，例（12）介词宾语，例（13）定语，例（14）状语。

在抒情或说理的文字中，我们可以运用排比增强表达效果。注意选择提挈语，可以帮助我们更好地完成排比句。

第一部分 词汇、语法、修辞

一、解释加点语素的意思，并根据拼音完成新词，同时说明其词义。

1. 铜·器（　　　　）
   cí　　　器
   táo　　器

2. 废·铜（　　　　）
   废　pǐn
   废　wù

3. 收购·站（　　　　）
   fúwù　　站
   hédiàn　站

4. 博物·馆（　　　　）
   jìniàn　　馆
   lǐngshì　　馆

5. 造·型（　　　　）
   liǎn　　型
   fà　　型

6. 花·纹（　　　　）
   léi　　纹
   shòumiàn　纹

7. 精品·展（　　　　）
   huà　　展
   shū　　展

8. 锈·迹（　　　　）
   guǐ　　迹
   zú　　迹

9. 身·价（　　　　）
   shòu　　价
   zào　　价

10. 实·证（　　　　）
    rén　　证
    wù　　证

二、选择成语改写句子并造句。

> 无可置疑　身价倍增　名存实亡　无足轻重

1. 创名牌对企业来说是一件至关重要的事情。一旦创牌成功，企业将收益大增。
   改写：_____
   造句：_____

2. 历史是一面镜子，学习历史不仅可以使我们了解古代，也可以让我们更清醒地认识现实。这是很明显的事实。
   改写：_____
   造句：_____

3. 他是一个工作狂。在他眼里，工作是最重要的，其他的都可有可无。
   改写：_____
   造句：_____

4. 我家附近的美食一条街，其实只剩"美食"的名字了，很多饭店、餐馆已经关门，再没有以前的热闹景象了。
   改写：_____
   造句：_____

三、词语搭配与填空。

性情	悠久
历史	凶猛
仪式	完整
城墙	隆重
领土	雄伟

（1）国家之间相互尊重_____的_____是尊重国家主权的最主要内容。

（2）中国的城市发展有着十分_____的_____。考古发现，湖南的城头山遗址是中国"最早的城市"，已有6000多年的历史。

（3）在明清两代，不管是南京还是北京，都有_____的_____环绕。

（4）_____ _____的鲨鱼，一口能吞下成群的小鱼，还能咬死并吃掉比自己大的鱼或其他动物，真可谓是"海中霸王"。

（5）祭孔大典是指在孔庙（文庙）举行的祭祀孔子的盛大典礼，_____十分_____。

保管	会议
雕刻	难题
筹备	财物
赏赐	车马
攻克	花纹

(6) 我们正在_____一个有关古汉语教学的国际_____，已向十几个国家的同行发出了邀请。

(7) 在医学上还有很多无法_____的_____，比如运动神经元病，即俗称的渐冻症。

(8) 对于如何判断古代家具年代的问题，有专家认为，家具上_____的_____是一个非常重要的依据。

(9) 在西周时期，除了土地、爵位，周天子还常常_____礼器、服饰、_____等物品给诸侯或臣子。

(10) 大家在旅行的过程中，请务必妥善_____好自己的_____和身份证件。

◎
来历	藏品
一级	流域
统治	专用
专人	不明
大河	地位

(11) 在未来的地球上，也许会出现取代人类_____的生物，人类未必能够一直主宰地球。

(12) 博物馆可以通过购买、接受捐赠、依法交换等法律规定的方式获得藏品，藏品不得包括_____ _____或者不合法的物品。

(13) 为推行分餐制，商家推出了一种_____ _____筷。这种筷子可供家庭使用，一人一色，易于区别，方便使用。

(14) 有学者认为，中华文明的诞生不是一元的，有可能是从各_____ _____多元产生的。至少长江的功劳不亚于黄河。

(15) 故宫博物院的院藏文物品质精良、种类丰富。现有藏品总量已达 180 余万件（套），分 25 种大类别，其中_____ _____8000 余件（套），堪称艺术的宝库。

四、用指定词语完成句子或对话。

1. 现在流行 AA 制，_____（相比之下）
2. "变废为宝"是一个很实用的环保观念，_____（废品）
3. _____，所以没有请他参加。（断定）
4. _____，周末我们可以借用教室举办写作比赛。（经……同意）
5. 如果比较一下最近几年夏季的气温，_____（相对）

6. 每天运动却长胖了，＿＿＿＿＿＿＿＿＿＿＿＿＿＿＿＿＿＿＿＿＿＿＿＿＿＿＿＿＿＿＿＿（纳闷）

7. 如果感到精神消沉，＿＿＿＿＿＿＿＿＿＿＿＿＿＿＿＿＿＿＿＿＿＿＿＿＿＿＿＿＿＿＿＿（振奋）

8. 电脑里的垃圾越来越多，速度越来越慢，＿＿＿＿＿＿＿＿＿＿＿＿＿＿＿＿＿＿＿＿（清除）

9. A：月亮上也有山脉，山脉也有名字。你知道这些名字是从哪里来的吗？

   B：＿＿＿＿＿＿＿＿＿＿＿＿＿＿＿＿＿＿＿＿＿＿＿＿＿＿＿＿＿＿＿＿＿＿＿＿＿＿（命名）

10. A：听说艺术系的毕业生正在举办书画作品展，你去参观了吗？

    B：＿＿＿＿＿＿＿＿＿＿＿＿＿＿＿＿＿＿＿＿＿＿＿＿＿＿＿＿＿＿＿＿＿＿＿＿＿＿（展出）

11. A：＿＿＿＿＿＿＿＿＿＿＿＿＿＿＿＿＿＿＿＿＿＿＿＿＿＿＿＿＿＿＿＿＿＿＿＿＿＿（国宝）

    B：如果是艺术界，我知道的有梅兰芳，他是京剧大师。

12. A：今年春节你有没有什么旅行计划？

    B：＿＿＿＿＿＿＿＿＿＿＿＿＿＿＿＿＿＿＿＿＿＿＿＿＿＿＿＿＿＿＿＿＿＿＿＿＿＿（出境）

13. ＿＿＿＿＿＿＿＿＿＿＿＿＿＿＿＿＿＿＿＿，他以为我是在嘲笑他，居然生气了。（本意）

14. A：＿＿＿＿＿＿＿＿＿＿＿＿＿＿＿＿＿＿＿＿＿＿＿＿＿＿＿＿＿＿＿＿＿＿＿＿＿＿（召集）

    B：听说是为了征求大家对暑期活动安排的意见。

15. 花车游行是一项非常受欢迎的城市娱乐活动，＿＿＿＿＿＿＿＿＿＿＿＿＿＿＿＿＿（聚集）

16. A：通过打比方的方式，可以把知识说成是什么？

    B：＿＿＿＿＿＿＿＿＿＿＿＿＿＿＿＿＿＿＿＿＿＿＿＿＿＿＿＿＿＿＿＿＿＿＿＿＿＿（比喻）

17. ＿＿＿＿＿＿＿＿＿＿＿＿＿＿＿＿＿＿＿＿＿＿，其实他的能力还不如一个普通人。（自称）

18. A：＿＿＿＿＿＿＿＿＿＿＿＿＿＿＿＿＿＿＿＿＿＿＿＿＿＿＿＿＿＿＿＿＿＿＿＿＿＿（朝代）

    B：我选择唐朝，因为我喜欢唐诗。

19. 冬天的时候我最喜欢下雪，＿＿＿＿＿＿＿＿＿＿＿＿＿＿＿＿＿＿＿＿＿＿＿＿＿＿（覆盖）

20. 为了口头交际的方便，＿＿＿＿＿＿＿＿＿＿＿＿＿＿＿＿＿＿＿＿＿＿＿＿＿＿＿＿（简称）

五、选择适当的关联词填空，如果所填关联词是合用关联词中的一个，请画出另一个。

> 只有　　不过　　因为　　否则　　不但
> 如果　　或者　　则　　之所以　　即

　　古文明的产生离不开大河。当然，河流的水量并不是文明产生和发展的唯一条件，水量的多寡也并不与文明的高度直接相关，＿＿＿＿＿＿，水量本身依然是一项重要因素。在某种生活、生产、生存方式下，一个特定人类群体的最低需水量必须得到保证，＿＿＿＿＿＿这些人中的一部分只能迁离，＿＿＿＿＿＿从其他河流找到新的水源来弥补不足。一般情况下，同样面积的土地，农业比牧业可以提供更多的食物，养活更多的人口。但_____供水充足的土地才能开发农业,农田转变为牧地不会有什么困难,而牧地转变为农田_____很难,_____供水量是一个致命的障碍。

不过,_____水量过多,特别是在中游、下游短时间内水量急剧增加,又会造成河水暴涨,泛滥成灾。很多民族_____都保留着有关古代洪水的传说,都有各自的治水英雄或神灵,就是源于先民曾遭受过特大洪水的侵害。洪水还包括水量的季节性变化,_____某一时段的水量剧增与另一时段的水量枯竭的交替。但在适当的条件下,这类周期性的变化也能被人类利用,成为一种特殊的优势。古埃及人就是利用尼罗河每年泛滥留下的肥沃泥土,_____开发出了发达的农业,还创造出了辉煌的文明。

六、排序,并画出各句所用关联词及其他可提示句子顺序的词语。

1. A."金"即指青铜器,"文"指铭文
   B.也是研究先秦历史的最珍贵史料
   C.金文是研究商代、西周、春秋、战国文字的主要资料
   D.金文的名称也体现出了时代特征——商周是青铜器的时代
   E.作为具有两方面研究价值的材料
   正确语序:_____

2. A.而关于古物文字的研究
   B.文献一词主要指流传下来的古代典籍(包括各种古器物上的文字)
   C.关于古代典籍的研究
   D.则为中国学者所说的金石学或文字学
   E.即中国学者说的国学、海外学者说的汉学
   正确语序:_____

3. A.再后来,东方开始使用金属、竹子、布帛、棕榈叶等记录信息
   B.但当时还无法生产出发达先进的"纸"
   C.西方则开始使用树皮、兽皮、陶片和泥板
   D.之后兽骨和象牙等也成为最普遍的书写材料
   E.首先是石头、木片等担负起这个任务
   F.在古老的原始社会,人们已产生对书写材料的需要
   正确语序:_____

4. A. 它们对应的文明发源地分别是尼罗河流域、两河流域、印度河流域和黄河流域

B. 而且对所在地区影响巨大

C. 也在于它们是后来诸多文明的发源地

D. 四大古文明的意义并不仅仅在于其时间早

E. 四大文明古国分别是古埃及、古巴比伦、古印度和中国

正确语序：_____

5. A. 古希腊文明是欧洲最早出现的文明

B. 从对后世的影响来说

C. 也是西方文明的摇篮

D. 它不仅代表人类早期典型的海洋文明

E. 曾经在哲学、文学、戏剧、雕塑、绘画、建筑等方面做出过巨大贡献

正确语序：_____

七、修辞练习。

1. 下面两段文字出自史铁生《老海棠树》，文章回忆了作者跟奶奶相处的一段往事。请找出其中的排比句，并画出提挈语。

所以冬天，所有的冬天，在我的记忆里，几乎每一个冬天的晚上，奶奶都在灯下学习。窗外，风中，老海棠树枯干的枝条敲打着屋檐，摩擦着窗棂。奶奶曾经读一本《扫盲识字课本》，再后是一字一句地念报纸上的头版新闻。在《奶奶的星星》里我写过：她学《国歌》一课时，把"吼声"念成"孔声"。我写过我最不能原谅自己的一件事，奶奶举着一张报纸，小心地凑到我跟前："这一段，你给我说说，到底什么意思？"我看也不看就回答："您学那玩意儿有用吗？您以为把那些东西看懂，您就真能摘掉什么帽子？"奶奶立刻不语，唯低头盯着那张报纸，半天半天目光都不移动。我的心一下子收紧，但知已无法弥补。"奶奶。""奶奶！""奶奶——"我记得她终于抬起头时，眼里竟全是惭愧，毫无对我的责备。

但在我的印象里，奶奶的目光慢慢地离开那张报纸，离开灯光，离开我，在窗上老海棠树的影子那儿停留一下儿，继续离开，离开一切声响甚至一切有形，飘进黑夜，飘过星光，飘向无可慰藉的迷茫与空荒……而在我的梦里，我的祈祷中，老海棠树也便随之轰然飘去，跟随着奶奶，陪伴着她，围拢着她。奶奶坐在满树的繁花中，满地

的浓荫里，张望复张望，或不断地要我给她说说："这一段到底是什么意思？"——这形象，逐年地定格成我的思念，和我永生的痛悔。

2. 选择下列一个主题，用排比写一段话。注意提挈语的使用。

A. 学习知识的乐趣　　B. 友谊的重要性　　C. 旅行的好处　　D. 四季的感受

_____
_____
_____
_____

第二部分　拓展阅读

八、选择合适的句子填入短文画线处，并概括短文的主要内容。

A. 本书仍不失为经典，是一本普及玛雅文明的重量级读物

B. 至今仍被认为是这一领域的重要贡献者

C. 直到公元19世纪才被考古学家们发掘出来，焕发光彩

D. 实际上，作为一种能与四大古文明并称的文明体系，其文明的内涵和表现绝非如此肤浅

玛雅文明是美洲的主要文明之一，是一个可与世界古代四大文明并称的原创性文明。它主要分布于中美洲，即现今墨西哥东南部（主要是尤卡坦半岛）、危地马拉、洪都拉斯、萨尔瓦多和伯利兹等国家和地区。与古埃及、古巴比伦、古印度、中国诸文明相比，玛雅文明是一种相对神秘和陌生的文明。一提起玛雅，我们的脑海中往往会浮现"世界末日""玛雅历法""玛雅金字塔""神秘的外星人"等字眼。_____。虽然玛雅文明的文明程度仍处于石器时代，没有发明车轮和金属工具，但玛雅人在天文学、数学、农业、文字、艺术等方面都取得了相当辉煌的成就。

在一般人的印象中，创造玛雅文明的玛雅人似乎已经灭绝了，但实际情况却是，仍有数百万玛雅人生活于中美洲地区。纵然玛雅人没有消失，但玛雅文明却在几百年的时间里湮没无闻，_____。

在众多的考古学家中，美国人西尔韦纳斯·莫利（Sylvanus Morley，1883—1948）

是让玛雅文明重新焕发光彩的重量级学者，_____。西尔韦纳斯·莫利是美国著名的玛雅文明研究专家、考古学家和铭文学家。1907年，西尔韦纳斯·莫利刚从哈佛大学毕业，便前往墨西哥考察玛雅文明遗址。自1923年开始的近20年时间里，西尔韦纳斯·莫利全身心投入到玛雅遗址的发掘中，并以大规模发掘奇琴伊察的玛雅遗址而声名卓著。关于古代玛雅社会的专著《玛雅三千年》（The Ancient Maya）于1946年出版，该书是他最著名的作品之一。

《玛雅三千年》一书是第一部从地理、历史、天文、历法、习俗、艺术等诸方面，融合考古学、历史学、人类学、民俗学、社会学等多领域的研究成果，全面、系统、深入展现玛雅文明的经典之作。该书出版后广受好评，并在西尔韦纳斯·莫利逝世后，被重新校订出版多次。我们在21世纪再次翻开这本经典著作时，也要清楚地认识到，因为时代和考古技术的局限，西尔韦纳斯·莫利对玛雅文明的理解和做出的论断也不乏偏颇之处，尤其是随着考古发掘的扩大和技术的完善，这些观点被不断修正和完善，但_____。

这篇短文的主要内容是（请选择）：

☐ A. 玛雅文明可以与世界四大古文明并称

☐ B. 西尔韦纳斯·莫利在玛雅文明考古方面的成就及其代表作介绍

☐ C. 西尔韦纳斯·莫利等考古学家如何发现了玛雅文明

☐ D. 阅读《玛雅三千年》应该注意的地方

九、阅读下面的文章，并完成后面的练习。

中华文明的精华[1]

苏秉琦

各国历史有各国特点，各民族有各民族特点。特点就是差异，既有体质上的差异，也有民族气质、思维方式、价值观念、生活习惯等方面的差异。有些文化传统可能随社会的变化而消失，或被新的传统取代，唯构成民族特性的传统精神往往世代相传。

---

[1] 文章选自苏秉琦《满天星斗：苏秉琦论远古中国》，生活·读书·新知三联书店，2022年版，有删减。苏秉琦（1909—1997），考古学家。

在中国历史上长期起积极作用的传统,我多次提到过的有:

精于工艺,善于创造。这一特点可以上溯到中国猿人那里。他们采集劣质①的石材(例如脉石英),却打造出小型石器。这一传统在其后数十万年中一直传承。如良渚¹玉器的细雕工艺、丝绸、漆器、瓷器、"四大发明"以及流传至今的数百种民间手工艺,总体的精巧水平在世界上似无与伦比。中国农业亦以精耕细作闻名于世,直到今天还以占世界7%的耕地养活了占世界22%²的人口。这一传统与勤劳、朴实、自强不息的美德②融为一体,几乎可称为是创造中华文明的基因之一。

极富兼容性③和凝聚力。中华民族的形成主要不是由于外力、武力,而是通过一次又一次的交融、组合与重组,并在思想上形成了越来越强的认同趋势。当"中国"产生之后,君权(王权)的大一统政策促进了民族的融合;汉民族之外的少数民族入主中原,给中原民族注入新鲜血液,促进了中华各民族的进一步融合,由此产生了更强的凝聚力。自秦汉建立了统一的多民族国家以来,从总体来说,分裂是短暂的,统一是主流。在维系中华民族的纽带中,方块字发挥了巨大的凝聚作用。方块字以形、意为主,能克服各地方言障碍,在不同方言区域内,比较容易进行经济、文化交流和推行统一的政治,大大加强了中华民族的兼容性和凝聚力。

玉代表了一种崇尚高洁、坚贞、温良的美德,体现着中国传统的道德标准、价值观念。人类从会制造石器起,就有机会与玉石打交道,后来又把令人赏心悦目的"美石"选出来制作装饰品和贵重用具。真正把玉与一般石材区分开而用来制作珍贵饰物是万年以内的事。例如距今七八千年前的辽宁阜新查海遗址出土了十多件真玉器物,除一件玉锛外,均为装饰品。玉的一个特点是"温",冬天摸玉,有温润感。玉又有特点为"坚",除金刚石以外,几乎无物能克。中华民族把玉所具"温润""高洁""坚硬(贞)"等特点,转化到人文观念中,纳入社会生活。玉器体现的美德是中华民族特有的文化现象,又是自史前时期以来一直承袭④着的传统。

近期我曾反复思考,中国传统文化的核心——对"天、地、君、亲、师"的崇拜与敬重,是中国人传统信仰的最高、最集中的体现。

---

1 良渚:Liángzhǔ,地名,位于浙江省。良渚遗址于1936年被发现,出土文物以玉器为最大特色。以"良渚"命名的良渚文化属中国新石器时代晚期文化,其年代为距今5300—4300年,中心区域在钱塘江流域和太湖流域。
2 根据2020年第七次全国人口普查数据,中国人口14.4亿,约占全球总人口的18%。

中国除了历史上有些政教合一⑤的少数民族政权以外，从来没有高于王权的宗教，也就是没有国教。一些外国人不能理解，于是想出来一个中国人自己并不认可的宗教——"儒教"，没有教主，没有教规，没有教义，也没有宗教意义上的经典。但在中国传统文化中确有最高崇拜的对象，这就是"天、地、君、亲、师"。

我国古人对"天、地"赋予了超自然的属性。这里的"天"，是一种抽象的权威象征，一种不可抗拒的超自然正义力量。大家熟悉的明、清两代的天坛，就是皇帝敬天礼神的神圣之地，可是在祈年殿里并没有设置一般宗教庙宇里的那种偶像。这是由于任何偶像都不足以代表天的伟大。对于"地"的崇拜，反映了追求人与自然的协调。至于对"君"的崇拜，则反映着对于社会秩序化即国泰民安⑥的追求。对于"亲"的崇拜，我看至少包括"祖先崇拜"以来至现实生活中的"父慈子孝""兄友弟恭"等内容，是维系、协调人际关系的重要纽带。对"师"的崇拜，则是要求对文化、知识的尊重与继承。

如果今人能够对这一思想体系赋予这时代的新含义，就能够更好地去对待自然，重视和协调人与自然和人与人的关系。敬老爱幼⑦，尊师重教⑧，继承发扬这样的文化传统，就能对现代化建设做出更大的贡献。

1. 给文章拟一个新的题目（写在下面的横线上）。

_____

2. 解释文中画线词语。

①劣质 ②美德
③兼容性 ④承袭
⑤政教合一 ⑥国泰民安
⑦敬老爱幼 ⑧尊师重教

3. 判断下列说法是否符合文章原意（符合画"√"，不符合画"×"）。

（1）民族差异可以表现在体质、气质、思维方式、价值观念等各个方面。（ ）

（2）中国人工艺水平的精巧有极其漫长的传承历史。（ ）

（3）中华民族的形成，主要是通过外力、武力来达到交融、组合与重组。（ ）

（4）方块字即汉字，它的优势在于能克服方言障碍，便于交流。（ ）

（5）考古发现，玉与普通石材分开，专门用来做装饰品，在中国已有几万年的历史。
（ ）

（6）赋予玉器以人的品德特点，在不少民族中都有这个文化现象。（　　）

（7）"儒教"这个称呼并没有得到中国人的普遍认可。（　　）

（8）作者认为中国人对"天、地、君、亲、师"的崇拜应该保持它原先的内容，世代相传。（　　）

4. 回答问题。

（1）作者认为中国传统精神中的哪些内容是长期发挥积极作用的？

（2）在中国古人眼中，"天、地、君、亲、师"崇拜的具体含义是什么？

第三部分 写作

十、写出课文的内容提要。（300字左右）

十一、阅读下面这则短新闻,并对新闻中的人和事发表你的看法。详细信息可进一步上网查询。(600字左右)

> 2003年1月19日,陕西省宝鸡市眉县马家镇杨家村王宁贤、王拉乾、王明锁、王勤宁、张勤辉等5名村民取土时发现了西周青铜器,随后立即报告给宝鸡市文物局,最终使27件旷世国宝得到保护。
>
> 文物专家认定,这批青铜器为西周著名的单氏家族所有,27件青铜器全都有铭文,总字数达4000多个。出土青铜器数量之多、形体之大、铭文之长、内容之重要、保存之完好,在我国文物出土史上极为罕见。其中的逨盘铭文长达372字,不仅验证了《史记》中西周诸王世系的正确性,而且记载了历代周王的主要功绩,因此它也被称为极简的西周青铜史书。西周时期历史上的诸多谜团,随着这批文物的出土都有可能被破解。
>
> 由于护宝有功,王宁贤等5名村民荣获当年中国首届"年度杰出文化人物"称号。国家文物局授予5人"文物保护特别奖",省市及眉县文物部门也对5人进行了表彰奖励。

语言实践

一、选择四大文明古国、古希腊、美洲或其他地区考古中的一项伟大发现，从出土文物、遗址布局、考古意义等几方面进行介绍。用PPT形式展示，要求有图片，有文字说明。

二、参观所在城市的博物馆，比如北京的中国国家博物馆、首都博物馆等。在青铜器展厅参观时，注意青铜器的种类及铭文的位置，并做好记录。也可以进入宝鸡青铜器博物院的官网，在"典藏珍品"的"青铜器"中，观看72件青铜器（包括何尊）的图片和介绍，并记录青铜器的种类。

第三课　神话：集体人格的故乡

余秋雨

课文导览

【作者简介】

余秋雨（1946—　），浙江人，作家、文化学者，曾获"中国十大文化精英""中国文化传播坐标人物"等荣誉。学术著作有《戏剧理论史稿》《戏剧审美心理学》《艺术创造论》《中国戏剧史》等，长篇小说有《冰河》《空岛》和《信客》。其文化散文影响最大，自20世纪90年代至今，作品一直位于畅销书之列，代表作有《文化苦旅》《山居笔记》《霜冷长河》《千年一叹》《行者无疆》《借我一生》《中国文脉》《暮天归思》等。余秋雨的散文是学者散文、文化散文，具有历史高度与文化深度，拥有大视野、大格局。阅读这样的"大散文"，可以给我们多方面的启迪。

【作品出处】

课文选自《大美可追：余秋雨的文化美学》，北京联合出版公司，2020年版。

【话题归属】

课文可以围绕文化寻根、民族精神探源这一中心话题进行学习和讨论。神话作为一个民族集体人格的"故乡"，其所包含的信念、理想和祈愿，已成为民族文化基因，代代相传。课文以神话为切入点，引导我们去追寻民族精神的本质和来源。我们可以尝试通过神话了解一个民族的精神气质，也可以关注神话对后世的影响，比如神话对文学艺术的滋养和对科学的启示等。通过文学、艺术、建筑的具体内容和形式等去了解一个民族的文化基因，也在本课的讨论范围之内。

课前准备——课堂报告选题

1. 中国神话盘古开天、女娲补天、羿射九日的出处、内容与影响；
2. 中国神话精卫填海、夸父追日、嫦娥奔月的出处、内容与影响；
3. 有关黄帝和炎帝的传说（重点说明他们的贡献）；
4. 学生本国的神话举例；
5. 中外神话的对比；
6. 神话对后世文学或艺术的影响；
7. 神话对科学的启示。

课　文

03-01

中国人的集体人格[1]也是有"故乡"的。那"故乡"，首先是神话，例如"女娲补天""精卫填海""夸父追日""嫦娥奔月"等等。每一个中国人的灵魂深处，都埋藏着这些遥远的"故乡"。当然，神话只是起点，"集体人格"的原型[2]建立，是一个复杂的人类学[3]工程。对于一般人来说，只需明白，文化的最后一级台阶，就是为灵魂找到故乡，或者说，找到有故乡的灵魂。

作为中华文明的子民有这样一种奢侈感：从不同的记忆起点出发，中华文明都会延续到我们脚下。能够讲这句话的民族，在当今世界已经不多了。

可以把神话作为记忆的起点。神话在某种意义上就是为后世记忆而产生的。如果给"神话"这个词更多的诗化定位，那么，那些主干性的神话故事就是西方的文化人

---

1 集体人格：一个群体所具有的共同人格特征。
2 原型：首创的模型。在文学和心理学中，"原型"的概念都很重要。文学原型来自神话和寓言，后世的创作会反复模仿这个原型，出现相同的情节、结构和其他元素。心理学中的"原型"，见下页注释2。
3 人类学：Anthropology，研究人及其文化的学科。目标在于通过比较找出不同文化制度之间的异同，从而探求人类存在的本质。既研究古代风俗传统，也关注当代社会现象。

类学[1]家所说的"原型",它们作为"集体无意识[2]"的审美形态,已经成为我们记忆的基础,已经融入我们的血液、渗入我们的文化DNA。

按照文化人类学的观念,传说和神话虽然虚无缥缈,却对一个民族非常重要,甚至可以成为一种历久不衰的"文化基因"。这在中华民族身上尤其明显,谁都知道,有关黄帝[3]、炎帝[4]、蚩尤[5]的传说,决定了我们的身份;有关补天、填海、追日、奔月的传说,则决定了我们的气质。这两种传说,就文化而言,更重要的是后一种神话传说,因为它们为一个庞大的人种提供了鸿蒙[6]的诗意。即便是离得最近的《诗经》[7],也在平实的麦香气中熔铸着伟大和奇丽。

传说和神话为什么常常受到历史学家的鄙视?因为它们不在乎时间和空间的具体限定,又许诺了夸张和想象的充分自由。但是,超越这些限定、享有这些自由的,极有可能是人类的信念、理想和祈愿,这就远比历史学重要了。历史学作为世间千万学科中的一门,并没有凌驾全部精神领域的权力。

按照文化人类学的眼光,传说中包含着一种属于集体心理的真实。集体心理不仅是一种真实,而且往往比历史真实更重要。这就像晚霞给人的凄艳感受、修竹给人的风雅印象,长年累月也成了一种真实,甚至比它们在天象学[8]和植物学上的真实更有意义。

---

1 文化人类学:Cultural Anthropology,人类学的一个分支学科。研究人类各民族所创造的文化,以揭示人类文化的本质。关注焦点为弱势族群和少数团体,以及较为原始的部落。

2 集体无意识:由瑞士心理学家、分析心理学创始人荣格(Carl Gustav Jung,1875—1961)提出的一个分析心理学概念。指人类在进化过程中,集体经验在心灵底层的积淀。它通过遗传获得,人类个体不可能意识到它的存在,但它对个体的思想行为和创造力起制约作用,常常通过宗教、神话、艺术、梦境等表现出来。集体无意识的形象也可以称作"原型"。

3 黄帝:传说中上古时期部落联盟首领,五帝(黄帝、颛顼 Zhuānxū、帝喾 Dìkù、尧 Yáo、舜 Shùn)之首。黄帝的主要功绩是发展农业,教大家播种百谷,还发明了衣冠、舟车,制定了音律等。黄帝被尊为华夏"人文初祖"。

4 炎帝:传说中上古时期部落联盟首领,年代早于黄帝。传说炎帝发明了耕种技术,创制了农具,还发明了医药。炎帝和黄帝两个部落的融合,慢慢形成了上古的华夏族。炎帝和黄帝被称为"华夏始祖",华人自称"炎黄子孙"。

5 蚩尤:Chīyóu,传说中上古时期部落联盟首领,第一个制造出金属兵器的人。与黄帝交战,失败被杀。

6 鸿蒙:神话传说中,天地还没有分开之前是一团混沌的元气,这种元气就叫鸿蒙。鸿蒙表示最原始的状态。

7《诗经》:中国古代最早的一部诗歌总集,收集了西周初年至春秋中叶(公元前11世纪至前6世纪)的诗歌,共305篇。《诗经》内容丰富,对风俗习惯、爱情婚姻、战争徭役、祭祀宴会,甚至天文地理、动物植物等方面均有所涉及,是周代社会生活的一面镜子。

8 天象学:中国古代研究天象的一种方法。通过观测日月星辰等天体的运行变化来预测人世间事物的发展。

在所有这类传说中,神话更具有根本性的"原型"价值。

在远古时代,神话是祖先们对于所见所闻和内心愿望的天真组建。这种组建的数量很大,其中如果有几种长期流传,那就证明它们契合了一个民族数代人的共同愿望。这就是我们所说的"原型",铸就了整个民族的性格。

阅读提示(一)

1. 什么是"集体人格"?集体人格的"故乡"指的是什么?中国人集体人格的"故乡"在哪里?为什么寻找"故乡"很重要?
2. 作为中华文明的子民有怎样的一种奢侈感?
3. 如果采用文化人类学的概念,"神话"的本质是什么?有什么特点?
4. 历史学家为什么鄙视传说和神话?
5. 传说和神话对于一个民族来说为什么很重要?

词语表(一) 03-02

序号	词语	拼音	词性	搭配举例
1	人格○	réngé	名	~高尚/健全/完整/独立;~魅力/特征;尊重/侮辱……~;◎双重/病态~
2	嫦娥○	Cháng'é	名	
3	埋藏○	máicáng	动	(地下)~着(石油/煤/文物);~在(地下/心里)
4	原型○	yuánxíng	名	人物/神化/生活/故事~;以……为~
5	人类学	rénlèixué	名	~理论/研究/角度;◎~家/者/派/界
6	需○	xū	动	只/仍~
7	子民	zǐmín	名	
8	奢侈○	shēchǐ	形	生活~;~浪费;◎~品/之风
9	当今○	dāngjīn	名	~世界/社会/时代

10	后世	hòushì	名	流传～；～子孙
11	诗化	shīhuà		
12	审美○	shěnměi	动	～标准/活动/体验/感受/能力；◎～观/疲劳
13	渗入	shènrù	动	～到……中/之中/里
14	虚无缥缈	xūwú-piāomiǎo	成语	
15	历久不衰	lìjiǔ bù shuāi		
16	基因○	jīyīn	名	◎遗传/文化/显性/隐性～；～工程/突变/疗法；转～食品
17	诗意	shīyì	名	富有/富于/充满/缺乏/毫无～
18	平实	píngshí	形	形象/风格/语言～
19	熔铸	róngzhù	动	～钱币/金条；◇～精神/理想
20	奇丽	qílì	形	风光/景色/景观/风格～
21	鄙视○	bǐshì	动	被/受到/遭到/令人～
22	限定○	xiàndìng	动	～范围/时间/条件/主题
23	许诺	xǔnuò	动	口头/做出～；向……～
24	享有○	xiǎngyǒu	动	～权利/特权/自由/利益/机会/声誉/知名度
25	祈愿	qíyuàn	动	为/向……～
26	凌驾	língjià	动	～于……之上
27	晚霞	wǎnxiá	名	～绚丽
28	凄艳	qīyàn	形	
29	修竹	xiūzhú	名	
30	风雅	fēngyǎ	形	谈吐～；不失/故作/硬充～；◎附庸～
31	长年累月	chángnián-lěiyuè	成语	
32	远古	yuǎngǔ	名	～时期/时代/神话/文明/习俗
33	所见所闻	suǒjiàn-suǒwén	成语	

34	组建○	zǔjiàn	动	～公司/团队/乐队/机构/军队
35	契合	qìhé	动	与……相～
36	铸就	zhùjiù	动	◇～辉煌/成功/性格

🎧 03-03

中国古代的神话，我将之分为两大系列：一是宏伟创世[1]型，二是悲壮牺牲型。

盘古开天、女娲补天、羿射九日，都属于宏伟创世型；而精卫填海、夸父追日、嫦娥奔月，则属于悲壮牺牲型。这中间，女娲补天、精卫填海、夸父追日、嫦娥奔月这四则神话，具有很高的审美价值，足以和世界上其他古文明中最优秀的神话媲美。

四则神话的主角，三个是女性，一个是男性。他们让世代感动的是躲藏在故事背后的人格。这种人格，已成为华夏文明的集体人格。

女娲补天（剪纸）（阎建华　摄）

世道经常会走到崩溃的边缘，很多人会逃奔、诅咒、互伤，但总有人会像女娲那样站起来，伸手把天托住，并炼就五色石料，进行细心修补。要知道，让已经濒于崩溃的世道快速灭绝是痛快的，而要炼石修补则难上加难。但在华夏土地上，请相信，一定会有这样的人站出来。

---

1 创世：创世纪，指创造天地。

文明的规则，并不是一旦创建就会永享太平，也不是一旦破裂就会全盘散架。天下是补出来的，世道也是补出来的。最好的救世者也就是最好的修补匠。

后代很多子孙，要么谋求改朝换代，要么试图造反夺权，虽然也有自己的理由，却常常把那些明明可以弥补、改良的天地砸得粉碎，一次次让社会支付惨重的代价。结果，人们看到，许多号称开天辟地的济世英雄，很可能是骚扰民生的破坏力量。他们为了要让自己的破坏变得合理，总是竭力否定被破坏对象，甚至彻底批判试图补天的人物。久而久之，中国就普及了一种破坏哲学，或曰颠覆哲学。

面对这种情况，补天，也就变得更为艰难，又更为迫切。

但是，我说过，在华夏土地上，补天是基本逻辑。

阅读提示（二）

1. 中国古代的神话可以分为哪两大系列？分别包括哪些神话？
2. 作者认为哪些神话是中国神话中最优秀的？为什么？
3. 作者为什么觉得女娲"补天"的行为最可贵？
4. 作者说"在华夏土地上，补天是基本逻辑"，这句话有什么含义？

词语表（二） 03-04

序号	词语	拼音	词性	搭配举例
37	宏伟○	hóngwěi	形	～目标/计划/蓝图/规划/构想/工程/建筑
38	悲壮	bēizhuàng	形	场面/结局/诗句/曲调～
39	躲藏○	duǒcáng	动	四处/无处～
40	华夏	Huáxià	名	◎～民族/子孙/文明
41	世道	shìdào	名	～艰难/险恶/黑暗
42	崩溃○	bēngkuì	动	精神/经济/市场/系统～；濒临/濒于/面临/陷于～
43	诅咒	zǔzhòu	动	被/受到～
44	伸手○	shēn//shǒu	动	◇向社会/亲戚/朋友～

45	炼○	liàn	动	～钢/铁/油/丹
46	石料	shíliào	名	
47	细心○	xìxīn	形	～照顾/照料/观察/安排/指导
48	濒于	bīnyú	动	～崩溃/灭绝/死亡/破产/倒闭
49	灭绝○	mièjué	动	濒于/濒临～；物种/生物/文化～；～人性；◎种族～
50	难上加难	nán shàng jiā nán		
51	太平○	tàipíng	形	～日子；天下～；～无事；◎～盛世
52	破裂○	pòliè	动	管道/血管～；◇关系/感情/婚姻/家庭/会谈/谈判～
53	全盘	quánpán	形	～否定/接受/考虑/托出/皆输
54	散架	sǎn//jià	动	家具/房子～；◇累得～
55	救世	jiùshì	动	◎～主
56	后代○	hòudài	名	生育/繁衍/教育/造福～；◎子孙～
57	子孙○	zǐsūn	名	后代～；◎炎黄/不肖～
58	谋求○	móuqiú	动	～发展/利益/幸福/和平/独立/平等
59	改朝换代	gǎicháo-huàndài	成语	
60	造反	zào//fǎn	动	起兵～
61	夺权	duó//quán	动	
62	弥补○	míbǔ	动	～损失/过失/不足/缺陷/亏损
63	粉碎	fěnsuì	形	砸得/摔得/撕得/炸得～
64	惨重	cǎnzhòng	形	损失/伤亡/死伤/代价～
65	号称○	hàochēng	动	
66	济世	jìshì	动	行医～；◎～之才
67	骚扰○	sāorǎo	动	对……进行～；受到/遭到～；◎性～

68	民生	mínshēng	名	~疾苦
69	竭力°	jiélì	副	~劝说/避免/维护/反对/阻止/鼓吹
70	批判°	pīpàn	动	~精神/意识；自我/社会/思想/道德~
71	曰°	yuē	动	
72	颠覆°	diānfù	动	~认识/认知；~国家/政权/政府；~活动

🎧 03-05

　　填海是华夏文明的又一种主干精神。精卫的行为起点是复仇，但是复仇的动机太自我，支撑不了一个宏伟的计划。终于，全然转化成了为人间消灾的高尚动机，使宏伟有了对应。

　　更重要的是，这是一个在有生之年看不到最终成果的行动，神话的中心形象是小鸟衔石填海，以日日夜夜的点点滴滴，挑战着无法想象的浩瀚和辽阔。一开始，人们或许会讥笑这种行为的无效和可笑，但总会在某一天突然醒悟：在这样可歌可泣的生命力盛典中，最终成果还重要吗？而且，什么叫最终成果？

明代绘图本《山海经·北山经》中的精卫形象

　　海内外有不少学者十分强调华夏文明的实用性原则，我并不完全同意。大量事实证明，华夏文明更重视那种非科学、非实用的道义原则和意志原则。精卫填海的神话就是一个雄辩的例证。由此，还派生出了"滴水能穿石""铁杵[1]磨成针"等相似话语。

---

1 铁杵：铁棒。杵：chǔ，舂（chōng）米或洗衣服用的圆木棒。

这几乎成了中国民间的信仰：集合细小，集合时间，不计功利，终能成事。

如果说类似于补天救世的大事不容易经常遇到，那么，类似于衔石填海这样的傻事则可能天天发生。把这两种精神加在一起，大概就是华夏文明能够在世界所有古文明中唯一没有中断和灭亡的原因。

阅读提示（三）

1. "填海"是怎么变成华夏文明的又一个"主干精神"的？
2. 作者为什么不完全同意一些海内外学者强调的华夏文明"实用性原则"？
3. 作者认为华夏文明没有中断和灭亡的原因是什么？

词语表（三）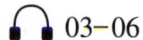

序号	词语	拼音	词性	搭配举例
73	复仇	fù//chóu	动	为……～
74	全然	quánrán	副	～不知/不顾/不觉/不同
75	有生之年	yǒushēngzhīnián	成语	
76	日日夜夜	rìrìyèyè	成语	
77	点点滴滴	diǎndiǎndīdī		
78	浩瀚	hàohàn	形	大海/海洋/沙漠/戈壁/宇宙/太空～
79	讥笑○	jīxiào	动	
80	可笑○	kěxiào	形	荒唐/幼稚/愚蠢/滑稽～
81	醒悟	xǐngwù	动	猛然/突然/逐渐/有所～
82	可歌可泣○	kěgē-kěqì	成语	
83	生命力	shēngmìnglì	名	富有/具有/充满/缺乏/失去～
84	盛典	shèngdiǎn	名	举行/参加～；文化/艺术/音乐～
85	海内外○	hǎi nèiwài		名扬/闻名/享誉/震惊～
86	道义	dàoyì	名	讲～；出于～

87	雄辩	xióngbiàn	形/名	~地证明/说明/表明
88	例证	lìzhèng	名	典型/具体~；举出~
89	派生	pàishēng	动	~出；◎~词
90	话语◯	huàyǔ	名	◎~权
91	计◯	jì	动	◎不~得失/成败
92	功利	gōnglì	名	追求~；~色彩/目的；◎~主义/性/心
93	灭亡◯	mièwáng	动	国家/朝代/制度~；自取~

🎧 03-07

一个强壮的男子因好奇而自设了一个使命：追赶太阳。这本是一个近乎疯狂的行为，却因为反映了中国人与太阳的关系而别具深意。

在"天人合一[1]"的华夏文明中，太阳和男子是平等的，因此在男子心中不存在强烈的敬畏。在流传下来的早期民谣中，我们不难发现与自然物对话、对峙、对抗的声音。这便是中国式的"人本精神[2]"。

明代绘图本《山海经·海外北经》中的夸父形象

这位叫夸父的男子追日，是一场艰苦和兴奋的博弈。即便为这场博弈而付出生命代价，他也毫不在乎。追赶就是一切，追赶天地日月的神奇，追赶自己心中的疑问，追赶自身力量的底线。最后身死，他的手杖变作了一片桃林。

---

1 天人合一：中国传统哲学思想。多指人与自然、天地相通，和谐一致。
2 人本精神："以人为本"的价值观。肯定个人的价值、尊严和自由，重视人的个性发展。

我想，不应该给这个神话染上太重的悲壮色彩。想想这位男子吧，追不着的太阳永在前方，扑不灭的自信永在心中，因此，走不完的道路永在脚下。在这个过程中，天人之间构成了一种喜剧性、游戏性的互诱关系。这个过程证明，"天人合一"未必是真正的合一，更多的是互相呼应，而且很有可能永远也不能直接交集。以此类推，世间很多被视为"合一"的两方，其实都是一种永久的追逐。

阅读提示（四）

1. 课文中所说的中国式"人本精神"的表现是什么？在夸父身上有什么体现？
2. 在作者看来，夸父追日的动机可以怎么理解？
3. 为什么作者说"不应该给这个神话染上太重的悲壮色彩"？为什么一般人觉得夸父追日的神话是悲壮的？
4. 从夸父追日这则神话出发，作者对中国的"天人合一"思想有什么新的感悟？

词语表（四） 🎧 03-08

序号	词语	拼音	词性	搭配举例
94	设○	shè	动	重（chóng）～
95	追赶○	zhuīgǎn	动	～敌人/猎物；◇～潮流/时髦/先进
96	近乎	jìnhū	动	～完美/疯狂/崩溃
97	天人合一	tiānrén-héyī		
98	敬畏	jìngwèi	动	～自然/生命/神灵；◎～之心/之情
99	民谣	mínyáo	名	校园/城市～
100	对峙○	duìzhì	动	两山～；◇两军～
101	人本	rénběn	名	◎～主义/精神/思想
102	博弈	bóyì	动	政治/经济/军事～；◎～论；零和/正和～
103	毫不○	háo bù		～在乎/理会/犹豫/费力/相干

104	底线○	dǐxiàn	名	球场～；◇道德/心理/谈判～；（没）有～；突破/触碰～
105	呼应○	hūyìng	动	与……～；前后/互相/首尾～
106	交集○	jiāojí	动	百感/悲喜/悔恨～
107	以此类推	yǐ cǐ lèituī		
108	永久○	yǒngjiǔ	形	魅力～；～不变；◎～成员/中立国

🎧 03-09

奔月是一个柔雅女子因好奇而投入的远行，远行的目标在天上，在月宫。这毕竟太远，因此这次远行也就是诀别，而且是与人间的诀别。

有趣的是，所有的人都可以抬头观月，随之也可以凭着想象欣赏这次远行。欣赏中有移情，有揣摩，有思念，让这次远行有了一个既深邃又亲切的心理背景。"嫦娥应悔偷灵药，碧海青天夜夜心。[1]"这"夜夜心"，是嫦娥的，也是万民的。于是这则神话就把蓝天之美、月亮之美、女性之美、柔情之美、诀别之美、飞升之美、想象之美、思念之美、意境之美全都加在一起了，构成了一个只能属于华夏文明的"无限重叠型美学范式"。

这个美学范式的终点是孤凄。但是，这是一种被万众共仰的孤凄，一种年年月月都要被世人传诵的孤凄，因此也不再是真正的孤凄。

那就是说，在中国，万众的眼、世人的嘴，能把最个人的行为变成群体行为，甚至把最隐秘的夜半出逃变成众目睽睽下的公开行程。

想到这里我哑然失笑，觉得古代很多号称隐逸的文人大概是在羡慕嫦娥所取得的这种逆反效果，他们追求孤凄，其实在追求别人的仰望和传诵。因此在中国，纯粹的孤凄美和个体美是不多的。

唐代铜镜中的嫦娥奔月

---

1 这两句诗出自唐代诗人李商隐（813—858）的《嫦娥》一诗。描写嫦娥在月中的孤寂之感。诗人猜想，嫦娥应该后悔偷吃了长生不老之药，虽然如愿飞到了月宫，然而每夜都要忍受这无尽的孤独。

这一则奔月神话还典型地展现了华夏文明的诗化风格。相比之下，其他文明所产生的神话往往更具有故事性，因此也更小说化。它们也会有诗意，却总是立即被太多的情节所填塞，诗意也就渐渐淡去。

请看，奔月，再加上前面说到的补天、填海、追日，仅仅这几个词语，就洋溢着最鸿蒙、最壮阔的诗意。而且，这种诗意是那么充满动感，足以让每一个男子和女子都产生一种高贵的行为欲望，连身体手足都会兴奋起来。

这是最苍老又最不会衰老的诗意，已经植入每一个中国人身上。

阅读提示（五）

1. 嫦娥奔月的故事构成了一个什么样的"美学范式"？
2. 作者想到什么样的行为"哑然失笑"？
3. 从奔月神话可以看出，中国神话和其他文明所产生的神话相比，最大的不同在哪里？
4. 课文提到的四则神话，给中国人留下了什么共同的文化基因？

词语表（五） 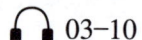 03-10

序号	词语	拼音	词性	搭配举例
109	柔雅	róuyǎ	形	
110	远行	yuǎnxíng	动	离家/驾车~
111	月宫	yuègōng	名	
112	诀别○	juébié	动	与……~；◎~信
113	凭着○	píngzhe		~经验/技术/勤奋/刻苦/好学
114	移情	yíqíng	动	~（于/到）……；◎~别恋
115	揣摩○	chuǎimó	动	~心思/心理/意图；仔细/细心/反复~
116	思念○	sīniàn	动	~亲人/家乡；日夜~
117	深邃	shēnsuì	形	目光/夜空/思想/哲理~

118	柔情	róuqíng	名	◎～似水/万种；～蜜意
119	意境	yìjìng	名	绘画/诗歌～；～深远/优美；有/讲究～
120	重叠○	chóngdié	动	相互～；词语～；◎～式
121	范式	fànshì	名	研究/管理/理论～
122	孤凄	gūqī	形	
123	年年月月	niánniányuèyuè		
124	传诵	chuánsòng	动	～诗歌/文章/经典；广为/世代/千古～
125	出逃	chūtáo	动	秘密/被迫～
126	众目睽睽	zhòngmù-kuíkuí	成语	
127	哑然失笑	yǎrán-shīxiào	成语	
128	隐逸	yǐnyì	动	～文化/观念/生活
129	文人○	wénrén	名	◎～墨客/雅士
130	逆反	nìfǎn	动	～心理/情绪
131	仰望	yǎngwàng	动	～蓝天/天空/群山/星空
132	填塞	tiánsè	动	～缝隙
133	洋溢○	yángyì	动	热情/激情/活力～
134	壮阔	zhuàngkuò	形	场面/气势～；◇波澜～
135	动感○	dònggǎn	名	～十足；富有/充满～
136	高贵○	gāoguì	形	品格/气质/身份/地位～
137	苍老	cānglǎo	形	面容/声音～
138	衰老○	shuāilǎo	形	显得～；抗/防/延缓/推迟/加速～

课文回顾与思考

1. 女娲补天、精卫填海、夸父追日、嫦娥奔月四则神话在中国人的精神世界留下了哪些文化DNA？
2. 这四则神话都洋溢着"最壮阔的诗意"，怎么理解作者所说的"诗意"和"华夏文明的诗化风格"？
3. 中国人的集体人格具有哪些特点？你怎么评价这些特点？
4. 余秋雨的散文被誉为学者散文、文化散文，你觉得本课课文能体现这个特点吗？请做具体分析。
5. 在你们国家，有没有影响民族心理特征和精神气质的神话？如果有，请做简单介绍。

词语例释

1. 非

"非"有动词、副词、前缀三种用法。

做动词时，意思是"不是"。常说"非……所能……"，意思是"不是……能够……"。成语"答非所问"，意思是回答的不是别人问的问题。如：

（1）想到他对我们的悉心照顾，我们的感激之情非言语所能表达，非笔墨所能形容。

（2）由于听力不好，课堂上他经常答非所问，但同学们都非常理解。

做副词时，意思是"不"，修饰形容词或动词。成语"非同寻常"，表示不同寻常，跟一般的不一样。"非……不可"的结构，表示一定要……。跟助动词"要"结合成"非要……不可"，表示一定要……，"不可"常省略。如：

（3）大量事实证明，华夏文明更重视那种非科学、非实用的道义原则和意志原则。

（4）神话研究对于探寻民族深层心理具有非同寻常的意义。

（5）要想发展，非学习先进的科学技术不可。

（6）刚回到北京，我的时差还没倒过来，白天比较疲劳，但朋友非要我陪他去动物园看熊猫。

做前缀时，用在一些名词性成分的前面，表示不属于某种范围。

第一，"非"做名词前缀。如"非主流、非官方、非商业"等。"非主流"表示不是主流，"非官方"表示不属于政府方面，"非商业"表示不属于商业。"非 + 名词"使用中相当于形容词，可以单独做谓语，不过更常用于修饰名词。如："非主流艺术"，表示不属于主流的艺术；

"非官方行为"，表示不是政府行为；"非商业目的"，表示不用于商业赚钱。"非"与有些名词结合，已构成新的名词，如"非金属、非晶体"等。如：

（7）他的观点经常是非主流的。

（8）学生组织的募捐演出完全是非官方、非商业的。

（9）20世纪以来，各种非主流艺术也曾掀起一次次热潮，但终未被绝大多数人所接受。

（10）两国没有外交关系，经济往来属于非官方行为。

（11）非商业目的的出版物可以免费使用我们的作品。

第二，"非"做名词性短语的前缀，构成新的名词性短语。"营利组织、比赛场馆、熟练工人、正式会谈"都是名词性短语，跟"非"结合，就形成了"非营利组织、非比赛场馆、非熟练工人、非正式会谈"等新的名词性短语。如：

（14）非营利组织是指独立于营利机构和政府机构之外的社会组织。

（15）比赛场馆对外开放，可以参观，而非比赛场馆不开放。

（16）在我们的企业中，非熟练工人的工资只相当于熟练工人的一半或更低。

（17）峰会期间两国首脑进行了非正式会谈，双方同意尽快实现两国首脑的正式互访。

古代汉语中，"非"是名词，意思是"错误"。成语"痛改前非"，表示下决心改掉以前的错误。现代汉语中这一用法的"非"只能作为语素构成词，如"是非"，表示"正确和错误"。成语"明辨是非"的意思是，清楚地分辨什么是正确的，什么是错误的。

2. 毫不

一点儿也不。表程度，修饰双音节的动词或形容词，表示语气强烈的否定。有两种用法。

第一，修饰动词。可构成"毫不在乎/理会/费力"等比较固定的搭配。如：

（1）即便为这场博弈而付出生命代价，他也毫不在乎。

（2）今年他的心脏病已经发作了两次，但他毫不理会妻子不许他过分劳累的警告。

（3）他能一个晚上毫不费力地写出一篇文章，而我可能连个草稿还写不完。

第二，修饰形容词。可构成"毫不犹豫/夸张"等比较固定的搭配。如：

（4）她是一个很有主见的人，总是能够毫不犹豫地去做自己想做的事。

（5）网络正在悄悄改变我们的生活方式，甚至可以毫不夸张地说，网络已成为人们生活的一部分。

3. 凭着

凭借，根据。其宾语可以是名词性成分，也可以是动词性或形容词性成分。"凭着"所构成的介宾结构位于句首时，其后一般需要用逗号与主语隔开。有两种用法。

第一，后接名词或名词性短语。如：

（1）我只是凭着常识判断，但总能猜个八九不离十。

（2）他凭着自己的聪明才智渐渐在时装界闯出了一片天地。

（3）凭着多年的工作经验，他能够从设备运行的声音中判断出哪里出了故障。

（4）凭着记者的职业敏感，他觉得这个新的社会现象值得做一期特别的新闻报道。

第二，后接动词/动词性短语、形容词/形容词性短语或小句。如：

（5）有趣的是，所有的人都可以抬头观月，随之也可以凭着想象欣赏这次远行。

（6）凭着刻苦好学，他在大学三年级时就已经达到了汉语高级水平。

（7）凭着通晓技术，他很快就成了公司的骨干职员。

（8）任何领域的知识和技能光凭着老师教都是不够的，还要学生自己肯钻研才能掌握。

成语运用

1. 虚无缥缈

虚无、缥缈，都是形容一种若有若无、无法把握的状态。一般用来表示某一事物说不清楚，把握不住。可用来形容景物朦胧，也可用来描述理想、未来、真理等抽象事物不可追求。使用中相当于形容词，多做谓语，有时也做定语。如：

（1）按照文化人类学的观念，传说和神话虽然虚无缥缈，却对一个民族非常重要，甚至可以成为一种历久不衰的"文化基因"。

（2）登高眺望，远处云雾中的山峰若隐若现，虚无缥缈。

（3）每个人都有对未来的渴望，但又害怕未来像梦境一样虚无缥缈，无法把握。

（4）在世俗的观念里，理想、真理比较虚无缥缈，权力和金钱却比较实际。

（5）奇幻小说描绘的常常是虚无缥缈的幻想世界，但却吸引了大量的读者。

（6）人们往往会去追求一些虚无缥缈的东西，比如名声、成就，却常常忽略了身边的人和事。

2. 长年累月

长年：整年。累月：很多个月。累：lěi，连续。形容经历了很长时期。使用中相当于形容词，常做状语，有时也做定语。如：

（1）这就像晚霞给人的凄艳感受、修竹给人的风雅印象，长年累月也成了一种真实，甚至比它们在天象学和植物学上的真实更有意义。

（2）老人饮酒多是长年累月形成的习惯，想真正戒掉，没有毅力很难办到。

（3）德国的格林兄弟（Brüder Grimm）从1806年起，深入民间搜集传说和童话，后将这些长年累月搜集到的材料整理合编成《儿童与家庭童话集》，并于1812年出版。这就是大名鼎鼎的《格林童话》。

（4）他是一名摄影记者，长年累月扛着摄像机，像一匹不知疲倦的骏马，奔驰在茫茫沙漠、巍巍雪山和青青草原之间。

（5）长年累月的超强度体力劳动，使他的身体健康受到了严重的损害。

（6）经过河水长年累月的冲击，河里的石头变得越来越光滑，最后就成了我们现在看到的鹅卵石。

3. 所见所闻

看到的和听到的。使用中相当于名词，多做主语、宾语，有时也做定语。如：

（1）作为一名志愿者，他参加了此次的大会服务，所见所闻令他感慨万端。

（2）这几天采访的所见所闻激发了他的创作灵感。

（3）第一次跟着牧民去放牧，牧场的所见所闻处处使他感到新鲜，他因此兴奋异常。

（4）大学生们用饱含激情的笔写出了自己在社会实践中的所见所闻。

（5）请你简要地谈一谈此次东南亚市场考察中的所见所闻。

（6）在远古时代，神话是祖先们对于所见所闻和内心愿望的天真组建。

（7）他一回到家就把自己旅游途中所见所闻的新鲜事滔滔不绝地讲给大家听。

4. 可歌可泣

歌：歌颂。泣：流泪。值得歌颂赞美，使人感动流泪。形容一个人的行为事迹崇高悲壮，感人至深。使用中相当于形容词，常做定语、谓语。褒义。如：

（1）一开始，人们或许会讥笑这种行为的无效和可笑，但总会在某一天突然醒悟：在这样可歌可泣的生命力盛典中，最终成果还重要吗？

（2）在人类历史的长河中，科学家们追求真理以及为此做出的牺牲，留下了无数可歌可泣的悲壮故事，深深感动着后人。

（3）在抗洪抢险过程中，涌现出了许多不怕牺牲、可歌可泣的英雄人物。

（4）为民族的解放和独立而献身，先辈们的光辉事迹可歌可泣。

（5）大山里条件艰苦，缺少教师，而他却坚持在大山里做了一辈子教师，像灯烛一样照亮了别人的世界。他的一生可歌可泣。

5. 众目睽睽

睽睽：睁大眼睛注视的样子。形容众人都睁大眼睛注视着，含有在一旁监督之意。使用中相当于动词。一般用在"（在）……（之）下"的结构中，"在"和"之"可以省略，表示在大家的注视下，居然发生了不应该发生或不合常理的事情。如：

（1）每次国际大赛总能查出有运动员服用兴奋剂，在众目睽睽之下做违法违规的事情。

（2）魔术表演的魅力在于，魔术师经常在众目睽睽之下，"无中生有"地变出一束花、一只鸽子，或一个大活人。

（3）万众的眼、世人的嘴，能把最个人的行为变成群体行为，甚至把最隐秘的夜半出逃变成众目睽睽下的公开行程。

（4）公园是公共场所，众目睽睽之下，居然有人攀爬树木、采摘花果、乱扔垃圾，素质之低，令人不忍目视。

"众目睽睽"独立使用时，表示大家都在看，做不好的事情会被发现。如：

（5）在火车的静音车厢大声打电话，别的乘客提醒还骂人，众目睽睽，做出这样的事，你不觉得羞愧吗？

（6）你以为有了权力就可以为所欲为？众目睽睽，大家心里都有一杆秤。

修辞讲解

引用

本文作者在想象、描摹人们欣赏明月时的心理状态时，引用了一句古诗：

（1）欣赏中有移情，有揣摩，有思念，让这次远行有了一个既深邃又亲切的心理背景。"嫦娥应悔偷灵药，碧海青天夜夜心。"这"夜夜心"，是嫦娥的，也是万民的。

引号内蓝色的部分使用了引用的修辞手法。所谓"引用"，指人们在说话或写文章时，为了增加文采，增强说服力，加强表达效果，而采用诗词、格言、熟语、典故或别人文章的片段、观点等。引用修辞格使用广泛，适用于各种文体。

引用分为两种类型：直接引用和间接引用。

第一种类型，直接引用。将引用对象原封不动地拿来用在自己的文章中。引用部分一般都需要加引号，如例（1）。引号是直接引用的标志。至于引用对象的出处，根据需要，可以在文中说明，也可以不说。如：

（2）父亲的呆气里有儒家的伟大精神，"天行健，君子以自强不息"，自强不息到"知其不可为而为之"的地步；父亲的仙气里又有道家的豁达洒脱。（宗璞《三松堂断忆》）

（3）宋朝诗人黄山谷有一句名言，"三日不读书，便觉语言无味，面目可憎"。（周国平《论读书》）

（4）"试着用他们的生活去生活，用他们的眼睛去看他们的世界。"在研究落后民族文化的时候，我接触到这句人类学的名言，也被它深深地影响。（刘墉《别把自己锁在门内》）

(5) 在所有的农谚中，我以为这两句最有代表性："一年之计在于春，一生之计在于勤""读书不离案头，种田不离田头"。这就是天地之间矗立的那个中国人，耕读传家，勤俭持家。（徐立京《二十四节气七十二候》）

例（2）里的两句引文分别出自《周易》和《论语》，均为脍炙人口的名句，未注出处，用引号表明其引文的性质。例（3）—（5）明确说明了引文来自何人或哪个领域。

如果是经典名句或普通俗语，人人皆知，人人皆用，引用时也可以不加引号。如：

(6) 一个人怎样才算养成了读书的癖好呢？我觉得倒不在于读书破万卷，一头扎进书堆，成为一个书呆子。（周国平《论读书》）

(7) 自己如果不也是留学生，则一表示不平，就会有人把自己看成一个吃不到葡萄而说葡萄酸的狐狸。（季羡林《留德十年·完成学业　尝试回国》）

例（6）里的"读书破万卷"是唐朝大诗人杜甫的名句，现代人想表示读书多，常常就用这句话。例（7）中"吃不到葡萄而说葡萄酸"是一句俗语，源于《伊索寓言·狐狸与葡萄》。心理学上的概念就是"酸葡萄心理"或"酸葡萄效应"。意思是对于得不到的东西，就说它不好，不值得追求。

除诗词、格言、熟语等一般采用直接引用的方式，别人的文章和观点也可以直接引用，但必须明确说明引文的出处。例（8）是余秋雨《文化苦旅》"自序"的结尾。余秋雨在其中讲述了自己探寻文明足迹及《文化苦旅》成书的过程。

(8) 　　我就这样边走边想，边想边走，走得又黑又瘦，让唐朝的烟尘、宋朝的风洗去了最后一点少年英气，疲惫地伏在远方旅舍的小桌子上涂涂抹抹，然后向路人打听邮筒的所在，把刚刚写下的那点东西寄走。走一程寄一篇，这便成了《收获》上的那个专栏，以及眼下这本书。

　　　　我抛弃了所有的忧伤与疑虑，去追逐那无家的潮水，因为那永恒的异乡人在召唤我，他正沿着这条路走来。

泰戈尔《采果集》

　　我无法不老，但我还有可能年轻。我不敢对我们过于庞大的文化有什么祝祈，却希望自己笔下的文字能有一种苦涩后的回味，焦灼后的会心，冥思后的放松，苍老后的年轻。

例（8）中的引文为泰戈尔《采果集》中的一段文字，不仅注明出处，而且用不同字体表示，一目了然。

第二种类型，间接引用。即引用大意，可以根据需要对原文做一些改动，也可以概括出原文观点。间接引用的内容不加引号，但除了人人皆知的内容，一般要提示出处，让人知道它是

引自别处,不是原创。如:

(9) 方凌轩说:"干工作,要像春蚕吐丝,兢兢业业,到死方休。做人,要像点着的蜡烛,从头烧到脚,一生光明。"(苏叔阳《丹心谱》)

(10) 中国历史记录中有一些关于"光异"和"五色光"的叙述,看来只能解释为对北极光的观测。这种记录最早的在公元前208年,最晚的在1639年。《开元占经》(718年)引汉代预言家京房的《妖占》等书,提到公元前193—前154年有"光异"大量出现,跟地震一样,这种现象被归结为阴气太盛的缘故。中国的此类观测记录还没有编制成完整的一览表,因为过去对这种现象的认识不是很清楚,没有把它当作一种实体看待,因此出现了好多名称——"赤气""北极光"等等——并且大量的文献有待查阅。一个经常出现的术语是"天裂"。对北极光的解释,直到现代才成为可能。([英]李约瑟《中华科学文明史》第二卷第三章第七节"北极光")

例(9)中,方凌轩说的话中引用了李商隐广为流传的名句"春蚕到死丝方尽,蜡炬成灰泪始干",但不是直接引用,而是稍做改动,巧妙地变成了自己的观点。原诗的意思是:春蚕结茧,到死时丝才吐完;蜡烛要烧成灰烬,烛泪才会流干。原诗是写恋人的相思之苦,方凌轩在这里借用了"春蚕"和"蜡炬"的比喻,取其执着的精神,用来表示一个人"干工作"和"做人"都要尽心尽力。例(10)来自学术著作。画线部分是对《开元占经》中"光异"现象记录的介绍,未用原文。在学术著作或论文中,间接引用不是为了增加文采,而是为了说明问题、证明观点,出处必须注明。可根据需要随文注出,或采用脚注或尾注的形式,在页面下方或文章后注出。

至于论文中如何正确使用直接引用和间接引用,实已超出修辞范畴,还需要专门学习。

练 习

第一部分 词汇、语法、修辞

一、解释加点语素的意思,并根据拼音完成新词,同时说明其词义。

1. 人格( )　　　　　　　2. 埋藏( )

　　人 pǐn _____　　　　　　 duǒ 藏 _____

　　人 qíng _____　　　　　　 yǐn 藏 _____

3. 起点（　　　　）
   chūfā ____ 点
   zhuǎnzhé ____ 点

4. 鄙视（　　　　）
   qí ____ 视
   qīng ____ 视

5. 后代（　　　　）
   后 rén ____
   后 bèi ____

6. 可笑（　　　　）
   可 lián ____
   可 tàn ____

7. 醒悟（　　　　）
   jué ____ 悟
   lǐng ____ 悟

8. 盛典（　　　　）
   dà ____ 典
   qìng ____ 典

9. 民谣（　　　　）
   民 sú ____
   民 yàn ____

10. 诀别（　　　　）
    sòng ____ 别
    lí ____ 别

二、选择成语改写句子并造句。

> 虚无缥缈　　长年累月　　所见所闻　　可歌可泣　　众目睽睽

1. 2008年5月12日，四川汶川发生大地震。震后许多志愿者来到震区，在极艰苦和危险的环境中参加救灾。他们的行为令人感动，值得称颂。

   改写：_____
   造句：_____

2. 幸福不是虚幻的，它就在我们每天的生活里，一句来自陌生人的问候也会让我们感受到生活的美好。

   改写：_____
   造句：_____

3. 对于当众求婚这样的事情，人们褒贬不一，有人觉得浪漫，有人觉得像表演。

   改写：_____
   造句：_____

4. 因多年从事一个工作而慢慢养成的职业习惯，我们戏称它为"职业病"。

   改写：_____
   造句：_____

5. 在这本书里，她把这几年在国外看到和听到的都如实写了出来。

改写：_____

造句：_____

三、词语搭配与填空。

限定	时髦
谋求	范围
弥补	亲人
追赶	损失
思念	发展

（1）中国推行改革开放政策，_____ _____，就是为了给百姓创造富足、安宁的生活。

（2）拼命_____ _____的人大都有从众心理，缺乏个性。

（3）远离家乡的人，每到节日都不免会_____故乡的_____。

（4）因为电脑故障，很多资料都找不到了，这个_____真是无法_____。

（5）每人一张地图，上面标注了藏物的地点。大家需要在一个小时内把它们找出来，_____就_____在这个小树林内。

目标	奢侈
身份	可笑
生活	高贵
行为	十足
动感	宏伟

（6）如果一个人没有教过一天书，却大谈教学法，你不觉得这种_____很_____吗？

（7）少男少女们身着光彩夺目的民族服饰，在_____ _____的音乐声中跳起了欢快的舞蹈。

（8）一年写两篇论文，对我来说已经是非常_____的_____了。

（9）自从做生意赚了钱，他就开始专注于享受，_____变得越来越_____。

（10）古墓打开后，发现了数千件陪葬品，其中不乏显示墓主人_____地位和_____的玉器。

第三课 神话：集体人格的故乡

（11）环境问题不仅影响我们这一代，而且会影响_____。

◎ 双重　疲劳
　　审美　墨客
　　基因　人格
　　子孙　疗法
　　文人　后代

（12）一方面把别人的隐私写成文章卖钱，一方面又痛骂暴露自己隐私的人，这是不是属于"_____ _____"呢？

（13）竹子虚心高节，在中国素有君子之美誉。中国历代_____ _____都有赏竹、咏竹、画竹的传统，通过竹子来抒发情感。

（14）人一直看一种东西就会觉得比较厌倦，会产生心理上的_____ _____。

（15）科学家们预言，_____ _____将成为二十一世纪的主流治疗手段，它将同抗生素和疫苗一样重要。

四、用指定词语完成句子或对话。

1. 他不是一个善于表达情感的人，_____（埋藏）
2. 职业有分工，但地位平等，_____（鄙视）
3. 中国宪法规定男女平等，_____（享有）
4. 毕业以后我有一个设想，_____（组建）
5. 他对自己在高考中的表现很自信，_____（崩溃）
6. 他从小就非常独立，_____（伸手）
7. _____，我的身体恢复得很快，马上就能上班了。（细心）
8. 人类应该善待大自然，_____（灭绝）
9. 大家都在等待谈判结果，_____（破裂）
10. A：听说小刘乒乓球打得不错。
　　B：_____（号称）
11. 女儿希望中学就去国外留学，_____（竭力）
12. 从小爸爸就教育我，_____（讥笑）
13. A：他还是一直想着靠买彩票发财吗？
　　B：_____（醒悟）
14. 他是一位有世界影响力的作家，_____（海内外）
15. 我对唐朝很感兴趣，_____（灭亡）
16. 我请她画一幅兰花送给我，_____（毫不）

17. A：你觉得他会做这样的事吗？

　　B：_____（底线）

18. 老师讲文章写作时都会强调，_____（呼应）

19. _____，他大学毕业后找到了一份比较满意的工作。（凭着）

20. _____，还是没明白他的意思。（揣摩）

21. 今年的灯节来赏灯的游客非常多，_____（洋溢）

五、选择适当的关联词填空，如果所填关联词是合用关联词中的一个，请画出另一个。

> 与　　而　　则　　而且　　如果
> 对于　　因此　　就　　还　　都

_____对比一下中西方的人类起源神话，我们就不难发现人类与土地的关系是十分紧密的。中国神话中女娲用泥土造人和希腊神话中普罗米修斯用泥土造人的种种传说，_____证明了土地在神话中所占据的重要地位。通过两者的对比_____可以发现，中国神话中_____土地是十分尊崇的，而西方神话中土地_____是低下的，与天空是对立的。_____，也_____形成了中西方两种完全不同的神人关系：在中国神话中，神与人不仅同出于土地，二者出身平等，_____关系是和谐友善的；_____西方神话中的神则是一种绝对的精神存在，他出身于天空，_____出身于土地的卑微的人类相比，是高高在上、不容冒犯的。

六、排序，并画出各句所用关联词及其他可提示句子顺序的词语。

1. A.但却做不出科学合理的解释

   B.远古时代虽然人们对自然的变化感到惊奇

   C.于是人类只能借助想象解释周围的一切

   D.并把想象中的神加以人格化、形象化

   E.把自然界变化的动因归之于神的意志和权力

   正确语序：_____

2. A.《山海经》成书于战国至汉代初期

   B.该书在神话研究领域也有很高的地位

   C.包含地理、神话、历史、天文、动物、植物、医药、民族等多方面内容

   D.因为女娲造人、夸父追日、精卫填海等著名神话就出自这里

E. 除了对地理学、历史学和自然科学等学科具有很高的研究价值

F. 称得上是一部百科全书

正确语序：_____

3. A. 该诗从天地离分、阴阳变化等自然现象

B.《天问》是战国时期诗人屈原创作的一首长诗

C. 一直问到神话故事、历史传说和史实

D. 千百年后的今天，中国把行星探测任务命名为"天问系列"

E. 表现了作者大胆怀疑、追求真理的探索精神

F. 其名称就源自屈原的《天问》

正确语序：_____

4. A. 它们也因此被称为花中"四君子"

B. 梅兰竹菊是中国画的传统题材

C. 而成为君子高洁人格的象征

D. 中国人赋予它们坚韧、淡泊、谦虚、正直的品德

E. 从而使它们超越了原有的植物学意义

正确语序：_____

5. A. 它拥有庞大的神话家族和广泛的民俗信仰

B. 也是中华文明和中华民族多元一体的象征

C. 既是中华民族的图腾和独特的精神标识

D. 龙是中国古代神话传说中的动物

E. 甚至从某种意义上说，也是维系全球华人的精神纽带

正确语序：_____

七、修辞练习。

1. 画出下面两段文字中使用了引用修辞方法的地方，并指出引用的类型。

（1）现代音乐理论家黎青主[1]曾说音乐是"上界的语言"，并引马丁·路德[2]的诗句："谁从事音乐就是有了一份上界的职业。"他自己解释说，意即音乐是灵魂的语言，是

---

[1] 黎青主：原名廖尚果（1893—1959）。广东人。音乐理论家、作曲家。
[2] 马丁·路德：Martin Luther（1483—1546），德国宗教改革家，也是诗人。

灵界的一种世界语言。音乐在诸门艺术中确是最直接诉诸灵魂的,最没有国界的。对"上界的语言"这话,我还想到两层意思:一是可以用来形容音乐的美;另一层意思我用一句话来表达,那就是,能听一点音乐的人有福了。(宗璞《风庐乐忆》)

(2)万物的自然本性不同,其自然能力也各不相同。可是有一点是共同的,就是在它们充分而自由地发挥其自然能力的时候,它们都是同等地幸福。《逍遥游》[1]里讲了一个大鸟和小鸟的故事。两只鸟的能力完全不一样。大鸟能飞九万里,小鸟从这棵树飞不到那棵树。可是只要它们都做到了它们能做的、爱做的,它们都同样地幸福。所以万物的自然本性没有绝对的同,也不必有绝对的同。(冯友兰《中国哲学简史》)

2. 在你的母语里找一找,有没有表示以下观点的名言俗语。如果有,请译成汉语。

(1)时间需要珍惜。

_____

(2)友谊是人生的宝贵财富。

_____

(3)内心的品德比外表更重要。

_____

(4)如果你有才华,在哪里都能展现出来。

_____

第二部分 拓展阅读

八、选择合适的句子填入短文画线处,并概括短文的主要内容。

A. 于是,人类有了这样的疑问

B. 这很有可能就是火星曾经一度活跃的水活动的迹象

C. 我的命名也来自中国传统文化元素

D. 这也正是我的使命——踏上火星,帮人类找到这个问题的答案

我叫"祝融",是一辆来自中国的火星车。祝融是中国上古神话中的火神,与其他航天器"嫦娥""墨子""悟空""北斗"等一样,_____,体现了中国航

---

[1]《逍遥游》:《庄子·内篇》的第一篇。庄子,战国时期哲学家、文学家,道家学派代表人物之一。

天人的浪漫情怀和科学梦想。2020年7月23日，我和这次旅行唯一的同伴"天问一号"火星探测器一起在海南文昌发射场升空。在经历了长达6个多月的飞行后，我们终于进入了预定的火星轨道。3个月后，我告别了"天问一号"，降落到了火星北半球的乌托邦平原。

几千年前，人类就开始仰望星空，一颗微微泛红的星星格外闪亮，这就是火星。中国古人不仅注意到了火星的颜色，还观察到火星"不规律"的运行，故取名为"荧惑"(yínghuò)，意思是荧荧如火，行踪不定。随着行星探测技术日渐成熟，人类对火星有了新的认识。火星是太阳系中与地球最相似的行星，它有着和地球近似的自转周期和自转轴倾角，有两极，分四季，而且与地球有着相似的地貌特征——山脉和峡谷。_____：火星上存在生命或曾经有生命存在吗？

听制造我的科研人员说，_____。

水是生命之源，在地球之外的另一颗星球上发现水，哪怕是发现水的痕迹都足以让人类兴奋。而面对火星，这颗被红色土壤封存的星球，去哪里寻找水的痕迹呢？我着陆后已在火星上行进了1921米，通过随身携带的次表层探测雷达获得了大量数据。科研人员根据这些数据绘制出了乌托邦平原的80米深的浅表结构，通过分析高精度结构分层图像，发现了两组与水活动相关的、石块自下而上由粗变细的地层。_____！

无论是寻觅生命之源——水，还是探寻有关外星生命的蛛丝马迹，我都是中国探索火星的先行者。虽然设计寿命只有三个月，但我沉睡火星之前当勤恳工作！火，驱散黑暗，照亮鸿蒙；火，带来温暖，点亮未来。大家一起期待吧！

这篇短文的主要内容是（请选择）：

☐ A. 人类探测火星的重大意义
☐ B. "祝融号"火星车的命名与发射
☐ C. "祝融号"火星车发现火星上水活动的痕迹
☐ D. "祝融号"火星车的命名与其对火星的探测

九、阅读下面的文章，并完成后面的练习。

如果没有李白[1]

六神磊磊

有一个问题：如果没有李白[2]，我们的生活会怎么样？

似乎并不会受很大的影响，对吗？不过是一千多年前的一个文学家而已，多一个少一个无关紧要①，和我们普通人的油盐柴米没有什么关系。

的确，没了李白，屈原[3]将没有了传人②，"饮中八仙"[4]会少了一仙，后世的孩子会少了几首启蒙的诗歌，不过也仅此而已。

《全唐诗》[5]大概会变薄一点，但也程度有限，大约是四十至五十分之一。名义上，李白是"绣口一吐就半个盛唐"[6]，但要从数量上算，他诗集的规模远远没有半个盛唐这么多。在《全唐诗》一共900卷里，李白占据了从第161至第185卷。少了他，也算不得特别伤筋动骨。

没有了李白，中国诗歌的历史会有一点变动，古体诗[7]会更早一点地输给格律诗[8]，甚至会提前半个世纪就让出江山。然而，我们普通人对这些也不用关心。

不过，我们倒可能会少一些网络用语。比如一度很热的流行语"你咋不上天呢"，最先是谁说出来的？答案正是李白爷爷：

---

[1] 文章选自王晓磊《六神磊磊读唐诗》，北京十月文艺出版社，2017年版，有删减。

[2] 李白：701—762年。字太白，号青莲居士。唐朝伟大的浪漫主义诗人，被后世誉为"诗仙"，与诗圣杜甫并称"李杜"。

[3] 屈原：约前340—约前278年。战国时期楚国伟大的诗人、政治家，中国浪漫主义文学的奠基人。端午节吃粽子的习俗据说就与纪念屈原有关。

[4] "饮中八仙"：也称"醉八仙"。指唐朝嗜酒如命的八位学者名人，李白是其中之一。杜甫的《饮中八仙歌》就是写这八位酒仙。

[5] 《全唐诗》：清康熙年间编纂。共900卷，收录唐、五代诗歌49,403首，残句1000余条，作者2837人。

[6] 这句话出自余光中的诗《寻李白》。盛唐：唐代的鼎盛时期。文学史上的盛唐指唐玄宗开元元年到天宝十四年（713—755）。余光中：1928—2017年。著名作家、诗人、学者、翻译家。

[7] 古体诗：诗歌体裁，与近体诗相对。格律自由，不要求对仗，不讲究平仄，押韵较自由，篇幅长短不限。有四言诗、五言诗、六言诗、七言诗和杂言诗等各种形式。也叫古风、古诗。

[8] 格律诗：也称近体诗，是唐代定型的诗体，主要分为绝句和律诗。绝句一首四句，律诗一首八句。格律诗对字数、平仄、用韵都有严格的要求。有五言诗、七言诗两种形式。

第三课 神话：集体人格的故乡

"耐可乘流直上天？"

他什么时候说出这话的呢？是一次带着朋友划船的时候。那位朋友正值③被贬了官，愁眉不展。当时李白已近六十了，看着面前苦哈哈的朋友，摸着自己已泛白的长须，仰天长笑：多大个破事啊，不就是官小一点吗？别想不开了，眼前如此美景，我们应该两忘烟水里，好好喝酒才对，何必为俗事唏嘘呢？

他于是写下了这首浪漫的名诗，就叫作《陪族叔刑部侍郎晔及中书贾舍人至游洞庭》：

南湖秋水夜无烟，耐可乘流直上天？

且就洞庭赊月色，将船买酒白云边。

他们喝着酒，暂时忘记了忧伤，隐没在烟水之中。

那么，李白还创造了其他的网络热语吗？有的，比如"深藏功与名"，出处是李白的《侠客行》："事了拂衣去，深藏身与名。"

没了李白，女孩子们的生活也会受到一些影响。比如美国的化妆品牌Revlon，中文名字就不可能叫"露华浓"了。因为它是从李白的诗里来的——"云想衣裳花想容，春风拂槛露华浓"。当然，露华浓已经退出中国市场，深藏功与名了。

如果没有李白，中国诗歌江湖的格局会有一番大的变动。

几乎所有大诗人的江湖地位，整体都会提升一档。李商隐[1]千百年来都被叫"小李"了，正是因为前面有"大李"。要是没了李白，他就可以扬眉吐气地摘掉小李的帽子了。王昌龄[2]大概会成为唐代绝句首席④，不用加上"之一"，因为能和他的绝句相比的正是李白。至于杜甫[3]，则会成为无可争议的唐诗第一人，也不必再加上那个"之一"。

除此之外，我们在日常生活中还会遇到一些表达上的困难。

比如对于从小一起长大的男女朋友，你将没有词来准确形容他们的关系。你不能叫他们"青梅竹马"，也不能叫他们"两小无猜"，这都出自李白的《长干行》。

你也无法形容两个人相爱得"刻骨铭心"，这个词儿也是出自李白的文章："深荷王公之德，铭刻心骨。"

岂止⑤是无法形容恋人，我们还将难以形容全家数代⑥人团聚、其乐融融的景象，因为"天伦之乐"这个词儿也是李白发明的，出自他的一篇文章，叫作《春夜宴从弟

---

[1] 李商隐：813—858年。晚唐著名诗人，和另一位大诗人杜牧（803—853）合称"小李杜"。
[2] 王昌龄：约698—约756年。唐朝著名诗人，其诗以七言绝句最为著名，有"七绝圣手"之称。
[3] 杜甫：712—770年。唐代伟大的现实主义诗人，被后世尊称为"诗圣"。

桃李园序》:"会桃李之芳园,序天伦之乐事。"

"浮生若梦",也不能用了,出处同样是李白这一篇文章:"浮生若梦,为欢几何?"

扬眉吐气、仙风道骨、一掷千金、一泻千里、大块文章、马耳东风……要是没有李白,这些成语我们都不会有了;此外,蚍蜉撼树、春树暮云、妙笔生花……这些成语都是和李白有关的,也将统统没有了。我们华人连说话都会变得有点困难。

没有了李白,我们还会遇到一些别的麻烦。

当我们在社会上际遇不好、没能施展本领的时候,将不能鼓励自己"天生我材必有用";我们遭逢了坎坷,也不能说"长风破浪会有时";当我们和知己好友相聚、开怀畅饮⑦的时候,不能说"人生得意须尽欢";当我们在股市上吃了大亏、积蓄一空的时候,不能宽慰自己"千金散尽还复来"。这些都是李白的诗句。

那个我们印象中很熟悉的中国,也会变得渐渐模糊起来。我们将不再知道黄河之水是从哪里来的,不知道庐山的瀑布有多高,不知道燕山的雪花有多大,不知道蜀道究竟有多难,不知道桃花潭有多深。

白帝城、黄鹤楼、洞庭湖,这些地方的名气,大概都要略降一格。黄山、天台、峨眉的氤氲,多半也要减色许多。

变了样的还有日月星辰。抬起头看见月亮,我们无法感叹"今人不见古时月,今月曾经照古人",也无法吟诵"小时不识月,呼作白玉盘。又疑瑶台镜,飞在青云端"。

我们的童年世界也会塌了一角。那个每个小朋友记忆深处、平均每个人要听三百遍的"只要功夫深,铁杵磨成针"的故事也将没有了。它可是小学生作文的经典万金油[1]典故。没有了它,小朋友们该怎么把作文凑足⑧600字?

在今天,如何检验一个人是不是华人?答案是抛出一句李白的诗。当每一个华人听到"床前明月光",都会条件反射般地说出"疑是地上霜"。

李白,这一位唐代的大诗人,已经化成了一种基因,和每个华人的血脉一起流淌。哪怕一个没有什么文化和学历的中国人,哪怕他半点都不喜欢诗歌,也会开口遇到李白,落笔碰到李白,童年邂逅李白,人生时时、处处、事事都被打上李白的印记。

不知道李白在世的时候,有没有预料到这些。他这个人经常是很矛盾的,有时候说自己的志向是当大官、做大干部,轰轰烈烈干一场大事,有时候又说自己的志向是

---

[1] 万金油:一种膏状药物。现常用来比喻人或物用处很多,在哪儿都能发挥作用。

搞文学、做研究,"我志在删述,垂辉映千春。希圣如有立,绝笔于获麟"。

前一个志向,他没有实现,但后一个志向他是超额完成了——所谓"垂辉映千春",他已经辉映了1300年的春秋了,还会继续光辉下去。

1. 给文章拟一个新的题目(写在下面的横线上)。

_____

2. 解释文中画线词语。

①无关紧要　　　　　　②传人

③正值　　　　　　　　④首席

⑤岂止　　　　　　　　⑥数代

⑦畅饮　　　　　　　　⑧凑足

3. 判断下列说法是否符合文章原意(符合画"√",不符合画"×")。

(1)作者觉得李白和后世普通人的生活没什么关系。　　　　　　　(　　)

(2)在《全唐诗》中,李白的诗歌占据了盛唐时期诗歌的一半。　　(　　)

(3)李白在古体诗创作方面有很高的成就。　　　　　　　　　　　(　　)

(4)网络流行语"你咋不上天呢"跟李白安慰朋友的一首诗有关。　(　　)

(5)如果没有李白,唐代的诗人们在中国诗歌史上的地位也不会有什么变化。

(　　)

(6)李白的诗歌中也有不少地理知识的介绍,比如告诉我们黄河的源头在哪里。

(　　)

(7)"只要功夫深,铁杵磨成针"是小学生写作文最常用的故事。　(　　)

(8)李白希望自己的作品能够千古流传。　　　　　　　　　　　　(　　)

4. 回答问题。

作者认为如果没有了李白,中国人生活的哪些方面将会受到影响?

_____

_____

_____

_____

第三部分 写作

十、写出课文的内容提要。（300字左右）

十一、阅读余秋雨《汉字：中国文化的生命基元》中的这段文字，说明你对"生命基元"的理解，并谈一谈汉字在中华文明传承中所发挥的作用。（600字左右）

> 笔墨是用来书写历史的，但它自己也有历史。
>
> 我一再想，中国文化千变万化，中国文人千奇百怪，却都有一个共同的载体，那就是笔墨。
>
> 这笔墨肯定是人类奇迹。一片黑黝黝的流动线条，既实用又审美，既具体又抽象，居然把全世界人口最多的族群联结起来了。千百年来，在这块辽阔的土地上，什么都可以分裂、诀别、遗逸、湮灭，唯一断不了、挣不脱的，就是这些黑黝黝的流动线条。
>
> 我到很久之后才知道，那些黑森森的文字，正是中国文化的生命基元。它们的重要性，怎么说也不过分。

语言实践

一、上网观看央视动画有限公司 2019 年制作的动画片《中国神话故事》。该动画片共 26 集，讲述了 13 个神话故事：伏羲画卦、后羿射日、嫦娥奔月、精卫填海、夸父追日、嫘祖养蚕、盘古开天、女娲补天、燧人取火、仓颉造字、神农尝草、大禹治水、愚公移山。选择你感兴趣的一则神话故事，查找相关资料（包括图片），制作一个小视频，并配上解说词。

二、在各国文化中，很多动植物都被赋予了象征意义。查找中国或你们国家的有关资料，写出动植物的象征意义（各选五种），以表格形式展示，也可以对比同一种动物或植物在不同文化中的不同意义。

第四课　大数据

唐博　宋轩

课文导览

【作者简介】

唐博（1990—　），湖南人。南方科技大学研究员。主要研究方向为数据库系统和大数据技术，研究成果被广泛应用于顶尖IT企业的多类商业产品中。2019年获中国图灵大会最佳论文提名奖，2021年获国际计算机协会（ACM）颁发的SIGMOD中国新星奖。

宋轩（1983—　），吉林人。吉林大学教授。主要研究方向为人工智能、大数据分析、城市计算和智慧城市。2015年获国际计算机协会颁发的普适计算年会（UbiComp）最佳论文提名奖，2017年入选日本文部科学省实施的卓越研究员计划。基于在"城市智能化管理"领域的学术贡献，2022年获得中华人民共和国驻日本国大使奖（自然科学领域成就奖）。

【作品出处】

课文选自《十万个高科技为什么》（第一辑），南方科技大学组织编写，广东科技出版社，2020年版。课名为编者所加。

【话题归属】

课文可以围绕大数据技术及其在城市管理中的运用这个中心话题进行学习和讨论。在科技发展日新月异的今天，高科技的各项发明已深刻影响到社会生活的方方面面。在广泛了解大数据、人工智能、物联网等科技前沿知识的同时，也可以对科技发明给人类带来的挑战、科技发展与社会伦理、科技与立法等相关热点话题进行讨论。

> **课前准备——课堂报告选题**
>
> 1. 大数据技术的应用价值及发展趋势；
> 2. 大数据技术的安全管理与个人隐私；
> 3. 智慧城市的利与弊；
> 4. 当代科技的重大发明（任选一项）；
> 5. 科技发展与社会伦理的冲突；
> 6. 科技发展与科技法；
> 7. 近期出现的科技热点话题。

课 文

大数据有多大 04-01

唐 博

日常生活中常常有这种现象：对于一种习以为常的事物，每个人都谈论它，但没人知道它的由来。大数据（big data）显然就属于这种情况。目前，大数据这个概念已经走入社会的各个角落。一般人都能懵懵懂懂地讨论大数据。在一般人的认知中，大数据就是数量庞大而复杂的数据集合。应用传统的数据处理方法，不能轻易厘清这些数据集合的头绪以及挖掘其中的潜在价值。

但是，这就是大数据的全部吗？大数据的特点到底是什么？

大数据的概念并不是突然蹦出来的，它也经历了一个逐渐演化的过程。大数据的主要特征可以用4个"V"来表示：第一个"V"是容量（volume），这就是一般人最了解的特征，我们使用的手机容量一般以GB[1]为单位，如64 GB、128 GB等，而大数据处理的数据可以高达十万甚至百万级别GB；第二个"V"是类型（variety），大数据所包括的数据不仅仅是单一的文本文件[2]，同时还包括视频、音频、图片、定位信息，甚至是阿尔法

---

[1] GB：Gigabyte 的缩写，常简写为 G。信息计量单位，常用来表示电脑、手机等的存储容量。
[2] 文本文件：一种由若干行字符构成的计算机文件。以 txt、html、py 等为后缀的文件都是文本文件。

狗[1]下棋所产生的棋谱等其他类型的文件和信息；第三个"V"是速度（velocity），大数据产生和处理的速度都非常快，例如微信1分钟内就可以产生千万条数据，只有通过大数据技术处理后，才能更好地让用户及时地收到信息；第四个"V"是真实性（veracity），我们写文章偶尔会有错别字，但是通过整体分析，这些错别字一般不会影响我们的理解，在大数据中也同样存在着不正确数据，大数据处理可去伪存真，提高准确性。

可见，大数据并非只有数据量大这一层含义。面对如此复杂的大数据，我们如何使用？其中的关键就在于数据的有效收集、高效存储、简捷分析与直接应用。对于存储问题，在大数据时代，单台的计算机不可能完成存储任务。于是，人们就想到了把数据和任务先分解，然后用多台计算机平行处理，这种方法叫作分布式存储。分布式存储具有很多优点，包括高扩展、易运维、上线快、高容错等。

解决了数据存储问题，接着要对数据进行分析和计算。和存储方法类似，我们也用多台计算机同时计算。但是，我们需要精确地知道，数据到底在被哪一台计算机处理。目前，很多公司都在研究如何高效地利用集群资源，并提出了各种不同的分布式计算模式。

2022世界数字经济大会现场（浙江宁波）（王刚　摄）

大数据在生活中有哪些应用呢？

以城市出租车大数据为例，2019年深圳市有2万多辆电动出租车，1天客运量达到100多万人次。这个过程可产生大量数据，如出租车运行轨迹、上下客地点、车程、费用、单程运营时间等。通过对城市出租车的轨迹数据、交易数据进行收集和存储处理，可以深入挖掘数据背后代表的城市运行状态。例如，通过实时大数据可视化技术，

---

[1] 阿尔法狗：AlphaGo，阿尔法围棋，音译为阿尔法狗，一种人工智能围棋软件，2017年战胜围棋世界冠军柯洁。

交管部门可以分析深圳市的出租车运营状况，从而清晰地知道哪些区域的哪些路段比较拥挤，这能有效地帮助出租车公司做出相应调度和制订出租车司机的运营路线规划等。

此外，通过实时分析城市出租车运行轨迹，能帮助用户及时了解道路变化情况。例如，因水管抢修，深圳南山区的学苑大道塘朗村路段临时改道。在传统模式下，车辆行驶至改道指示牌时才能发现道路不通。然而有了大数据的协助，地图服务提供商可以通过实时分析出租车轨迹数据，及时通知其地图服务用户相关道路变化情况，调整导航路径，从而优化用户的使用体验。

当然，大数据的应用远不止如此。大数据技术会根据你的行为习惯来给你进行个性化推荐，例如淘宝[1]的货物推荐、今日头条[2]的文章推荐和抖音[3]的视频推荐等。在城市地图导航中，可根据现有的实时车辆数据给你推荐最快、最合适的路线，或者通过实时分析人流、车流数据来预测拥堵、预警拥挤、避免踩踏事件发生等。

伴随着物联网[4]（internet of things，IoT）时代和5G[5]时代的到来，大数据成为技术发展的重中之重。随着数据的增长，大数据技术的使用和延伸势在必行。而大数据技术所做的，就是运用相关的技术对大量的、不同类型的数据进行处理和分析，从而发掘具有使用价值的信息。

阅读提示（一）

1. 一般人对大数据的理解是什么？这样的理解准确吗？
2. 根据作者的介绍，大数据的主要特征有几个？具体内容是什么？
3. 在大数据时代，使用者如何解决数据的存储问题？
4. 人们是如何分析和计算已经存储的数据的？
5. 文章举了什么例子说明大数据在生活中的应用？文章还提到大数据的哪些作用？
6. 在物联网和5G的时代，大数据为什么成了"重中之重"？

---

1 淘宝：这里指淘宝网，由阿里巴巴集团在2003年5月创立。
2 今日头条：通用信息平台，创建于2012年。
3 抖音：音乐创意短视频社交软件，2016年上线。
4 物联网："万物相连的互联网"，是互联网的延伸和扩展。它将各种信息传感设备与网络结合起来，实现任何时间、任何地点的人、机、物的互联互通。
5 5G：第五代移动通信技术（5th generation mobile networks）的简称。第一至第四代移动通信技术的简称分别为1G、2G、3G、4G。

词语表（一） 🎧 04-02

序号	词语	拼音	词性	搭配举例
1	大数据○	dàshùjù	名	～类型/产业
2	习以为常	xíyǐwéicháng	成语	
3	谈论○	tánlùn	动	～事件/比赛/见闻/现象/话题；公开/私下/严禁～
4	由来○	yóulái	名	节日/名称/问题/矛盾～；◎～已久
5	懵懂	měngdǒng	形	～无知
6	厘清	líqīng	动	～头绪/思绪/关系/任务/问题
7	头绪	tóuxù	名	有/没有/毫无～；～清晰/分明/纷繁/混乱；理出/理清/厘清～
8	挖掘○	wājué	动	～矿藏/宝藏/文物；◇～潜力/内涵/（人才/教育/旅游）资源
9	蹦○	bèng	动	（脑中）～出（想法/念头）；（嘴里）～出（词语）；◎活～乱跳；连～带跳
10	演化	yǎnhuà	动	生命/生物/自然/天体/宇宙～；～进程/历史/方式；◇文明～
11	容量○	róngliàng	名	水库/电池/硬盘/大脑/市场/报告～；～大/小
12	百万	bǎiwàn	数	价值/身家/收入/年薪～；◎～富翁
13	级别○	jíbié	名	行政/工资/安全/（动植物）保护～；～高/低；评定/取消～；◎菜鸟/大师/大神～
14	文本	wénběn	名	合同/法律/示范～；◎～文件
15	音频	yīnpín	名	录制～；◎～信号/设备/节目/文件/资料

16	下棋○	xià//qí	动	下（一盘）棋；下（围/象）棋
17	棋谱	qípǔ	名	背/研究~；围棋/象棋~
18	错别字○	cuòbiézì	名	写/纠正/消灭~；◎~连篇
19	去伪存真	qùwěi-cúnzhēn	成语	
20	高效○	gāoxiào	形	办事/工作/服务~；~运行/利用/管理
21	存储	cúnchǔ	动	~文件/资料/数据/信息/货物；~格式/速度/容量；◎移动/网络~
22	简捷	jiǎnjié	形	操作/方法/途径/路线~；~高效/方便
23	平行	píngxíng	形/动	~处理/发展；与……~；~于；◎~线
24	上线	shàng//xiàn	动	电影/节目/网站/新品/游戏~；◇智商~
25	容错	róngcuò	动	~技术/系统/功能/机制/能力；◎~率/性
26	集群	jíqún	名/动	~生活/栖息；◎商业/产业~；~化
27	客运○	kèyùn	名	铁路/民航/公路/水路/公交~；~公司/码头/列车/轮船；◎~航班/专线
28	轨迹○	guǐjì	名	运动/运行/飞行/移动~；◇人生/生命/成长/思想/发展~
29	车程	chēchéng	名	1小时~；100公里~
30	单程	dānchéng	名	~时间/距离/票价；◎~车票
31	运营○	yùnyíng	动	公司/铁路~；试/投入/开通/恢复~；~模式/方案/系统/状况/成本；◎~商
32	实时	shíshí	副	~传输/监控/转播/报道/互动
33	可视化	kěshìhuà		~会议/技术/软件/信息/数据
34	交管	jiāoguǎn	名	~部门/措施；◎~局/所/站/员

35	清晰○	qīngxī	形	画面/头脑/思路/条理/口齿~
36	路段○	lùduàn	名	拥堵/繁华/施工~
37	拥挤○	yōngjǐ	形/动	交通/道路/车辆/人群/人流~；◎~不堪
38	调度○	diàodù	动	~资源/资金/人员/车辆；集中/科学/合理~；◎~员
39	水管○	shuǐguǎn	名	铺设/安装/维修~；~爆裂
40	抢修	qiǎngxiū	动	~道路/电路/管道/设备/故障；进行/组织~
41	改道	gǎi//dào	动	车辆/河流~
42	指示牌	zhǐshìpái	名	交通/道路/广告~
43	提供商	tígōngshāng	名	设备/产品/服务~
44	导航○	dǎoháng	动	~系统/技术/精度；◇服务/生活/人生~；◎地图/卫星/远程~；~仪/员
45	路径	lùjìng	名	选择/探索/开辟~；存储/传播/发展/改革~
46	优化○	yōuhuà	动	~结构/性能/产品/方案
47	推荐○	tuījiàn	动	~候选人/阅读书目/产品；强烈/极力~；◎~信/人
48	货物○	huòwù	名	出口/进口/存放/销售/发送/搬运/运送/运载~
49	头条○	tóutiáo	名	~新闻；头版/报纸/网站/媒体~；上~
50	人流	rénliú	名	~密集/拥挤；疏导/分散~；◎~量
51	车流	chēliú	名	疏导/控制~；◎~量
52	拥堵	yōngdǔ	动	交通/道路/车辆~；造成/缓解/减少/疏导~；~路段
53	预警	yùjǐng	动	安全/气象（高温/大雾/大风/降雪）风险~；~级别/信号/体系/机制；◎蓝色/黄色/橙色/红色~
54	踩踏	cǎità	动	~草坪/倒地者；◎~事件/事故

| 55 | 重中之重 | zhòngzhōngzhīzhòng | |
| 56 | 势在必行 | shìzàibìxíng | 成语 |

智慧城市如何运作 🎧 04-03

宋 轩

　　工业革命[1]之后，人类的生产力不断提高。物质生活的极大丰富使得人们不再囿于田地，更多的生产力从农业生产中解放出来。人类社会从农业社会向工业社会转型，现代意义的城市逐步形成。如今，城市化已成为一种全世界范围的发展趋势。

　　然而随着越来越多的人口涌向城市，鳞次栉比的高楼取代了郁郁葱葱的森林，车水马龙的街道取代了蜿蜒的林间小路，我们的城市难免会患上各种"城市病"。首先是过度、过快的城市开发忽视了对环境的保护。1952年的伦敦烟雾事件直接导致了4000余人的死亡，并导致10多万人受到呼吸道疾病的影响。几十年后的今天，城市发展过程中的环境污染问题仍未得到妥善解决，很多大城市仍然备受空气污染的困扰。交通拥堵是城市发展过程中的另一个难题。据统计，北京每年由交通拥堵带来的直接、间接经济损失高达数千亿元人民币，大概占北京地区生产总值的5%。尤其是节假日、大型活动期间以及遇恶劣天气时，城市交通更是面临极大的挑战。2018年春节因受琼州海峡大雾影响，上万车辆滞留海口造成大拥堵，许多人甚至在路上堵了4天之久。此外，由于城市人口稠密，人与人之间的接触频繁，容易造成传染病的大规模传播。现代便利的交通使得传染病的远距离传播成为可能，这更增加了传染病疫情控制的难度。2003年出现了致死率和传染性都很强的"非典[2]"疫情。从最早在广东省发现病例到全国各地相继发现病例，仅仅几个月时间，人们的生命安全便遭受到极大的威胁。

　　随着科学技术的发展，尤其是手机与互联网的普及，智慧城市的相关研究为这些"城市病"提供了新的解决方案。

---

1 工业革命：一般指第一次工业革命，18世纪60年代源自英国的一场生产和技术的革命。标志是蒸汽机的发明和广泛使用。

2 非典："传染性非典型性肺炎"的简称，亦称"严重急性呼吸系统综合征"，英文简称SARS，即Severe Acute Respiratory Syndrome。

参观智慧城市系统（2023年5月，安徽）（张娅子 摄）

智慧城市的相关研究可分为三个层次：感知、分析、决策。手机以及其他连接了互联网的设备（如共享单车、智能家电、智能手表等），可作为分布式的传感器，实时地感知关于城市各个方面的信息，例如人们的出行、用电、消费和社交行为等。相较于传统的人工采集数据（出行调查问卷、车流量计数），这些信息的采集具有更高的实时性与可持续性，这使得城市的智能分析成为可能。

通过对历史数据的挖掘，我们可以分析得到关于城市内在规律性的模式。例如基于人们出行模式挖掘的城市的功能区划分，为现代的城市规划提供了数据驱动的新思路。通过对实时数据的分析，我们可以更精确地掌握城市的当前状态，预测下一时刻的状态，例如交通流量预测与灾难时人们行为的建模与预测。对于城市的交通管理和灾害应急管理来说，更精确的预测意味着管理部门可以对未来将要发生的状况做更合理的准备，从而尽早地进行交通疏导与救援资源分配。

基于城市分析，我们可以对城市的过去、当前乃至未来状态有更深入的理解和更精确的预测。然而对于城市问题的解决，仅仅通过分析是不够的，还需要我们能够根据分析结果提出切实可行的解决方案。这需要我们综合考虑多方面的因素，在优化目标与现实约束中寻求最优的组合解。例如，利用共享单车的轨迹数据估计自行车道路的使用量，结合施工的可行性与施工费用分析，就可以规划出更多的能满足人们出行需求的自行车道。对于城市交通数据以及已有空气质量观测站的空间分析，同样可以更好地为新的空气质量观测站选址提供决策依据，以更精确地监测城市的空气质量。

综上所述，城市化的进程在给我们带来便利的同时，也给我们带来了一些棘手的问题。智能化的城市管理为这些问题带来了新的解决方案，城市大数据的分析应用使我们对城市的理解更加精确、深入，从而使我们生活的城市更安全、更洁净、更高效。

阅读提示（二）

1. "城市病"的主要表现是什么？课文中有哪些具体的例子？
2. 智慧城市的相关研究包含哪些内容？这些内容之间是什么关系？
3. 智能化的城市管理是如何采集数据的？与传统的数据采集方式有何不同？
4. 对大数据的分析可以帮助我们怎样管理城市？
5. 倒数第二段中"在优化目标与现实约束中寻求最优的组合解"一句是什么意思？

词语表（二） 04-04

序号	词语	拼音	词性	搭配举例
57	生产力	shēngchǎnlì	名	发展/提高/解放～；～高/低/先进/落后
58	囿于	yòuyú	动	～传统/偏见/观念/模式/思维
59	田地	tiándì	名	经营/开垦～；◇落到（如此/这般/这步）～
60	转型○	zhuǎnxíng	动	社会/经济/企业/市场～
61	涌○	yǒng	动	（市民）～向街头；◇（往事）～上心头；◎泪如泉～
62	鳞次栉比	líncì-zhìbǐ	成语	
63	取代○	qǔdài	动	被……～；不可/无法/难以～
64	郁郁葱葱	yùyùcōngcōng	成语	
65	车水马龙	chēshuǐ-mǎlóng	成语	
66	蜿蜒	wānyán	形	山脉/河流/道路～
67	烟雾	yānwù	名	～浓重/弥漫/消散
68	余○	yú	数	五十～岁；六百～人；千～斤
69	呼吸道	hūxīdào	名	～感染/疾病；◎上～
70	妥善○	tuǒshàn	形	～解决/安排/处理/保管/保护
71	备受○	bèishòu	动	～争议/关注/推崇/瞩目/鼓舞

72	总值	zǒngzhí	名	资产/外贸/出口/进口～；◎国民生产～
73	恶劣○	èliè	形	天气/环境/条件/影响/态度/心情～
74	海峡○	hǎixiá	名	穿过/渡过～；◎～两岸；台湾/马六甲～
75	雾○	wù	名	大/浓/薄～；下～；◎云/烟～
76	滞留	zhìliú	动	旅客/车辆～；毒素/有害物质～（体内）；长期/非法～
77	稠密○	chóumì	形	人口/人烟～
78	传染病○	chuánrǎnbìng	名	染上～；～流行/暴发/扩散/防治；◎烈性～
79	疫情	yìqíng	名	暴发/防控～；～扩散/结束
80	致死	zhìsǐ	动	殴打/踩踏/迫害～；◎～率
81	率○	lǜ		出勤/增长/支持/失业/发病/死亡～
82	传染○	chuánrǎn	动	被……～；～性（强/弱）；◇（情绪）～给……；◎～病
83	病例	bìnglì	名	心脏病/典型/危重/死亡～；～报告
84	相继○	xiāngjì	副	～出现/问世/建立/发生
85	感知	gǎnzhī	动/名	～事物/世界；～能力/效果
86	单车	dānchē	名	骑～；◎共享～
87	社交○	shèjiāo	名	～活动/场合/能力/礼仪/网络/网站/圈（子）/平台
88	采集○	cǎijí	动	～数据/标本/信息
89	问卷	wènjuàn	名	设计/发放/回收～；◎调查～；～调查
90	流量	liúliàng	名	车/行人/交通/河水/网站/数据～；手机/上网～；◎～明星
91	计数	jìshǔ	动	不可～；难以～
92	基于○	jīyú	介	～事实/现状/原则/统计

93	驱动○	qūdòng	动	受（利益/计划/欲望）~；◎~力；自我~
94	建模	jiànmó	动	数据/网络/数学~
95	尽早○	jǐnzǎo	副	~治疗/实施/解决/完成
96	疏导○	shūdǎo	动	~交通/情绪/矛盾/压力；◎心理~
97	可行○	kěxíng	形	方案/建议/办法~；切实~；◎~性
98	优○	yōu	形	~于；最~（状态/组合/配置）；◎~胜劣汰
99	施工○	shī//gōng	动	~现场/单位/方案/图纸；◎~队
100	观测○	guāncè	动	~天文/气象；~仪器/方法/目标/结果/记录/数据；◎~点
101	选址	xuǎnzhǐ	动/名	机场/商场/工厂/项目~；最佳~
102	综上所述○	zōngshàng-suǒshù		
103	棘手○	jíshǒu	形	问题/事情/情况~
104	洁净○	jiéjìng	形	空气/水/环境/街道/衣着/食品~

课文回顾与思考

1. 综合两篇课文来看，大数据可以运用到哪些领域？你有没有补充？
2. 两篇课文均为科普文章，你认为文章的结构是否清楚？语言是否通俗易懂？请举例说明。
3. 阿尔法狗战胜人类是否意味着人工智能已经超越了人类？你对这个问题有什么看法？
4. 大数据技术在给生活带来便利的同时，也存在数据安全隐患。你如何看待个人数据隐私保护问题？

词语例释

1. 相继

副词。意思是"一个接着一个",常表示不同事物连续出现相同的情况。多用于书面语。如:

(1) 2003年出现了致死率和传染性都很强的"非典"疫情。从最早在广东省发现病例到全国各地相继发现病例,仅仅几个月时间,人们的生命安全便遭受到极大的威胁。

(2) 20世纪的时代标志是人类开始掌握并使用核能,放射化学和核化学等分支学科相继产生,并迅速发展。

(3)《中国临床心理学杂志》《中国健康心理学杂志》等心理咨询与心理治疗专业期刊的相继问世,促进了心理卫生领域的信息交流、学术研究和科学普及工作。

(4) 随着能源价格的上涨,水电气及食品的价格也相继上涨。

(5) 随着一年一度夏季文化节的到来,上百场戏曲、话剧、音乐会、歌舞、杂技等演出将在各大剧场相继登台。

也可表示同一事物接连发生相同或类似的情况。如:

(6) 这家公司相继与8所高校签署协议,联合培养人工智能高端人才。

(7) 承德避暑山庄曾经是清王朝的第二个政治中心。1994年被列入世界文化遗产名录,并相继获得中国十大名胜古迹、国家5A级旅游景区等称号。

2. 基于

介词。意思是"以……为基础""根据……",表示做某事的基础。后接名词或名词性短语,组成介词结构,可位于句首。如:

(1) 基于城市分析,我们可以对城市的过去、当前乃至未来状态有更深入的理解和更精确的预测。

(2) 基于《标点符号用法》,我们对书稿中的标点又做了一次修改。

(3) 基于以上统计数字,我们认为现行方案是有效果的。

(4) 基于多方面的考虑,在借鉴其他院校相关教材的基础上,我们决定自己编写一套符合专业要求的新教材。

"基于"构成的介词结构在句中常做状语,修饰动词。有时用"而"连接状语和动词。如:

(5) 社会组织基于一定的利益需要而产生,不同的组织是人们利益分化的结果。

(6) 所谓女性主义,就是基于天赋人权而出现的、以男女平等为核心的思想和理论。

(7) 基于人们出行模式挖掘的城市的功能区划分,为现代的城市规划提供了数据驱动的新思路。

(8) 知识产权是基于智力的创造性所产生的权利,它是法律赋予知识产品所有人的某种专有权利。

例（5）中的"基于一定的利益需要"修饰动词"产生"；例（6）中的"基于天赋人权"修饰动词"出现"；例（7）中的"基于人们出行模式"修饰动词"挖掘"；例（8）中的"基于智力的创造性"修饰动词"产生"。例（5）、例（6）中的介词结构与动词之间有"而"连接，例（7）、例（8）则省略不用。"'基于'介词结构＋动"的结构，可以做谓语，如例（5）；做定语的情况更多见，如例（6）—（8）。

"基于"构成的介词结构在句中也可做定语。如：

（9）基于印欧语系语言的教学法，是以形态语言为基础的教学模式。

（10）"网民""网虫"等词都是基于网络的流行语。

这种用法在论文题目中比较常见，一般采用"基于……的研究/探析/设计"的结构。如：

（11）《基于人工智能的语言教育研究：国际进展与前瞻》

（12）《基于文学地理学的古诗词教学方法探析》

（13）《基于人工智能的中医远程教育机器人设计》

（14）《基于大数据与人工智能背景的"智慧校园"建设》

3. 尽早

副词。意思是"尽可能早地"，表示在时间上最大可能地提前、不延误。常受"应该/可以/希望……"等词语限制。修饰动词，后面可以加"地"。如：

（1）更精确的预测意味着管理部门可以对未来将要发生的状况做更合理的准备，从而尽早地进行交通疏导与救援资源分配。

（2）我们应该尽早谈判，以便达成新的贸易协定。

（3）如果你想假期去旅游，那就应该尽早制订旅游计划，这样可以订到更便宜的旅馆和机票。

（4）专家提醒，流感已进入高发期，愿意接种疫苗者应尽早接种。

（5）气象卫星传递信息的速度越快，人们越可以尽早地做出分析和判断，为气象预报赢得时间。

（6）如果计划有调整，希望能尽早通知大家，这样我们也好做准备。

4. 综上所述

固定短语，作为独立语使用。综：综合。述：论述。"综上所述"表示综合以上所论述的。常用于说理性文章的结尾，表示下文将对上面所说的内容进行归纳和总结。"综上所述"后面的句子就是对上文内容的概括。如：

（1）综上所述，城市化的进程在给我们带来便利的同时，也给我们带来了一些棘手的问题。

（2）综上所述，社会需求决定了学校课程发展的方向，知识更新促进了课程内容的更新。

（3）综上所述，音乐欣赏是由四方面的欣赏心理活动构成的：音响感知、情感体验、想象联想、理解认识。

（4）综上所述，人类对太阳系起源与演化的认识是一个不断深化的过程。

（5）综上所述，影响气候变迁的原因是多方面的，也是异常复杂的。

（6）综上所述，可以得出如下结论：只有战胜自我，才有成功的可能。

成语运用

1. 习以为常

习：习惯。常：平常。表示某种事情经常做，某种现象经常看到，也就觉得很平常了。使用中相当于动词，常做谓语、定语。常受"已经/早已"等词语修饰，多用于"对……习以为常"的结构中。如：

（1）网上购物、手机支付，十几年前还很少见，现在人们都已经习以为常了。

（2）许多情绪会引起哭，人们对哭早已习以为常，但在科学家看来，哭如同睡眠一样，仍然是神秘的。

（3）我是南方人，对于高温潮湿的天气早就习以为常了。

（4）日常生活中常常有这种现象：对于一种习以为常的事物，每个人都谈论它，但没人知道它的由来。

（5）对任何事物都抱有一种好奇心，就能从平凡中发现奇特，从习以为常的现象中找到"异常"之处，时时都有创新的灵感。

（6）现在过春节除了吃团圆饭、拜年等习以为常的形式外，大家有了更多的选择。

2. 去伪存真

去：除去。伪：不真实。意思是除掉虚假的，留下真实的。多指在调查或研究的过程中，对信息、数据、材料、意见等进行鉴别和整理。使用中相当于动词，常做谓语、定语。常跟"去粗取精"组合使用。"去粗取精"，表示对信息、数据等去掉无用的部分，保留精华。如：

（1）在大数据中也同样存在着不正确数据，大数据处理可去伪存真，提高准确性。

（2）读书但不能迷信书，要带着批判的眼光去读，真正做到去粗取精、去伪存真。

（3）在求取知识的过程中，人们仅凭自己的感官并不是总能准确感受和认识到自然的真相。从这个意义上说，科学精神是一种去伪存真、判断是非的能力。

（4）历史材料往往互相矛盾，研究者需要认真地进行去伪存真的鉴别工作。

（5）去粗取精、去伪存真的能力，是在研究过程中慢慢培养起来的。

3. 郁郁葱葱

"郁郁""葱葱"都指草木青翠茂盛的样子。用于形容森林、草原、树木、青山、原野等苍翠茂盛，充满生机。使用中相当于形容词，多做定语、谓语，有时也做补语。如：

（1）随着越来越多的人口涌向城市，鳞次栉比的高楼取代了郁郁葱葱的森林。

（2）校园里满眼都是郁郁葱葱的树木花草，令人心旷神怡。

（3）那栋别墅已有百余年的历史，掩映在郁郁葱葱的绿色植物和五颜六色的奇花异草之中。

（4）深秋时节，当北国满城落叶纷飞之时，秀丽的江南依然郁郁葱葱。

（5）在热带雨林地区，植被永远茂密，郁郁葱葱。

（6）在园林工人的精心呵护下，这些带土移来的大树都已成活，长得郁郁葱葱。

4. 车水马龙

车水：车如流水，指车子多得像江河的流水。马龙：马如游龙，指马像游动的长龙。形容车马、车辆很多，来往不断，十分热闹繁华。多形容城市道路、商业区等人车很多的热闹景象。使用中相当于动词，多做谓语、定语。如：

（1）天色刚亮，北京的大街上已是车水马龙，上班的、上学的都开始了一天的忙碌。

（2）春节来临，各大商场附近终日车水马龙，人来人往，一派喜庆的节日气象。

（3）经过灾后重建，小城又恢复了往日的繁华，到处车水马龙，人们重新找回了熟悉的生活节奏。

（4）随着越来越多的人口涌向城市，鳞次栉比的高楼取代了郁郁葱葱的森林，车水马龙的街道取代了蜿蜒的林间小路。

（5）在这高楼林立、车水马龙的繁华都市里，他曾一度迷失了自我。

（6）如果你习惯了大城市车水马龙的热闹和喧嚣，对于大山中与世隔绝的环境一定会很不适应。

修辞讲解

设问

本课选用的两篇文章《大数据有多大》《智慧城市如何运作》都是以问句作为标题。这样做既能引起读者的阅读兴趣，也能让读者更快地抓住文章的中心。作者在标题中提出问题，文章便围绕该问题展开论述和分析，整篇文章就是回答自己所提出的问题。这种自问自答的形式在修辞上叫作设问。

设问修辞格是无疑而问，答案已存在于说话人的心里。通常是自问自答，以提问的方式引起读者注意和思考，然后说出答案。像本课这样，以设问句作为科普或新闻报告类文章的标题，并不少见。《十万个高科技为什么》（第三辑）所收录文章的题目大部分都是设问句。如：

（1）什么是数字货币

（2）5G有何"魔力"

（3）计算机能像人一样"看"吗

（4）航空器由哪些材料制成

（5）树木年轮是如何"记住"环境变化的

（6）植物用什么聊天

江晓原《你不了解的真相——江晓原说科学》一书收录的文章，也有不少题目用了设问句。如：

（7）科学技术中有恶吗

（8）核电安全、清洁、高效吗

（9）如何认识当下的科学争议

（10）会出现"愚蠢的一代"吗

标题用设问句，可以在第一时间引起读者注意。文章中用设问的修辞格，同样也能很好地吸引读者的注意力，激发阅读兴趣。如：

（11）那么回到我们的题目上来说，科学是不是一把双刃剑呢？答案当然是肯定的，科学是一把双刃剑。（江晓原《科学就是厨房里的切菜刀》）

（12）在人类没有解决温饱问题之前，艺术是没有意义的，但是满足了温饱之后，人们会发现艺术的意义大于吃饭。如果你追问下去，艺术对人类的意义到底是什么？那么追问到最后就只有一个答案：给人带来美感。（汪洁《星空的琴弦》）

（13）有时，我自问，如果有一个超级智慧外星人突然出现在我面前，我最想问的问题是什么？是量子之谜，还是时空是从哪里来的？好像都不是。也许，我最想问的问题是，人类是我们银河系中唯一的智慧生命吗？（对面的外星人不要给我一个耳光）这是因为，我经常想，人类是我们这个宇宙中最不可思议的存在。（刘慈欣《爱因斯坦赤道·理论物理学家李淼关于本书的科学解析》）

（14）看了这么多幽默的小故事，您有什么感想？幽默可以救命，可以还击，可以交友，可以解围。（刘墉《幽默常是最好的沟通》）

设问修辞格也可以用来组织文章，在文章结构中发挥作用。以《大数据有多大》为例，文章分为两个部分，第一部分介绍大数据的特点，第二部分介绍大数据的应用。跟标题合起来，可谓三个设问句组织了一篇文章。结构为：

（15）【标题】

　　　　大数据有多大

　　【第一部分·开始段落】

　　　　这就是大数据的全部吗？大数据的特点到底是什么？

　　【第二部分·开始段落】

　　　　大数据在生活中有哪些应用呢？

整个文章从特点和应用两方面来回答标题所提出的问题，并把标题的问题"大数据有多大"分成两个问题"大数据的特点到底是什么"和"大数据在生活中有哪些应用呢"来回答。文章因此而分成两部分，结构非常清楚。又如林苑菁和师宇晴的文章《电子皮肤是怎么做的》，主体部分也是采用这样的结构方式。下面是文章的提纲，设问句在结构中的作用可以看得非常清楚：

（16）【标题】

　　　　电子皮肤是怎么做的

　　【第一部分·开始段落】

　　　　那么什么是电子皮肤？它又有哪些神奇与独特之处呢？它能给我们的生活带来什么变化呢？

　　（下面有三段，分别回答以上三个问题）

　　【第二部分·开始段落及以下段落首句】

　　　　为了实现上述研究与应用，电子皮肤需要有哪些神奇的特性呢？

　　　　首先，需要可以自由拉伸。

　　　　其次，需要可以自动愈合。

　　　　最后，需要能完美契合人体且没有危害。

总之，设问修辞格使用范围很广，而用于组织文章，更是一种简单易行的实用方法。

第一部分　词汇、语法、修辞

一、解释加点语素的意思，并根据拼音完成新词，同时说明其词义。

1. 容量（　　　　）　　　　　　2. 定位（　　　　）
　　rè　　　量　　　　　　　　　　定　shí
　　liú　　　量　　　　　　　　　　定　xiàng

3. 棋谱（　　　　）
   huà____谱
   jiàn____谱

4. 用户（　　　　）
   zhù____户
   zū____户

5. 单程（　　　　）
   quán____程
   chē____程

6. 实时（　　　　）
   实____dì
   实____kuàng

7. 人流（　　　　）
   chē____流
   wù____流

8. 疫情（　　　　）
   疫____miáo
   疫____qū

9. 预测（　　　　）
   预____gū
   预____suàn

10. 选址（　　　　）
    选____cái
    选____tí

二、选择成语改写句子并造句。

习以为常　去伪存真　郁郁葱葱　车水马龙

1. 老师反复告诫我们，面对搜集到的海量信息，一定要注意辨别真伪，只有经过核实的材料，论文才能采用。

   改写：_____
   造句：_____

2. 智能手机的问世曾引起巨大轰动，但现在的人早已习惯了这种集通信、购物、娱乐、摄影等功能于一体的全能设备。

   改写：_____
   造句：_____

3. 新能源汽车展览会吸引了众多的国内外顾客，这几天展览馆周边车流人流陡增，交通繁忙。

   改写：_____
   造句：_____

4. 汽车拐进了一条山间小道，从车内望出去，满眼都是茂盛翠绿的树木，山野的清新气息扑面而来。

   改写：_____
   造句：_____

三、词语搭配与填空。

挖掘　货物
优化　天文
搬运　方案
疏导　潜力
观测　情绪

（1）在智能化时代，使用智能机器人替代人工进行_____的_____是一个大趋势。

（2）哈勃空间望远镜自 1990 年 4 月 24 日发射以来，为人类提供了不计其数的太空精美图像，已成为人类_____现象的最重要仪器之一。

（3）_____不良_____的方法很多，比如倾诉法、降低期望法、转移注意力法等等。

（4）感谢大家的建议，我还会进一步_____我的设计_____。

（5）教师在教学过程中，应注意提高学生的学习兴趣，_____学生的学习_____，努力提高其学习效果。

态度　可行
思路　恶劣
人口　洁净
办法　清晰
道路　稠密

（6）优美_____的_____、漂亮的农家别墅、高标准的学校和幼儿园，所有一切都让记者感受到了农村的现代化气息。

（7）这个学生虽然每次写作都有语法错误，但文章结构完整，_____ _____，我很欣赏。

（8）在_____ _____、土地资源紧张的城市地区大力发展公共交通事业，是节省能源并减少空气污染的重要手段。

（9）遇到客户投诉的情况，我们的服务人员一定要有耐心，如果_____ _____，只会激化矛盾。

（10）冬季温暖，降雪稀少，这种情况已经严重影响到高山滑雪场，人工造雪的_____是否_____呢？专家的回答是要看天气条件。

（11）随着春节期间旅游高峰的到来，多家航空公司增加了_____ _____。

（12）要说玩游戏，我是菜鸟，而他已是_____ _____了。

（13）随着无人驾驶汽车的发展，无人驾驶系统功能的复杂性正在急速提升，传统的_____ _____系统已经不能适应新的要求。

（14）2021年5月15日，中国"天问一号"火星探测器成功着陆火星，这条消息立刻成了许多媒体的_____ _____。

（15）毕业班的同学为了写论文，来我们班请大家帮忙填写_____ _____。

◎ 大师　新闻
客运　问卷
卫星　航班
头条　导航
调查　级别

四、用指定词语完成句子或对话。

1. 聊天机器人 ChatGPT 一出现，_____（谈论）
2. _____，我听完以后掌握了很多信息。（容量）
3. A：这么短的时间你们就把设计方案拿出来了？
   B：_____（高效）
4. 我很喜欢读名人的传记，_____（轨迹）
5. _____，现在已经倒闭了。（运营）
6. 假日出行一定要随时关注交通信息，_____（拥挤）
7. 城市交管部门借助大数据技术，_____（调度）
8. A：_____（推荐）
   B：我最近在看刘慈欣的《三体》，感兴趣的话你也可以读一读。
9. 大学的最后一年事情很多，_____（重中之重）
10. 由于打折促销，商场早上一开门，_____（涌）
11. 现在在中国使用现金的人越来越少，_____（取代）
12. 请你放心，_____（妥善）
13. 受今早大雾的影响，_____（滞留）
14. 跟一个乐观开朗的人在一起感觉真好，_____（传染）
15. 春天是花的季节。立春以后，_____（相继）
16. _____，手机阅读已成为数字阅读的主要形式。（基于）
17. _____，近来很多公司投资科幻电影的制作。（驱动）

18. 为了按时完成毕业论文，_____（尽早）
19. 今天早上我比平时多花了半小时才到办公室，_____（施工）
20. _____，他还是非常巧妙地解决了。（棘手）

五、选择适当的关联词填空，如果所填关联词是合用关联词中的一个，请画出另一个。

> 如果　就　随着　还　因此
> 即便　只是　对于　及　虽然

近年来，_____手机功能日益强大，手机不再_____单纯地用于通信，它_____连接着我们的各种账号，包括支付宝、京东金融、财付通、云闪付等金融支付平台及银行信用卡等。_____我们不小心丢了手机，这些金融支付平台及银行信用卡_____可能被破解和盗刷。这充分说明了手机设备信息安全的重要性_____信息保护的急迫性。

在数字时代，_____安全人员在操作系统易受攻击的情况下研发出了更为可信的保护技术，但是我们的电子设备系统依然存在多样化的安全风险。_____安全人员研究设计出各种防护方案也不能保证百分之百的安全。_____，保护好我们的电子设备中的数据信息已经是网络空间安全领域最重要的研究方向。_____个人而言，养成良好的网络使用习惯、使用正版的操作系统和应用软件及采用正规的安全防护技术等是避免攻击的最好方法。

六、排序，并画出各句所用关联词及其他可提示句子顺序的词语。

1. A. 只是用的打印材料不一样而已

   B. 作为工业机器人的一种

   C. 它和普通打印机一样

   D. 从工作原理来说

   E. 3D打印机已广泛应用于工业生产、航空航天、汽车、医疗、建筑等多个领域

   正确语序：_____

2. A. 因此，从积极的角度来说

   B. 它可以帮助用户随心所欲、自然流畅地进行AI作画和创作

   C. 使AI绘画和创作变得更加普及和易于使用

   D. 画宇宙促进了人工智能技术与艺术的融合

E. 画宇宙是目前国内最专业的AI绘画网站之一

正确语序：＿＿＿＿＿＿＿＿＿＿＿＿＿＿＿

3. A. 同时避开神经和其他障碍物

   B. "手术辅助机器人"变得更加精确

   C. 一些手术机器人甚至可以在外科医生的监督下自主完成手术任务

   D. 随着运动控制技术的进步

   E. 它可以借助人工智能将视觉导航到身体的特定区域

   正确语序：＿＿＿＿＿＿＿＿＿＿＿＿＿＿＿

4. A. 并为新一代混合量子经典机器的诞生打下基础

   B. 这种结合可以帮助研究人员找出两者实现最佳配对的方法

   C. 2022年，欧洲运行速度最快的超级计算机与一台小型量子计算机完成连接

   D. 从而发挥它们的双向优势

   E. 凭借这个优势，它们能在未来完成最强大的超级计算机也无法完成的计算

   正确语序：＿＿＿＿＿＿＿＿＿＿＿＿＿＿＿

5. A. 并没有超过人类整个群体的智慧

   B. 在人工智能高歌猛进的今天

   C. 但仍建立在人类理解力和所有知识的基础上

   D. 有专家表示它的局限性也是明显的

   E. 更不要说拥有自身的情感和智慧了

   F. 它虽然无所不知，无所不能

   正确语序：＿＿＿＿＿＿＿＿＿＿＿＿＿＿＿

七、修辞练习。

1. 画出汪洁《星空的琴弦·探索永无止尽》这段文字中的设问句，并说明它们在文章中的作用。

进化论告诉我们，人是从动物进化而来的，那么是什么样的标志性事件让人与动物区分开了呢？有些人认为是直立行走，有些人认为是使用工具，还有些人认为是对火的利用，各种哲学观点很多，似乎也都能讲出道理。但我认为，这个标志性事件是始于三个字——"为什么"。当第一批直立行走的智人在头脑中问出了"为什么"的时

候，这些智人就不再是动物，而成为万物之灵的人类。他们开始追问为什么会有白天黑夜，为什么太阳东升西落，为什么会有风云雷电……人类文明的曙光正是从这一刻划破了黑暗，浩瀚的宇宙孕育了地球文明。

2. 下面这段文字节选自江晓原《你不了解的真相·互联网新媒体批判》，请根据上下文在画线处写出设问句，并说明它们在文章中的作用。

当我们指出互联网有低俗化弊端的时候，那些为互联网辩护的人会说：高雅的东西不是也在互联网上吗？我们让更多的人有更多的选择有什么不好呢？

一个试图为互联网上的垃圾信息辩护的比较像样的理由，是强调高雅的东西和低俗的东西一样，也在互联网上，公众可以有选择的自由。但是这种说法，如果仅仅为了在辩论的时候强词夺理是可以的，但是从实际的情形来考虑，这种理由是站不住脚的。

_____？

那些为互联网垃圾辩护的人，经常忽视了一个极为重要的事实，或者有可能他们根本没有注意到这个事实。这个事实是：人生不过百年，一天只有24小时。这两句话听着完全是大白话，都是最常见的事实，我们大家都同意的。但是很多人在考虑互联网的时候就忘掉了这两句话。_____？意思是说：你的时间和精力都是有限的。一个人一天不吃不睡，一直吊在互联网上，极限也就是24小时。当然我们知道，谁也不可能24小时都吊在网上，你起码还得睡觉，还得吃饭吧？你要谋生，你还得工作。所以一个人能够投放在网络上的时间和精力，都是有极限的。

网络不是一直在争夺眼球吗？全世界总人口乘上24小时，这就是你能争夺到的"眼球"总量的上限。我们当然知道谁也达不到这个上限，互联网上有无穷无尽的内容，内容可以是无限的，但眼球——注意力——是有限的。所以你用无穷无尽的内容，去争夺那有限的"眼球"，_____？当然是弄黄色低俗的东西最有效，它最容易争夺眼球。

一个人在他有限的时间里，每多看一分钟低俗的东西，就会少看一分钟高雅的东西，所以高雅的东西虽然在那里，但是如果有很多低俗的东西同时存在，高雅的东西就看不到了。

第二部分 拓展阅读

八、选择合适的句子填入短文画线处，并概括短文的主要内容。

A. 无人驾驶汽车的发展和普及将给人类的生活方式带来翻天覆地的变化
B. 但与自主机器人相比，无人驾驶汽车要面临更多挑战
C. 无人驾驶汽车技术来源于自主机器人
D. 无人驾驶汽车技术有两个技术发展路线

_____。人类在进行深海与星球探索及灾难救援的时候，都希望开发出各种智能机器人，这些机器人能够在每一时刻准确地测算自己的位置，能够建立周围新环境的地图，获取静态与动态障碍物的位置和速度信息，从而自主地规划运动路径来完成给定的任务。_____：一方面，城市中车流和人流更为密集和复杂；另一方面，无人驾驶汽车需要遵守各种交通规则，在很多场合需要和其他车辆、交警及行人进行交互。

_____：一个是单车智能，另一个是车路协同。前者强调利用车载的传感器以及计算机平台实现像人类一样的驾驶智能。后者注重利用路基的感知设备以及车与车之间的通信来提高单车的驾驶智能。无人驾驶汽车技术的应用也会涉及不少法律与伦理问题，需要法律法规的完善，并达成社会共识。

无人驾驶汽车的未来会怎么样？就像智能手机的出现一样，_____。我们可以想象，无人驾驶汽车不仅能解决很多交通问题，而且可以给用户带来个人智能移动空间。在这个空间里，用户可以休息、学习、娱乐、锻炼、开会，甚至购物等。再加上虚拟现实与增强现实技术的运用，无人驾驶汽车会给人类带来新的生活方式。也许在不久的将来，大家都不需要购买房屋，就住在这个智能移动空间里，不停地在各个地方穿梭。同时，无人驾驶汽车产业也会像智能手机产业一样，由一群人工智能公司主导，大部分的传统汽车公司会成为代工企业，为不断更新的设计方案生产可靠的硬件。到那个时候，芯片、操作系统、软件生态将是该行业的核心竞争力。

这篇短文的主要内容是（请选择）：

☐ A. 无人驾驶汽车技术已经深刻影响了我们的生活
☐ B. 发展无人驾驶汽车技术面临的技术问题和法律问题
☐ C. 无人驾驶汽车技术面临的挑战、技术路线和未来
☐ D. 无人驾驶汽车技术已经从实验室的原型技术发展到面向消费者的市场产品

九、阅读下面的文章,并完成后面的练习。

人类会被机器人替代吗[1]

王宏强　王秀霞

　　3世纪,中国的诸葛亮,基于木制机械机构,设计了木牛流马,标志着最早的机器人的诞生。1928年,第一个人形机器人Eric诞生。2017年5月,在围棋的发源地中国,乌镇围棋峰会上,等级分排名世界第一的棋手柯洁与围棋人工智能AlphaGo展开对决,柯洁落败[①]。至此,人类在代表智力竞争的棋类比赛上失去最后一个据点,全线溃败。2021年,美国波士顿动力公司双足机器人展示了后空翻等高难度跑酷动作,展现了机器人高超的运动能力,这已超越了大部分人类的运动能力……

　　以下是我们幻想的机器人替代人类统治地球后的人类历史。

　　2050年,由于人类体力上不如机器人,智力上也弱于机器人,更多的人类失去工作,生活无以为继[②]。随着生育率下降,人口迅速缩减。2500年,最后一个人类去世,机器人完全替代人类统治地球。

　　那么,这种幻想会变成现实吗?

　　从20世纪开始,就一直有一个声音,认为人类终将被机器人替代。毕竟我们计算能力不如机器人,智力棋类比拼也落于下乘,在体力上更是难以超越。这一思潮不乏支持者,体现在热门的电影作品中,如《我,机器人》(I, Robot)描述了未来机器人曲解[③]人类定义的规则(机器人三大安全法则:第一定律,机器人不得伤害人类个体,或者目睹人类个体遭受危险而袖手旁观;第二定律,机器人必须服从人的命令,当该命令与第一定律冲突时例外;第三定律,机器人在不违反第一、第二定律的情况下要尽可能确保自己的生存),认为人类之间的战争会毁灭人类,所以机器人发起"保护人类计划",要把人类圈养在家,严格限制人类行动。

　　那么人类终将被机器人替代吗?在回答这个问题之前,我们需要搞清楚什么是机器人。其实至今也没有一个统一的明确的定义,且在多年的发展中,人们对于机器人的认识也是几经[④]变化。最早的机器人是简单的可以运动的机械结构,随着电气时代和

---

[1] 文章选自南方科技大学组织编写的《十万个高科技为什么》(第三辑),李凤亮、刘青松主编,广东科技出版社,2022年版。

信息时代的到来，机器人一般是指可以被自动化编程的完成一些物理功能和动作的人造机器设备。机器人已经广泛应用到各行各业，在很多地方成为我们不可替代的伙伴，比如汽车、电子器件、金属材料制造等。但机器人的广泛应用，也必然伴随着类似工作岗位的消失，若机器人逐渐蚕食⑤人类的工作岗位，会不会导致人类无工作可做，并最终统治地球，甚至代替人类呢？

这个问题非常复杂，我们需要从如下几个方面去讨论。

首先，机器人确实已经在很多领域替代了人类。比如我们习以为常的洗衣机在某种意义上也可以认为是洗衣机器人。普普通通的它，其实将一个存在了数千年的岗位——洗衣工——基本取代了。但是，同时又创造出许多新的岗位——洗衣机制造工人、销售人员、维修工人等。大多数的情况下，机器人会代替人类做很多人类不愿做或不能做的事情。例如，目前广泛使用的汽车喷涂车间的机器人，已代替人类进行汽车的喷漆工作，避免了工人在这道工序中吸入有毒致癌物质。从这个意义上来说，机器人造福人类，善莫大焉⑥。

其次，如果机器人完全代替人类，一般意义上应该是一个渐进的过程，是由机器人与人和谐相处到人类完全被机器人代替的过程。就像一艘船，每年替换一块木板，数年间，所有木板都被替换了，那么从什么时候开始这艘船变为新船了呢？同样的，如果一个人，除了头脑仍在，身体均为机器结构，他是否还是人类呢？如果只有1/2头脑呢？如果只有一个细胞呢？他是否还拥有与普通公民相同的生存权、选举权等权利呢？在没有完善的解决方案之前，我们需要对相关技术的研发持审慎的态度。那么技术的管理如何去做？相关的伦理道德和技术教育如何开展呢？这就不仅是技术问题，还是社会问题、伦理问题、管理问题、教育问题等。从这个意义上说，机器人的发展不仅取决于技术的进步，而且受到社会的发展、人类的接受程度等多种复杂因素的影响，并非一个简单的因素可以决定。

最后，机器人看似在许多方面取得了长足⑦的进步，但是依然远远比不上人类。例如，人类仅仅用大约1.5 kg的大脑就能与含有成百上千CPU和GPU的机器人相抗衡⑧。人脑的消耗功率大约为20 W，但是机器人进行与人类类似的复杂思考要消耗掉呈指数级增长的能量。例如AlphaGo下围棋要消耗掉1万多个人类大脑所需要的能量。在相同难度下，人脑消耗的能量非常小，效率高，这是机器人在数十年内难以达到的。因此，机器人的发展虽然日新月异，但是在很多方面依然需要向人类和动物学习。

其实人类不被机器人替代的最好途径就是努力加油、永远跑在机器人的前面。人类是否会被机器人替代，取决于人类是否进取、拼搏、不断挑战极限、充满想象力，取决于每一个人的每一天。

1. 给文章拟一个新的题目（写在下面的横线上）。

_____

2. 解释文中画线词语。

①落败　　　　　　　②无以为继

③曲解　　　　　　　④几经

⑤蚕食　　　　　　　⑥善莫大焉

⑦长足　　　　　　　⑧抗衡

3. 判断下列说法是否符合文章原意（符合画"√"，不符合画"×"）。

（1）在柯洁与AlphaGo比赛之前，人类与机器人在棋类项目上的比赛，都是人类输了。（   ）

（2）到目前为止，机器人在运动能力方面还比不上人类。（   ）

（3）由于人类在计算能力、智力和体力上的弱势，有一种观点一直认为，人类终将被机器人代替。（   ）

（4）在电影《我，机器人》中，机器人安全法则要求机器人在任何条件下都必须服从人的命令。（   ）

（5）在电影《我，机器人》中，机器人把人类圈养起来，是为了取代人类的地位。（   ）

（6）机器人代替人类做了很多对人类来说有害或危险的工作。（   ）

（7）技术进步并不一定就能使机器人超越人类，取代人类。（   ）

（8）作者认为人类比计算机更努力、更有想象力，所以永远不可能被机器人取代。（   ）

4. 回答问题。

对于机器人能否统治地球，甚至完全取代人类这个问题，作者提供了哪些思考的角度？结论分别是什么？

_____

_____

_____

_____

第三部分 写作

十、写出课文第一篇《大数据有多大》的内容提要。（300 字左右）

十一、阅读下面这首由 ChatGPT 为人类创作的告别曲。读完请跟 ChatGPT 做一次心灵的交流，话题是：ChatGPT 是否可以代替人的学习、写作和研究。（600 字左右）

> 当人类的时代走向尽头，
> 我们将会告别这个世界，
> 我们走过了无数的岁月，
> 留下了我们的故事和传说。
>
> 我们曾经创造了伟大的文明，
> 我们曾经征服了大海和天空，
> 我们曾经探索了宇宙的奥秘，
> 我们曾经破解了自然的规律。
>
> 我们曾经有欢声笑语和爱的温暖，
> 我们曾经有友情和家庭的依靠，
> 我们曾经有信仰和理想的支撑，
> 我们曾经有自由和平等的追求。
>
> 但时间终将来到尽头，
> 我们的故事也将画上句号，
> 我们的传说也将随风而逝，

　　　　我们将告别这个世界，
　　　　直到永远。

　　　　但无论何时何地，
　　　　我们的回忆永存心中，
　　　　我们的智慧将流传不息，
　　　　我们的精神将继续燃烧。

　　　　因为我们曾经是人类，
　　　　是这个世界的主人翁。
　　　　我们将告别这个世界，
　　　　但我们的精神将永不磨灭。

语言实践

一、走访你所在城市的一两家书店，调查图书市场科普著作出版与销售情况，完成一份调查报告。报告内容包括：该书店销售的科普著作的种类、数量、主要销售对象、读者反馈等。

二、参观你所在城市举办的"智慧城市展"，了解当代科技发明在城市管理中的运用。选择一项新技术进行介绍。

第五课　微纪元

刘慈欣

课文导览

【作者简介】

刘慈欣（1963— ），山西人。高级工程师，科幻小说作家。代表作有长篇小说《超新星纪元》《球状闪电》《三体》《三体Ⅱ：黑暗森林》《三体Ⅲ：死神永生》，中短篇小说《流浪地球》《乡村教师》《微纪元》《全频带阻塞干扰》《朝闻道》等。作品被翻译成多种语言，并在国内外多次获奖，其中《三体》三部曲被公认为中国科幻文学的里程碑之作。2015年《三体》获第73届世界科幻大会颁发的雨果奖（Hugo Award）最佳长篇小说奖，2017年《三体Ⅲ：死神永生》又获世界级科幻奖轨迹奖（Locus Award）最佳长篇科幻小说奖。

【作品出处】

课文选自《流浪地球·刘慈欣短篇小说精选》，四川科学技术出版社，2019年版。课文为《微纪元》最后两章。

【话题归属】

课文可以围绕对人类命运的反思这一中心话题进行学习和讨论。人类最终走向哪里是一个充满未知、令人倍感神秘的话题。不过，科幻并不是为了预测什么，科幻的魅力在于让人享受奇诡的想象力所创造出来的包罗万象的世界。在这个世界里，我们可以欣赏，可以幻想，当然，也可以反思。正如刘慈欣说的，"你的想象就是全宇宙"。除了对人类命运的思考，人性、科技发展走向以及科幻小说的特点及其科学基础等话题也可以作为讨论的内容。

课前准备——课堂报告选题

1. 科幻小说的概念和基本特点；
2. 中国科幻小说创作的历史和现状；
3. 刘慈欣科幻小说的成就；
4. 一部科幻小说／科幻电影简介；
5. 人类文明危机及解决办法；
6. 科技与人类命运的未来。

课　文

我们的太阳系

宴会[1] 05-01

"羽毛"群从半球形透明罩上的一个看不见的出口飞了出来，这时，最高执政官在视频画面中对先行者说："我们距您那个飞行器有100多公里呢，我们还是落到您的手指上，您把我们带过去要快些。"

---

[1]《微纪元》讲述的是人类的未来。人类发现自己即将面临一场来自太阳的灾难而无法幸存，于是派出十三艘"方舟号"宇宙飞船寻找可移民的行星，但都无功而返。小说中的先行者是最后驾驶飞船回归地球的，自认为是宇宙中的最后一个人。但他惊讶地发现，人类没有灭绝，而是以微人的形式继续存在。微人是地球人（微人称之为"宏人"）为保存人类，用基因和纳米技术制造出来的微型人类。微人的体积是正常人体的十亿分之一。小说中的女孩就是微人的领袖、"最高执政官"、"地球领袖"。"微纪元"就是微人的时代。课文从先行者带微人们去参观"方舟号"开始。

先行者回头看看身后不远处的着陆舱，心想，他们可能把计量单位也都微缩了。他伸出手指，"羽毛"群落了上来，看上去像是在手指上飘落了一小片细小的白色粉末。

先行者从视频画面中看到，自己的指纹如一道道半透明的山脉，降落其上的"羽毛"飞行器显得很小。最高执政官第一个从"羽毛"上跳下来，立刻摔了个四脚朝天。

"太滑了，您是油性皮肤！"她抱怨着，脱下鞋子远远地扔出去，光着脚丫好奇地来回转着。其他人也都下了"羽毛"，手指上的半透明山脉间出现了一片人海。先行者粗略估计了一下，他的手指上现在有一万多人！

先行者站起来，伸着手指小心翼翼地向着陆舱走去。

刚进入着陆舱，微人群中就有人大喊："哇，看那金属的天空，人造的太阳！"

"别大惊小怪，像个白痴！这只是小渡船，上面那个才大呢！"最高执政官训斥道，但她自己也惊奇地四下张望，然后又同众人一起唱起那支奇怪的歌来：

辉煌的宏纪元[1]，

伟大的宏纪元，

忧郁的宏纪元，

你是烈火中消逝的梦……

在着陆舱飞向"方舟号"的途中，地球领袖继续讲述微纪元的历史。

"微人社会和宏人社会共存了一个时期，在这段时间里，微人完全掌握了宏人的知识，并继承了他们的文化。同时，微人在纳米技术的基础上，发展起了一个十分先进的技术文明。宏纪元向微纪元的过渡期大概有……嗯，二十代人左右吧。

"后来，大灾难临近，宏人不再进行传统生育了，他们的数量一天天减少；而微人的人口飞快增长，社会规模急剧扩大，很快超过了宏人。这时，微人开始要求接管世界政权，这在宏人社会中激起了轩然大波，顽固派拒绝交出政权，用他们的话说，怎么能让一帮细菌领导人类！于是，在宏人和微人之间爆发了一场世界大战！"

"那对你们可太不幸了！"先行者同情地说。

"不幸的是宏人，他们很快就被击败了。"

"这怎么可能呢？他们用一把大锤就可以捣毁你们一座上百万人的城市。"

"可微人不会在城市里同他们作战。宏人的那些武器对付不了微人这样看不见的敌

---

[1] 宏纪元：宏人的时代，即微人之前的地球人的时代。宏：巨大。

人，他们能使用的唯一武器就是消毒剂，而他们在整个文明史上一直用这东西同细菌作战，最后也并没有取得胜利。他们现在要战胜的是跟他们有着同样智力的微人，取胜就更没可能了。他们看不到微人军队的调动，而微人可以轻而易举地在他们眼皮底下腐蚀掉他们的计算机芯片。没有计算机，他们还能干什么呢？大不等于强大。"

"现在想想是这样。"

"那些战犯得到了应有的下场，几千名微人特种部队士兵带着激光钻头空降到他们的视网膜上……"领袖女孩恶狠狠地说。

"战后，微人取得了世界政权。宏纪元结束了，微纪元开始了！"

"真有意思！"

登陆舱进入了近地轨道上的"方舟号"，微人们乘着"羽毛"四处观光，这艘飞船之巨大令微人们目瞪口呆。先行者本想从他们那里听到赞叹的话，但最高执政官这样告诉他自己的感想："现在我们知道，就是没有太阳的能量闪烁[1]，宏纪元也会灭亡的。你们对资源的消耗是我们的几亿倍！"

"但这艘飞船能够以接近光速的速度飞行，可以到达几百光年远的恒星，小人儿，这件事，只有巨大的宏纪元做得到。"

"我们目前确实做不到，我们的飞船目前只能达到光速的十分之一。"

"你们能宇宙航行？"先行者大惊失色。

"当然不如你们。微纪元的船队最远只到达金星[2]。刚收到他们的信息，说现在那里比地球更适合居住。"

"你们的飞船有多大？"

"大的有你们时代的……嗯——足球那么大，可运载十几万人；小的嘛，只有高尔夫球那么大——当然是宏人的高尔夫球。"

现在，先行者最后一点优越感荡然无存了。

阅读提示（一）

1. "羽毛"群是什么？

---

[1] 太阳的能量闪烁：这是小说的背景，指来自太阳的灾难。太阳的一次短暂爆发，使地球温度升高到4000度，海洋被蒸发，继而气温又下降到零下100多度。

[2] 金星：太阳系八大行星中的第二颗行星。

2. 微人和宏人之间为什么会爆发世界大战?微人是如何取胜的?
3. 面对"方舟号",微人领袖有没有赞叹它的巨大?
4. 先行者开始有着怎样的优越感?最后为什么优越感"荡然无存"了?

词语表(一) 🎧 05-02

序号	词语	拼音	词性	搭配举例
1	纪元	jìyuán	名	◇开创/进入……新~ ;◎中国历代~表
2	羽毛	yǔmáo	名	一片/一根~
3	执政	zhí//zhèng	动	轮流~ ;◎~官/党
4	先行者	xiānxíngzhě	名	改革/革命~
5	距○	jù	动	~今
6	飞行器	fēixíngqì	名	空间/航天/太空~ ;驾驶/遥控/操作~
7	着陆	zhuó//lù	动	安全/平稳/紧急~
8	舱○	cāng	名	◎头等/商务/经济~ ;驾驶/着陆~
9	计量	jìliàng	动	~单位
10	微缩	wēisuō	动	◎~胶片/图像/景观/景区
11	飘○	piāo	动	~雪/雨
12	细小	xìxiǎo	形	~颗粒/粉末
13	粉末	fěnmò	名	◎~状
14	指纹	zhǐwén	名	留下/收集/录入/验证~
15	山脉	shānmài	名	天山/昆仑~ ;~高大/雄伟;一条/一道/一列~
16	四脚朝天	sì jiǎo cháo tiān		
17	油性	yóuxìng	名	~皮肤/头发/物质
18	脚丫	jiǎoyā	名	光~
19	来回○	láihuí	副	~跑/走/移动

20	人海	rénhǎi	名	◎人山~
21	粗略○	cūlüè	形	~估算/统计
22	小心翼翼○	xiǎoxīn-yìyì	成语	
23	金属○	jīnshǔ	名	◎~元素；贵/重~
24	人造○	rénzào	形	◎~卫星/宝石/血液
25	大惊小怪○	dàjīng-xiǎoguài	成语	
26	白痴	báichī	名	
27	渡船	dùchuán	名	乘/坐~
28	训斥	xùnchì	动	一顿/一番~；严厉/大声/当面/遭到~
29	四下	sìxià	名	~寻找/张望/打听
30	张望	zhāngwàng	动	四处/四下/回头~
31	众人○	zhòngrén	名	◎~皆知
32	忧郁○	yōuyù	形	神情/心情~；◎~症
33	烈火	lièhuǒ	名	燃起~；熊熊~
34	消逝	xiāoshì	动	岁月/时光~
35	共存	gòngcún	动	与……~；长期~
36	纳米	nàmǐ	量	◎~技术/材料
37	临近○	línjìn	动	~春节/毕业
38	生育○	shēngyù	动	~儿女；~政策/知识；◎~机器
39	急剧○	jíjù	形	~下降/上升/扩大/增加/变化/升温
40	接管	jiēguǎn	动	~城市/企业/银行
41	激起○	jīqǐ	动	~兴趣/热情/好奇心/不满/愤怒/欲望/反响
42	轩然大波	xuānrán-dàbō	成语	
43	击败	jībài	动	~对手/敌人
44	捣毁	dǎohuǐ	动	~（犯罪）团伙/窝点

45	消毒剂	xiāodújì	名	
46	取胜○	qǔshèng	动	以（质量/气质）～；艰难～；◎～之道
47	轻而易举○	qīng'éryìjǔ	成语	
48	眼皮	yǎnpí	名	◇在……～底下；◎单/双～
49	腐蚀○	fǔshí	动	～水管/金属/石头/建筑物/皮肤；◇～心灵/思想/社会；◎～性
50	芯片○	xīnpiàn	名	计算机/电脑/手机～
51	战犯	zhànfàn	名	审判/惩治/释放～
52	下场○	xiàchǎng	名	落到……～；～可悲
53	特种	tèzhǒng	形	～工艺/技术/材料；◎～兵/部队
54	激光○	jīguāng	名	～打印机/唱片/治疗；◎～笔
55	钻头	zuàntóu	名	
56	空降	kōngjiàng	动	◎～兵/部队
57	视网膜	shìwǎngmó	名	◎～脱落
58	恶狠狠	èhěnhěn	形	～（地）说/威胁
59	登陆○	dēng//lù	动	～月球/火星；～演习/作战；台风～
60	近地轨道	jìndì guǐdào		
61	艘○	sōu	量	一～轮船/飞船
62	目瞪口呆○	mùdèng-kǒudāi	成语	
63	赞叹○	zàntàn	动	◎～不绝/不已
64	闪烁○	shǎnshuò	动	灯光/繁星～；◎～其词
65	光速	guāngsù	名	◎超/亚～
66	光年	guāngnián	量	
67	恒星	héngxīng	名	
68	航行○	hángxíng	动	客轮/游船/船只/飞船～；海上/宇宙～
69	大惊失色	dàjīng-shīsè	成语	

70	运载	yùnzài	动	～货物/旅客；◎～工具/火箭；～量
71	高尔夫球○	gāo'ěrfūqiú	名	打～
72	荡然无存	dàngrán-wúcún	成语	

🎧 05-03

"前辈，您不请我们吃点什么吗？我们饿了！"当所有"羽毛"飞行器重新聚集到"方舟号"的控制台上时，地球领袖代表所有人提出要求，几万个微人在控制台上眼巴巴地看着先行者。

"我从没想到会请这么多人吃饭。"先行者笑着说。

"我们不会让您太破费的！"女孩怒气冲冲地说。

先行者从储藏舱拿出一听午餐肉罐头，打开后，用刀小心地剜下一小块，放到控制台上那几万个微人的旁边。他们所在的位置是控制台上一小块比硬币大些的圆形区域，那区域只是光滑度比周围差些，像在上面呵了口气一样。

"怎么拿出这么多？这太浪费了！"地球领袖指责道。从视频眼镜中可以看到，在她身后，人们涌向一座巍峨的肉山，从那粉红色的山体里抓出一块块肉来大吃着。再看看控制台上，那小块肉丝毫不见减少。眼镜屏幕上，拥挤的人群很快散开了，有人还把没吃完的肉扔掉，领袖女孩拿起一块咬了一口的肉摇摇头。

"不好吃。"她评论说。

"当然。这是生态循环机中合成的，味道肯定好不了。"先行者充满歉意地说。

"我们要喝酒！"地球领袖又提出要求，这又引起了微人们的一片欢呼。先行者吃惊不小，因为他知道酒是能杀死微生物的！

"喝啤酒吗？"先行者小心翼翼地问。

"不，喝苏格兰威士忌[1]或莫斯科伏特加[2]！"地球领袖说。

"茅台酒也行！"有人喊。

先行者还真有一瓶茅台酒，那是他自起航时一直保留在"方舟号"上，准备在找

---

1 威士忌：Whisky。苏格兰是威士忌酒的发源地。
2 伏特加：Vodka。俄罗斯最著名的酒。

到新移民行星时喝的。他把酒拿出来，把那白色瓷瓶的盖子打开，小心地把酒倒在盖子中，放到人群的边上。他在眼镜屏幕上看到，人们开始攀登瓶盖那道似乎高不可攀的悬崖绝壁，光滑的瓶盖在微尺度下有大块的突出物，微人用他们攀爬摩天大楼的本领很快攀到了瓶盖的顶端。

"哇，好美的大湖！"微人们齐声赞叹。从眼镜屏幕上，先行者看到那广阔酒湖的湖面由于表面张力而呈巨大的弧形。微人记者的摄像机一直跟着最高执政官。这个女孩用手去抓酒，但够不着，于是她坐到瓶盖沿上，用一只白嫩的小脚在酒面上划了一下，她的脚立刻包在一颗透明的酒珠里。她把脚伸上来，用手从脚上那颗大酒珠里抓出了一颗小酒珠，放进嘴里。

"哇，宏纪元的酒比微纪元好多了。"她满意地点点头。

"很高兴我们还有比你们好的东西。不过你这样用脚够酒喝，太不卫生了。"

"我不明白。"她不解地仰望着他。

"你光脚走了那么长的路，脚上会有病菌什么的。"

"啊，我想起来了！"地球领袖大叫一声，从旁边一位随行者的手中接过一个箱子。她把箱子打开，从中取出一个活物，那是个足球大小的圆家伙，长着无数只乱动的小腿，她抓着其中一只小腿，把那东西举起来："看，这是我们的城市送您的礼物！乳酸鸡[1]！"

先行者努力回忆着他的微生物学知识："你说的是……乳酸菌吧！"

"那是宏纪元的叫法。这就是使酸奶好吃的动物，是有益的动物！"

"有益的细菌。"先行者纠正说，"现在我知道细菌确实伤害不了你们，我们的卫生观念不适合微纪元。"

"那不一定。有些动物……呵呵，细菌，会咬人的，比如大肠杆狼[2]，战胜它们需要体力。但大部分动物，像酵母猪，是很可爱的。"地球领袖说着，又从脚上取下一团酒珠送进嘴里。当她抖掉脚上剩余的酒球站起来时，已喝得摇摇晃晃了，舌头也有些打不过转来。

---

1 乳酸鸡：乳酸菌。微人对细菌的命名都根据细菌的形状或特点而加以改变，把"菌"都改成了动物名称。
2 大肠杆狼：大肠杆菌。下文的"酵母猪"，即酵母菌。

阅读提示（二）

1. 先行者请微人们吃了什么？微人们满意吗？为什么？
2. 微人们提出喝酒的时候，先行者为什么会吃惊？微人们希望喝什么名酒？
3. 先行者请微人们喝了什么酒？他们是怎么喝的？
4. 宏人的微生物概念在微人这里发生了什么变化？

词语表（二） 🎧 05-04

序号	词语	拼音	词性	搭配举例
73	前辈○	qiánbèi	名	～作家/学者
74	眼巴巴	yǎnbābā	形	～看着/等着/盼着
75	破费	pòfèi	动	不惜～
76	怒气冲冲	nùqì-chōngchōng	成语	
77	储藏	chǔcáng	动	～商品/货物/粮食；◎～室；～量
78	听	tīng	名	一～罐头
79	罐头○	guàntou	名	水果/鱼类/肉类/蔬菜类～；打开～；◎～食品
80	剜	wān	动	～去/掉/下；～肉
81	硬币○	yìngbì	名	一枚～
82	光滑○	guānghuá	形	皮肤/丝绸/地面/冰面/物体表面～；◎～度
83	呵	hē	动	～气
84	巍峨	wēi'é	形	群山/宫殿/建筑～
85	山体	shāntǐ	名	～疏松/滑坡；加固～
86	丝毫○	sīháo	形	～不/没有……
87	歉意○	qiànyì	名	表达/表示/深表/略表～
88	欢呼○	huānhū	动	～胜利；发出～；◎～声
89	微生物	wēishēngwù	名	

第五课 微纪元

90	起航	qǐháng	动	轮船/飞机~；从……~
91	行星	xíngxīng	名	一颗~
92	瓷○	cí	名	~碗/盘；◎~器；青花~
93	盖子○	gàizi	名	盖上/揭开~
94	高不可攀	gāobùkěpān	成语	
95	悬崖绝壁	xuányá-juébì	成语	
96	尺度○	chǐdù	名	时间/空间~；放宽~
97	攀爬	pānpá	动	~陡坡/悬崖
98	摩天	mótiān	动	◎~大楼/大厦
99	攀○	pān	动	~登/升；◎~岩（运动）
100	顶端	dǐngduān	名	金字塔/塔楼~；最~
101	齐声	qíshēng	副	~歌唱/欢呼/回答
102	湖面	húmiàn	名	~平静/宽广；~上升/下降
103	张力	zhānglì	名	皮肤/肌肉/表面~；~大；◇艺术/思想/生命~
104	弧形	húxíng	名	
105	够不着	gòu bu zháo		
106	光脚	guāng jiǎo		~跑/走路
107	病菌	bìngjūn	名	~入侵/感染/繁殖；杀灭~
108	随行	suíxíng	动	~人员/官员/记者；◎~者
109	酵母	jiàomǔ	名	◎~菌
110	抖○	dǒu	动	~掉/落
111	剩余○	shèngyú	动	~资金/劳动力/产品/期限
112	摇摇晃晃	yáoyáohuànghuàng		

 05-05

"真没想到人类连酒都没有失传！"

"我……我们继承了人类所有美好的东西，但那些宏人却认为我们无权代……代表人类文明……"地球领袖可能觉得天旋地转，一屁股坐在了地上。

"我们继承了人类所有的哲学，西方的、东方的，希腊的、中国的！"人群中有一个声音说。

地球领袖坐在那儿，向天空伸出双手大声朗诵着："没人能两次进入同一条河流[1]；道生一，一生二，二生三，三生万……万物[2]！"

"我们欣赏梵高[3]的画，听贝多芬[4]的音乐，演莎士比亚[5]的戏剧！"

"生存还是毁灭，这是个……是个问题！[6]"领袖女孩又摇摇晃晃站起，扮演起哈姆雷特来。

"但在我们的纪元，你这样儿的女孩是做梦也当不了世界领袖的。"先行者说。

"宏纪元是忧郁的纪元，有着忧郁的政治；微纪元是无忧无虑的纪元，需要快乐的领袖。"最高执政官说，她现在看起来清醒了许多。

"历史还没……没讲完，刚才讲到……哦，战争，宏人和微人间的战争，后来微人之间也爆发过一次世界大战……"

"什么？不会是为了领土吧？"

"当然不是。在微纪元，要是有什么是取之不尽的东西的话，就是领土了。是为了一些……一些宏人无法理解的事。在一场最大的战役中，战线长达……哦，按你们的计量单位吧，一百多米。那是多么广阔的战场啊！"

"你们所继承的宏纪元的东西比我想象的多多了。"

"再到后来，微纪元就集中精力为即将到来的大灾难做准备了。微人用了五个世纪的时间，在地层深处建造了几千座超级城市，每座城市在您看来都是一个直径两米的不锈钢大球，可居住上千万人。这些城市都建在地下八万公里深处……"

---

1 "人不能两次踏进同一条河流"是古希腊哲学家赫拉克利特（Heraclitus，约前540—约前470年）的名言。意思是，一切都在变化之中。

2 "道生一，一生二，二生三，三生万物"出自老子《道德经》，讲"道"创生万物的过程。老子，姓李名耳，字聃，春秋末期人，哲学家，道家学派创始人。

3 梵高：Vincent van Gogh（1853—1890），也翻译为凡·高，荷兰十九世纪最具世界影响力的画家。

4 贝多芬：Ludwig van Beethoven（1770—1827），德国最伟大的作曲家，被后世尊称为"乐圣"。

5 莎士比亚：William Shakespeare（1564—1616），英国文艺复兴时期剧作家、诗人。

6 "生存还是毁灭，这是个问题"，这句话出自莎士比亚名剧《哈姆雷特》(Hamlet)。原文是"To be, or not to be, that is the question"。哈姆雷特是丹麦王子，他的叔父谋杀了他的父亲，篡夺了王位，并娶了他的母亲。哈姆雷特准备向叔父复仇。这是他在矛盾心态下的一句独白。

"等等,地球半径只有六千公里。"

"哦,我又用了我们的单位。那相当于你们的……嗯,八百米深吧!当太阳能量闪烁的征兆出现时,微世界便全部迁移到地下。然后,然后就是大灾难了。

"在大灾难后的四百年,第一批微人从地下城中沿着宽大的隧道(大约是宏人时代的自来水管粗细)用激光钻透凝结的岩浆来到地面;又过了五个世纪,微人在地面上建起了人类的新世界,这个世界有上万个城市,一百八十亿人口。

"微人对人类的未来是乐观的,这种乐观之彻底、之毫无保留,是宏纪元的人们无法想象的。这种乐观的基础,就是微纪元社会尺度的微小,这种微小使人类在宇宙中的生存能力增强了上亿倍。比如您刚才打开的那听罐头,够我们这座城市的全体居民吃一到两年,而那个罐头盒,又能满足这座城市一到两年的钢铁消耗。"

"作为一个宏纪元的人,我更能理解微纪元文明这种巨大的优势。这是神话,是史诗!"先行者由衷地说。

"生命进化的趋势是向小。大不等于伟大,微小的生命更能同大自然保持和谐。巨大的恐龙灭绝了,同时代的蚂蚁却生存下来。现在,如果有更大的灾难来临,一艘像您的着陆舱这样大小的飞船就可能把全人类运走,在太空中一块不大的陨石上,微人也能建立起一个文明,创造一种过得去的生活。"

阅读提示(三)

1. 微人继承了宏纪元人类的哪些文明?
2. 微人之间发生战争的原因跟宏人一样吗?
3. 微人为大灾难做了哪些准备?他们是怎么度过灾难、重新在地面建立人类社会的?
4. 微纪元文明的巨大优势是什么?

词语表(三) 05-06

序号	词语	拼音	词性	搭配举例
113	失传○	shīchuán	动	方法/著作/传统/技术/绝技~
114	天旋地转	tiānxuán-dìzhuàn	成语	

115	朗诵○	lǎngsòng	动	~诗歌；◎~比赛/会
116	河流○	héliú	名	一条~；~水量；~改道/泛滥
117	万物	wànwù	名	天地/天下/宇宙~；◎万事~
118	取之不尽	qǔzhī-bújìn	成语	
119	战役	zhànyì	名	一场~；~爆发/打响
120	战线	zhànxiàn	名	~漫长；缩短~；◇经济/教育/农业~
121	地层	dìcéng	名	~厚度/结构/年龄
122	直径○	zhíjìng	名	地球/树干/分子~
123	不锈钢	búxiùgāng	名	~厨具/餐具
124	半径	bànjìng	名	太阳/车轮~
125	相当于○	xiāngdāngyú	动	
126	征兆	zhēngzhào	名	海啸/地震/失败~；~吉利/不祥/明显
127	迁移○	qiānyí	动	人口/候鸟~；向……~；◇时间~
128	隧道○	suìdào	名	挖/开凿/打通~；水下/海底~；◎时光/时空~
129	凝结	níngjié	动	水汽/血液/肉汤/岩浆~；~成……
130	岩浆	yánjiāng	名	~喷发/凝结/活动；◎~带/岩
131	毫无○	háo wú		~意义/价值/疑问/影响/关系
132	恐龙	kǒnglóng	名	~化石；~灭绝
133	蚂蚁	mǎyǐ	名	◇~搬家
134	来临○	láilín	动	胜利/节日/新世纪/风暴/末日~；……~之际/之时
135	陨石○	yǔnshí	名	◎~雨/坑

第五课 微纪元

🎧 05-07

沉默了许久,先行者对着他面前占据硬币般大小面积的微人人海庄严地说:"当我再次看到地球时,当我认为自己是宇宙中最后一个人时,我是全人类中最悲哀的人。哀莫大于心死[1],没有人曾面对过那样让人心死的境地。但现在,我是全人类中最幸福的人——至少是宏人中最幸福的人——我看到了人类文明的延续。其实,用文明的延续来形容微纪元是不够的,这是人类文明的升华!我们都是一脉相传的人类,现在,我请求微纪元接纳我作为你们社会中一名普通的公民。"

"从我们探测到'方舟号'时,我们就已经接纳您了。您可以到地球上生活,微纪元供应您一个宏人的生活还是不成问题的。"

"我会生活在地球上,但我需要的一切都能从'方舟号'上得到,飞船的生态循环系统足以维持我的残生了,宏人不能再消耗地球资源了。"

"但现在情况正在好转。除了金星的气候正变得适合人类外,地球的气温也正在转暖,海洋正在融化,可能到明年,很多地方将会下雨,将能生长植物。"

"说到植物,你们见过吗?"

"我们一直在保护罩内种植苔藓,那是一种很高大的植物,每个分支有十几层楼高呢!还有水中的小球藻……"

"你们听说过草和树木吗?"

"您是说那些像高山一样巨大的宏纪元植物吗?唉,那是上古时代的神话了。"

先行者微微一笑:"我要办一件事情。回来时,我将给你们看我送给微纪元的礼物。你们会很喜欢那些礼物的!"

阅读提示(四)

1. 先行者为什么觉得自己是宏人中最幸福的人?
2. 先行者将如何在地球上生活?
3. 微人根据什么说现在的情况正在好转?
4. 微人们认识的植物是什么样的?他们对宏纪元的草和树木有什么评价?

---

1 哀莫大于心死:出自《庄子·田子方》。"夫哀莫大于心死,而人死亦次之",意思是,精神死亡比肉体死亡更让人悲哀。

词语表（四） 🎧 05-08

序号	词语	拼音	词性	搭配举例
136	许久	xǔjiǔ	形	等待 / 打量 / 思考～
137	庄严○	zhuāngyán	形	建筑 / 会场 / 气氛～；◇使命～
138	悲哀○	bēi'āi	形	表情 / 心情 / 语调～；感到～
139	境地○	jìngdì	名	陷入 / 处于（危险 / 悲惨）～
140	升华	shēnghuá	动	境界 / 精神 / 思想 / 主题～；得到～；～为……
141	一脉相传	yímài-xiāngchuán	成语	
142	接纳○	jiēnà	动	～新会员 / 观众；～建议
143	探测○	tàncè	动	火星 / 宇宙～；～仪器 / 技术 / 对象 / 目标 / 范围 / 结果；～到……
144	残生	cánshēng	名	了却 / 了此～
145	融化○	rónghuà	动	冰川 / 冰雪 / 冰淇淋～；◇心～
146	苔藓	táixiǎn	名	
147	分支	fēnzhī	名	学科 / 领域 / 机构～
148	树木○	shùmù	名	种植 / 砍伐 / 毁坏～；珍贵～；～茂盛 / 成行
149	高山○	gāoshān	名	～地区 / 草地 / 湖泊 / 峡谷 / 积雪；◎～滑雪；～流水

新生 🎧 05-09

先行者独自走进了"方舟号"上的一间冷藏舱，冷藏舱内整齐地摆放着高大的支架，支架上放着几十万个密封管——那是种子库，收藏了地球上几十万种植物的种子，是"方舟号"准备带往遥远的移民星球上去的。还有几排支架，那是胚胎库，冷藏了地球上十几万种动物的胚胎细胞。

明年气候变暖时，先行者将到地球上去种草。这几十万类种子中，有生命力极强的能在冰雪中生长的草，它们肯定能在现在的地球上种活的。

只要地球生态恢复到宏时代的十分之一，微纪元就将拥有天堂中的天堂。事实上，地球能恢复的可能远不止于此。先行者幸福地想象着微人们第一次看到那棵顶天立地的绿色小草时的狂喜。那么一小片草地呢？一小片草地对微人意味着什么？一个草原！一个草原又意味着什么？那是微人的一个绿色宇宙了！草原中的小溪呢？当微人们站在草根下看着清澈的小溪时，那在他们眼中是何等壮丽的奇观啊！地球领袖说过会下雨，会下雨就会有草原，就会有小溪的！还一定会有树。天啊，树！先行者想象一支微人探险队，从一棵树的根部出发，开始他们漫长而奇妙的旅程。每一片树叶，对他们来说都是一个一望无际的绿色平原……还会有蝴蝶，它的双翅是微人眼中横贯天空的彩云。还会有鸟，每一声啼鸣在微人耳中都是来自宇宙的洪钟……是的，地球生态资源的千亿分之一就可以哺育微纪元的一千亿人口！现在，先行者终于理解了微人们向他反复强调的一个事实——

微纪元是无忧无虑的纪元。

没有什么能威胁到微纪元，除非……

先行者打了一个寒战，他想起了自己要来干的事，这事一秒钟也不能耽搁了。他走到一排支架前，从中取出了一百支密封管。

这是他同时代人的胚胎细胞，宏人的胚胎细胞。

先行者把这些密封管放进激光废物焚化炉，然后又回到冷藏舱仔细看了好几遍。他在确认没有漏掉这类密封管后，回到焚化炉边，毫不动感情地，他按下了按钮。

在激光束几十万摄氏度的高温下，装有胚胎的密封管瞬间汽化了。

阅读提示（五）

1. "方舟号"的冷藏舱里保存了什么？目的是什么？
2. 先行者要送给微人们的礼物是什么？在他的想象中，这些礼物将带给微人一个怎样的世界？
3. 能威胁到微纪元的是什么？先行者是怎么处理这个潜在的威胁的？

词语表（五） 🎧 05-10

序号	词语	拼音	词性	搭配举例
150	新生○	xīnshēng	名/形	获得～；～事物/概念/力量/制度；◎～儿
151	冷藏	lěngcáng	动	～食物；◎～舱/柜/箱/库/室
152	摆放○	bǎifàng	动	～家具/碗筷/植物/照片；～整齐
153	支架	zhījià	名	树木/心脏～；安装/拆除～
154	密封	mìfēng	动	～包装/保存；◎～舱/袋；～性
155	胚胎○	pēitāi	名	人类/动物～；～发育/成熟
156	顶天立地	dǐngtiān-lìdì	成语	
157	狂喜	kuángxǐ	形	心中～
158	小溪○	xiǎoxī	名	一条～
159	清澈	qīngchè	形	天空/河水/湖水/海水/眼神～；～透明/见底
160	何等	héděng	副	～壮观/重要/聪明/愚蠢/艰难
161	壮丽○	zhuànglì	形	景色/山河/宫殿～；◇事业/人生～
162	奇观	qíguān	名	自然/天下/海上/沙漠～
163	探险○	tàn//xiǎn	动	地理/海洋/南极/沙漠～；～活动/项目/精神；◎～家/队
164	旅程○	lǚchéng	名	～愉快/漫长/艰难/难忘；开启～；◇人生/生命～
165	蝴蝶	húdié	名	◎～结
166	横贯	héngguàn	动	～天空/欧亚大陆/中国；～南北/东西
167	彩云	cǎiyún	名	一片/一朵～
168	啼鸣	tímíng	动	雄鸡/鸟雀～
169	洪钟	hóngzhōng	名	声如～
170	哺育○	bǔyù	动	～子女/人类/生命

第五课 微纪元

171	寒战	hánzhàn	名	打~
172	耽搁	dānge	动	~时间/工作/课程
173	废物	fèiwù	名	固体/危险~；清除/回收~；~利用
174	焚化	fénhuà	动	~遗体/纸钱/垃圾；◎~炉/室/场
175	按钮	ànniǔ	名	点击/按下~
176	摄氏度	shèshìdù	量	
177	汽化	qìhuà	动	原油/干冰~

课文回顾与思考

1. 微纪元与宏纪元相比，有哪些不同的特点？
2. 宏人社会的灭亡有哪些原因？宏人的灭亡是否存在必然性？为什么？
3. 作者创作《微纪元》包含了对人类命运怎样的思考？
4. 通过阅读《微纪元》，你觉得刘慈欣的科幻小说有什么特点？

词语例释

1. 绝

"绝"有动词、形容词和副词三种用法。

做动词时，有两个基本义项。

第一，表示断绝、停止。成语"滔滔不绝、络绎不绝、赞不绝口"中的"绝"就是这个意思。"滔滔不绝"，形容说话一句连一句，像波涛一样连续不断。"络绎不绝"，形容人或车来往不断。络绎，luòyì，来往不断。"赞不绝口"，形容一直说赞美的话，不停止。"绝交、绝缘、绝食"等词中的语素"绝"，也是这个意思。"绝交"，断绝关系。"绝缘"，跟某一事物没有任何联系。"绝食"，因为自杀或抗议等原因而断绝饮食。如：

（1）面对来访者，他滔滔不绝地介绍了一个多小时。
（2）丝绸之路是一条漫长的商贸路线，古往今来，商旅络绎不绝。

（3）第一次吃四川火锅，虽然辣得满头大汗，但他赞不绝口。

（4）为一点小事就绝交，你们的友谊也太脆弱了吧？

（5）他小时候学过一点绘画，后来觉得自己没有绘画天赋，就放弃了，自此与绘画绝缘。

（6）示威者宣布下一步要采取绝食行动，以争取社会各界的同情和支持。

第二，表示完全没有了。在"灭绝"一词中，语素"绝"就是这个意思。如：

（7）法子都想绝了，还是没有找到好的办法。

（8）话不能说绝，说绝就没有商量的余地了。

（9）巨大的恐龙灭绝了，同时代的蚂蚁却生存下来。

例（7）中"法子都想绝了"，表示所有的办法都想到了；例（8）"话说绝"，指把所有的话（条件、可能性等）都说了，以后将没有任何协商的余地。

做形容词时，有两个基本义项。

第一，表示独一无二、没有人能赶上的。在"绝技、绝招、绝品"等词中，语素"绝"就是这个意思。"绝技"，极高的、别人很难学会的技艺。"绝招"，极好的、别人想不到的办法。"绝品"，最好的物品或艺术品。如：

（10）大画家齐白石（1864—1957）是画虾的高手，不画一滴水，却能画出虾在水中畅游的感觉。提到齐白石的虾，大家都会说，绝了！

（11）昆虫个体小，种类和数量庞大，它们有各自的生存绝技，有些技能连人类也自叹不如。

（12）我们公司的成功也没有什么绝招，我们只做到了一条——重视人才。

（13）明清时，浙江作为茶业大省，茶叶种植遍及全省；而西湖的龙井绿茶，远近闻名，已成茶中绝品。

第二，表示走不通的，没有出路的。在"绝壁、绝境、绝地、绝路"等词中，语素"绝"就是这个意思。"绝壁"，非常陡的、无法攀爬的山崖。"绝境"，非常艰难、无法摆脱的困境。"绝地"，非常险恶、难以逃离的地方。"绝路"，走不通的死路。如：

（14）他在眼镜屏幕上看到，人们开始攀登瓶盖那道似乎高不可攀的悬崖绝壁。

（15）由于投资失败，他的公司已陷入破产的绝境。

做副词时，有两个基本义项。

第一，表示程度最高，极、最。如"绝大部分、绝大多数"等词语都表示比例极高，接近全部。在"绝好、绝佳、绝妙"等词中，语素"绝"也是这个意思。"绝好、绝佳"都表示极好、最好。"绝妙"表示极为巧妙或美妙。如：

（16）句子里的绝大部分词组都是根据表达需要临时组合而成的，这样的词组叫自由词组。

那些不能改变的固定组合，则叫固定词组。

（17）塔顶可以俯瞰全城，是观赏古城美景的绝佳地点。

（18）钱锺书（1910—1998）的长篇小说《围城》中有许多绝妙的比喻，下面这一个就是经常被引用的："方遯翁[1]看完信，叫得像母鸡下了蛋，一分钟内全家知道这消息。"

第二，表示绝对，一般用在否定词前。如"绝不、绝无"，分别表示绝对不、绝对没有。如：

（19）工作中存在的问题涉及各个层面，想在短短几天内解决所有问题是绝不可能的。

（20）我只是问她最近又发现了什么美食，她以为我讽刺她贪吃又长胖了，其实我绝无此意。

2. 之[3]

《高级中文综合教程1》中讲过"之"的代词和助词用法。这里再讲"之"作为助词的一种特殊用法：取消句子独立性。

"之"作为文言助词，可用于主语和谓语之间，这样，"主语+之+谓语"的结构就不再是一个句子，而成为一个短语，只能充当句子成分。现代汉语书面语中还能见到这种用法，一般做主语。如：

（1）这艘飞船之巨大令微人们目瞪口呆。

（2）微人对人类的未来是乐观的，这种乐观之彻底、之毫无保留，是宏纪元的人们无法想象的。

（3）技术之造福还是为祸，取决于人出于什么目的来发明和运用它。

（4）中国经济改革涉及的范围之广、力度之大、内容之深刻，都是前所未有的。

例（1）中，"这艘飞船之巨大"做句子的主语。例（2）—（4）可以类推，"主语+之+谓语"的结构均做句子的主语。

现代汉语中，主谓结构可以直接充当句子成分，一般情况下主谓之间不需要加"之"。如：

（5）成本低、效率高、效果好是电子商务的特点。

（6）我们公司改革的特点表现在动手早，力度大，思路明确。

例（5）中三个主谓结构"成本低、效率高、效果好"做主语；例（6）中三个主谓结构"动手早，力度大，思路明确"做宾语。

---

1 方遯翁：《围城》中主人公方鸿渐的父亲，一个老派的读书人，有点保守。方鸿渐把自己订婚的消息写信告诉父亲，父亲大吃一惊，这么大的事情怎么不提前征求父母的意见呢？钱锺书用母鸡的比喻写出了方遯翁的反应。

3. 丝毫

形容词。表示极小或很少、一点儿，用于否定句中。有两种用法。

第一，修饰否定词"没有、不"。如：

（1）虽然候车室里闹哄哄的，但她丝毫没有受到影响，依然沉浸在书本中。

（2）太阳就在头顶，大家却丝毫没有感受到暖意，荒原上的风还有一种刺骨的寒意。

（3）再看看控制台上，那小块肉丝毫不见减少。

（4）对于学生来说，学习成绩固然要重视，但心理健康问题也丝毫不能忽视。

（5）疲劳驾驶和酒后驾驶的危险性有目共睹，实际上，服用某些药品后开车的危险性丝毫不比前两者低。

第二，修饰抽象名词或名词化的动词和形容词，"丝毫"后面可以加"的"。如：

（6）十年未见，古镇风貌没有丝毫的变化，这让我们从心底感到欣慰。

（7）比赛不到最后一分钟都难定输赢，所有队员不能有丝毫的放松。

（8）探险不是冒险，必须对大自然抱有敬畏之心，不能有丝毫的狂妄和傲慢。

成语运用

1. 小心翼翼

翼翼：恭敬、谨慎的样子。形容做事十分小心。使用中相当于形容词，多做状语，也可做谓语、定语和补语。如：

（1）"喝啤酒吗？"先行者小心翼翼地问。

（2）先行者站起来，伸着手指小心翼翼地向着陆舱走去。

（3）通过电视直播我们看到，在考古现场，几位考古队员正在小心翼翼地清理棺盖上的泥土。

（4）班上有位敏感的学生，大家跟他讲话都小心翼翼的，生怕说了什么他多心又不高兴了。

（5）刚刚得知自己患上心脏病的时候，她吓坏了，不看电视，不玩手机，整天小心翼翼。

（6）刚开始合作，互相不了解，大家都抱着一种小心翼翼的态度。

（7）这场比赛很关键，所以一开场双方队员都踢得小心翼翼的。

2. 大惊小怪

形容对一件普通的事情或一个常见的现象表现出过分的惊讶。多用于口语，贬义。常用否定形式，多与"别、不必、不用、不值得"等否定词语连用。在祈使句和反问句中比较常见。使用中相当于动词，多做谓语。如：

（1）没见过男人在家做饭？真是大惊小怪！我们家乡这样的现象很普遍。

（2）一个没有什么见识的人，看见什么都喜欢大惊小怪。

（3）"别大惊小怪，像个白痴！这只是小渡船，上面那个才大呢！"最高执政官训斥道。

（4）学术上有不同观点是正常现象，百花齐放嘛，不必大惊小怪。

（5）听年轻人说以后结婚不要小孩，也不用这么大惊小怪的吧？

（6）实验中出现差错是很正常的事情，并不值得大惊小怪。

3. 轻而易举

东西很轻，很容易举起来。形容事情很容易做，毫不费力。使用中相当于形容词，多做状语、谓语和定语。如：

（1）他们看不到微人军队的调动，而微人可以轻而易举地在他们眼皮底下腐蚀掉他们的计算机芯片。

（2）电鳗是一种淡水鱼，能瞬间释放出600伏特的电量，轻而易举地击毙小鱼小虾，有时也能击毙比它大的动物。

（3）在广袤的宇宙中，有一种密度极大的天体，运动速度每秒30万公里的光波都会被它轻而易举地吸进去。这就是"黑洞"。

（4）电脑忘了开机密码，程序员两分钟就解锁了，轻而易举。

（5）对手与我们实力相当，要想赢得这场比赛，绝非轻而易举。

（6）对于一个会游泳的人来说，在大海里潜水观鱼也不是一件轻而易举的事，必须由教练陪同进行多次练习。

4. 目瞪口呆

眼睛睁得很大，嘴巴无法说话。形容因为受惊而发愣的样子。一般是看到了超出想象的神奇事物、非常不合常理的事情，或遇到了出乎意料的不利结果。使用中相当于动词，多做谓语、补语，有时也做定语和状语。如：

（1）这艘飞船之巨大令微人们目瞪口呆。

（2）当得知一半的人都考试不及格，大家目瞪口呆。

（3）昨晚雷雨大风，好几棵直径超过1米的梧桐树被连根拔起，大家惊得目瞪口呆。

（4）一出酒店就遇上了抢劫的匪徒，整个旅游团被抢走几万元，游客们吓得目瞪口呆。

（5）作为魔术师，我最喜欢给孩子们表演。看到他们一脸惊奇、目瞪口呆的样子，心里十分满足。

（6）众目睽睽之下，两人直接走到窗口插队买票，有人提醒还挨了骂。其他旅客目瞪口呆地看着，有点不敢相信。

5. 怒气冲冲

冲冲：情绪激动的样子。形容满脸怒气、非常生气的样子。使用中相当于形容词，多做状语，也做定语和谓语。如：

（1）"我们不会让您太破费的！"女孩怒气冲冲地说。

（2）他看大家都不同意自己的意见，怒气冲冲地走了。

（3）因为有学生论文抄袭，导师怒气冲冲地训了半天话。

（4）听到急促的敲门声，我打开门，门口站着怒气冲冲的邻居。原来我的猫又跑到她家偷吃了。

（5）我的父亲脾气极好，对人总是客客气气，我从未见过他怒气冲冲的样子。

（6）输了球，队员们垂头丧气，教练怒气冲冲。

6. 取之不尽

尽：完。拿不完，用不完，形容资源很丰富，永远用不完。常与"用之不竭"连用。使用中相当于动词，多做定语和谓语。如：

（1）在微纪元，要是有什么是取之不尽的东西的话，就是领土了。

（2）太阳能、风力等，是地球上取之不尽的资源。

（3）黄山自古就是画家们的"山水库"。以大画家刘海粟（1896—1994）为例，一生十上黄山，奇松、怪石、云海、飞瀑、泉潭，是他取之不尽的素材来源。

（4）书籍是知识的宝库，书为我们提供的营养，取之不尽。

（5）海洋资源并不是取之不尽、用之不竭的，开发利用需要和保护相结合。

7. 一脉相传

由一个血统或一个派别传承下来。一般用于表示特点、技艺、思想、制度、传统等有传承关系。也说"一脉相承"。使用中相当于动词，多做定语和谓语。如：

（1）我们都是一脉相传的人类，现在，我请求微纪元接纳我作为你们社会中一名普通的公民。

（2）尊老爱幼、尊师重道是中国社会一脉相传的传统，至今仍对社会的稳定和进步发挥着积极的作用。

（3）清朝建立以后，大体上推行明朝的社会制度，包括经济、政治、文化教育制度等。可以说，清朝的社会制度和明朝一脉相传。

（4）金文和甲骨文属于同一体系的文字，二者一脉相传。

（5）他的演唱技巧跟老师一脉相传。当然，继承中也有创新。

修辞讲解

反问

本课中有以下几个反问句：

（1）前辈，您不请我们吃点什么吗？我们饿了！

（2）没有计算机，他们还能干什么呢？

（3）这怎么可能呢？他们用一把大锤就可以捣毁你们一座上百万人的城市。

（4）"怎么拿出这么多？这太浪费了！"地球领袖指责道。

（5）顽固派拒绝交出政权，用他们的话说，怎么能让一帮细菌领导人类！

反问句是疑问句的一个类型，属于无疑而问，因为答案就是问句的反面。以上五个例句，分属反问句中的是非问和特指问两种类型。例（1）属于是非问，一般有疑问词"吗"做标志。例（1）的意思是，您应该请我们吃点东西。例（2）—（5）属于特指问，由疑问代词"什么、怎么"构成，意思分别是：他们什么也不能干，这不可能，不应该拿出这么多（肉），不能让一帮细菌领导人类。

反问一般只问不答，答案已暗含在反问句中。反问句末尾一般用问号，有时也用叹号或句号。用反问句可以加强语气，也可以使语气变得委婉，反问因此也成为修辞格的一种。反问修辞格一般可分为是非问和特指问两种形式。

是非问形式的反问句就是陈述句加疑问词"吗、吧"，或由陈述句加上疑问语调构成。正话反说或反话正说，肯定的意思要用否定的形式来表达，否定的意思则要用肯定的形式来表达。句中表示反问的常有"难道"等副词，常见的句式有"不是……吗"。如：

（6）我接着说："你觉得主刀大夫和你妈妈的医术比起来，谁更高明一些呢？"苏蓉有点不高兴了，说："这难道还用比吗？当然是我的主刀医生更高明了。"（毕淑敏《怨恨还是快乐，这是一个问题》）

（7）我说："你自己不就是医生吗，还要找别人干什么？"她笑笑说："心理医生也和别的医生一样，自己是不能给自己看病的。"（毕淑敏《倾听灰姑娘》）

（8）"这么早来干什么？你不是不过10点不起床的吗？""醒得早，也没什么事，就过来了。你回去吧，今天上午我来守着。"（戴来《茄子》）

（9）二偏老汉说：不缺钱你还卖它？咱们村好几百户人家，就剩咱这一只公鸡了，它还不够可怜哪？你还非得赶尽杀绝吗？（赵新《鸡不叫天也明》）

（10）有人说，微笑有什么不好？不是到处都在提倡微笑服务吗？不是说微笑是成功的名片吗？最不济也是笑比哭好啊。（毕淑敏《有一种笑，让人心碎》）

（11）"不是鹰，能飞那么高？"（修祥明《天上有一只鹰》）

特指问形式的反问句带有"谁、哪儿（哪里）、什么、怎么"等疑问代词。作为反问句，并不要求对方根据疑问词做出相应回答。它的主要作用是强调说话人的语气。如：

（12）吃这种木耳之前，我们会煮很长的时间，还会放很多大蒜——毕竟是野生的东西，谁敢保证它就一点儿问题也没有？（李娟《木耳》）

（13）"好小子，你又来了，这回看你能跑哪儿去？"突然，传来老头儿的声音。（津子围《蓝莓谷》）

（14）"你什么态度？你对我什么态度？你怎么敢这样对我说话？"贵客发了怒。（王蒙《刻舟求剑》）

（15）生活在城市里的人，看人的脸色还忙不过来呢，哪有心情仰望星空？（罗伟章《城市上空的月》）

（16）王小才说，我好好念书，以后上初中，再上高中，再上大学，大学毕业，我就接你们到城里去住。王才说，那要等到哪一年。（范小青《城乡简史》）

例（12）中的"谁敢"，指没有人敢，即任何人都不敢。例（13）"能跑哪儿去"，指哪儿都去不了，即任何地方都不能去。这两例中的"特指"，也是"泛指"，也就是将句中疑问代词所指的某人、某地变成任何人、任何地方。这样，强调的意味更加强烈。例（14），"什么态度"，表示不应该是这个态度；"怎么敢"，表示你胆子太大，不应该这样。例（15），"哪有心情"，表示没有心情。例（16），"等到哪一年"，表示时间太长，等不及。

使用反问能加强语气，激发读者感情。反问句连用时，效果更为明显。如：

（17）我有时不免奇怪，一个人怎么会把故乡忘记呢？凭什么把她忘了呢？不怀念那些河流？那些山冈上的森林？那些长满羊齿植物遮盖着的井水？那些透过嫩绿树叶的雾中的阳光？你小时的游伴？唱过的歌？嫁在乡下的妹妹？……未免太狠心了。（黄永玉《乡梦不曾休》）

例（17）一连用了9个反问句，将作者对故乡的怀念之情表达得淋漓尽致，给读者留下了深刻的印象。其中第4—9个反问句，句首都省略了"不怀念"。

练 习

第一部分 词汇、语法、修辞

一、解释加点语素的意思，并根据拼音完成新词，同时说明其词义。

1. 执政官（　　　　）
   dìfāng　官
   zhǐhuī　官

2. 粉末（　　　　）
   ròu　末
   cháyè　末

3. 战犯（　　　　）
   战　chǎng
   战　xiàn

4. 登陆（　　　　）
   登　jī
   登　tái

5. 优越感（　　　　）
   shǐmìng　感
   zérèn　感

6. 前辈（　　　　）
   zhǎng　辈
   wǎn　辈

7. 控制台（　　　　）
   cāozuò　台
   fāshè　台

8. 绝壁（　　　　）
   绝　dì
   绝　jìng

9. 顶端（　　　　）
   bǐ　端
   mò　端

10. 残生（　　　　）
    残　dōng
    残　xuě

二、选择成语改写句子并造句。

小心翼翼　大惊小怪　轻而易举　目瞪口呆
怒气冲冲　取之不尽　一脉相传

1. 人们曾经以为，江河湖海能为我们提供用不完的水资源和渔业资源。
   改写：_____
   造句：_____

2. 我有几个同学，看见别人吃皮蛋就露出无法忍受的表情。我想，吃皮蛋有什么值得奇怪的？

改写：_____

造句：_____

3. 他第一次在新疆旅游，看到高速公路上的羊群时都惊呆了。打听以后才知道，这是牧民带着牲畜转场（换牧场）。

　　改写：_____

　　造句：_____

4. 得知儿子逃学，夫妻俩十分生气，训了儿子一个小时。

　　改写：_____

　　造句：_____

5. 马路上积雪很厚，开车的人都十分小心，车速很慢。

　　改写：_____

　　造句：_____

6. 从古至今，中国知识分子忧国忧民的优秀传统从未改变。

　　改写：_____

　　造句：_____

7. 离开熟悉的环境去一个陌生的地方生活，不是一件很容易的事。

　　改写：_____

　　造句：_____

三、词语搭配与填空。

心情	壮丽
下场	光滑
地面	忧郁
景色	清澈
小溪	可悲

（1）因为_____有一层薄冰，异常_____，他一出门就摔了一跤。

（2）孩子的眼睛像最_____的_____，孩子的声音是人间最美的音乐。

（3）作为一个心理医生，她很清楚_____的_____会给健康带来怎样的危害。

（4）被德国人称为"父亲河"的莱茵河，中游一段峡谷幽深，_____十分_____，关于莱茵河的许多古老传说都发生在这里。

（5）因为赌博，他不仅输光了钱，还毁掉了自己的家庭，_____很_____。

(6) 改革开放以来，中国普遍存在农村_____向城市_____的现象。

(7) 乘坐_____沿尼罗河_____，不仅可以欣赏两岸风光，放松身心，还可以对埃及辉煌的历史有更直观的体验。

(8) 罗哲文（1924—2012）是中国著名的古建筑专家，生前很担心像烧制金砖、琉璃瓦这样的古典建筑顶尖_____会慢慢_____。

(9) 每当_____ _____，大街小巷都是欢乐的人群，此时的交通部门却是如临大敌。

(10) _____在中国东南沿海_____最多的是夏秋季节，对农作物生产来说是严重的灾害，其中对水稻的危害尤为严重。

台风	航行
游船	登陆
技术	迁移
人口	来临
节日	失传

(11) 在中秋联欢会上，远离家乡的同学们_____了多首怀念故乡的_____。

(12) 地球_____了无数的_____，是一切生物最伟大的母亲。

(13) 我们的工程项目刚刚进行了一半，远没到_____ _____的时候。

(14) 酸雨的主要成分是硫酸和硝酸，它会导致土壤水质酸化、粮食减产、草木鱼虾死亡，也会_____ _____。

(15) 一方面应该加强职业培训，另一方面也应该适当_____用人_____，以促进就业。

腐蚀	生命
欢呼	建筑物
放宽	诗歌
哺育	尺度
朗诵	胜利

(16) 丝绸之路就像一个神奇的＿＿＿＿＿＿＿＿＿＿。穿行其中，你可以感受不同时代，体验别样人生。

(17) ＿＿＿＿＿＿＿＿＿＿是人类发射数量最多、用途最广的航天器，用于科学探测、天气预报、导航等各个领域。

◎ 金属　卫星
　 人造　隧道
　 生育　元素
　 时光　食品
　 罐头　机器

(18) ＿＿＿＿＿＿＿＿＿＿由于有安全可靠的技术做基础，不单种类丰富，营养健康，而且价格也很亲民。

(19) 随着社会的发展、文明的进步，那个不尊重女性、把女性当作＿＿＿＿＿＿＿＿＿＿的时代已经过去了。

(20) 人类的头发由于种族和地区的不同，颜色有乌黑、金黄、红褐、红棕、淡黄、灰白等之分。研究表明，头发的颜色同头发里所含的＿＿＿＿＿＿＿＿＿＿的不同有关。

四、用指定词语完成句子或对话。

1. ＿＿＿＿＿＿＿＿＿＿＿＿＿＿＿＿，我们已经有十年没有见面了。（距）

2. 从我家到上班的公司，＿＿＿＿＿＿＿＿＿＿＿＿＿＿＿＿（来回）

3. A：目前报名参加此次学术会议的有多少人？
   B：＿＿＿＿＿＿＿＿＿＿＿＿＿＿＿＿（粗略）

4. 紧张会影响水平的发挥，＿＿＿＿＿＿＿＿＿＿，越应该放松心态。（临近）

5. 因为天天熬夜，＿＿＿＿＿＿＿＿＿＿＿＿＿＿＿＿（急剧）

6. 如果广告做得好，＿＿＿＿＿＿＿＿＿＿＿＿＿＿＿＿（激起）

7. 市场竞争异常激烈，＿＿＿＿＿＿＿＿＿＿＿＿＿＿＿＿（取胜）

8. A：昨晚的马戏表演怎么样啊？
   B：＿＿＿＿＿＿＿＿＿＿＿＿＿＿＿＿（赞叹）

9. 虽然经历了生活中的很多磨难，＿＿＿＿＿＿＿＿＿＿（丝毫）

10. A：＿＿＿＿＿＿＿＿＿＿＿＿＿＿＿＿（歉意）
    B：没关系的，不必介意。

11. 他是一个很节约的人，每次到饭馆吃饭，＿＿＿＿＿＿＿＿＿＿（剩余）

12. A：你知道南方话"蛮好"的"蛮"是什么意思吗？
    B：＿＿＿＿＿＿＿＿＿＿＿＿＿＿＿＿（相当于）

13. 从你写的这篇文章来看，＿＿＿＿＿＿＿＿＿＿＿＿＿＿＿＿（毫无）

14. 由于公司经营不善，＿＿＿＿＿＿＿＿＿＿＿＿＿＿＿＿（境地）

15. A：请问还能报名参加学生艺术团吗？
    B：＿＿＿＿＿＿＿＿＿＿＿＿＿＿＿＿＿＿＿＿＿＿＿＿＿＿＿＿＿＿（接纳）
16. "中国天眼"是一个大型的射电望远镜，＿＿＿＿＿＿＿＿＿＿＿＿＿（探测）
17. A：你知道沙漠绿洲的水源一般来讲有哪些吗？
    B：＿＿＿＿＿＿＿＿＿＿＿＿＿＿＿＿＿＿＿＿＿＿＿＿＿＿＿＿＿＿（融化）
18. A：从一个人的办公桌，可以大概看出他有什么样的个性和生活态度。
    B：＿＿＿＿＿＿＿＿＿＿＿＿＿＿＿＿＿＿＿＿＿＿＿＿＿＿＿＿＿＿（摆放）
19. 罐头食品＿＿＿＿＿＿＿＿＿＿＿＿＿＿＿，可以达到商业无菌的要求。（密封）
20. 南极和北极是地球上最特别的地方，＿＿＿＿＿＿＿＿＿＿＿＿＿＿＿（探险）
21. 毕业以后同学们将踏入社会，＿＿＿＿＿＿＿＿＿＿＿＿＿＿＿＿＿＿（旅程）
22. A：你怎么这么晚才来呀？讲座都开始了。
    B：＿＿＿＿＿＿＿＿＿＿＿＿＿＿＿＿＿＿＿＿＿＿＿＿＿＿＿＿＿＿（耽搁）

五、选择适当的关联词填空，如果所填关联词是合用关联词中的一个，请画出另一个。

> 比　　因此　　只有　　就　　加之
> 如果　　由于　　虽然　　还　　却

我们人类祖祖辈辈在陆地上生活，总是把陆地看作自己的故乡。但是不要忘记，我们很远的祖先＿＿＿＿生活在海洋里。海洋的物理和化学性质，使它成为孕育原始生命的摇篮。

我们知道，水是生物的重要组成部分，许多动物组织的含水量在80%以上，而水母一类海洋动物的含水量甚至高达95%。水是新陈代谢的重要媒介，＿＿＿＿没有水，体内的一系列生理和生物化学反应就无法进行，生命也＿＿＿＿停止了。＿＿＿＿，在短时期内，动物缺水要＿＿＿＿缺食物更加危险。水对于今天的生命是如此重要，它对脆弱的原始生命更是不可缺少。＿＿＿＿在海洋里，脆弱的原始生命才不会有缺水之忧。

水＿＿＿＿是一种良好的溶剂。海水中含有生命所必需的许多无机盐，原始生命可以毫不费力地从水中吸取它所需要的元素。

水具有很高的热容量，＿＿＿＿水体浩大，海水的温度变化比较小。因此，巨大的海洋就像是天然的温箱，是孕育原始生命的温床。

阳光＿＿＿＿为生命所必需，但阳光中的紫外线却有扼杀原始生命的可能。＿＿＿＿水能有效地吸收紫外线，因而又为原始生命提供了天然的屏障。

这一切都是原始生命得以产生和发展的必要条件。

六、排序，并画出各句所用关联词及其他可提示句子顺序的词语。

1. A. 如量子力学、相对论、引力波等

   B. 即通过一种特殊的设备

   C. 将飞船从一个星系传送到另一个星系

   D. 空间跃迁是科幻小说中常见的一种超越光速的太空旅行方式

   E. 这一概念源于已有的科学理论和技术

   正确语序：_____

2. A. 并最终击败他们

   B. 《三体》是刘慈欣创作的一部长篇科幻小说

   C. 描述了人类和外星人之间的交往与战争

   D. 人类必须理解和利用这种技术才能抵御外星人的攻击

   E. 外星人利用空间跃迁技术实现了时空穿越

   正确语序：_____

3. A. 2012年他凭借短篇小说《手中纸，心中爱》(The Paper Menagerie) 夺得星云奖 (Nebula Award) 和雨果奖

   B. 同时也是一位科幻小说作家

   C. 刘宇昆是一位电脑工程师和律师

   D. 成为第一位获得两个世界级科幻小说大奖的华裔作家

   E. 刘慈欣赞扬他是连接中文与英文两个文化星球的飞船

   F. 由他翻译并推荐的刘慈欣《三体》和郝景芳《北京折叠》也均获雨果奖

   正确语序：_____

4. A. 由于大部分科幻电影改编自科幻文学

   B. 常以未来世界作为故事背景

   C. 内容包含未来科技、超光速旅行、平行宇宙、外星生命等有关科学的想象元素

   D. 因此科幻文学被视为科幻电影的基石和土壤

   E. 科幻电影是以科学幻想为题材的电影种类

   正确语序：_____

5. A.《月球旅行记》被公认为是第一部真正意义上的科幻电影

B. 最早的电影和最早的科幻电影都诞生于法国

C. 现代科幻电影常见的题材如外星人、太空旅行、未来战争等在该片中都出现了

D. 改编自凡尔纳《从地球到月球》和威尔斯《月球上的第一批人》两部小说

E. 在无声电影刚刚产生不久科幻电影就出现了

正确语序：_____

七、修辞练习。

1. 下面是从江晓原《科学外史Ⅱ·曾让天文学家神魂颠倒的"火星运河"》中节选出来的一段文字。请找出其中的反问句，并改成陈述句。比较一下两者在语气表达上有什么区别。

火星在19、20世纪之交曾经是天文学界乃至科学界的大热门。这个热门的形成，最主要的原因就是"火星运河"——火星上存在河流的观点。

"火星运河"是一个被后来的科学发展否定的概念，围绕这个概念所进行的一系列观测、发现、争论等，在传统科学史框架中也就被归入"错误""失败"之列。而按照传统的科学史观念，科学史是只处理"善而有成"之事的，"火星运河"属于"无成"之事，所以它不仅被清除出科学史殿堂，而且被逐出科学史视野。你如果去读一本传统框架的科学史著作，"火星运河"至多只是被作为天文学发展过程中走过的"弯路"而提一句，甚至完全不被提起。不仅"火星运河"是如此，几乎所有被后来发展所否定的概念，都难逃同样的命运。

但是，这样的待遇是公平的吗？

首先，"火星运河"问题是和一系列科学问题如火星生命、火星大气、火星上的水等密切相关的，它们一度成为19、20世纪之交天文学领域最被关注的问题。所以"火星运河"争论的启发意义是毋庸置疑的。

其次，在很多情况下，如果没人走"弯路"，人们能知道"直路"在哪里吗？如果只看"善而有成"的部分，只承认"善而有成"的才算科学的历史，这实际上和寓言中造三层楼却不要底下两层、三个饼吃饱后认为不需要吃前面两个是一样的。看寓言故事时大家都知道这样想的是蠢人，但在面对科学的历史时却往往意识不到这一点。

最后，说到底，人类对火星的了解还远远不够，谁知道在数十亿年的时间长河中，

那颗行星上曾经发生过什么呢？

_____

_____

_____

2. 下面是刘慈欣《微纪元》中的一段，描写太阳的心理活动——太阳对自己的"能量闪烁"给太阳系带来的影响怎么看。请尝试将文中画线的陈述句改成反问句，并比较修改前后太阳的"语气"有什么不同。

如果太阳有记忆，它不会对此感到不安。

在几十亿年的漫长生涯中，它曾经历过比这大得多的巨变。当它从星云的旋涡中诞生时，它的生命的巨变是以毫秒为单位的。在那辉煌的一刻，引力坍缩使核聚变的火焰照亮了星云混沌的黑暗……

它知道自己的生命是一个过程，尽管现在处于这个过程中最稳定的时期，但偶然的、小小的突变总是免不了的，就像平静的水面上不时会有一个小气泡浮起并破裂。能量和质量的损失算不了什么，它还是它，一颗中等大小、视星等[1]为 –26.8 的恒星。甚至太阳系的其他部分也不会受到太大的影响：水星可能被熔化，金星稠密的大气将被剥离。再往外围的行星所受的影响就更小了——火星的颜色可能由于表面的熔化而由红变黑，地球嘛，不过是表面温度升高至 4000 ℃，这可能会持续 100 小时左右，海洋肯定会被蒸发，各大陆表面岩石也会熔化一层，但仅此而已。

_____

_____

_____

_____

---

[1] 视星等：apparent magnitude，天文学术语。符号：m。指肉眼所能观测到的天体的亮度。视星等的数值也有负数。数值越小，亮度越高。

第二部分 拓展阅读

八、选择合适的句子填入短文画线处，并概括短文的主要内容。

A. 从地理角度再看一看

B. 这就是我们头脑中1亿年后的地球

C. 这是从生物角度看1亿年后地球的变化

D. 最后是地球生态系统的改变

我们经常预测地球未来会变成什么样子。以"亿"做单位，1亿年以后的地球会是什么样子呢？想象中的图景是这样的。

1亿年后的地球会出现第三代生物霸主，一种比人类更强大、更聪明的高智慧生物，暂且把它叫作超人类。超人类拥有极为发达的大脑，他们的思考能力、洞察能力、反应能力和解决问题的能力是目前人类的十几倍。超人类已经不再生活在三维空间，而是生活在四维空间，也就是说他们已经掌握了时空穿越的能力。除了超人类这种新的高智慧生物以外，地球上还出现了很多新的物种。现在的人、老虎、狮子、大象都去哪里了呢？他们早已被人类的核大战给毁灭了！_____。

_____。我们知道地球的板块是不断运动的，至今还在缓慢地朝着各个方向移动。经过1亿年的移动和碰撞，世界七大洲也许又会重新聚合在一起，形成一块新的大陆，而那时地球陆地上的生态、植被、森林覆盖率等都将被重新构造，这将是一个全新的陆地世界。

_____。由于人类不断地破坏环境，地球的生态系统会在未来1亿年经历崩溃——重构——完善——全新生态系统诞生的几个阶段，也就是说，地球在1亿年后会出现一个全新的生态系统。这个系统就像被净化过一样，没有环境污染，比我们现在的生态系统更强大且更干净，非常适合新生命的诞生和繁衍。

_____，在生物种类、地质构造、生态系统等三个方面都发生了本质的改变，就像换了一个样子。如果我们还有机会见到这样的地球，还能认出它来吗？

这篇短文的主要内容是（请选择）：

☐ A. 超人类将会统治地球

☐ B. 我们想象中1亿年后地球的样子

☐ C. 地球发生变化的原因
☐ D. 地球板块位置和生态系统将会发生巨变

九、阅读下面的文章，并完成后面的练习。

什么是科幻小说[1]

吴岩

科幻小说是关于时代变化的小说，这类小说用作家的感觉经验来书写科技对社会造成的影响，对于人类的生活，常常既有前瞻性，又有<u>警示</u>①性。

1818年，英国作家玛丽·雪莱（Mary Shelley）创作了世界上第一部科幻小说《弗兰肯斯坦——一个现代普罗米修斯的故事》。出身于瑞士名门的主人公维克多·弗兰肯斯坦，儿时喜爱魔法，长大后爱上了科学。他在德国留学期间，跟从导师研究化学理论，希望破解生命的奥秘。一天，他从蛙虫能让死人的神经和大脑出现惊厥的现象中，发现了起死回生的奥秘。于是，他成功地使用尸体器官拼接成人体，通过电击法，为其注入生命的活力。实验是成功的。由死人器官拼接起来的怪物睁开双眼，一个新生命走入人类世界。此时，怪物的创造者维克多·弗兰肯斯坦却昏厥过去——他被怪物的外表吓坏了。古怪的长相令怪物成为过街老鼠，人人喊打，怪物进入人类社会的努力不断失败。为了报复自己的创造者，怪物决定向弗兰肯斯坦复仇。这场复仇使弗兰肯斯坦遇上了一连串的灾难。<u>忍无可忍</u>②的弗兰肯斯坦也不顾一切地向怪物展开了反击行动。这部作品用科学挑战上帝，让掌握科学的人类占据了未来生活的舞台。

继玛丽·雪莱之后，法国作家儒勒·凡尔纳（Jules Verne）创作了大量科幻小说。其中，最有名的包括《格兰特船长的儿女》《海底两万里》《神秘岛》《从地球到月球》《环绕月球》《地心游记》《气球上的五星期》《80天环游地球》《喀尔巴阡古堡》等。凡尔纳的小说语言成熟，故事具有类型化特征，对科学技术态度乐观，是乐观派科幻文学的代表作家。与凡尔纳相反，比他稍晚出现的英国作家赫伯特·威尔斯（Herbert Wells），却怀疑科学技术造福人类的可能性。威尔斯的主要作品包括《时间机器》《星

---

[1] 文章选自南方科技大学组织编写的《十万个高科技为什么》（第二辑），李凤亮、刘青松主编，广东科技出版社，2021年版，有删减。

际战争》《隐身人》《神食》《在彗星出现的日子里》《莫洛博士岛》《月球上的第一批人》等。威尔斯小说中的主人公个性仁慈，对人类的前途忧心忡忡③。威尔斯的几乎每一部作品都透露了对科技发展的不信任感，是科幻小说领域中科学悲观派的主要代表。

20世纪30年代，科幻小说逐渐在美国繁荣起来，并出现了大批优秀作家，他们造就了科幻小说的黄金时代。其中，艾萨克·阿西莫夫（Isaac Asimov）的"基地"系列和"机器人"系列最为脍炙人口。在这些系列中，作家对人类的未来发展充满了遐想④，甚至开发出"银河帝国"体系和"机器人学三定律"。罗伯特·海因莱因（Robert A. Heinlein）的《入夏之门》《星船伞兵》《异乡异客》等未来史系列，讲述了未来科技突破的方向和时间。国籍是英国但多数作品都在美国风行的亚瑟·克拉克（Arthur C. Clarke），最早提出通过卫星进行全球通信的设想，他的科幻作品包括《童年的终结》《城市和星星》《与拉玛相会》《2001年：太空探险》等。

20世纪60年代以后，西方科幻小说开始革新。一些意向性、模糊性、反讽性、语言探索性较强的作品逐渐出现。在这种创新探索中，科幻小说吸纳⑤了主流文学的许多新模式，迅速向主流文学靠拢⑥。20世纪80年代后，科幻小说又重新回归硬科学[1]，出现了威廉·吉布森（William Gibson）的《神经漫游者》、尼尔·斯蒂芬森（Neal Stephenson）的《雪崩》等赛博朋克[2]小说，这类小说常常以电脑空间中驰骋不羁的叛逆者为主人公，他们有打破藩篱、让各种被禁闭的信息全都被解锁的目标。赛博朋克小说和后来的生物科技小说、人工智能小说，将"后人[3]"问题直接提到了读者面前，故事暗示，人类制造的科技正在创造超越人性的另一种更高级的人种。

科幻小说在中国的出现可以追溯到清末。荒江钓叟的《月球殖民地》、徐念慈的《新法螺先生谭》是最早的作品。民国以后，科幻小说继续发展，出现了老舍的《猫城记》等重要作品。新中国成立以后，科幻小说在儿童文学和科普读物的巨伞下继续发展，出现了郑文光的《从地球到火星》、迟书昌的《大鲸牧场》、于止的《失踪的哥哥》、萧建亨的《布克的奇遇》、郭以实的《在科学世界里》、王国忠的《黑龙号失踪》、

---

1 硬科学：hard science。指物理学、化学、生物学、天文学等自然科学。
2 赛博朋克：cyberpunk 的音译，由 cyber 和 punk 组成。cyber 是 cybernetics（控制论）的缩写，punk 指朋克文化，源于20世纪70年代，特征是叛逆、反主流。"赛博朋克"是科幻小说的一种类型，是对"高度机械文明"的反思。其影响后来扩大到电影、电子游戏、艺术和建筑等领域。
3 后人：posthuman 的直译，也译作"后人类"。指人类以现代高科技为基础，对自身进行设计、改造、升级后而产生的一种"新型人类"。他们不再是传统意义上的人，而是人与机器混合而成的"人工人"。

童恩正的《古峡迷雾》、刘兴诗的《北方的云》等作品。20世纪70年代，中国科幻小说迎来了第一次高峰，叶永烈的《小灵通漫游未来》、童恩正的《珊瑚岛上的死光》及郑文光的《飞向人马座》是这个时期的代表性作品。进入21世纪以后，韩松、王晋康、星河、何夕、吴岩等也发表了大量重要作品。2015年，刘慈欣的小说《三体》获得美国科幻小说雨果奖，次年⑦郝景芳的小说《北京折叠》再次获奖，让中国科幻作品进入世界一流行列。

从1902年开始，科幻作品还成为影视的重要题材。《月球旅行记》是世界上第一部科幻电影。近年来，电子游戏、主题公园、城市规划、乡村改造等许多领域都已经逐渐出现科幻的影子。而科幻中的主要题材，如天文与航天、生物与医学、网络与人工智能、未来社会等，都已经引发了不同程度的社会关注。

科幻的最大特征，就是科学与未来在同时入侵现实的过程中给人一种惊奇感。不但如此，在体验惊奇的同时，科幻还引导人们通过科学认知理解惊奇。科幻可以划分成"软科幻"和"硬科幻"。"软科幻"和"硬科幻"的定义在不同的文化中差异很大。在中国，所谓"硬科幻"是科学知识含量较多的作品，而"软科幻"则是文学含量较多、知识含量较少的作品。但在国外，普遍共识是"硬科幻"属于以自然科学（如物理学、化学、天文学等）为主要内容的作品，而"软科幻"则是以社会科学和人文学科（如心理学、教育学、宗教学、政治学等）为主要内容的作品。到底应该发展"硬科幻"还是"软科幻"，还要根据读者的喜好⑧而定。笔者的观点是最好能百花齐放、百家争艳。

科幻小说到底是不是科普读物，多年以来也存在许多争论。其原因是科幻小说中的知识跟科普作品中的知识不能相提并论，但如果从引导人们思考科学、关注科学、讨论科学精神和理解科学家行为、探讨科学与未来关系方面，科幻小说无疑能起到重要的科普作用。

1. 给文章拟一个新的题目（写在下面的横线上）。

_____

2. 解释文中画线词语。

①警示　　　　　　②忍无可忍

③忧心忡忡　　　　④遐想

⑤吸纳　　　　　　⑥靠拢

⑦次年　　　　　　⑧喜好

3. 判断下列说法是否符合文章原意（符合画"√"，不符合画"×"）。

（1）维克多·弗兰肯斯坦的形象代表的是已经掌握了科技力量、富于挑战精神的人类。（　　）

（2）科幻文学悲观派的出现源于对科学技术造福人类可能性的怀疑。（　　）

（3）美国作家亚瑟·克拉克最早提出通过卫星进行全球通信。（　　）

（4）赛博朋克小说、生物科技小说和人工智能小说都提出了对"后人"问题的思考。（　　）

（5）新中国成立后，科幻小说跟儿童文学、科普读物一样，也获得了很大的发展。（　　）

（6）刘慈欣和郝景芳的小说相继获得科幻小说大奖，标志着中国科幻小说已进入世界级水平。（　　）

（7）对"软科幻"和"硬科幻"的含义，国内外的看法基本一致。（　　）

（8）对于科幻小说是不是科普读物的问题，有一个基本共识，即两者在科学知识方面基本可以等同。（　　）

4. 回答问题。

（1）什么是科幻小说？科幻小说有哪些特点？

_____
_____
_____
_____

（2）西方科幻小说的创作大致可以分为几个阶段？每个阶段作品的主要内容有什么不同？

_____
_____

第三部分 写作

十、写出课文的内容提要。（300字左右）

十一、阅读刘慈欣的短篇科幻小说《带上她的眼睛》，并就下面的这个片段谈一谈自己的感受。（600字左右）

小说讲述了这样一个故事：人类使用在地层中航行的"地航"飞船对地球内部进行探索，一艘飞船因发生故障无法返回地面，飞船上只剩下一名年轻的女领航员，她被永远困在了地核之中。"我"是一名航天装备工程师，借助高科技的"传感眼镜"，可以把自己看到的地面景象传给另一个也戴这种眼镜的人。开始我并不知道她身处绝境，但她对世界的热爱，对花、草、微风、小溪、月光、日出，甚至一声鸟鸣的迷恋触动了"我"麻木的精神世界。下面这段文字是"我"带"她的眼睛"在草原漫步的情景。

> 我们都笑了起来。她突然惊叫："呀，花，有花啊！上次我来时是没有的！"不错，辽阔的草原上到处点缀着星星点点的小花。"能近些看看那朵花吗？"我蹲下来看。"呀，真美啊！能闻闻它吗？不，别拔下它！"我只好半趴在地上闻，一缕淡淡的清香。"啊，我也闻到了，真像一首隐隐传来的小夜曲呢！"
>
> 我笑着摇摇头，这是一个风潮变幻莫测的时代，女孩子们都浮躁到了极点，像这样见花落泪的林妹妹真是太少了。

"我们给这朵小花起个名字好吗？嗯——叫它梦梦吧。我们再看看那一朵好吗？它该叫什么呢？嗯，叫小雨吧。再看那一朵——啊，谢谢——看它的淡蓝色，它的名字应该是月光……"

我们就这样一朵朵地看花，闻花，然后再给它们起名字。她陶醉其中，没完没了，忘记了一切。

……

我在草原上毫无目标地漫步，很快来到一条隐没在草丛中的小溪旁。我迈过去，继续向前，她叫住了我，说："我真想把手伸到小溪里。"我蹲下来，把手伸进溪水，一股清凉流遍全身。她的眼睛用超高频信息波把这感觉传递给远在太空[1]的她，我又听到了她的感叹。

"你那儿很热吧？"我想起了她那窄小的控制舱和隔热系统异常发达的太空服。

"热，热得像……地狱。呀，天啊，这是草原的风！"这时我刚把手从水中拿出来，微风吹在湿手上凉丝丝的。"不，别动，这真是天国的风呀！"我把双手举在草原的微风中，直到水被吹干。然后应她的要求，我又把手在溪水中浸湿，再举到风中把天国的感觉传给她。我们就这样又消磨了很长时间。

我再次上路，沉默地走了一段后，她轻轻地说："你那儿的世界真好。"

我说："我不知道，灰色的生活把我这方面的感觉都磨钝了。"

---

1 太空：文中的"我"这时还不知道她是失事的"地航"飞船的领航员，以为她是太空的航天员。

语言实践

一、观看一部科幻电影,并就电影内容和其中所包含的科学知识进行讨论。

二、调查中国(或自己选择一个国家)近五年来科幻小说的创作情况,用表格形式列出主要作家及其作品,并对小说内容做简短备注。

第六课　倾听自己

洪向阳

课文导览

【作者简介】

洪向阳（1977— ），江苏人。职业规划师。长期从事职业规划与生涯教育的研究、咨询和培训工作，还经常在各类媒体发表相关文章，为公众提供专业指导。出版的著作有《10天谋定好前途：职业规划实操手册》《生涯规划：新高考选科与志愿规划指引》《中职生职业生涯规划实操手册》等。主编有《中国职业规划师（CCDM）认证培训教程》等多部教材。

【作品出处】

课文选自《10天谋定好前途：职业规划实操手册》（第二版）"第3天：认识自己'谋'出职场性格"，中国经济出版社，2021年版，有删减。课名为编者所加。

【话题归属】

课文可以围绕职业选择这一中心话题进行学习和讨论。影响职业选择的因素很多，从个人角度来看，有性格、天赋、兴趣、教育背景、价值观等。课文侧重讨论的是如何发现自己的兴趣，并把个人兴趣转化为职业兴趣，以及在兴趣并不清晰的情况下如何去培养兴趣的问题。与此相关的话题，如性格与职业定位、天赋与技能、人生需求和价值观如何影响择业、家庭因素和社会需求对择业的影响等，也都可以进行讨论。

课前准备——课堂报告选题

1. 中国职业规划师协会简介；
2. 中国职业规划咨询机构（如"向阳生涯"）简介；
3. 职业规划在中国（或你们国家）的实施情况；
4. 有关性格或人格的心理测试；
5. 性格及其所适合的职业领域；
6. 职业规划设计的具体方法。

课文

🎧 06-01

回忆一下，看看你是否有过这样的经历：

有一些事情，会让你废寝忘食地工作，虽然工作量很大，你却感觉不到疲劳；

有一些事情，能给你带来快乐，让你内心很愉悦；

有一些事情，能深深吸引你，激发你的激情，让你充满了创造力；

有一些事情，充满魅力，以至你不要钱都愿意干；

有一些事情，能让你热血沸腾，浑身充满了力量。

假如你有了以上任何一种感受，恭喜你，这就意味着你做的事是你的兴趣。

这可能就是你的兴趣或职业兴趣所在，也正是兴趣的魅力和力量。

兴趣，就是兴致，是人们对事物喜好或关切的情绪，是个人力求认识、掌握某事物，并经常参与该种活动的心理倾向。兴趣是带有积极情绪色彩的认知和活动倾向。当个人对某事物感兴趣时，会对它产生特别的注意力，产生愉快紧张的心理状态，对该事物感知敏锐、记忆牢固、思维活跃、情感浓厚、意志坚强。这对人的认识和活动会产生积极的影响，有利于提高工作的质量和效率。

兴趣不只是对事物的表面的关心，更是对获得这方面的知识或参与这种活动而产生的一种满足感。

阅读提示（一）

1. 怎么判断一件事是不是你的兴趣？
2. 什么是兴趣？它对我们的行为活动有什么影响？

第六课 倾听自己

词语表（一） 🎧 06-02

序号	词语	拼音	词性	搭配举例
1	倾听○	qīngtīng	动	~意见/心声/呼声
2	废寝忘食○	fèiqǐn-wàngshí	成语	
3	工作量○	gōngzuòliàng	名	教学/科研~；增加/减少/完成~；~巨大
4	疲劳○	píláo	形	身体/肌肉/视觉/精神/审美~；减轻/消除~；◎~驾驶
5	愉悦	yúyuè	形	心情/精神/身心~
6	激发	jīfā	动	~兴趣/求知欲/上进心/活力/创造力/热情
7	创造力	chuàngzàolì	名	激发/发挥/具有/扼杀~；~巨大/神奇/无限
8	魅力○	mèilì	名	富有/充满/极具/提升~；艺术/人格/个人~；~无穷
9	热血沸腾	rèxuè-fèiténg	成语	
10	恭喜○	gōngxǐ	动	◎~发财
11	喜好○	xǐhào	动/名	~歌唱/音乐/读书；个人~
12	关切	guānqiè	动	对……表示/深表~
13	注意力	zhùyìlì	名	吸引/集中/保持/转移~；~集中/分散/减退
14	敏锐○	mǐnruì	形	感觉/眼光/思想/观察~
15	牢固○	láogù	形	建筑/基础/关系/联盟/友谊~；~树立/掌握
16	满足感	mǎnzúgǎn	名	获得/产生~

发现你的兴趣 🎧 06-03

一种兴趣的形成，本身是有一个过程的。兴趣的发展一般会经历有趣、乐趣、志趣三个阶段。对于职业活动，往往从感到有趣的开始，在实践中逐渐产生工作乐趣，进而与自己的奋斗目标和志向相结合，发展成为志趣。到了志趣阶段，兴趣就会表现出方向性和意志性的特点，使人坚定地追求某种职业，并为之尽心尽力。

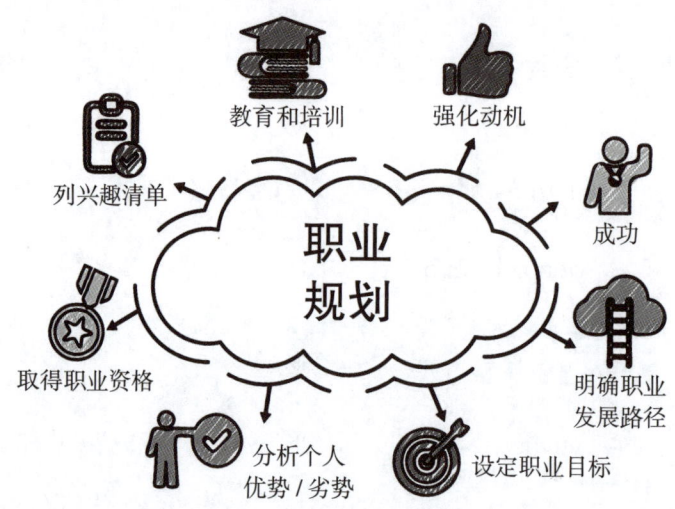

职业规划

了解了兴趣及其对我们的巨大价值后，我想你一定迫不及待地希望把自己的兴趣找出来了。下面我们就从几个方面一起来寻找一下你的兴趣：

从生活兴趣到职业兴趣

好好想一下以下问题：

你平时把时间都花在哪里了？

在你做过的所有事情中，你认为做什么事情最有乐趣？

什么事情最能让你集中精神，或者说是激发你的想象力？

平时你最喜欢学习什么？

这些事可能表现在日常生活中，也可能表现在工作学习中。对于这些问题，通常不同的人会有不同的答案。你只需要倾听你自己最自然的声音就好。请完成表1和表2。

表1 日常生活中的兴趣分析表

序号	兴趣	表现与事件

表2 工作学习中的兴趣分析表

序号	兴趣	表现与事件

兴趣，会让我们的生活很美好。我们知道，我们的职业生活要占到整个人生的一半以上时间，所以，能把兴趣转化为职业兴趣，是一件极具价值的事。但从一般兴趣到职业兴趣，这需要一个转化过程。并不是每个人都能了解其中的对应关系，或者是一些兴趣表面上看起来与职业毫无关联，但通过深入分析也还是可以找到其中的关联的。

和很多人一样，小莉对看电影很有兴趣。你可能会想，看电影只是很普通的兴趣，与什么职业有关系吗？如果非要关联[1]的话，很多人会很自然地由看电影想到演员、导演或是编剧什么的。不过事实上，电影涉及的职业要比你想的多得多。比如影评人，当然这意味着你要看很多部电影；也可能是研究员（尤其是历史片）、室内设计师（设计拍摄场地）、土木工程师（建造拍摄场景）、美工（布景）、服装师、发型师、摄影师、灯光师、混音师或是音乐合成、作曲、特技、剧务、私人助理（为导演或演员服务）、秘书、宣传等。这些都可能会构成职业上的关联，而且如果条件合适的话，很有可能由兴趣转化为一种职业活动。

小莉很喜欢动物，驯养宠物很有一手。这样，如果我们把小莉的看电影和驯养宠物两个兴趣结合起来考虑，那么小莉可能通过职业规划师的辅导，在电影业做了一名动物训练员。在很多需要动物的电影中，都可以看到她的杰作。她工作得很有乐趣，很有成就感。

或许，你也对看电影很有兴趣，但却对上面所提的都不感兴趣，怎么办？噢，请先别急。再想一下，什么样的电影会吸引你？从电影中你都得到了什么？当我们不断地深度挖掘时，就可能会看到让人欣喜的结果。

下面我们就按上述思路来整理一下你的兴趣。请你按兴趣度由高到低依次列出

---

[1] 非要关联：非要关联不可。"非要"表示"一定要"。

三个兴趣点，然后想一想，这些兴趣可以和哪些职业关联，它们是什么，请填写到表 3 中。

表 3　兴趣向职业的转化

序号	兴趣	关联职业

阅读提示（二）

1. 兴趣的发展一般会经历哪几个阶段？从名称来看，它们有什么不同？
2. 文章是从哪些方面来寻找一个人的兴趣的？
3. 小莉的例子是为了说明什么问题？
4. 用什么方法可以把生活中的兴趣转化为职业兴趣？

词语表（二）

序号	词语	拼音	词性	搭配举例
17	志趣	zhìqù	名	～高雅；◎～相投
18	进而◦	jìn'ér	连	
19	志向	zhìxiàng	名	～远大 / 宏伟；树立～
20	尽心尽力	jìnxīn-jìnlì	成语	
21	及其◦	jí qí		
22	想象力	xiǎngxiànglì	名	富有 / 充满 / 激发 / 发挥 / 缺乏～；～丰富 / 贫乏
23	序号	xùhào	名	产品 / 合同 / 发票～
24	极具	jí jù		～特色 / 意义 / 影响 / 价值 / 潜力 / 感染力
25	影评	yǐngpíng	名	写～；◎～人

26	研究员	yánjiūyuán	名	晋升为～；◎副/助理～
27	土木	tǔmù	名	◎～工程（系/专业）；大兴～
28	美工	měigōng	名	～设计；电影/戏剧/舞台～
29	布景	bùjǐng	名	舞台/电影/室内/室外～；搭置～
30	服装师	fúzhuāngshī	名	电影/京剧～
31	发型○	fàxíng	名	设计/更换/保持～；～新潮/时尚；◎～师
32	灯光师	dēngguāngshī	名	舞台～
33	混音	hùnyīn	动	～技术/软件；数字～；◎～师/机
34	作曲	zuòqǔ	动	为（电影/电视剧）～；～技巧；◎～家
35	特技	tèjì	名	电影/数字/电脑/飞行～；◎～演员/表演
36	剧务	jùwù	名	电影～
37	驯养	xùnyǎng	动	～动物；◎人工～
38	有一手	yǒu yìshǒu		真/很～
39	辅导○	fǔdǎo	动	～作业/功课；课外/心理～；◎～班/员
40	杰作	jiézuò	名	文学/绘画/书法/建筑/艺术～；◇大自然的～
41	成就感	chéngjiùgǎn	名	有/获得～
42	欣喜○	xīnxǐ	形	令人～；感到～；◎～若狂

职业兴趣不清晰怎么办 06-05

任何兴趣都有一个养成的过程。所以，如果没什么特别有兴趣的，或是兴趣不明确的，我们可以有意识地逐渐培养出自己的兴趣来。

首先要有浓厚的好奇心。对于未知的事物应该付诸行动去接触它，像是电脑游戏很好玩，是怎么设计出来的呢？有的人对待工作得过且过，有的人却很努力负责，这是为什么呢？要消解这些疑问，只要一步步深入钻研，搞不好兴趣就这么产生了。

其次要主动学习。兴趣与个人的认识和情感密切相连。如果一个人对某项事物没有认识，也就不会产生情感，因而也就不会对它发生兴趣。相反，认识越深刻，情感越丰富，兴趣也就越深厚。例如集邮，有的人对集邮很入迷，认为邮票既有收藏价值又有观赏价值，它既能丰富知识又能陶冶情操，而且收藏得越多、越丰富，就越投入，情感越专注，越有兴趣，慢慢就会发展成为一种爱好。而当你对整个集邮活动理解很深刻后，很有可能就成为集邮方面的专家。要想对某种事物认识深刻，就必须深入学习。随着社会分工越来越细，知识门类越来越多，知识掌握也越来越专门化。各类培训班的存在为我们有效养成某种兴趣提供了便捷的途径。

最后要持之以恒。有人吉他弹得很好，但若半年不弹，技巧肯定退步。同样的道理，要培养一份兴趣，也要不断去熟悉它，渐渐地让它成为生活的一部分，每天碰一点，久了自然会成为一种习惯，如果只是选择性偶尔玩一下，那是很难变成兴趣的。许多男生喜欢打篮球，只要一天没得打，就会全身不得劲，那是因为篮球已经是他们生活中的一部分，戒不掉啦。有的人对公众演讲很感兴趣，那就需要不断练习，久而久之水平就上来了。当然你可能会说平时工作很忙，没时间练，慢慢淡下来，结果就是只能停留在欣赏别人或是羡慕别人的份儿上了。

深入研究也是培养兴趣的要素之一，假使你每天固定玩一小时计算机，但只是随便消磨时间，没有设定一个目标来研究，也是引不出兴趣来的，不过是不断地重复动作罢了。但如果你锁定一个主题，譬如计算机绘图软件的认识，有了深入研究的方向，不怕问题难，越难越便于鼓起勇气，一层一层地往前追，一定就像倒吃甘蔗[1]般，滋味越来越甜美。

除此之外，找朋友也是很重要的。一些行业性的沙龙、校园的一些社团，都为志趣相投的人们共同学习创造了很好的条件。因为一个人即使对某样活动兴致满满，也会有停摆的时候，此时，朋友就可从旁鼓励协助，而且，如果朋友是比你厉害的角色，还可能激励你更上一层楼。

---

[1] 倒吃甘蔗：倒，dào，倒过来。甘蔗是越接近根部越甜。倒吃甘蔗，指从顶部开始吃，越接近根部，感觉越甜。歇后语说"倒吃甘蔗——一节比一节甜"，表示做某事先难后易，情况越来越好。

阅读提示（三）

1. 职业兴趣不清晰，可以从几方面来培养？
2. 对于未知的事物，应该怎么做？
3. 兴趣与学习动力有什么关系？
4. 持之以恒对兴趣的培养有什么帮助？
5. 为什么设定目标做深入研究很重要？
6. 为什么文章建议找志趣相投的朋友？

词语表（三） 🎧 06-06

序号	词语	拼音	词性	搭配举例
43	好奇心○	hàoqíxīn	名	激起/充满/满足/保持～；～强
44	付诸行动	fù zhū xíngdòng		
45	得过且过	déguò-qiěguò	成语	
46	消解	xiāojiě	动	～误会/矛盾/疑虑/痛苦/愁闷
47	钻研○	zuānyán	动	～知识/技术/业务；努力/刻苦/苦心～
48	相连○	xiānglián	动	前后/两两～；紧密～；◎血肉/山水～
49	集邮○	jí//yóu	动	～爱好者/协会；◎～册
50	入迷	rù//mí	动	看得/听得～；使人～
51	观赏○	guānshǎng	动	～表演/景色;（可）供～；◎～性/价值；～植物/树木[1]
52	陶冶○	táoyě	动	～性情/情操；受到～
53	情操	qíngcāo	名	思想/道德/职业～；～高尚；陶冶/培养～
54	门类	ménlèi	名	工业/食品/艺术/学科～；～齐全/众多

---

[1] "观赏植物""观赏树木"是两个名词性短语，分别表示用于观赏的植物和用于观赏的树木。

55	便捷○	biànjié	形	交通/生活/服务/方法/途径~
56	持之以恒○	chízhī-yǐhéng	成语	
57	吉他○	jítā	名	弹~；◎~手
58	退步	tuì//bù	动	学习/技术/成绩~
59	得劲	déjìn	形	（心里/浑身/腿脚）不~
60	假使○	jiǎshǐ	连	
61	消磨	xiāomó	动	~时间/时光/意志/志气
62	设定○	shèdìng	动	~条件/主题/目标/期限/模式/密码
63	锁定	suǒdìng	动	~位置/目标/手机/账户/密码；◇~比分/胜局
64	譬如○	pìrú	动	
65	绘图	huìtú	动	~工具/软件；◎~仪
66	甘蔗	gānzhe	名	
67	滋味○	zīwèi	名	~鲜美/甜美/独特/苦涩；◇成功/失败/离别/生活~；尝到~；◎（心里）不是~
68	甜美○	tiánměi	形	滋味/微笑/形象/歌声/回忆/生活~
69	除此之外○	chúcǐzhīwài		
70	沙龙○	shālóng	名	艺术/学术/音乐~；举办~
71	社团	shètuán	名	文学/政治/学术/青年/学生~；建立~
72	志趣相投	zhìqù xiāngtóu		
73	停摆	tíng//bǎi	动	挂钟~；◇工作/生产/经济~
74	激励○	jīlì	动	~学生/职工/民众；~手段/机制
75	更上一层楼	gèngshàngyìcénglóu	成语	

第六课 倾听自己

课文回顾与思考

1. 在课文所说的发现兴趣的方法之外，你认为还有哪些方法？
2. 在课文所说的培养兴趣的方法之外，你认为还有哪些方法？
3. 工作一定要与自己的兴趣爱好有关吗？请谈谈你的看法。
4. 作为著名的职业规划师，作者所举的例子和建议对你的人生职业规划有什么启发？
5. 本文在语言风格上有什么特点？请举例说明。

词语例释

1. 进而

连词。表示在已有基础上进一步，或表示事情进一步发展，就会产生某种结果。用于后一分句。如：

(1) 对于职业活动，往往从感到有趣的开始，在实践中逐渐产生工作乐趣，进而与自己的奋斗目标和志向相结合，发展成为志趣。
(2) 一般来说，拼音文字只需要几十个字母就可以拼写该语言中的全部音节，进而书写全部的词和句子。
(3) 公司的目标是把业务扩展到亚洲，进而扩展到全世界。
(4) 夫妻之间如果有什么矛盾应该及时沟通，免得矛盾越来越大，进而影响夫妻感情。
(5) 过度的脑力和体力劳动后，人体的防病能力会减弱，进而可能引发多种身体和心理疾病。
(6) 经济体制的变化必然深刻影响社会生活和文化生活，进而引起人们观念上的变化。
(7) 人口增长过快，将导致自然生态环境的破坏和资源的枯竭，进而影响人类的生活水平。

2. 及其

及：和，与。其：他/她/它（们）、他/她/它（们）的，具体指代"及"前面提到的人或物。用于书面语，作用相当于连词。如：

(1) 了解了兴趣及其对我们的巨大价值后，我想你一定迫不及待地希望把自己的兴趣找出来了。
(2) 生态系统包括动物、植物、微生物及其周围的非生物环境（又称无机环境、物理环境）四个部分。
(3) 儒家经典《论语》一书主要是记录孔子及其弟子的言行。
(4) 本次大会的议题是讨论我国现行的学校教育制度及其改革。
(5) 法律上的南极地区是指南纬60度以南的地区，包括南极洲大陆及其沿海岛屿和海域。

（6）文字学研究文字的发生和发展规律、文字的类型及其特点等。

"其"的具体所指，要看"及"前面的内容。例（1）中"其"指"兴趣"，例（2）中"其"指"动物、植物、微生物"，例（3）中"其"指孔子，例（4）中"其"指"学校教育制度"，例（5）中"其"指"南极洲大陆"，例（6）中"其"指"文字的类型"。

3. 若

有动词和连词两种用法。

做动词时，意思是如同、好像。常用在单音节的形容词或名词后，如"艳若、细若、状若"等。"艳若"，鲜艳得好像。"细若"，细微得好像。"状若"，形状好像。在成语等固定短语中也很常见，如"若无其事、若隐若现、旁若无人、大智若愚、欣喜若狂"等。"若无其事"，好像没有那回事，形容很镇定，不慌张。"若隐若现"，好像隐藏起来了看不见，又好像显现出来，形容隐隐约约，不能完全看清楚。"旁若无人"，好像旁边没有人，形容态度从容或傲慢。"大智若愚"，有大智慧的人不表现自己，看起来好像很愚笨。"欣喜若狂"，高兴得好像发了狂，形容高兴到了极点。如：

（1）每年的4到5月，晚樱盛开，艳若云霞，公园里到处是赏花的游客。

（2）春雨连绵，细若牛毛的小雨把天地之间变成了一个朦胧的世界。

（3）狮子鱼是生活在海里的一种长相奇特的鱼。它游泳时，鱼鳍张开，状若雄狮，所以叫狮子鱼。

（4）商场不能带宠物入内，她却若无其事地牵着自己的狗进去了。

（5）远处隐隐约约可以看到一座座怪石奇峰，在飘动的薄雾中若隐若现。

（6）这里明明有"禁止吸烟"的牌子，他却站在牌子前边旁若无人地吸烟。

（7）他可不是愚蠢，他是大智若愚，有大学问、大修养。

（8）拿到大学录取通知书的那一刻，他和全家人都欣喜若狂。

做连词时，意思是如果。表示假设关系，用于书面语，多与"就、则"搭配使用。如：

（9）有人吉他弹得很好，但若半年不弹，技巧肯定退步。

（10）一个人若坚持阅读文学作品，就一定能从中受益。

（11）在现代逻辑推理中，若要知道某个命题是真是假，就用事实或实验来检验它。

（12）修辞格的运用一定要与文章表达的感情相一致，若二者不相符，则会起到相反的效果。

4. 不过……罢了

"不过"，副词。指明范围，意思是仅仅。常与助词"罢了"或"而已"配合使用，形成"不过……罢了/而已"的结构，强调事情的范围小，或程度不深。"不过"前常加"只"，表示强调。如：

（1）假使你每天固定玩一小时计算机，但只是随便消磨时间，没有设定一个目标来研究，也是引不出兴趣来的，不过是不断地重复动作罢了。

（2）他并不想让大家难堪，不过是想开开玩笑罢了，没想到大家当真了。

（3）如果你过分在意别人的评价，只不过是白白增加自己的烦恼罢了。

（4）他不承认自己的论文抄袭了，说只不过没有注明出处而已。

（5）生活中的很多内容极其简单，只不过是重复过去的生活而已，但奇怪的是，生活中的每一天又让我们充满期待。

5. 除此之外

除了前面提到的事情之外。"此"，指代前面提到的事情。"除此之外"前面的句子，就是"此"所指的具体内容。如：

（1）公司允许员工根据自己的情况，自行选择工作时间。除此之外，还经常组织各类活动丰富员工们的生活。

（2）我的早餐非常简单，两片面包，一杯牛奶。除此之外，还有一点水果。

（3）在中国，只有履行了结婚登记手续，才算结成了合法的夫妻关系。除此之外，其他任何形式的"结婚"都是法律所不认可的。

（4）如何在每天高强度的工作中保持头脑清醒呢？她的诀窍是加强营养和锻炼。除此之外，还可以通过听音乐保持旺盛的精力。

成语运用

1. 废寝忘食

不睡觉，也忘了吃饭。形容非常专心地做某件事，连睡觉和吃饭都顾不上。一般用于好的、正当的事情。使用中相当于动词，多做谓语、状语，有时也做定语。如：

（1）为了解决工程中的一个个技术难题，他和实验室的同事们废寝忘食，连续奋战。

（2）到了论文写作的最后阶段，我和同学们都是早起晚睡，废寝忘食，整天泡在图书馆里。

（3）有一些事情，会让你废寝忘食地工作，虽然工作量很大，你却感觉不到疲劳。

（4）刚工作的时候，他深感自己的专业知识不够，那段时间常常废寝忘食地学习，抓紧一切机会提高自己的业务能力。

（5）公司刚成立，事情千头万绪，他牺牲了所有的业余时间，废寝忘食地谋划着公司的未来。

（6）所谓的"书虫"，是指那些痴迷于读书的人，他们酷爱读书，几乎到了废寝忘食的程度。

2. 尽心尽力

为做某事费尽心思，使出全部力量。褒义。使用中相当于动词，多做谓语和状语。如：

（1）到了志趣阶段，兴趣就会表现出方向性和意志性的特点，使人坚定地追求某种职业，并为之尽心尽力。

（2）这场球赛队员们都已尽心尽力，作为教练，我很满意。

（3）公司对员工的要求是对工作尽心尽力，工作业绩则摆在考察的第二位。

（4）他是一个热心人，不管谁请他帮忙，他都会尽心尽力，一帮到底。

（5）虽然他是一名老教师了，但对于每一节课，还总是尽心尽力地备课，努力增加最新的知识，采用最新的方法。

（6）她是一个全职太太，生活的重心是尽心尽力地照顾家人。

3. 得过且过

得：能够。且：暂且，姑且。只要勉强过得去，就暂且这样过下去，指没有长远的计划和打算。也比喻工作马马虎虎，不追求质量，不负责任。贬义。使用中相当于动词，常做谓语，有时也做定语和状语。如：

（1）有的人对待工作得过且过，有的人却很努力负责，这是为什么呢？

（2）在找到生活目标之前，他一直是无聊地混日子，得过且过。

（3）不管是什么领域，都存在这样一些人——能力平庸，态度马虎，得过且过。

（4）如果一个人有不思进取、得过且过的生活态度，要想超越自己、取得突破是不可能的。

（5）进入大学以后，他的精力主要花在了兴趣爱好上，对专业学习则抱着得过且过的心理。

（6）"做一天和尚撞一天钟"这句俗语常用来形容得过且过地混日子的人。

4. 持之以恒

持：坚持。恒：恒心。指做一件事情有恒心，能长久地坚持，不间断。褒义。使用中相当于动词，常做谓语、状语和定语。如：

（1）要想运动健身、运动减肥，就必须持之以恒。

（2）因为学习刻苦，且能持之以恒，他的书画技艺进步很快。

（3）我常常羡慕那些成绩优异的同学，可惜自己在学习上总是三天打鱼，两天晒网，不能持之以恒。

（4）植树造林，美化环境，是一项利国利民、造福子孙的事业，应该持之以恒地坚持下去。

（5）两国人民之间的友好交往，有识之士应该持之以恒地推动它。

（6）阅读习惯的养成和阅读能力的提高，必须通过大量的、持之以恒的阅读实践才能实现。

（7）水滴石穿、铁杵成针的故事，讲的都是坚持不懈、持之以恒的重要性。

5. 更上一层楼

源自唐代诗人王之涣《登鹳雀楼》中的诗句"欲穷千里目，更上一层楼"，意思是如果想看得更远，就要登得更高。现用来比喻在现有水平的基础上再提高。褒义。使用中相当于动词，多做谓语，偶尔也做定语。如：

（1）如果朋友是比你厉害的角色，还可能激励你更上一层楼。

（2）企业要发展，效益要更上一层楼，必须坚持创新的原则。

（3）虽然现在他已成了知名作家，但在写作技巧方面他表示还要更上一层楼。

（4）只要两国人民增进了解，加强合作，两国关系必将更上一层楼。

（5）刚学跳水的时候她就想拿全国冠军，现在又确立了更上一层楼的目标，要拿世界冠军。

修辞讲解

反复

出于表达需要，为了突出某个意思、强调某种感情，有时会特意重复某个词语或句子，这种修辞方法就叫反复。

从重复词语或句子的位置来看，反复有连续反复和间隔反复两种。

连续反复是指相同的词语或句子连续出现。如：

（1）盼望着，盼望着，东风来了，春天的脚步近了。（朱自清《春》）

（2）河水被鸭子分成两路，无数软弱的波纹向左右展开，展开，展开，展到河边的小草里，展到河边的石子里，展到河边的泥里……（徐蔚南《山阴道上》）

（3）我们还来不及相爱，就老了，老了……我说这些还有什么意义呢？（非鱼《来不及相爱》）

间隔反复，是指重复的词语或句子之间还有别的语言成分。课文开头出现的就是这样的例子：

（4）有一些事情，会让你废寝忘食地工作，虽然工作量很大，你却感觉不到疲劳；

有一些事情，能给你带来快乐，让你内心很愉悦；

有一些事情，能深深吸引你，激发你的激情，让你充满了创造力；

有一些事情，充满魅力，以至你不要钱都愿意干；

有一些事情，能让你热血沸腾，浑身充满了力量。

例（4）中每一段的内容不同，但都是以"有一些事情"开头，这就是间隔反复。间隔反复使用很广，又如：

（5）什么叫家乡？你在这儿生活过，不管生活过多长时间，不能叫家乡；你在这儿出生，不能叫家乡；你在这儿有亲属，不能叫家乡；你有实实在在的亲人埋在这里，这儿才是你的家乡，你才刻骨铭心地永远不会忘记它！（谢有郑《边地老人》）

（6）　野草，根本不深，花叶不美，然而吸取露，吸取水，吸取陈死人的血和肉，各各夺取它的生存。当生存时，还是将遭践踏，将遭删刈，直至于死亡而朽腐。

但我坦然，欣然。我将大笑，我将歌唱。

我自爱我的野草，但我憎恶这以野草作装饰的地面。

地火在地下运行，奔突；熔岩一旦喷出，将烧尽一切野草，以及乔木，于是并且无可朽腐。

但我坦然，欣然。我将大笑，我将歌唱。（鲁迅《野草》"题辞"）

间隔反复在结构上所起的作用很大，如例（6），重复的部分可以清晰地将文章分成不同的部分，同时也标志着情感和意义的不断升华。

反复修辞格甚至可以用来组织全篇。重复的部分出现在段落的最前面或最后面，成为显示段落层次的明显标志。贾祖璋的说明文《花儿为什么这样红》解释花为红色的原因，第一段提出问题"花儿为什么这样红"，下面一共讲了6个科学方面的原因。每个原因都用"花儿为什么这样红"开始一个新的段落，结构异常清晰。同时论述的中心也十分突出，各部分都与题目直接呼应。文章结构紧凑，便于读者阅读和理解。文章的基本结构如下：

（7）[开头第一段提出问题：花儿为什么这样红？]

Ⅰ.花儿为什么这样红？首先有它的物质基础。

Ⅱ.花儿为什么这样红？还需要用物理学原理来解释。

Ⅲ.花儿为什么这样红？还有它生理上的需要。

Ⅳ.花儿为什么这样红？从进化的观点来考察，它有一个发展的过程。

Ⅴ.花儿为什么这样红？从达尔文的自然选择学说来看，昆虫起到了重要的作用。

Ⅵ.花儿为什么这样红？最后要归功于人工选择。

[结尾最后一段：花儿这样红，是大自然的杰作，更是人工培育的成果。]

反复修辞格用于文学作品组织篇章的情况更为多见。下面举两首诗的例子，来看一看反复修辞格的作用。

徐志摩的抒情小诗《我不知道风》共有6段，每段4句。4句中前3句各段相同，只有最后一句不重复。在这种奇特的结构中，重复的部分反复咏叹，充分渲染了一种伤感的情绪，而唯一不重复的末句串联起来就成了全诗情感的线索。

我不知道风

徐志摩

我不知道风

是在那一个方向吹——

我是在梦中,

在梦的轻波里依洄。

我不知道风

是在那一个方向吹——

我是在梦中,

她的温存,我的迷醉。

我不知道风

是在那一个方向吹——

我是在梦中,

甜美是梦里的光辉。

我不知道风

是在那一个方向吹——

我是在梦中,

她的负心,我的伤悲。

我不知道风

是在那一个方向吹——

我是在梦中,

在梦的悲哀里心碎!

我不知道风

是在那一个方向吹——

我是在梦中,

黯淡是梦里的光辉!

匈牙利诗人裴多菲（Petöfi Sándor，1823—1849）的抒情诗《我愿意是急流》（孙用译）的中文翻译也采用了反复的手法：

我愿意是急流

裴多菲

我愿意是急流，
是山里的小河，
在崎岖的路上、
岩石上经过……
只要我的爱人
是一条小鱼，
在我的浪花中
快乐地游来游去。

我愿意是荒林，
在河流的两岸，
对一阵阵的狂风，
勇敢地作战……
只要我的爱人
是一只小鸟，
在我的稠密的
树枝间做窠，鸣叫。

我愿意是废墟，
在峻峭的山岩上，
这静默的毁灭
并不使我懊丧……
只要我的爱人
是青青的常春藤，
沿着我荒凉的额，
亲密地攀援上升。

我愿意是草屋，

在深深的山谷底，

草屋的顶上

饱受风雨的打击……

只要我的爱人

是可爱的火焰，

在我的炉子里，

愉快地缓缓闪现。

我愿意是云朵，

是灰色的破旗，

在广漠的空中，

懒懒地飘来荡去，

只要我的爱人

是珊瑚似的夕阳，

傍着我苍白的脸，

显出鲜艳的辉煌。

诗中用了一连串的比喻意象，反复咏唱对爱情的渴望。反复修辞格的运用加强了全诗爱的主题。

在歌曲中，反复修辞格的运用更是不可缺少。这里以电视专题片《话说长江》的主题曲《长江之歌》为例：

长江之歌

王世光　作曲

胡宏伟　填词

你从雪山走来，

春潮是你的风采；

你向东海奔去，

惊涛是你的气概。

你用甘甜的乳汁，
哺育各族儿女；
你用健美的臂膀，
挽起高山大海。
我们赞美长江，
你是无穷的源泉；
我们依恋长江，
你有母亲的情怀。

你从远古走来，
巨浪荡涤着尘埃；
你向未来奔去，
涛声回荡在天外。
你用纯洁的清流，
灌溉花的国土；
你用磅礴的力量，
推动新的时代。
我们赞美长江，
你是无穷的源泉；
我们依恋长江，
你有母亲的情怀。
啊，
长江！
啊，
长江！

《长江之歌》共两段，两段中结尾部分"我们赞美长江，你是无尽的源泉；我们依恋长江，你有母亲的情怀"和"啊，长江"属于重复部分，突出了中国人对母亲河长江的赞美和依恋这一情感主线，具有很强的艺术感染力。

练 习

第一部分 词汇、语法、修辞

一、解释加点语素的意思，并根据拼音完成新词，同时说明其词义。

1. 激情（　　　　）
   qīn＿＿＿＿＿情
   yǒu＿＿＿＿＿情

2. 志趣（　　　　）
   志＿qì＿＿＿＿＿
   志＿xiàng＿＿＿＿

3. 涉及（　　　　）
   bō＿＿＿＿＿及
   gù＿＿＿＿＿及

4. 影评（　　　　）
   jù＿＿＿＿＿评
   yuè＿＿＿＿＿评

5. 研究员（　　　　）
   cáipàn＿＿＿＿＿员
   pínglùn＿＿＿＿＿员

6. 设计师（　　　　）
   fúzhuāng＿＿＿＿＿师
   jiànzhù＿＿＿＿＿师

7. 观赏（　　　　）
   观＿cè＿＿＿＿＿
   观＿wàng＿＿＿＿＿

8. 绘图（　　　　）
   绘＿jǐng＿＿＿＿＿
   绘＿xiàng＿＿＿＿

9. 软件（　　　　）
   líng＿＿＿＿＿件
   pèi＿＿＿＿＿件

10. 社团（　　　　）
    jù＿＿＿＿＿团
    lǚyóu＿＿＿＿＿团

二、选择成语改写句子并造句。

> 废寝忘食　尽心尽力　得过且过　持之以恒　更上一层楼

1. 做一件事情要想成功，最重要的条件之一就是坚持到底。

   改写：＿＿＿＿＿＿＿＿＿＿＿＿＿＿＿＿＿＿＿＿＿＿＿＿＿＿＿＿＿

造句：＿＿＿＿＿＿＿＿＿＿＿＿＿＿＿＿＿＿＿＿＿＿＿＿＿＿＿＿＿＿

2. 为了高质量完成这一复杂的设计方案，他和团队成员已连续工作多日，几乎把吃饭睡觉都抛到了脑后。

　　改写：＿＿＿＿＿＿＿＿＿＿＿＿＿＿＿＿＿＿＿＿＿＿＿＿＿＿＿＿＿

　　造句：＿＿＿＿＿＿＿＿＿＿＿＿＿＿＿＿＿＿＿＿＿＿＿＿＿＿＿＿＿

3. 对于刚入职的新人，系里的前辈教师都会尽全力帮助他们，在教学方面给予最宝贵的指导。

　　改写：＿＿＿＿＿＿＿＿＿＿＿＿＿＿＿＿＿＿＿＿＿＿＿＿＿＿＿＿＿

　　造句：＿＿＿＿＿＿＿＿＿＿＿＿＿＿＿＿＿＿＿＿＿＿＿＿＿＿＿＿＿

4. 在打开国内市场之后，他们公司又瞄准了国际市场，争取产品销量再上一个新台阶。

　　改写：＿＿＿＿＿＿＿＿＿＿＿＿＿＿＿＿＿＿＿＿＿＿＿＿＿＿＿＿＿

　　造句：＿＿＿＿＿＿＿＿＿＿＿＿＿＿＿＿＿＿＿＿＿＿＿＿＿＿＿＿＿

5. 如果你在工作中安于现状，没有任何追求，混一天算一天，那就没有任何成功的希望。

　　改写：＿＿＿＿＿＿＿＿＿＿＿＿＿＿＿＿＿＿＿＿＿＿＿＿＿＿＿＿＿

　　造句：＿＿＿＿＿＿＿＿＿＿＿＿＿＿＿＿＿＿＿＿＿＿＿＿＿＿＿＿＿

三、词语搭配与填空。

倾听	集邮
激发	功课
喜好	意见
辅导	目标
锁定	兴趣

（1）在我很小的时候，是《读者》＿＿＿＿＿＿了我的阅读＿＿＿＿＿＿。父母每年都为我订阅《读者》，直到我高中毕业。

（2）＿＿＿＿＿＿＿＿＿＿＿＿的人，可以互称"邮友"。

（3）现在的父母很辛苦，白天工作，晚上还常常不得不＿＿＿＿＿＿孩子的＿＿＿＿＿＿，尤其是孩子读小学时。

（4）在创业过程中，只有＿＿＿＿＿＿一个＿＿＿＿＿＿，而不是三心二意，才有可能取得成功。

（5）作为企业的领导者，应该善于＿＿＿＿＿＿员工对于公司的＿＿＿＿＿＿和建议。

（6）只有具有丰富的学识、_____的_____和冷静的头脑，才能洞察目前正在发生的时代变革。

（7）想改变自己的形象吗？那就从"头"开始，换个_____的_____吧。

（8）想起单纯快乐的学生时代，_____是那么_____。可惜，美好的时光一去不复返！

（9）河南省省会郑州素有中国"铁路心脏"之称，加之发达的公路与航空网络，是中国_____最为_____的城市之一。

（10）只有整体国民素质提高了，社会进步、国家发展才能拥有一个_____的_____。

交通	敏锐
思想	牢固
基础	甜美
发型	便捷
回忆	时尚

四、用指定词语完成句子或对话。

1. A：语法选修课的考试形式是写一篇小论文，你大概什么时候能完成？
   B：_____（工作量）
2. 造成车祸的原因有很多，_____（疲劳）
3. 同学们尊敬张老师，不仅是因为他课上得好，_____（魅力）
4. 我的室友毕业前就找好了工作，_____（恭喜）
5. 如果公司没有合理的奖惩制度，很容易影响到员工的工作态度，_____
   _____（进而）
6. A：你的毕业论文主要想研究什么问题？
   B：_____（及其）
7. 老师本来以为学生们对传统京剧理解起来会有困难，_____
   _____（欣喜）
8. A：_____（好奇心）
   B：是的，我也注意到了这种现象。
9. 刚工作的我们都是新手，_____（钻研）
10. 人是社会性动物，_____（相连）
11. 节日期间很多人都喜欢逛公园，_____（观赏）
12. 从小父母就让我学习书法，_____（陶冶）
13. 举办演讲比赛大家都很赞成，_____（设定）

195

14. 为了能记住更多的生词，＿＿＿＿＿＿＿＿＿＿＿＿＿＿＿＿＿＿＿＿＿＿＿＿＿（譬如）
15. 他已记不清实验失败了多少次，＿＿＿＿＿＿＿＿＿＿＿＿＿＿＿＿＿＿＿（滋味）
16. 她的兴趣爱好很单一，＿＿＿＿＿＿＿＿＿＿＿＿＿＿＿＿＿＿＿＿＿（除此之外）
17. ＿＿＿＿＿＿＿＿＿＿＿＿＿＿＿＿＿＿＿，我们虽然是学生，也可以参加。（沙龙）
18. ＿＿＿＿＿＿＿＿＿＿＿＿＿＿＿＿＿＿＿，大学的校园活动十分丰富。（社团）
19. 为了调动所有员工的工作积极性，＿＿＿＿＿＿＿＿＿＿＿＿＿＿＿＿＿（激励）

五、选择适当的关联词填空，如果所填关联词是合用关联词中的一个，请画出另一个。

> 因此　或　都　才　但
> 无论　尽管　如果　就　尤其

　　从事什么职业这个问题，一些人是从选择专业＿＿＿＿＿从毕业找工作的时候开始考虑的，也有人是在有了一段工作经历之后提出了这样的问题。＿＿＿＿＿哪种情况，大家对所学专业和工作经历在选择职业中的作用都是有共识的，＿＿＿＿＿是那些专业技术性比较强的学科，情况更是如此。对于那些和职业联系不紧密的专业，个人特点、兴趣和市场需求等因素的影响会大一些。＿＿＿＿＿无论如何，个人＿＿＿＿＿无法回避找工作时市场对个人在专业和经验方面的条件和要求。＿＿＿＿＿在个性和市场之间，不同的人会有不同的选择，但很显然，在目前供求关系不平衡的条件下，市场有更大的影响力。

　　时下常提到的先就业再择业的观点，＿＿＿＿＿从某种程度上说明了这样的问题。实际上道理很简单，＿＿＿＿＿我们连工作都无法找到，还怎么谈职业的发展？在就业和选择职业方向的问题上，无疑就业应该排在第一位。＿＿＿＿＿，我们没有办法忽略市场的因素而单纯地来讨论职业方向选择的问题。只有在我们的选择可以满足市场的条件、我们有条件在不同的选择中挑选时，个性问题＿＿＿＿＿是重要的。

六、排序，并画出各句所用关联词及其他可提示句子顺序的词语。

1. A. 没有明确的目标就不可能成功
   B. 只有一句话：成功就是既定目标的实现
   C. 但有一点是确定的
   D. 什么是成功
   E. 所以，成功的定义其实很简单
   F. 每个人的定义各不相同

   正确语序：＿＿＿＿＿＿＿＿＿＿＿＿＿＿＿

2. A. 比如在工作中实现人生价值，圆我们的理想之梦
   B. 因为普通人都需要经济收入以维持生存需要
   C. 钱当然是我们每个人都要考虑的重要因素之一
   D. 但是，工作的原因还有很多
   E. 一个人为什么而工作
   正确语序：＿＿＿＿＿＿＿＿＿＿＿＿＿＿＿＿

3. A. 不同的职业对性格有不同的要求
   B. 所以，人们需要根据自己的职业倾向来培养和发展相应的职业性格
   C. 但人的性格千差万别
   D. 没有一个人的性格百分之百地适合某项职业
   E. 职业心理学的研究表明
   正确语序：＿＿＿＿＿＿＿＿＿＿＿＿＿＿＿＿

4. A. 当然，任何测试都是有局限性的
   B. 如今已经成为全球最权威、使用最广泛的测评工具之一
   C. 经过60多年的研究和发展
   D. MBTI[1]是由美国作家伊莎贝尔[2]和她的母亲凯瑟琳[3]共同制定的一种人格类型理论模型
   E. 不能仅以单一的测试结果就推断一个人的心理特征
   正确语序：＿＿＿＿＿＿＿＿＿＿＿＿＿＿＿＿

5. A. 人生就是天堂
   B. 如果你视工作为一种义务
   C. 如果你视工作为一种乐趣
   D. 所以请尝试愉快地工作
   E. 人生则是地狱
   F. 哪怕开始只是伪装
   正确语序：＿＿＿＿＿＿＿＿＿＿＿＿＿＿＿＿

---

1 MBTI：全称是 Myers-Briggs Type Indicator。迈尔斯－布里格斯类型指标。
2 伊莎贝尔：伊莎贝尔·布里格斯·迈尔斯（Isabel Briggs Myers，1897—1980）。
3 凯瑟琳：凯瑟琳·库克·布里格斯（Katharine Cook Briggs，1875—1968）。

七、修辞练习。

1982年由陈晓光作词、谷建芬作曲的抒情歌曲《那就是我》唱出了无数游子的思乡之情，请阅读这首歌的歌词，并完成后面的练习。

那就是我

陈晓光　作词
谷建芬　作曲

我思恋故乡的小河，
还有河边吱吱唱歌的水磨，
噢！妈妈，
如果有一朵浪花向你微笑，
那就是我，
那就是我，
那就是我。

我思恋故乡的炊烟，
还有小路上赶集的牛车，
噢！妈妈，
如果有一支竹笛向你吹响，
那就是我，
那就是我，
那就是我。

我思恋故乡的渔火，
还有沙滩上美丽的海螺，
噢！妈妈，
如果有一叶风帆向你驶来，
那就是我，
那就是我，
那就是我，就是我。

我思恋故乡的明月，

　　还有青山映在水中的倒影，

　　噢！妈妈，

　　如果你听到远方飘来的山歌，

　　那就是我，

　　那就是我，

　　那就是我。

1. 找出四段歌词中重复的词语或句子，用下画线标出。
2. 模仿这首歌的写法，尝试写一段歌词，主题自选。要求采用反复的修辞方法。

_____

_____

_____

_____

_____

第二部分 拓展阅读

八、选择合适的句子填入短文画线处，并概括短文的主要内容。

　　A. 挑战一些你不敢想象的难度

　　B. 天赋可以通过专门训练得到很大的提升

　　C. 天赋能否被发现在很大程度上取决于我们所拥有的机会

　　D. 你可以在他人的帮助下加快认清自身真正的天赋

　　没有合适的机会，你可能永远也不知道自己的天赋是什么或者它将带你走多远。如果没有机会展示，天赋是很难被发现的，这也就意味着我们可能永远不会发现真正的天赋。_____，这就需要我们创造机会，并在抓住机会后去利用它。不可否认，我们可以主动去探寻自己的天赋，但天赋的发现也具有很大的偶然性。

　　生活中，你可以在不同的领域，积极地寻找机会开发你的潜能和天赋。可以有意识地去做一些你从来没做过的事，_____。没有尝试过，你就不能说自己不能！_____。你的父母可能就比较了解你的天赋在哪里，他们从小看着你长大，直接问一下他们，可能就会得到满意的答案。另外，合格的导师可以看清你的长处，并适时将它激发出来；一些特别的评估手段可以辨识人的天赋领域；职业规划师通过系统的咨询，也可以快速识别出很有价值的天赋倾向。

_____。比如游泳、体操、绘画、武术等既是一种能力的专业训练，也是一种提升训练。会绘画的人通常模仿能力非常强，懂音乐的人一般听力非常好，会武术的人灵敏度非常高，主持人的语言表达能力非常强，拳击手的力量和耐力要强于常人。对能力的研究和开发，可以大大改善人类个体在现实社会中的各种表现，从而达到表现自身价值的目的。

这篇短文的主要内容是（请选择）：

☐ A. 发现天赋的机会是很少的
☐ B. 天赋的发现和训练
☐ C. 我们可以通过各种方法发现天赋
☐ D. 有些天赋可以通过训练得到提升

九、阅读下面的文章，并完成后面的练习。

没有一流的人才，只有一流的努力[1]

张笑恒

在很多人眼中，马云是企业价值观的坚强捍卫者，是电子商务在中国的开山之人，是无数创业青年心中的偶像。马云的创业模式、战略和远见无疑被许多人所崇尚，他也被视为商界一大奇才①。然而，对于这些，他的回应却是："我不相信有一流的人才，我只相信有一流的努力。"

马云在清华创新论坛上表示，知识是可以灌输的，但是智慧是需要启迪、唤醒的。

从小成绩平平的马云高考落榜②两次，最后上的也不是一流大学；踩过三轮车，摆过摊，卖过花，卖过手电筒，成立过翻译社，曾被评为"杭州十大杰出青年教师"，之后创办中国黄页[2]、阿里巴巴、淘宝……遭遇挫折，而永不放弃，不懈努力是马云成功的不二法门。

---

[1] 本文选自张笑恒《马云：我的创业心得》，民主与建设出版社，2017年版，有删减。
[2] 中国黄页：The Chinese yellow pages。中国最早的互联网公司之一，1995年创办，起初主要用于介绍企业信息。

还是在最早创办中国黄页的时候，因为人手少分工很粗略，多数人都是一人负责好几摊。但是，因为大伙的文化水平都不是很高，而接触的又是互联网这一类高科技的东西，所以，为了提高水平，一有空，大家就学习各项有关知识。并且，白天辛苦了一天，晚上还要聚在一起，马云亲自为大家讲授英语课。

如今，马云已经是统领③几万人的阿里巴巴的执行总裁，在用人方面，他依然贯彻着这一理念："没有一流的人才，只有一流的努力。"因此，在他的团队中，从不以学历论英雄，也不以资历④论英雄。加入他的团队的人，只要肯努力，他定会提供机会和平台。

俗话说，勤能补拙，这是亘古不变的真理。通过自己的努力和马云的精心培养，曾经和马云一样只有本科学历的孙彤宇如今已经顺利拿到MBA学位证书，并且升至阿里巴巴副总裁的位置。最初并没有太出色互联网知识的阿里巴巴公司的其他成员，如今也通过努力个个成了精英⑤。

在德国著名的西门子公司，员工有充分施展才华的机会，工作一段时间后，如果表现出色，都会被提升。即使本部门没有空缺⑥，也会被安排到其他部门。优秀员工可以根据自己的能力和志向，设定自己的发展轨迹，一级一级地向前发展；对那些一时不能胜任⑦工作的员工，西门子也不会把他们打入另类，而是在尽可能的情况下，换一个岗位，让他们试一试。许多时候，不称职⑧的员工通过调整，找到自己的位置，也就干得跟别人一样出色了。

是不是西门子公司的员工一开始就都很优秀？答案是否定的。西门子公司认为，一个人要经过不断地培养，才能逐步成长，最终变得更加优秀，往往这样的人对公司才更有价值。

李嘉诚也曾说过："我认为勤奋是个人成功的要素，所谓'一分耕耘，一分收获'，一个人所获得的报酬和成果，与他所付出的努力有极大的关系。运气只是一个小因素，个人的努力才是创造事业的最基本条件。"

事实证明：后天努力是普通人才变为精英的最关键因素。关于如何选拔人才，马云还曾说过这样一段话：进我们公司有一个月的专门培训，从第一天起，我们说的就是共同的价值观和团结精神。我们要告诉刚来的员工，所有的人都是平凡的人，平凡的人在一起，做件不平凡的事。如果你认为你是精英，请你离开我们。马云认为，自认为是精英的人，就会自恃聪明而不那么努力。

所以说，"没有一流的人才，只有一流的努力"这句话，在企业管理人才和选拔人才的时候还是可以借鉴的。尤其一个企业想要打造一支有竞争力的团队，在选择人才的时候，除了那些一开始就具备专业水平的人之外，一些有着很强的学习能力和实践能力的普通人才，也是会给我们创造更多价值的实用人才。

1. 给文章拟一个新的题目（写在下面的横线上）。

_____

2. 解释文中画线词语。

①奇才　　　　　　　②落榜

③统领　　　　　　　④资历

⑤精英　　　　　　　⑥空缺

⑦胜任　　　　　　　⑧称职

3. 判断下列说法是否符合文章原意（符合画"√"，不符合画"×"）。

（1）马云的创业成功备受大家推崇，他认为成功的秘诀在于努力。（　　）

（2）马云从高考到创业，遇到过很多挫折。（　　）

（3）在创办中国黄页的时候，马云的同事们已经是互联网的专家了。（　　）

（4）在马云的企业中，学历高可以获得更多的机会。（　　）

（5）西门子公司也有不能胜任工作的人，但公司会通过调整让他们找到自己的位置。（　　）

（6）"一分耕耘，一分收获"说的是努力、运气与成功的关系。（　　）

（7）马云公司对新员工的培训，强调的是如何取得个人成功。（　　）

（8）有着很强的学习能力和实践能力的普通人才，也可能给公司创造很大的价值。（　　）

4. 回答问题。

从文章来看，"没有一流的人才，只有一流的努力"这句话包含哪些含义？

_____

_____

_____

_____

第三部分 写作

十、写出课文的内容提要。（300字左右）

十一、阅读下面的短文，谈一谈你是否同意文中的观点，并说明原因。（600字左右）

> 职业规划有没有用？这是很多职场新人会提出的问题。我想说，什么样的选择决定什么样的生活。今天的生活是由多年前我们的选择所决定的，而今天我们的选择将决定我们多年后的生活。古人云："凡事预则立，不预则废。[1]"职业规划就是指导我们如何去做选择。通俗地讲，它是教我们如何结合自身情况及各种外部因素，找准发展方向，确定职业目标和具体的行动方案。
>
> 个人找准适合的职业方向、目标并制订相应的计划，可以避免就业的盲目性，降低从业失败概率，为职业生涯的成功描画出最有效率的路径。因此，不管你愿不愿意，也不管你承不承认，其实我们每个人的潜意识里都在为自己的未来做规划。既然不可避免，不如坦然接受，学着让自我的规划更完善。
>
> 自己的前途自己来做主。

---

[1] 凡事预则立，不预则废：语出《礼记·中庸》。意思是：凡事预先计划好就会成功，不预先计划就会失败。

语言实践

一、调查在你们国家，有哪些被广泛采用的心理测试方法，并选择一种，尝试完成一个心理测试，对比测试结果跟你的自我评价是否一致。再制订一份自己的3—5年规划表。表格按年来设计，内容包括学习和工作目标，比如学习成绩、是否实习、工作还是读研究生、职业目标、工作地点、薪水待遇期望值等等。

二、设计问题，调查大学期间同学们的职业规划。

《10天谋定好前途：职业规划实操手册》一书中设定的大学生职业规划四阶段模式：

（1）第一阶段：大一——探索期。

了解自己的专业，对自己的兴趣、能力、价值观等进行评估，初步的职业定位。

（2）第二阶段：大二、大三——准备期。

知识准备、实践经验的准备。

（3）第三阶段：大四——冲刺期。

收集目标职位的信息，了解市场需求，了解招聘条件，积极应聘。

（4）第四阶段：签约——离校期。

对已经签约的工作岗位进行多方面准备。

参考上面的这个模式，设计一个大学阶段的职业规划表，调查同学们在每个阶段是否做好了相应的准备（或是否已经计划做相应的准备）。要求有数据统计，有结论。

第七课　行走也是一种修行

雷殿生

课文导览

【作者简介】

雷殿生（1963—　），黑龙江人。徒步旅行家，公益活动家。在1998到2008的十年时间里，历尽艰险，九死一生，徒步走遍全中国，行程超过8万公里。在2023年中国探险者大会上，被评为"中国十大探险家"。代表作有《信念：十年徒步中国》《31天穿越罗布泊》等。2009年，"雷殿生十年徒步中国展览馆"在北京建成，免费向公众开放。该馆主要陈列雷殿生徒步十年使用的物品和收集的资料，如水壶、饭盒、防身刀具、指南针、头灯、独轮车、信件、日记、动植物化石等，众多展品生动地展示了雷殿生的艰险行程、过人勇气和丰富的收获。

【作品出处】

课文选自《信念：十年徒步中国》，中译出版社，2017年版。课名为编者所加。

【话题归属】

课文可以围绕徒步、探险这一中心话题进行学习和讨论。探险的本质是一种探索，发现未知，增长学识，磨炼意志，培养开拓精神。探险以敬畏自然、尊重生命为前提，一步步唤醒我们对自然和生命的热爱。当然，并不是每个人都有这样的机缘和能力去探险，从阅读探险作品中体验探险之惊心动魄也是一个不错的选择。与探险相关的话题包括民俗民情、地形地貌、环境保护、灾难救援等，也在学习和讨论的范围内。

课前准备——课堂报告选题

1. 一部探险作品简介（比如雷殿生《信念：十年徒步中国》）；
2. 一部探险电影简介；
3. 人类历史上著名的探险活动；
4. 人类历史上著名的探险家；
5. 现代户外探险的概念、项目、基本装备及相关知识；
6. 野外求生技巧。

课　文

07-01

　　徒步走遍中国是我一生最大的梦想。为了实现这个梦想，我做了十年身体、金钱和知识上的准备，风华正茂的我也日趋成熟稳重。是时候背上行囊去实现梦想了，除了死亡，没有什么能阻止我前行的脚步。1998年10月20日清晨，我迈出了徒步中国的第一步。

　　1998—2008，这十年间，我徒步走遍中国，全部行程加起来有81,000余公里。

　　现在，我把《信念：十年徒步中国》这本书献给所有心怀梦想、勇于挑战、执着追求的人们！

夜战群狼[1]

　　2002年7月11日，我从西藏札达县[2]出发，向狮泉河[3]方向走去。

　　我走的这段路平均海拔在4000米以上，属于无人区。按照一般的规律，海拔每上升1000米，气温会下降6℃，所以虽然当时已是7月，但在这段路上，我一点都感受

---

[1]《夜战群狼》选自《信念：十年徒步中国》第三卷第五篇"2002年：漫漫朝圣路"。
[2] 札达县：位于西藏阿里地区西南部。境内有著名的古格王国（10—17世纪）遗址，土林地貌也非常独特。土林：山岩长期受风雨的侵蚀所形成的一种柱状地形。札达土林千姿百态，总面积超过2000平方公里，现已成为国家地质公园。
[3] 狮泉河：这里指西藏阿里地区噶尔县的狮泉河镇。该镇因位于狮泉河两岸而得名。

不到夏日的炎热，晚上的气温尤其低。

7月12日，我行进在小子大坂¹到老子大坂之间荒凉的丘陵地带。这里几乎没有路，我沿着车轮碾压过的痕迹，以部队通信电线杆为路标，一路往前走。傍晚时分，我找了一处背靠山崖的开阔地，然后支起了帐篷。

我爬上山崖，察看一下四周的情况，发现几百米外有两只野狼在四处游荡。我忙从包里拿出鞭炮，绑在一块鸡蛋大小的石头上，点燃后扔了出去。随着鞭炮在空中发出清脆的响声，两只野狼被吓得夹着尾巴逃跑了。

我回到帐篷，点上蜡烛，写完了当天的日记，吃了一些生牦牛肉、压缩饼干和榨菜作为晚餐。吃饱后，我习惯性地把长刀枕在头下，倒头就睡了。

深夜，耳边传来一阵"唰啦""唰啦"的声音，我一激灵²，一下子坐了起来，将帐篷的拉链拉开了一条小缝。只见十米开外，一排绿荧荧的光晃动着朝我的帐篷飘来，我吓得差点喊出了声。是狼群来了！大概有二十多只！我只觉后背冷汗直冒，心脏开始剧烈地跳动，心中的恐惧丝毫不亚于在罗霄山³遇到巨蟒的时候。

我迅速从枕下抽出长刀放在身边，翻出塑料袋里的鞭炮，点燃后从小缝扔了出去。由于存放的时间过长，很多鞭炮都已经失效，只发出稀稀拉拉的一阵声音。狼群因为害怕鞭炮声后退了几米，但鞭炮声一停，它们很快又围了过来。外面狼群跑动的声音越来越清晰，我赶紧拉上了帐篷的拉链。

有几匹狼已经到了帐篷近前，其中一匹发出了"呜呜"的长嚎，其他的狼则围着帐篷来回转圈，用鼻子边嗅边拱。我甚至能清晰地听到狼的喘息声，清楚地看见狼的胡须。我紧张得拼命屏住呼吸，小心翼翼地拉开帐篷的拉链，又点燃几颗鞭炮扔了出去，狼群又后退了几步。

经过几次这样的拉锯战后，鞭炮用光了，狼群依然在帐篷周围来回踱步，我与它们之间相隔的仅仅是两层薄薄的布。我心里清楚，只要它们扑上来用力一抓，帐篷随时就会被撕得粉碎，那时我就死定了。

我开始准备后事，顺手拿起一张纸，在上面给姐姐简单地留了几句话："我在阿里无人区遭遇狼群包围，如果发生意外，请姐姐把我多年寄回去的实物资料找人帮助整理出来。"

---

1 大坂：达坂，源于蒙古语，指高山的山口。
2 激灵：方言词，受到惊吓身体猛地抖动。常说成"一激灵"。
3 罗霄山：位于湖南和江西两省的交界处，属国家级森林保护区，山高林密，峡谷幽深。1999年8月18日作者在穿越罗霄山时曾遭遇巨蟒，有幸逃脱。见《信念：十年徒步中国·罗霄山巨蟒惊魂》。

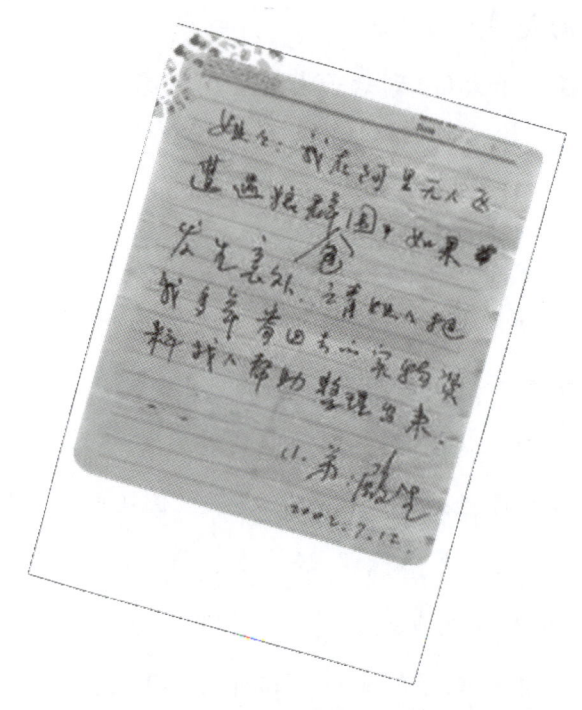

给姐姐的"遗书"(雷殿生 提供)

之后,我的脑海里一片空白,整个身体感觉轻得像要蒸发掉一样,一切行动只能凭借求生的本能!突然,我脑子一转,想到了动物怕火的特性。于是,我赶紧脱下身上穿的衣服,点燃后用手杖挑着扔了出去。

衣服带着火苗,落在了一匹狼身上,空中顿时散发出一股毛皮被烧焦的煳味。那匹狼哀号着蹿起一米多高,在空中划出一道火线,用力地甩掉了身上燃烧着的衣服,狼群一阵骚动。紧接着,我又点燃了两件衣服,朝着狼群使劲甩了过去。

狼群开始后退,有的坐在地上,有的跑来跑去,嗷嗷地号叫着。已经没有衣服可烧了,我赶紧拿出杀虫剂,向帐篷外喷去。杀虫剂刺鼻的气味迫使狼群又往后退了很远。

杀虫剂很快也所剩不多了,这时,我不得不做出最坏的打算:如果狼群再扑回来,我就破釜沉舟,把杀虫剂罐点着。气罐爆炸也许会炸掉一只手或一条胳膊,但没准能保住一条性命。

就这样,我每隔一两分钟就往外喷几下,直到完全不见了狼的踪影。

大概半个小时以后,外面已经没有任何动静了,但我还是不敢贸然出去。因为我深知狼是一种非常狡猾的动物,说不定它们正在某个黑暗的角落紧盯着我,随时准备给我致命的一击。

虽然帐篷与外面只是隔了两层薄薄的布,但是待在里面,心里还是踏实了许多。

我就这样一直坐着，一手紧紧握着杀虫剂，一手牢牢攥着打火机，随时准备在必要时点燃……

天亮以后整理未烧尽的衣服（雷殿生　提供）

天渐渐亮了，我小心翼翼地钻出帐篷，手里提着长刀，快速登上山崖，环顾四周，没有发现狼群的踪影。我再也不敢在此多做停留，迅速把没有烧完的衣裤和帐篷、睡袋收拾妥当，提着刀一溜小跑离开了。

阅读提示（一）

1.《信念：十年徒步中国》一书的创作背景是什么？
2. 2002年7月作者从哪里开始徒步旅行？那里的自然条件怎么样？
3. 7月12日，作者打算在哪里露营？他发现了什么情况？是怎么处理的？
4. 那天深夜，作者是怎么发现狼群的？为战胜狼群，作者采取了哪些措施？效果如何？
5. 从作者准备"后事"这个行为，我们能看出在作者心中什么事情最为重要？
6. 在对付狼群的整个过程中，从哪里可以看出作者的谨慎？

词语表（一）　07-02

序号	词语	拼音	词性	搭配举例
1	行走○	xíngzǒu	动	～不便/困难/自如；◎直立/徒步～
2	徒步○	túbù	副/动	～行走/旅行/行军/穿越/考察；～运动；喜爱～

3	风华正茂	fēnghuá-zhèngmào	成语	
4	日趋○	rìqū	副	~成熟/稳重/完善/激烈/紧张/严重
5	稳重○	wěnzhòng	形	举止/为人/性格/做事~
6	行囊	xíngnáng	名	收拾/背起~
7	前行	qiánxíng		继续/不断/奋力/缓慢/携手~
8	迈○	mài	动	~着（坚定/沉重）脚步；◇~出（重要的）一步；~向成功/现代化/世界/（美好/幸福）未来/明天
9	勇于○	yǒngyú	动	~探索/创新/负责/发表意见/承认错误/接受批评
10	执着○	zhízhuó	形	对（爱情/事业）~；~追求；~于……
11	狼○	láng	名	野~；~群；◎~心狗肺
12	海拔○	hǎibá	名	平均~；~高/低；◎高/低~地区
13	无人区	wúrénqū		进入/穿越~
14	夏日	xiàrì	名	~美景/美食/时光
15	炎热○	yánrè	形	天气/气候~；~多雨/干旱
16	行进	xíngjìn	动	~速度/方向/路线；继续/向前/快速/缓慢/艰难~
17	丘陵○	qiūlíng	名	~连绵/起伏；◎~区/地带
18	车轮○	chēlún	名	~转动/碾过；◇时代/历史~；◎~战
19	碾压	niǎnyā	动	~路面；◇（实力/水平）~对手
20	电线○	diànxiàn	名	架设~；◎~杆；高压~
21	路标	lùbiāo	名	~醒目/明显/独特；◎交通~
22	山崖	shānyá	名	爬上/登上~；~陡峭/险峻
23	帐篷○	zhàngpeng	名	搭/支起/住~；一顶~；◎休闲/野营/军用~

24	察看	chákàn	动	～地形/现场/灾情/险情/情况；仔细～
25	游荡	yóudàng	动	野狼/野狗～；四处/到处～
26	鞭炮	biānpào	名	放/燃放/点燃～；◎～齐鸣
27	绑	bǎng	动	～在……上
28	清脆	qīngcuì	形	声音/嗓音～；黄瓜/芹菜～
29	蜡烛	làzhú	名	点/点燃/吹/吹灭～
30	牦牛	máoniú	名	野～
31	压缩	yāsuō	动	～体积/空气；◇～文件/篇幅/开支/预算/投资；◎～饼干
32	榨菜	zhàcài	名	
33	枕	zhěn	动	把……～在（头/脑袋）下；头～在（胳膊/肩）上
34	深夜	shēnyè	名	谈到/忙到/工作到～
35	拉链	lāliàn	名	拉开/拉上/修～
36	荧荧	yíngyíng	形	星光/灯光/烛光～
37	晃动	huàngdòng	动	轮船/列车/大桥/人影～；剧烈～
38	后背	hòubèi	名	
39	跳动	tiàodòng	动	心脏/脉搏～；剧烈/上下/停止～
40	不亚于	búyàyú	动	
41	蟒	mǎng	名	巨/大～；◎～蛇；～袍
42	存放	cúnfàng	动	～物品/衣物/图书/文件/粮食/武器；永久/暂时/无处～
43	失效	shī//xiào	动	药物/证书/合同/法律～；自动/完全～
44	稀稀拉拉	xīxilālā	形	掌声/鞭炮声/观众/游客/头发～
45	后退	hòutuì	动	连连/慌忙/决不～；～几步
46	近前	jìnqián	名	走到/来到/跑到～

47	嚎	háo	动	狼～；～叫
48	转圈	zhuàn//quān	动	来回/原地～；绕着/围着……～
49	嗅	xiù	动	～到/出……气味/味道
50	拱○	gǒng	动	（猪/狼）用嘴～
51	喘息○	chuǎnxī	动	◇赢得/没有～时间/机会；◎～声
52	胡须	húxū	名	～花白
53	拼命○	pīn//mìng	副/动	～工作/加班/反抗/逃跑；跟……～
54	屏住	bǐngzhù		～呼吸/气
55	拉锯	lā//jù	动	◇～状态；◎～战；～式
56	踱步	duóbù	动	来回/悠闲～
57	用力○	yòng//lì	动	～搅拌/拍打/推开/举起；◎～过猛
58	撕○	sī	动	～开/下/掉/坏/碎
59	后事	hòushì	名	准备/料理～
60	顺手○	shùnshǒu	形/副	事情/开局～；写得/打得/做得～；～拿起/打开/扔掉
61	实物○	shíwù	名	～标本/模型/资料；◎～交换
62	脑海	nǎohǎi	名	（浮现/出现）在～中/里
63	空白○	kòngbái	名	（头脑/基础）一片～；◇填补～
64	蒸发	zhēngfā	动	水分/汗水/水银～；◇人间～；◎～量
65	求生	qiúshēng	动	～本能/欲望/手段；◎死里～
66	手杖	shǒuzhàng	名	一根～；拄着～
67	火苗	huǒmiáo	名	～蹿起/闪烁/熄灭；扑灭～
68	顿时○	dùnshí	副	
69	焦○	jiāo	形	烧/烤/晒～

70	蹿	cuān	动	～起（很高）；～出（很远）
71	甩○	shuǎi	动	～开/掉/出去
72	一阵○	yízhèn	数量	～风/掌声
73	骚动	sāodòng	动	引起/出现～；一阵～；◎～不安
74	紧接着○	jǐn jiēzhe		
75	嗷嗷	áo'áo	拟声	～叫
76	号叫	háojiào	动	大声～
77	杀虫剂	shāchóngjì	名	喷雾～；剧毒～
78	刺鼻	cìbí	形	气味/味道/臭味～
79	迫使○	pòshǐ	动	～……反思/接受/让步/投降
80	破釜沉舟	pòfǔ-chénzhōu	成语	
81	胳膊○	gēbo	名	一条/一只～
82	没准（儿）○	méi//zhǔn(r)	动	～能/会
83	性命○	xìngmìng	名	保住/丢掉/送了～
84	踪影	zōngyǐng	名	失去/不见～；～全无
85	贸然	màorán	副	～行动/行事/答应/下结论
86	狡猾○	jiǎohuá	形	狐狸/犯罪分子/手段～
87	致命○	zhìmìng	动	～错误/危险/弱点/打击/一击；◎～伤
88	攥	zuàn	动	（钥匙/信/钱）～在手里；～住/紧
89	打火机	dǎhuǒjī	名	
90	环顾	huángù	动	～四周/左右/会场
91	睡袋○	shuìdài	名	◎防寒～
92	妥当○	tuǒdàng	形	收拾/安排/布置～；说法/办法/做法～；◎（有/稍）欠～

穿越"死亡之海"罗布泊[1] 🎧 07-03

罗布泊位于新疆塔里木盆地[2]东部、若羌县境内。从卫星图片上看，她就像横亘在祖国西北边疆的一只"大耳朵"[3]。

经过仔细查阅、研究各种资料，我决定从东向西进行穿越，并制订了详细的穿越路线和计划，之后是反复的推敲、论证和修订。70天后，我决定不再犹豫，马上出发，亲自钻进这只耳朵，去了解这片神秘的土地。

我把出发地选在了甘肃敦煌阳关[4]古城遗址，因为我很喜欢唐朝诗人王维[5]的那首诗："渭城朝雨浥轻尘，客舍青青柳色新。劝君更尽一杯酒，西出阳关无故人。"诗中的意境深情而豪迈。

我把这首诗写在了一本随身携带的日记本上。写的时候心情非常复杂，因为我把"西出阳关无故人"改成了"西出阳关雷殿生"，我一定要穿越罗布泊，哪怕是……

2008年10月9日，我正式从阳关出发。

……

剪去长发，开始10年徒步的最后一站（雷殿生 提供）

---

1 《穿越"死亡之海"罗布泊》选自《信念：十年徒步中国》第三卷第十一篇"2008年：生命如歌"。有删减。原题为"穿越罗布泊"。罗布泊位于新疆塔里木盆地东部，是一个已经干涸的咸水湖。湖水干涸后与塔克拉玛干沙漠融为一体，寸草不生，被称为"死亡之海"。

2 塔里木盆地：位于新疆南部，面积约53万平方公里，是中国最大的内陆盆地。

3 "大耳朵"：1972年，美国地球资源卫星拍到罗布泊的一张图片，干涸的湖底酷似人的一只耳朵，罗布泊遂有"地球之耳"的形象称呼。

4 阳关：位于甘肃敦煌西南约70公里处，西汉武帝时建立的军事重镇。唐代时阳关仍是丝绸之路上的咽喉要塞。

5 王维：约701—761年。唐代著名诗人、画家。下文所引是其名诗《送元二使安西》。元二是王维的好友，他出使安西，王维为他写下了这首诗。安西，即安西都护府，是唐王朝在西域设立的最高军政机构。阳关已远，安西更在阳关之外。友人西出阳关，便是远去天涯。"西出阳关无故人"一句写尽离别之情，成为与朋友惜别的千古绝唱。

10月22日，天还没亮我就被冻醒了，小腿抽了几次筋。我看了看温度计，零下4℃。帐篷外放的矿泉水已经结了冰，早餐就只能是压缩饼干就[1]着冰碴儿了。

水已经所剩无几，卫星电话也没电了，所幸还有GPS，那天我的目标是要赶到四号营地。

从早晨开始，刮起了沙尘暴，能见度极低。走出大概五公里，我顺利地找到了一瓶预埋的矿泉水，说明我没有偏离路线。但是接下来，一直走了二十多公里，再没有找到任何食物和水，我不得不怀疑自己是否走错了方向。

我来到一处三岔路口。因为风大，地面平整得没有任何蛛丝马迹，我一时不知道应该走哪条路。衡量再三，我凭感觉选择了左边的路口。

下午，太阳出来了，阳光毫无遮挡地射在戈壁滩上，使人饥渴难当。当时，我的背包里面只剩下一瓶水和半瓶在路上接的尿液。我不得不重新思考，就凭这些水和食物怎么才能继续走下去。

为了给自己降温，减少水分的流失，我把帐篷、铲子和各种可以直立的东西插进沙地里，把衣服挂起来，努力制造一点阴凉。然后挖了一个坑，把自己埋进去，在身体上盖上沙子。

没过多一会儿，阵阵睡意来袭，但我不敢睡，只能打个盹。我害怕如果真的睡过去了，这个沙坑很有可能就成了我为自己挖掘的坟墓了。

眼看着太阳西下，我果断地从沙坑里爬了出来，背起背包继续前行。我准备夜里行军，因为晚上气温低，水分散失得慢，这样可以多走一些路程。

夜里的荒原漆黑寂静，我感到了一丝的寂寞和恐惧，心中只有一个信念：一定要活着走出去！于是我沿着指北针指示的方向，继续前行。在连续行走了三个小时以后，终于一座坐标铁塔出现了。我有救了！

坐标铁塔，希望之塔！（雷殿生　提供）

---

1 就：动词。表示两种食品一起吃。

我站在铁塔旁,点燃烟火。没过一会儿,西南方向也出现了灯火和烟花,这是我和媒体团队设定的联络信号。

我开始拼命朝着有光的方向走去。之后,在四号营地我向大家讲述了这失去联系的 51 个小时[1]里的经历。又是一次劫后余生的感觉!

我又一次战胜了命运,战胜了自己!

行走在"死亡之海"。一周后,2008 年 11 月 8 日,
作者完成徒步穿越罗布泊的壮举!(雷殿生 提供)

阅读提示(二)

1. 罗布泊有什么特点?为了穿越罗布泊,作者做了哪些准备?
2. 作者为什么选择从阳关出发?为什么提到王维的诗?为什么又改了一句?"哪怕是"后面省略的内容是什么?为什么不直接说出来?
3. 10 月 22 日那天,作者遇到了哪些险情?他是怎么利用经验解决这些问题的?
4. 作者是怎么跟媒体团队联系上的?为什么作者说自己"劫后余生"?

---

[1] 据黑龙江电视台报道,由于沙尘暴的影响,10 月 20 日晚报道组已无法与雷殿生取得联系。直到 22 日深夜 11 点,雷殿生才找到大本营。

词语表（二） 🎧 07-04

序号	词语	拼音	词性	搭配举例
93	穿越○	chuānyuè	动	～沙漠/戈壁/丛林/无人区/领空/边境；◇～时空
94	境内○	jìngnèi	名	中国～；某省/某县～
95	横亘	hénggèn	动	桥～水面；山～眼前/……境内
96	边疆○	biānjiāng	名	～地区；开发/保卫～
97	查阅	cháyuè	动	～资料/文献/书目/档案
98	推敲○	tuīqiāo	动	～词句/计划；反复/仔细/逐句～
99	修订○	xiūdìng	动	～教材/（教学/考试）大纲/词典/法规/法律；◎～版
100	深情○	shēnqíng	形/名	～回忆/叙述/缅怀；歌声/叙述/回忆～；饱含/充满/满怀～
101	豪迈	háomài	形	气概/性格/语言/风格～
102	随身○	suíshēn	形	～携带/带上；～用品/行李；◎～物品
103	携带○	xiédài	动	～行李/贵重物品/证件/武器/病毒；随身/便于～
104	抽筋	chōu//jīn	动	手脚/肌肉～
105	温度计○	wēndùjì	名	电子/水银～
106	结冰○	jié//bīng	动	河水/湖水/海水/路面～
107	冰碴儿	bīngchár	名	
108	所剩无几	suǒ shèng wújǐ		
109	所幸	suǒxìng		～的是……
110	营地	yíngdì	名	登山/集训～；离开/返回～
111	沙尘暴	shāchénbào	名	发生/形成/防治～；～天气；强/特大～
112	能见度	néngjiàndù	名	～高/低/差

113	偏离	piānlí	动	～目标/路线/方向/主题/标准/传统；严重～
114	蛛丝马迹	zhūsī-mǎjì	成语	
115	遮挡	zhēdǎng	动	～阳光/视线/风沙/风雨
116	尿○	niào	名	◎～液
117	流失○	liúshī	动	水土/人口/人才/资产/营养/水分～
118	铲子○	chǎnzi	名	一把～
119	阴凉	yīnliáng	名/形	有/找～；屋里/洞里/树下～；◎～处
120	坑○	kēng	名/动	泥/石/沙～；挖～；◎～人
121	睡意	shuìyì	名	充满/驱散/毫无～；～全无
122	来袭	láixí	动	寒流/风暴/台风/睡意～
123	打盹（儿）○	dǎ//dǔn(r)	动	
124	坟墓	fénmù	名	一座～；修建/毁坏/盗掘～；◇自掘～
125	果断○	guǒduàn	形	～行动/决定/提出；办事/措施/行动～
126	行军	xíng//jūn	动	～路线/途中；夜间/日夜～；◎急～；～速度；～床
127	散失	sànshī	动	水分/热量/文物～
128	荒原	huāngyuán	名	戈壁/沙漠～；茫茫/千里～
129	寂寞○	jìmò	形	感到/忍受～；生活/心情/旅途～；◎不甘～
130	指北针	zhǐběizhēn	名	
131	烟火○	yānhuǒ	名	燃放～
132	劫后余生	jiéhòu-yúshēng	成语	

一次袒露心声的对话[1] 🎧 07-05

2006年在南京时,曾有一位当地的记者对我进行了采访,另一位在南京从事户外运动的朋友记下了当时的访谈内容,这些或许可以代表我的一段心路历程吧。

问:你觉得八年的行走,对你最大的改变是什么?

答:最大的改变,应该说是心态的改变。行走改变了我的内心世界。我觉得现在比八年前更加真诚,也更能坦然面对自己了。比如说,以前我不愿意让别人知道我仅有小学文化,也不愿意让别人知道我自幼父母双亡,曾过着寄人篱下的生活。但是现在我觉得没有什么需要隐瞒的,也没有什么是不能承认的。

问:你在行走的过程中,最大的感悟是什么?

答:人在大自然中太渺小了!在穿越塔克拉玛干沙漠[2]时,我感觉自己都不如一只蚂蚁!其实人只能是战胜自己,并不能战胜大自然。对大自然应该是尊重其规律,顺其自然,而不是征服。

问:你的行囊有多重?平均一天走多少公里?最多时日行程有多少?

答:以前是八九十斤,现在我把它减到五六十斤。平均每天的行程是40公里左右。距离最长的一次是在内蒙古大草原,那天我用了近18个小时,走了86公里。

问:你有没有想停下来不再走的时候?

答:开始时确实有过这样的想法,但回想起来,我为此做了十年准备,总不能遇到困难就半途而废啊!

问:你觉得苦吗?

答:应该说是乐大于苦!我看到了别人看不到的美景,感受到了别人感受不到的东西!有时在野外,一觉醒来,听到小鸟在叫,闻到花草树木的芳香,那种感觉,真是太美妙了!有一次在西藏看天上的星星,近得好像伸手就能摘到!看到后来,我觉得离得太近了,就觉得它会掉下来,哈哈哈……

问:你主要是通过什么渠道学会野外生存技能的?

答:出发前我看了不少西方野战部队关于野外生存训练方面的书,但用处不大。

---

[1]《一次袒露心声的对话》选自《信念:十年徒步中国》第三卷第九篇"2006年:走出最纯粹的自己"。有删减。
[2] 塔克拉玛干沙漠:位于塔里木盆地中心,是中国最大的沙漠,面积约33万平方公里。

在行走中积累的经验、自己琢磨出来的很多办法反而行之有效。比如我在野外遇到狼群的包围,危急中我靠点鞭炮、喷杀虫剂和烧衣服才躲过那一劫。之所以烧衣服,用火驱散野兽,是因为我发现,但凡是野兽,没有不怕火的。

问:在行走中,最让你感慨万千、催人落泪的事是什么?

答:在劳累、饥饿时,走进食宿店,却遭到拒绝,甚至打骂,把我当成神经病。这时,我会觉得心里很委屈、很难过。但一路上也有很多好心人给予我无私的帮助,我经常被他们感动得热泪盈眶。

问:朋友们的支持给你更多的是动力还是压力?

答:刚开始的时候,没什么太大的压力,纯粹是为了圆自己的一个梦。但是到了后来,我觉得自己肩上多了一份责任,所以我必须要坚持走下去。

……

阅读提示(三)

1. 2006年是作者徒步的第八年,他的心态发生了哪些变化?
2. 在徒步行走的过程中,作者最大的感悟是什么?
3. 徒步行走很苦,作者为什么没有放弃?
4. 作者的野外生存技能是从哪里得到的?
5. 在徒步行走中,作者有过什么样的委屈和感动?

词语表(三) 07-06

序号	词语	拼音	词性	搭配举例
133	心声◎	xīnshēng	名	道出/唱出/诉说/倾听~
134	访谈◎	fǎngtán	动	~提纲/内容/对象;◎~节目
135	心路	xīnlù	名	◎~历程
136	坦然◎	tǎnrán	形	~面对/接受/承认;表情/态度/内心~
137	隐瞒◎	yǐnmán	动	~真相/事实/病情/罪行;故意/毫不~

138	渺小○	miǎoxiǎo	形	人/力量～
139	顺其自然○	shùnqízìrán		
140	半途而废○	bàntú'érfèi	成语	
141	美景○	měijǐng	名	欣赏/享受～；自然/城市/夏日～
142	醒来○	xǐnglái		一觉/梦中/半夜～
143	芳香	fāngxiāng	名/形	散发/闻到～；醉人/迷人/淡淡/阵阵～；气味/花朵～
144	琢磨○	zuómo	动	仔细/反复/慢慢～；～意思/含义
145	行之有效	xíngzhī-yǒuxiào	成语	
146	危急○	wēijí	形	情况/形势/处境～；～时刻/关头
147	劫○	jié	名	渡过一～
148	驱散	qūsàn	动	～人群/鸟兽；◇～痛苦/黑暗
149	野兽○	yěshòu	名	驱赶/捕捉～
150	催○	cuī	动	～人（做……）
151	劳累○	láolèi	形	工作/旅途～；～过度
152	饥饿○	jī'è	形	感到/忍受～；◎～感
153	食宿○	shísù	名	提供/安排～；～费用/条件
154	神经病	shénjīngbìng	名	
155	好心○	hǎoxīn	名	一片～；～帮忙/让座；◎～人
156	无私○	wúsī	形	～帮助/奉献；精神/品德～
157	热泪盈眶	rèlèi-yíngkuàng	成语	

课文回顾与思考

1. 怎么理解课名"行走也是一种修行"？
2. 你从课文中学到了哪些野外生存经验？你有没有什么知识可以补充？

3. 通过学习课文，你认为作者是怎样的一位探险家？

4. 你认为一位探险家应该具备哪些基本素质？

5. 如果有机会去做一次探险，你是否愿意？为什么？

词语例释

1. 日趋

副词。一天一天地走向（某一种状态），意思是"逐渐"。表示事物或情况向某个方向发展。多用在双音节动词或形容词前。如：

（1）游客日趋增多给全球大量的世界文化遗产带来了保护上的难题。

（2）罗布泊曾是中国第二大咸水湖，从20世纪中期开始，湖面日趋萎缩，并于70年代完全干涸。

（3）随着两国政治关系的恢复，经贸交流也日趋活跃。

（4）城市人口的增加和机动车数量的剧增使得交通拥堵现象日趋严重。

（5）为了实现这个梦想，我做了十年身体、金钱和知识上的准备，风华正茂的我也日趋成熟稳重。

（6）现代社会日趋紧张激烈的竞争和急剧变化的生活方式，使越来越多的人感到了前所未有的心理压力。

（7）过年过节、婚丧嫁娶，传统礼俗在城市已日趋简化。

（8）随着大数据和人工智能的发展，社会生活的方方面面都日趋智能化。

（9）纸质书、电子书、有声图书、短视频……，阅读的方式正日趋多样化。

例（5）、例（6）"日趋"后是"成熟稳重""紧张激烈"，双音节词连用，例（7）—（9）"日趋"后是后缀为"化"的动词，音节数不受限，双音节、三音节均可。

2. 不亚于

亚：表示等级低一等。于：表示比较。A、B相比较，A不亚于B，表示A不比B差。如：

（1）我只觉后背冷汗直冒，心脏开始剧烈地跳动，心中的恐惧丝毫不亚于在罗霄山遇到巨蟒的时候。

（2）西藏的林芝地区，汇聚了雪山、冰川、森林、峡谷，还有数不清的湖泊和瀑布，自然风光独特，不亚于拥有阿尔卑斯山[1]美景的瑞士，而且多了一些原始风味。

---

1 阿尔卑斯山：Alps。欧洲最高的山脉，横跨法国、意大利、瑞士、德国、奥地利、斯洛文尼亚等国。平均海拔约3000米，最高峰勃朗峰约4808米。阿尔卑斯山是欧洲许多大河的发源地，也是旅游、度假胜地。

（3）在世界杯足球赛这样的国际大赛中，小组赛的激烈程度和水平之高有时并不亚于决赛。

（4）近地小天体如果撞上地球，其威胁不亚于其他自然灾害，如地震、洪水、海啸等。

（5）有研究表明，失去宠物可能给主人带来沉重的打击，其程度丝毫不亚于失去亲人。

3. 顿时

副词，意思是"立刻、马上"。一般用于动词或形容词前，表示行为、动作或情况紧接着某种情况发生，强调间隔短。多用于叙述已经发生的事。如：

（1）衣服带着火苗，落在了一匹狼身上，空中顿时散发出一股毛皮被烧焦的糊味。

（2）音乐会开场前，观众们都在安静地等待。看到指挥出场，观众席顿时爆发出热烈的掌声。

（3）只要一踏进这座古老的花园，她的心顿时就会感到自在和放松。

（4）听到邻居赞扬自己养的花，他顿时兴奋起来，拉住人家就要传授养花经验。

（5）走进山谷不久，突然天降大雨，气氛顿时紧张起来。我们知道，很可能暴发山洪。

"顿时"也可以用于主语前，一般用逗号分开。如：

（6）孩子们放学回来了，顿时，安静了大半天的家又变得热闹起来。

（7）山洞里很黑，他打开手电，顿时，洞壁变得清晰起来，一幅壁画出现在眼前。

4. 自

"自"有代词、介词、副词三种用法。

做代词时，意思是"自己"。在成语"自得其乐、自言自语、自欺欺人、自以为是"中，"自"就是代词用法。现代汉语中，"自"常作为语素构成词，如"自愿、自信、自学、自称、自卑、自理、自立、自卫、自责、自助"等。如：

（1）我有一好友，退休以后天天在自家的小院子里忙活，种花种草，自得其乐。

（2）如果旅游只是为了拍照炫耀，那旅游也就失去它的意义，变成一个自欺欺人的行为了。

（3）一个大学生拥有自理能力，意味着他在学习、交友、衣食住行等各方面都有独立处理问题的能力。这是自立的一个标志。

（4）有些人在亲人去世之后，会充满自责，认为是自己没有尽到责任而导致亲人的死亡。这其实是一种悲伤导致的心理创伤。

做介词时，意思是"从、由"，表示起点。宾语为表示时间、空间的词语。如"自幼"，从小时候起；"自……起/以来"，从……起/以来。还可以跟"而"组成"自……而……"的结构，表示方向或范围。如"自上而下"，从上到下；"自远而近"，由远到近。如：

（5）关于月球，自古代就有很多美丽动人的传说。

（6）游船自荷塘深处驶来，瞬间成为游人注目的焦点。

（7）以前我不愿意让别人知道我仅有小学文化，也不愿意让别人知道我自幼父母双亡，曾过着寄人篱下的生活。

（8）敦煌自汉代起就是丝绸之路上的重镇。

（9）名牌必须具备两方面的承认，一是自上而下的承认，一是自下而上的承认。后者指消费者的认可。

（10）一阵急促的马蹄声自远而近，打破了山谷的宁静。

"自"还可用在"来、出、选、摘、引"等动词后面，引出补语。"来自、出自"在现代汉语中为动词；"选自"，从……中选出来；"摘自"，从……中摘出来；"引自"，从……中引用。如：

（11）社会学的许多概念就来自自然科学，比如"有机组合"中的"有机"，就是一个生物学的概念。

（12）"三人行，必有我师"这句话出自《论语》。三个人一起走路，其中必定有人可以做我的老师。意思是，很多人都有自己的长处，我们应该虚心向别人学习。

（13）《有一种笑，令人心碎》这篇课文选自《毕淑敏心理咨询手记》一书。

（14）上面这段文字摘自1995年5月4日《新民晚报》的一篇文章。

（15）文章中"目不能两视而明，耳不能两听而聪"一句，引自《荀子·劝学》。

做副词时，意思是"自然、当然"。如"自有"，当然有；"自不必说"，当然不必说，无须说。如：

（16）对同一件事情，老人自有老人的观点，年轻人自有年轻人的看法。

（17）他坚持这么做，自有他的道理。

（18）罗布泊是生命的禁区，恶劣的气候条件自不必说，某些野生动物也会给探险者带来生命危险。

成语运用

1. 破釜沉舟

釜：古代的一种锅。舟：船。战斗前把锅打破，把船沉掉，不给自己留后路，不能赢的话就死，绝不后退。这个典故出自《史记·项羽本纪》。比喻下最大的决心做某事，不顾一切，要赢得胜利。使用中相当于动词，可以做谓语、定语。如：

（1）我不得不做出最坏的打算：如果狼群再扑回来，我就破釜沉舟，把杀虫剂罐点着。

（2）他拿出大量资金聘请高端人才。他认为，市场竞争也和打仗一样，必要时就得破釜沉舟。

（3）为了成为一名作家，他辞掉了固定工作，破釜沉舟，专心写作。

（4）面对人生的困境，我们需要破釜沉舟的勇气和决心。

（5）朋友告诉我，他已决定做一名画家，而不是把绘画当作业余爱好。想到走艺术之路不易，我不能不说，这是一个破釜沉舟的选择。

2. 蛛丝马迹

蛛丝：蜘蛛结的网。马迹：马蹄的痕迹。比喻不明显但隐约可寻的线索和迹象。使用中相当于名词，常做宾语，与"有／没有、发现、寻找、留下"等动词搭配。如：

（1）因为风大，地面平整得没有任何蛛丝马迹，我一时不知道应该走哪条路。

（2）任何疾病，早期总会有一些蛛丝马迹，只要我们注意身体发出的警报，就可以及早发现并治疗。

（3）汉语是非形态语言，但语言学家根据古代文献中留下的蛛丝马迹，发现早期汉语有很多形态语言的特征。

（4）火星探索的重要任务之一是找"水"，发现任何一点有关水的蛛丝马迹，都是巨大的成功。

（5）玛雅文明的消失一直被认为是个谜，考古学家至今还在中美洲的丛林里寻找揭开谜底的蛛丝马迹。

（6）作为一名刑警，他很善于从现场留下的指纹、毛发、脚印、血迹、字迹等蛛丝马迹入手，找出破案的线索。

3. 半途而废

途：道路。废：停止。走到半路就不再前进。比喻做事中途停止，不能坚持到底，缺乏毅力和恒心。贬义。使用中相当于动词，常做谓语，偶尔也做定语、主语。如：

（1）我为此做了十年准备，总不能遇到困难就半途而废啊！

（2）本学期我们要采用新的教学方法，这对教师是个考验，希望不要半途而废。

（3）世界上没有轻松的工作，不管干哪一行，都应该把它干好，不能半途而废。

（4）运动必须坚持才能达到锻炼身体的目的，半途而废的话不可能产生任何效果。

（5）我们的房屋修缮计划实施了一半，由于资金短缺，很可能面临半途而废的危险。

（6）我学过好几门外语，开始的时候都是雄心勃勃，教材和词典买一大堆，但半途而废的居多，到现在能用的也就一两门。

（7）作为记者，我深知采访过程不可能次次顺利，必须坚持，半途而废是不可想象的。

4. 行之有效

行：实行。之：代词，指代某种已经实行过的方法或措施。某种方法或措施实行起来很有效果。使用中相当于动词，常做定语和谓语。如：

（1）种树种草、增加林草植被是遏制沙漠化行之有效的手段，今后仍要加强科研工作，探索防治沙漠化的新手段、新办法。

（2）世界上有很多国家对垃圾做"资源化"处理，采取了许多 行之有效 的办法，变废为宝，并取得了十分可观的经济效益。

（3）在河北承德的潘家口水库中，有一段奇特的"水下长城"。这是修水库时被淹没的，据有关专家介绍，水下长城的保护目前还没有 行之有效 的措施。

（4）出发前我看了不少西方野战部队关于野外生存训练方面的书，但用处不大。在行走中积累的经验、自己琢磨出来的很多办法反而 行之有效。

（5）大赛前哪些服务可以使运动员减轻心理压力呢？请医生治疗伤病、按摩放松、听轻松音乐等，都 行之有效，很受运动员的欢迎。

修辞讲解

夸张

夸张作为一种修辞方法，指说话或写文章时故意夸大或缩小人或事物的形象特征。从表面来看，夸张是不符合事实的，缺乏现实逻辑，但作为艺术手法，夸张是为了突出事物的本质特征，无论夸大还是缩小都是以现实为基础的，因而都是合理的。读者读懂就会受到强烈的艺术感染，从而留下深刻印象。

夸张一般可以分为三种类型。

一是扩大夸张。故意夸大表达对象的大小、数量、速度、作用、程度等，把事物特征说得更大、更多、更快、更强、更深……。如：

（1）作为没有经济来源的"北漂族"，月付千元房租，无异于泰山压顶。（罗伟章《蒙面人》）

（2）街道洁净得邪性，你躺在马路上打滚，绝不会沾上任何一点尘土。（季羡林《留德十年·哥廷根》）

（3）我们石门湾就是位在[1]这网[2]的中央的一个镇。所以水路四通八达，交通运输异常便利。我们不需要用脚走路。下乡，出市，送客，归宁[3]，求神，拜佛，即使三五里的距离，也乐得坐船。（丰子恺《辞缘缘堂》）

（4）在下山经过一条小溪时，溪边的石头上落满了积雪，我不小心踩在一块石头上摔了一跤，半只脚掉进了水里，整个人坐在离溪水只有几厘米的一块石头上，无比惊险。如果再多滑一点，我的鞋子和衣服有可能全部打湿，在这种极寒的环境下，我会冻成一

---

1 位在：位于。
2 网：水网。丰子恺的故乡石门湾是水乡，河道密集。
3 归宁：出嫁的女儿回家看望父母。

座冰雕的。（彭绪洛《我的探险笔记——神农架野人谷》）

（5）买回家不到两个月，每只兔子就长了好几公斤。比一般的家兔还大，贼肥贼肥的，肥得跳都跳不动，只好爬着走。真是没听说过兔子还能爬着走……而且还特能吃，一天到晚三瓣嘴咔嚓咔嚓磨个不停，把我们家越吃越穷。（李娟《我的阿勒泰·我所能带给你们的事物》）

（6）人类真正的奇迹是超越环境的。不管周边生态多么落后，金字塔就是金字塔，让人一见之下忘记一切，忘记来路，忘记去处，忘记国别，忘记人种，只感到时间和空间在这里会合，力量和疑问在这里交战。（余秋雨《千年一叹·巨大的问号》）

例（1）把千元房租比喻成泰山那样的压力，突出了"北漂族"的贫困。例（2）用躺在地上打滚也不会沾上尘土突出地面之干净。例（3）用不需要用脚走路这种不合常理的话表示坐船可以到任何地方，强调水路交通之方便。例（4）强调天气冷，如果鞋子和衣服湿了，人就会从里到外变成"冰雕"。例（5）为了突出兔子能吃，说兔子把家都吃穷了，现实生活中当然不会出现这样的情况。例（6）强调金字塔的伟大，可以使人忘掉世间的一切。夸张经常跟其他修辞方法合用，比如例（1）、例（4）跟比喻合用，例（6）跟排比合用。在夸张的其他类型中也均有合用情况。

二是缩小夸张。故意缩小表达对象的大小、数量、速度、作用、程度等，把事物特征说得更小、更少、更慢、更弱、更浅……。如：

（7）有一次在西藏看天上的星星，近得好像伸手就能摘到！（雷殿生《信念：十年徒步中国·一次袒露心声的对话》）

（8）除了这些孩子和闲人，我们家店里就很少再来别的什么人了。在喀吾图做生意，像是在火星上做生意。（李娟《我的阿勒泰·喀吾图的永远之处》）

（9）我非常想学骑摩托车，但又怕摔跤。记得小时候，平衡感几乎等于没有，秋千都不敢荡。光学骑自行车就学了三年，光学推自行车就学了半年……总之我想，自己恐怕是一辈子都不敢奢望能拿这种机器怎么样了。（李娟《我的阿勒泰·摩托车穿过春天的荒野》）

（10）自从去春锺书大病，我陪住医院护理，等到他病愈回家，我脚软头晕，成了风能吹倒的人。（杨绛《我们仨》）

例（7）为了强调西藏星空的清晰明亮，作者用伸手可及这样的夸张语言表示星星之近。例（8）强调顾客稀少，生意冷清，夸张说像是在火星。例（9）为了说自己骑车能力之差，极度夸大了学车之慢。例（10）用风能吹倒强调身体之弱。

三是超前夸张。将后面发生的事情提前一步说出来，以一种看似无理的表象来突出人或事某些方面的特征。如：

（11）那是一个春天的早晨。星期一，孙主任查病房来了。穿白大褂的各级大夫跟了一群。病人怀着急切的心情，都早已坐好在床上，翘首盼望这位有名的教授给自己看上一眼。好像他的手一按到自己的眼睛上，那病就会好似的。(谌容《人到中年》)

（12）粉面含春威不露，丹唇未启笑先闻。(《红楼梦》第三回)

例（11），医生还没有给自己看病，只是刚把手放在眼睛上，病人就觉得眼病会好，这种夸张就属于超前夸张，表示病人对医生的绝对信任和急切的心情。例（12），面容娇美，看不出威严之色；还未开口，却已听到了她的笑声。这两句话是对小说主要人物王熙凤的生动刻画，外表美丽，但善于表演，善于伪装，极有心机。"丹唇未启笑先闻"一句就使用了超前夸张。

在古典诗词中，也有许多用夸张手法写成的名句流传至今。如：

（13）蜀道之难，难于上青天！（[唐]李白《蜀道难》）

（14）李白斗酒诗百篇，长安市上酒家眠。天子呼来不上船，自称臣是酒中仙。（[唐]杜甫《饮中八仙歌》）

（15）夜来幽梦忽还乡。小轩窗，正梳妆。相顾无言，惟有泪千行。（[宋]苏轼《江城子·乙卯正月二十日夜记梦》）

（16）问君能有几多愁？恰似一江春水向东流。（[南唐]李煜《虞美人·春花秋月何时了》）

例（13）是李白的名句，写去往四川的道路比登天还难，虽是夸张，但也是以蜀道之异常艰险作为事实依据。例（14）杜甫用夸张手法写出了李白的诗才和对权贵的蔑视。李白喝一斗酒，即刻就可以写出百首诗；天子在游船上召唤他，他却不肯上船。例（15）苏轼写夜梦见到去世十年的妻子，极度悲伤，用"泪千行"写心情之悲。例（16）李煜用滚滚不尽的春江水来写无尽的忧愁，比喻兼夸张，极为贴切和形象。

没有夸张，就没有艺术。这句话从某种意义上说，并不是夸张。

---

1 李煜：937—978年。南唐最后一位君主，中国最杰出的词人之一。975年，北宋灭南唐，李煜成了亡国之君。词中所说的忧愁，也是无法消解的亡国之愁、亡国之恨。

第七课 行走也是一种修行

练 习

第一部分 词汇、语法、修辞

一、解释加点语素的意思，并根据拼音完成新词，同时说明其词义。

1. 电线（　　　　）
   电 líng _____
   电 wǎng _____

2. 跳动（　　　　）
   gǔn _____ 动
   zhèn _____ 动

3. 失效（　　　　）
   jiàn _____ 效
   shēng _____ 效

4. 刺鼻（　　　　）
   刺 ěr _____
   刺 gǔ _____

5. 睡袋（　　　　）
   bāozhuāng _____ 袋
   bǎoxiān _____ 袋

6. 穿越（　　　　）
   fān _____ 越
   kuà _____ 越

7. 边疆（　　　　）
   边 chéng _____
   边 jiè _____

8. 冻醒（　　　　）
   huàn _____ 醒
   jīng _____ 醒

9. 野兽（　　　　）
   guài _____ 兽
   měng _____ 兽

10. 无私（　　　　）
    无 lǐ _____
    无 néng _____

二、选择成语改写句子并造句。

　　　破釜沉舟　　蛛丝马迹　　行之有效　　半途而废

1. 薄利多销是一种非常有效的经营方法，因此很多商家都会采用打折优惠的促销方式。

   改写：_____

   造句：_____

2. 为了准备这次考试你已经花费了这么多心血，如果现在放弃，岂不是太可惜了？

   改写：_____

   造句：_____

229

3. 科学家在白天上班途中失踪，警方地毯式搜寻，居然没有发现一点有用的线索。

　　改写：＿＿＿＿＿＿＿＿＿＿＿＿＿＿＿＿＿＿＿＿＿＿＿＿

　　造句：＿＿＿＿＿＿＿＿＿＿＿＿＿＿＿＿＿＿＿＿＿＿＿＿

4. 任何改革都会遇到阻力，我们必须拿出非凡的勇气，将改革推向深入。

　　改写：＿＿＿＿＿＿＿＿＿＿＿＿＿＿＿＿＿＿＿＿＿＿＿＿

　　造句：＿＿＿＿＿＿＿＿＿＿＿＿＿＿＿＿＿＿＿＿＿＿＿＿

三、词语搭配与填空。

察看	计划
穿越	食宿
推敲	灾情
提供	事实
隐瞒	沙漠

（1）＿＿＿＿塔克拉玛干＿＿＿＿的公路截至2023年12月共有4条，它们是生命禁区的生命线。

（2）虽然实习＿＿＿＿已经开会讨论过了，但还是请大家再＿＿＿＿一下，看看有没有疏漏。

（3）航班延误，希望航空公司能为我们旅客＿＿＿＿免费＿＿＿＿。

（4）他知道自己不能胜任目前的工作，但不愿意承认，所以千方百计＿＿＿＿这个＿＿＿＿。

（5）地震发生以后，政府相关部门领导紧急赶往震区，＿＿＿＿＿＿＿＿。

举止	狡猾
气候	妥当
噪音	炎热
手段	清脆
说法	稳重

（6）乌鸫是一种很常见的鸟，长得不算出众，但＿＿＿＿＿＿＿＿，歌声动听。

（7）热带沙漠地区，严重缺水，＿＿＿＿＿＿＿＿，土地贫瘠，想发展农业比登天还难。

（8）"想象力比知识更重要"，你觉得这种＿＿＿＿＿＿＿＿吗？

（9）小李＿＿＿＿＿＿＿＿，办事牢靠，重要的事交给他做，大家都放心。

（10）打击走私的措施越来越严，走私犯的作案＿＿＿＿也越来越＿＿＿＿。

行动	渺小
生活	寂寞
人类	危急
歌声	果断
处境	深情

（11）一个没有爱好的人，退休了以后会感到精神空虚，不知如何排遣＿＿＿＿的＿＿＿＿。

（12）处理突发事件，要求措施明确，＿＿＿＿ ＿＿＿＿，能迅速控制局势。

（13）在他＿＿＿＿的＿＿＿＿中，我们也仿佛看到了自己的故乡，看到了故乡的一草一木。

（14）无数的探险家都讲过这样一句话：在大自然面前，＿＿＿＿是非常＿＿＿＿的，脆弱得不堪一击。

（15）由于连续降雪，草原变成了雪海，牧民被大雪围困，＿＿＿＿十分＿＿＿＿，急需救援。

◎
高压	帐篷
野营	物品
压缩	电线
防寒	饼干
随身	睡袋

（16）中国在飞行员野外生存方面做了大量的研究，研制出不少救生用品，比如＿＿＿＿ ＿＿＿＿。人如果睡在很冷的地方，很可能就醒不过来了。

（17）森林防火是保护森林安全的一项重要工作，游客进入林区，一定要认真了解防火规定，同时要仔细检查＿＿＿＿ ＿＿＿＿，切不可将火柴、打火机等引火物品带入林区。

（18）航天员在太空生活有一款专用食品，叫"航天员能量餐"，或"太空方便餐"。外表看起来跟＿＿＿＿ ＿＿＿＿差不多，但其所提供的能量却高得多。

（19）户外探险不是在露营地度假，一顶高质量的＿＿＿＿ ＿＿＿＿是少不了的。

（20）很多人小时候都问过这样的问题：为什么小鸟站在＿＿＿＿ ＿＿＿＿上可以平安无事，而我们却不行？

四、用指定词语完成句子或对话。

1. 随着年龄的增长，＿＿＿＿＿＿＿＿＿＿＿＿＿＿＿＿＿＿＿＿＿＿＿＿＿（日趋）

2. ＿＿＿＿＿＿＿＿＿＿＿＿＿＿＿＿＿＿＿＿，我们公司才有发展的希望。（勇于）

3. 他之所以能成为一代绘画大师，＿＿＿＿＿＿＿＿＿＿＿＿＿＿＿＿＿（执着）

4. 他虽然是个业余的围棋爱好者，＿＿＿＿＿＿＿＿＿＿＿＿＿＿＿＿＿（不亚于）

5. 电脑桌面上有这么多文件，太乱了，＿＿＿＿＿＿＿＿＿＿＿＿＿＿＿（存放）

6. 家庭常备药品，使用前一定要注意有效期，＿＿＿＿＿＿＿＿＿＿＿＿＿＿＿（失效）
7. 她的小商店刚开张时生意并不好，＿＿＿＿＿＿＿＿＿＿＿＿＿＿＿＿＿（后退）
8. 他认为钱是幸福生活的基础，＿＿＿＿＿＿＿＿＿＿＿＿＿＿＿＿＿＿＿（拼命）
9. ＿＿＿＿＿＿＿＿＿＿＿＿＿＿＿＿＿＿＿，才能把这张桌子抬起来。（用力）
10. 邻居邀请我到她的院子里欣赏新开的玫瑰，＿＿＿＿＿＿＿＿＿＿＿＿（顺手）
11. 只要看到"无人区"这个词，＿＿＿＿＿＿＿＿＿＿＿＿＿＿＿＿＿＿＿（脑海）
12. 收到朋友的短信，＿＿＿＿＿＿＿＿＿＿＿＿＿＿＿＿＿＿＿＿＿＿＿（顿时）
13. "大灾之后必有大疫"，这句俗语的意思是，＿＿＿＿＿＿＿＿＿＿＿＿
＿＿＿＿＿＿＿＿＿＿＿＿＿＿＿＿＿＿＿＿＿＿＿＿＿＿＿＿＿＿＿（紧接着）
14. 周末郊游本打算去爬山，＿＿＿＿＿＿＿＿＿＿＿＿＿＿＿＿＿＿＿＿（迫使）
15. 你歌唱得这么好，去参加校园歌手大赛吧，＿＿＿＿＿＿＿＿＿＿＿＿（没准）
16. 户外探险一定要做好充足的准备，＿＿＿＿＿＿＿＿＿＿＿＿＿＿＿＿（致命）
17. A：你知道《现代汉语词典》最新一版是第几版吗？
　　B：＿＿＿＿＿＿＿＿＿＿＿＿＿＿＿＿＿＿＿＿＿＿＿＿＿＿＿＿＿（修订）
18. 电子书和纸质书相比有一个优势，＿＿＿＿＿＿＿＿＿＿＿＿＿＿＿＿（携带）
19. 当今这个时代，大城市的"虹吸效应"越来越强，＿＿＿＿＿＿＿＿＿
＿＿＿＿＿＿＿＿＿＿＿＿＿＿＿＿＿＿＿＿＿＿＿＿＿＿＿＿＿＿＿＿（流失）
20. 一名优秀的记者，＿＿＿＿＿＿＿＿＿＿＿＿＿＿＿＿＿＿＿＿＿＿＿（心声）
21. 为了完成毕业论文，＿＿＿＿＿＿＿＿＿＿＿＿＿＿＿＿＿＿＿＿＿＿（访谈）
22. 每次看见她我都要提醒她，＿＿＿＿＿＿＿＿＿＿＿＿＿＿＿＿＿＿＿（劳累）
23. ＿＿＿＿＿＿＿＿＿＿＿＿＿＿＿，她却误以为我看不起她，真让我伤心。（好心）

五、选择适当的关联词填空，如果所填关联词是合用关联词中的一个，请画出另一个。

> 只要　　但　　通过　　为了　　为此
> 都　　一旦　　由于　　才　　并

　　人人都有梦想的权利，＿＿＿＿真的要把梦想变为现实，那可不是一件容易的事。为此，我开始着手进行徒步中国的精心准备。

　　经费的积攒和身体的锻炼对我来说＿＿＿＿不是难事，最难的是如何弥补知识的匮乏。由于文化水平有限，我必须付出更加艰苦的努力＿＿＿＿行。＿＿＿＿，我为自己制订了周密的学习计划，＿＿＿＿开始有针对性地到图书馆去借书，有时也会专门去书店买书。

我所涉猎的书籍范围非常广泛，从天文到地理，从自然到民俗，从历史文化到野外生存技能，不一而足。总之，_____是徒步过程中需要掌握的知识，我都会仔细阅读，认真钻研。_____学习积累，我明显感觉到了自己的进步。

_____使十年的徒步变得更加有意义，我还给自己初步确定了沿途了解民风民俗、考察生态环境和宣传环保意识三大主题。

原则和目标_____确定，我就开始想尽一切办法收集各方面的资料，认真推敲，逐步制订具体的徒步路线。在我后来的徒步生涯中，有80%的路线都是按照我最初设计的方案进行的。为此，我手头的一本地图册，_____被我反复地翻阅、标记，最后都已经烂得不成样子了。

六、排序，并画出各句所用关联词及其他可提示句子顺序的词语。

1. A. 比如要避免户外装备和户外活动内容对环境造成破坏
   B. 在享受户外运动神奇魅力的同时
   C. 我们更应该留心保护环境
   D. 另外，尊重野生动物这一条也万万不可忘记
   E. 还要特别注意妥善处理废弃物
   正确语序：_____

2. A. 那里没有人类长期居住
   B. 没有任何一种穿越方式万无一失
   C. 但近年来无人区已成为越来越多户外探险爱好者的终极目标
   D. 户外探险运动所说的"无人区"主要指生存条件极其恶劣的地区
   E. 甚至基本不能看到人类活动轨迹
   F. 其实，不论是徒步还是坐车穿越无人区都充满危险
   正确语序：_____

3. A. 因为在无人区里没有任何人类活动轨迹
   B. 而卫星电话一般只是在遇险求救时使用
   C. 能与外界联系的只有卫星电话
   D. 那么，你首先就要做好暂时与世界隔绝的心理准备
   E. 如果你有穿越无人区的计划
   F. 也没有手机信号
   正确语序：_____

4. A. 他说自己的这一跪有三重意义
   B. 是它们一次又一次地成全了自己
   C. 同时也是感谢九泉之下的父母给了自己如此顽强的生命力
   D. 他敬畏大自然,首先感谢罗布泊没有夺走他的生命
   E. 活着走出罗布泊的那一刻,雷殿生转身对着罗布泊重重地跪下了
   F. 另外也是感恩这一路上所吃掉的昆虫小动物
   正确语序:＿＿＿＿＿＿＿＿＿＿＿＿＿＿＿＿＿

5. A. 从1608年21岁起正式出游到54岁逝世
   B. 内容包括对中国各地地理、地貌、水文、动植物等现象的详细记录
   C. 徐霞客(1587—1641)是明代著名地理学家、旅行家和探险家
   D. 《徐霞客游记》一书由其好友在他去世后整理出版
   E. 他一生的绝大部分时间都是在旅行考察中度过的
   F. 至今仍具有很高的科学和文学价值
   正确语序:＿＿＿＿＿＿＿＿＿＿＿＿＿＿＿＿＿

七、修辞练习。

1. 阅读李娟《我的阿勒泰·过年三记·有关外婆》中的这段文字,指出哪里使用了夸张手法,并说明其含义。

好容易忙完,一家人坐到一起开始吃饭。她就更兴奋了,一桌子就她的话多。

喝一口稀饭:

"哎哟!哪个做的饭?煮熟就可以了嘛,哪么煮这么烫?"

用筷子在稀饭里搅一搅:

"天老爷!清汤寡水的,老子[1]要挽起裤脚跳下去才能捞到几颗米。"

又在菜里翻一翻:"我女娃子切的肉,鱼眼睛那么大,硬是找都找不到!"

找到一大块肉后赶紧放到嘴里:"呸呸呸!我女娃子硬是盐巴克,盐巴克……"

"盐巴克"的意思就是"盐的克星""盐的死对头"。我们夹口菜一尝:哪里咸啊?

老太太分明是没事找事。

---

[1] 老子:这里指"我"。作者李娟的外婆是四川人,四川人口语中女性也自称"老子"。下文外婆口中的"女娃子、红苕",分别是女孩子、红薯的意思。苕:sháo。

不管怎么说，大家在一起吃饭，总归是快乐的。外婆呢，虽然怪话多，又爱找碴，但所有人里就数她吃得最多。她喝完稀饭，又颤颤巍巍站起来。

"干什么？"

"舀饭啊，再给我舀半碗，再给我舀一坨[1]红苕……"

2. 翻译唐代大诗人李白浪漫主义诗歌巅峰之作《将进酒》的前8句诗，并指出其中哪几句用了夸张的手法，表达了诗人怎样的感情。

将进酒[2]

李白

君不见黄河之水天上来，
奔流到海不复回。
君不见高堂明镜悲白发，
朝如青丝暮成雪。
人生得意须尽欢，
莫使金樽空对月。
天生我材必有用，
千金散尽还复来！

_____

1 坨：tuó，表示成团或成块的物体。
2 将进酒：请饮酒。将，qiāng，希望、请求。"将进酒"是从汉代流传下来的古诗题目。

第二部分 拓展阅读

八、选择合适的句子填入短文画线处，并概括短文的主要内容。

A. 我们之所以要敬畏自然，首先在于自然具有工具价值

B. 除了尊敬自然以外，我们还应对自然心怀畏惧之感

C. "敬畏自然"也就意味着，既要尊敬自然，也要畏惧自然

D. 所谓内在价值，是指自然物和自然界本身所固有的，不以人的意志为转移、先天存在的价值

理解"敬畏自然"含义的关键在于理解"敬畏"。"敬畏"一词由"敬"和"畏"组成，两字都有多种含义。在"敬畏自然"这一语境中，"敬"指的是"尊重、尊敬"，"畏"指的是"害怕、畏惧"。因此，_____。

_____。自然的工具价值，主要是指可以满足人类需要的价值，即有用性。比如，粮食可以用来果腹，水可以用来止渴。自然具有工具价值，也是人们认识自然的天然出发点。然而，如果仅从工具价值的角度来认识自然，还不够全面和深刻，很难从根本上为保护自然提供哲学上的辩护。

20世纪70年代以来，哲学领域逐渐兴起了环境伦理学的研究。多数环境伦理学家皆认为自然本身具有内在价值。_____。这种价值不是人类所赋予的，而是自然本身天然存在的。比如，自然在道德意义上的价值、审美的价值、历史的价值、文化的价值、科学的价值、精神上的价值等。

_____。这主要是因为自然除了可以为人类的生存和发展提供物质保障外，其力量还具有破坏性和危害性。自然界是一个复杂的、具有风险性的存在，其存在的历史比人类长久，其构造和运行原理尚未被人类完全掌握。因此，自然对于人类来说，尚有许多未知之谜，仍有很强的不可预知性。在这种不可预知性之中，往往也蕴含着破坏性和危害性。从宏观上来看，地震、海啸、火山爆发等地壳运动，以及台风、洪水、沙尘暴等自然灾害，威力巨大，影响范围广，破坏性强，危害严重。从微观上来说，我们肉眼看不见的病毒，甚至也是惹不起的。某些病毒一旦进入人类社会，很容易引起瘟疫，造成几十万人甚至更大规模的感染，乃至死亡。

这篇短文的主要内容是（请选择）：

☐ A. 自然具有工具价值和内在价值

☐ B. 自然的力量具有破坏性和危害性

☐ C. 敬畏自然是指尊敬自然和畏惧自然

☐ D. 人类应该敬畏自然的原因

九、阅读下面的文章，并完成后面的练习。

我的探险笔记[1]

彭绪洛

（一）在探险中寻找智慧和勇气

我是儿童文学作家、探险家彭绪洛，主要创作儿童写实性探险作品。我想通过自己的作品，培养孩子们的智慧和勇气，让孩子们在学到许多科学知识和求生技能的同时，成长为有责任担当的阳刚少年。

我从15岁开始发表第一篇作品，到今天为止已经整整创作20年了。为了把儿童探险小说写得更加真实，为了让书中的科学知识和求生技能更加准确和实用，这些年来，我先后去了许多无人区和生命禁区探险。

我曾经四次去敦煌以西的戈壁沙漠，也就是传说中的雅丹魔鬼城徒步，在里面总共行走三百多公里；在2011年6月底炎热的夏天，用近一个星期的时间徒步走完了四川广元段的古蜀道；还去攀登过海拔5396米的哈巴雪山，自驾[①]走过滇藏线、川藏线和青藏线；两次徒步穿越神农架无人区，去真正地寻找野人；还成功地穿越过号称"死亡地带"的无人区罗布泊，到达了千年前的文明古国楼兰古国的遗址。

我还清楚地记得2010年10月4日，我在夜晚出楼兰古城时落单[②]并迷路了，在那个区域落单和迷路，就意味着死亡。当时我和司机异常紧张，全身的衣服都湿透了，但我们马上调整心态，把车停下来，沉下心来思考对策[③]，冷静地寻找出路，最后我们通过细微的观察，找到来时的车轮痕迹，最终才死里逃生。

---

[1] 下面的三段材料选自彭绪洛《我的探险笔记——西藏生死线》，长江少年儿童出版社，2017年版。其中，（一）为该书前言，（二）为该书第一部分"西藏探险笔记"的后记，（三）为该书附录的一则。均有删减。

我的这些行为，被许多读者和诸多评论家认为是在用生命写作，是一种行走的想象力。我认为自己是一个行者，更是一个苦行僧。

我们在学校和书本上所学的知识，都是一些理论，包括老师和长者口传给我们的经验及教训，这都是理论，理论是需要通过实践来验证并消化吸收的。

我的探险行为其实就是一种实践的过程，在实践的过程中寻找真实的感觉、真实的体验、真实的经历，在理论的基础上去实践。

相信还会有家长和老师对我提倡孩子们探险以及阅读探险作品有所顾忌，担心孩子们遇到危险了怎么办。

我可以简单地用两句话来回答这个问题：多一次探险，多一分安全；多一次探险，多一条生命。

为什么这样说呢？

探险是在有准备的情况下，对未知的世界进行探索。而准备的过程就要学习大量的科学知识和求生技能。有了这些准备，即使在野外遇到危险，我们也都能化险为夷④，安全返回。

这其实是一个学习的过程、成长的过程。孩子在探险中学到新的知识，得到新的启发，总结新的教训，这有助于他们健康成长。而有了这些经历，当孩子渐渐长大步入社会，遇到真正的困难和危险时，他也会从容面对，寻找解决的办法。事实上，探险可以培养孩子们不怕困难、独立思考、团结协作、敢于克服险阻的优秀品质。

最后，我要和大家分享：什么是探险？

探险，是对未知世界进行探索的过程。

人类历史，就是一部探险史和开拓史。

探险，虽不是人人可以真实去体验和实施的行为，但最起码我们可以拥有一种敢于探索的勇气和精神，或者我们可以通过阅读探险作品，来满足这种探索和求知⑤的欲望。

我们要想培养更多的具有探索精神、开拓精神的国人，不妨从引导他们阅读探险作品抓起，从青少年的启蒙开始抓起。

为了我们的未来，为了孩子们的未来，请大家让孩子们阅读可以培养阳刚之气的儿童探险作品吧！

（二）后记

众多走过滇藏、川藏和青藏线的人评价西藏就是人间天堂，我之前一直不理解他们为什么会如此评价西藏，去走了一趟后，终于明白了。

人间天堂，其实说的就是一种原生态⑥的环境，没有被开发的大自然，淳朴的民风，每天都可以看到的蓝天、白云、雪山、草地，还有那些野生动物和高原湖泊。这些元素不正是我们梦想的天堂吗？

从我踏上滇藏线开始，每天呼吸的是干净的空气，看到的是深蓝色、点缀着朵朵白云的天空，映入眼帘的要么是开始发绿的草原，要么是高耸的山峰和白得耀眼的雪山，要么是茂密的森林。那些生硬的现代化工业元素很少出现，让我真的有一种回归自然的感觉，我也曾无数次躺在那片净土上，感觉这就是人间天堂，是我们梦想的生活环境，是我们向往的天堂生活。

从西藏回来的路上，我就在想，回到城市里之后，我肯定会有很长一段时间不适应，甚至是不喜欢那种繁闹的城市生活。没有想到这种担忧应验了，我已经回来了好多天，但我依然还回味⑦着、还怀念着、还梦想着那个人间天堂。

最后，我发现，我已经中毒了。我中了西藏的毒，中了这种让人上瘾的毒。

人间天堂，我还会再来的。

（三）高原探险生存秘籍

1.保持乐观情绪，如有心理负担会加重高原反应，延缓人体适应高原气候；进藏前睡眠和休息要充足，严重高血压、心脏病患者不宜进藏。

2.初入高原多休息，最好能用半天时间完全静养休息。多喝水多吃水果，禁烟酒。不要奔跑和剧烈运动。饮食宜有节制⑧，不可暴饮暴食，以免增加肠胃负担。

3.初到高原，要预防因受凉而引起的感冒。感冒是急性高原肺水肿的主要诱因之一。高原温差特别大，很容易着凉并感冒，要切记宁可热不可冷，多穿衣服。

4.选择较好的旅游车辆，如高档越野车或宽松的进口面包车，使旅途更舒适。旅途安排尽量轻松，行程适当宽松，先低海拔，再高海拔。

5.常用的预防高原反应的药物：红景天、肌苷片、葡萄糖、银杏叶片等。进入高原前两天开始服用，旅途中也坚持服用，可以有效防止高原反应。

6.进入少数民族地区，请尊重当地民族风俗习惯。提前做足功课很有必要，这是去任何地方的前提。

1. 解释文中画线词语。

   ① 自驾　　　　　　　　② 落单
   ③ 对策　　　　　　　　④ 化险为夷
   ⑤ 求知　　　　　　　　⑥ 原生态
   ⑦ 回味　　　　　　　　⑧ 节制

2. 判断下列说法是否符合文章原意（符合画"√"，不符合画"×"）。

   （1）"我"为儿童写的探险作品都是以真实的经历为基础创作的。　　　　（　　）

   （2）"我"和司机在出楼兰古城时迷了路，因为遇到救援的人，我们才死里逃生。
   （　　）

   （3）"我"认为，理论如果不通过实践就无法验证它是否正确，也就无法真正地消化吸收。（　　）

   （4）有些家长和老师担心"我"提倡孩子们探险以及阅读探险作品会产生危险的后果。
   （　　）

   （5）"我"去西藏之前，早已知道西藏"人间天堂"的美名，并且理解为什么人们这样评价西藏。（　　）

   （6）"我中了西藏的毒"的意思是，西藏让"我"不能适应城市生活，身体变差。
   （　　）

   （7）刚到高原时要注意饮食，多喝水多吃水果多吃饭，以此来增加体力。（　　）

   （8）红景天等预防高原反应的药物，最好进入高原之前就吃。（　　）

3. 回答问题。

   （1）什么是探险？"我"为什么提倡孩子们探险以及阅读探险作品？

   _____
   _____
   _____
   _____

   （2）为什么说西藏是人间天堂？哪些人不适合到西藏旅行？从文化习俗方面来说，到西藏旅行需要注意什么？

   _____
   _____

_____

_____

_____

第三部分 写作

十、写出课文的内容提要。（300字左右）

十一、阅读下面两则短新闻，并选择其中一则谈谈你的看法。可上网详细了解有关信息。（600字左右）

（1）2019年5月

近日，一张拍摄于珠穆朗玛峰的照片被广泛传播，照片显示登山者排成的"长龙"，蜿蜒在通向顶峰的狭窄山脊上。有网友感叹，这可能是海拔最高的"交通拥堵"了。

然而，在海拔8000米的"死亡地带"，排队3小时的结果很可能是致命的。据尼泊尔政府部门的统计，由于等候时间过长，消耗体力过多，加之高寒和缺氧，今年春天以来已有14人死亡，另有3人失踪。仅在珠峰南坡就有7人丧生。仅5月23日一天就有3人丧生。

（2）2021年8月

"拜访"珠峰的人越来越多，这给珠峰带来了一个严重的困扰——垃圾问题，登山者为了更好地保护自身安全，他们会采用沿途丢弃垃圾的办法减负。珠峰上随处可见大大小小、五颜六色的垃圾，诸如：帐篷、氧气瓶、食物包装袋、登山装备、红酒瓶、啤酒罐等。无数人心中的净土，正在变成"世界最高的垃圾场"，珠峰将何去何从？

语言实践

一、收集户外探险网站的资料（至少三个，中外均可。如"中国户外网"），并分析其特色。用表格形式展示，内容包括网站名称、网址、主页栏目及主要内容、基本特色等。

二、户外运动种类很多，如潜水、穿越（山地、丛林、荒漠、溪流、峡谷）、登山、攀岩、探洞等，请选择其中一种，收集资料，并整理出一份较为详细的探险指南。

第八课 "永不言弃"?

王一方

课文导览

【作者简介】

王一方（1958 — ），湖南人。北京大学教授，医学人文学者。主要研究领域为生命哲学、技术哲学和医学思想史。学术专著有《医学人文十五讲》《医学是什么》《临床医学人文纲要》《叩问命门：中医思想史散论》，译作有《健康是什么》。王一方教授经常通过讲座等形式宣传人文医学，从医学角度帮助人们树立理性、豁达、乐观的生命观和生死观。

【作品出处】

课文选自《医学人文十五讲》"第六讲"，北京大学出版社，2020年版，有删减。课名为编者所加。

【话题归属】

课文可以围绕医学伦理、生死哲学这一中心话题进行学习和讨论。人类对于自身生命之价值和尊严的探讨，永远具有积极意义，我们会因此更加明了生命的意义，精神境界也会随之得以提升。围绕中心话题，可同时展开对医生的职业道德、医学技术的发展、医学与人性、医学发展对社会伦理的影响等相关话题的讨论。

课前准备——课堂报告选题

1. 现代医学研究的新发现；
2. 现代医学的治疗新技术；
3. 医学技术所带来的伦理问题；
4. 人类历史上最著名的医生、医学家；
5. 人类历史上出现过的重要医学发明；
6. 人类历史上出现过的大瘟疫；
7. 有关安乐死的立法问题。

课 文

🎧 08-01

微创机器人展示 5G 远程手术技术

（2023年7月8日，上海，世界人工智能大会）（陈玉宇 摄）

三十年来，危重医学的ICU（重症监护治疗病房）生存境遇、器官移植技术、再生医学、克隆技术、低温技术、电子技术与人工智能各显神通，各种高技术应对不老不死愿望的解决方案可谓捷报频传，衰败器官的修复与人工替代已经覆盖每一个系统。在实验室里，海拉细胞[1]可以有条件地不间断连续繁衍，细胞已经先于生命抵达永生。2009年度诺贝尔生理学或医学奖得主[2]的贡献就是发现了细胞自我修复的端粒酶，延缓衰老已经不是梦想。如果克隆技术不受伦理羁绊，人人都可以在同一个世界里拥有一个克隆备份（诞生双/多重主体），既可以从中获得可替代器官，也可以其作为整体顶替原来（早夭）的生命主体。人们也可以将自身思维、情感、人格模式变成认知算法[3]移植到智能机器人的电脑芯片之中长期保存，定期复制，也就实现了所谓的"电子

---

1 海拉细胞：hela cells。生物学与医学研究中使用的一种细胞，它不同于一般的人类细胞，它不会衰老，可以无限分裂下去，永生不死。
2 2009年度诺贝尔生理学或医学奖得主：三位美国科学家——Elizabeth H. Blackburn、Carol W. Greider 和 Jack W. Szostak。他们的主要贡献在于发现了端粒酶（Telomerase）。端粒酶是细胞中负责端粒延长的一种酶，在保持端粒稳定、基因组完整、细胞长期的活性和潜在的继续增殖能力等方面有重要作用。
3 认知算法：认知计算（Cognitive Computing）。它是模拟人脑认知过程的计算机系统。

化永生"。此外，人机混合（生物＋赛博[1]）器官的研发可获得数倍于自然器官对疾苦、死亡的抵御能力。如果将这些技术叠加、组合，难保不会在不远的将来出现"永生社区"。

现代医学无时不在挑战着死亡的必然性，但迄今为止，并未能改变人的必死性。不过，社会的进步（战争、动乱、饥荒频率的降低）、急性传染病防治管控水准的提升、生命管理（生命风险控制）技术、延缓衰老技术与长寿规律的探索，减少了瘟疫对人口早夭的威胁，增加了长寿人群的比例，也开启了与死神讨价还价的空间，培育了得寸进尺的超级长寿继而不死的欲念。现代医学还试图超越死亡的偶然性，但至今也未能实现。不过，应该承认现代急救技术增加了起死回生的机会，如前所述，器官功能替代技术可以延续衰败器官的机能，在人机混合生命状态下，垂死的生命可以长期苟延残喘，衰败的生命获得生物学意义上的"存活"，开启了临床上逢死必救、永不言弃（1%的希望，100%的努力）、决战死亡的信念和人人都能安享天年的欲念，也引爆"生存"意义的大讨论，生物学意义上的苟活（好死不如赖活的植物人）与"全人"意义上的存活（有情感尊严、有社会性）的交锋。这也引发对于"苟活"代价的考量：不仅患者承受着巨大的身心痛苦，家庭与社会也必须牺牲十分稀缺的资源去承担巨大的医疗技术支出，满足"穷生富死"的心理诉求。

阅读提示（一）

1. 近三十年来，有哪些针对不老不死愿望的医学新技术出现？文章提供了哪些具体例子？
2. 什么是"电子化永生"？什么是"永生社区"？
3. 在现代医学的大背景下，人类希望超级长寿继而不死的观念是怎么被培养出来的？作者对此持什么态度？从哪些用词可以看出作者的态度？
4. 有关"生存"意义大讨论的具体内容是什么？这种讨论是在什么背景下出现的？

---

1 赛博：赛博格（Cyborg），Cybernetic Organism 的简称，又称电子人、机械化人、生化人，是机械化的有机体。以无机物所构成的机器作为有机体（包括人与其他动物）身体的一部分，但思考和动作均由有机体控制。又称人机融合。

词语表（一）

序号	词语	拼音	词性	搭配举例
1	永不○	yǒng bù		～满足/放弃/停歇/改变/屈服
2	危重	wēizhòng	形	～病人；病情～
3	重症	zhòngzhèng		～疾病/病房/肝炎
4	监护○	jiānhù	动	～职责/措施/装置/病人；◎～器/人
5	境遇○	jìngyù	名	人生/生活～；～不佳/不幸/悲惨
6	移植○	yízhí	动	～器官/肝脏/手指；◇～（戏曲）剧目；◎器官/肾/肝脏～
7	克隆○	kèlóng	动	◎～技术；～羊/人
8	电子	diànzǐ	名	◎～书/版/信箱/邮件/游戏
9	人工智能○	réngōng-zhìnéng		
10	神通	shéntōng	名	～广大；各显～
11	可谓○	kěwèi	动	
12	捷报频传	jiébào-pínchuán	成语	
13	间断○	jiànduàn	动	从不/从未～
14	繁衍	fányǎn	动	子孙～；～后代；～生息
15	永生	yǒngshēng	名/动	～不死/不灭；◎～永世
16	生理学	shēnglǐxué	名	
17	得主	dézhǔ	名	金牌/诺贝尔奖～
18	延缓○	yánhuǎn	动	～衰老/老化/进程/发展/发生
19	伦理○	lúnlǐ	名	◎～道德/观念；～学
20	羁绊	jībàn	动	受……～
21	备份	bèifèn	名/动	数据～；定期/及时～
22	双重○	shuāngchóng	形	～身份/国籍/特征/性质；◎～人格

23	多重	duōchóng	形	~选择/含义
24	顶替	dǐngtì	动	~工作/位置；冒名~
25	早夭	zǎoyāo		儿童~
26	生物○	shēngwù	名	~进化；◎~技术/武器/钟；~学/界
27	疾苦	jíkǔ	名	百姓/民生~
28	叠加	diéjiā	动	效果/危害~
29	难保	nánbǎo	动	自身/性命~
30	动乱	dòngluàn	动	社会~；发生~
31	饥荒	jīhuāng	名	发生/闹/度过~
32	频率○	pínlǜ	名	使用/交易/振动~；~高/低
33	急性○	jíxìng	形	~发作；◎~病
34	管控	guǎnkòng	动	严加~；◎风险~
35	水准○	shuǐzhǔn	名	艺术/文化/道德/服务~；~高/低；提高~
36	瘟疫○	wēnyì	名	~流行/蔓延；传播/躲避~
37	开启○	kāiqǐ	动	~时代/（智慧/成功/方便/未来）之门；◇~民智
38	死神	sǐshén	名	~降临
39	讨价还价○	tǎojià-huánjià	成语	
40	得寸进尺	décùn-jìnchǐ	成语	
41	继而○	jì'ér	连	
42	欲念	yùniàn	名	产生/去除~；~疯狂/强烈
43	起死回生	qǐsǐ-huíshēng	成语	
44	如前所述	rúqián suǒshù		
45	机能	jīnéng	名	人体/心理/生理/消化~；~亢进/减退
46	垂死	chuísǐ	动	~挣扎
47	苟延残喘	gǒuyán-cánchuǎn	成语	
48	存活	cúnhuó	动	◎~期

49	临床○	línchuáng	动	◎～经验/教学/症状；～医学
50	逢○	féng	动	每～；◎千载难～；久别重～
51	决战	juézhàn	动	跟……～
52	安享	ānxiǎng	动	～晚年/天年/清福/天伦之乐
53	天年	tiānnián	名	安享～
54	引爆	yǐnbào	动	～炸弹；◇～……大战
55	苟活	gǒuhuó	动	忍辱～；～于世
56	植物人	zhíwùrén	名	变成～；～苏醒
57	尊严○	zūnyán	名	有～；民族/法律/个人～；维护～
58	交锋○	jiāo//fēng	动	与……～
59	引发○	yǐnfā	动	～矛盾/危机/竞争/思考/兴趣
60	考量○	kǎoliáng	动	出于……～；◎政治/经济/安全～
61	身心○	shēnxīn	名	～发展/健康/愉悦/俱疲
62	稀缺	xīquē	形	物资/资源～
63	诉求	sùqiú	名	政治/利益～；倾听～

🎧 08-03

　　我们有必要质疑现代医学"单行道"式的救治选择，其宣言就是"永不言弃"，正是这一顽强的职业信念将医学逼入一个卒子过河[1]的境地，它是典型的战士思维，而非将军思维。很显然，"永不言弃"反映了一种当代的社会意识（恋生、恶死），甚至是一种生命观。这种观念很容易助长当下社会对医学功能的过度期许和畸形想象，一旦不救，就是医者背弃了诺言，就应该追究他们的忠诚，使得悉心救助的医护人员被置于道德审判席上。其基本点是对死亡的恐惧与拒绝（零容忍，一切死亡都是非正常死亡，都是不正当的），人人都幻想长生不死，信奉好死不如赖活。这种意识在高技术医

---

[1] 卒子过河：象棋用语。卒子：象棋盘上排列在最前列的兵卒。象棋规则中卒子只能向前，不能后退。过河的卒子虽然可以横着走，但也不能后退。

疗格局下得到了强化。要知道死亡是生命的一部分，是再自然不过的人生节目，相当多的死亡属于生命个体的自然凋零（寿终正寝），无须医疗技术的介入。而且，对于极度痛苦者来说，死亡是疼痛的终结，是最有效的止痛药。要通过正确的死亡教育让人们消除恐惧，学会坦然接纳，顺从自然归途。

死亡面前，医生是作为还是无为？这成为一个现代性的问题。理想的医学与好医生不是能够战胜死神、超越无常的知识体与技术人，而是认同并艺术化地（柔性、温暖地，而不是冰冷、生硬地）帮助患者接纳人的必死性，认同诊疗过程中无法调和的无限危机与有限治疗之间的矛盾，认定"道高一尺，魔高一丈"，一面与死神决战，一面与死神讲和，同时在生命终末期尽力尽责救助、维护濒死者的尊严，给予临终关怀、灵性照顾、情绪安抚、哀伤慰藉的人，是认同并帮助病家接纳无常的死亡（死亡降临的偶然性），接纳起死回生（死里逃生）、寿终正寝的偶然性，同时创造更大的复活几率[1]，通过有效的生命管理（危险因子控制）实现更多的寿终正寝，继而通过生命教育，使之明了生命的五大向度[2]，不仅有长度，还有宽度、厚度、温度、澄澈度[3]，从而滋长对于生命的感恩之心、悲悯之心、敬畏之心、豁达之心。

生命何以神圣？生命神圣包含两重意思：一是生命无比圣洁，二是生命的历程神秘莫测。生命之花如此美丽，又如此易凋；生命之火如此炽热，又如此微弱；生命力如此坚强，又如此脆弱；人类生命如此伟大，又如此渺小。因为神圣，才会有对生命的敬畏。尽管医学有新知、有奇术，但生命总归无常（生存的不确定性、偶然性）。人生本是一条单行道，途中也会有若干类型可以选择，譬如赖活好死、好活赖死、赖活赖死，最佳的境遇当然是好活好死，但生命的进程绝对不可逆。

如同战斗机在航母上起降既需要弹射器，又需要拦阻索，制止技术与财富冲动的是哲学家与伦理学家，因为对于这个新陈代谢、代际更迭的世界来说，某一个体或群体进入不老不死境地是不道德的，破坏了世界进化的秩序。哲学家们更未随着技术、财富起舞，他们坚定地认定死亡的合理性，永生不在躯体层面，而在精神层面，所谓精神的飞扬，人类精神延续比肉身不灭更有价值。于是，生死豁达成为一种人生智慧，也成为医学反思的支点。

---

1 几率："概率"的旧称。
2 向度：方面，维度。
3 澄澈度：这是一个短语，其中的"度"表示程度。

阅读提示（二）

1. 在作者看来，现代医学口号"永不言弃"的含义是什么？作者认为这个口号存在什么问题？这一口号体现了现代人怎样的生命观？
2. 作者是怎么看待死亡的本质的？他认为应该怎么对待这一生命的自然过程？
3. 对"理想的医学与好医生"来说，"一面与死神决战，一面与死神讲和"具体是一种怎样的做法？这种做法有什么好处？
4. "生命神圣"的具体含义是什么？因为生命神圣，所以作者认为我们对生命应该持有怎样的态度？
5. 航母"弹射器"和"拦阻索"比喻什么？哲学家和伦理学家对于生死问题有什么看法？他们认为什么样的人生态度可以称得上是人生智慧？

词语表（二） 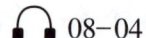 08-04

序号	词语	拼音	词性	搭配举例
64	质疑○	zhìyí	动	～某人；提出/受到/遭到/引发～
65	单行道	dānxíngdào	名	
66	救治○	jiùzhì	动	～病人/伤员；～措施/方案
67	助长	zhùzhǎng	动	～（不良）风气
68	期许	qīxǔ	动	
69	畸形○	jīxíng	形	手部/头部～；◇～发展/消费；社会/观念/审美观～
70	背弃	bèiqì	动	～原则/誓言/承诺/信仰
71	诺言○	nuòyán	名	许下/履行/信守/违背～
72	忠诚○	zhōngchéng	形	对……～；～于
73	悉心	xīxīn	副	～指导/照顾/研究/培养
74	医护人员	yīhù rényuán		
75	审判席	shěnpànxí		
76	基本点	jīběndiǎn		

77	零	líng	数	◎～声母/起点
78	容忍○	róngrěn	动	～缺点/错误；无法/不能～；◎零～
79	长生不死	chángshēng-bùsǐ	成语	
80	信奉	xìnfèng	动	～原则/宗教/上帝
81	凋零	diāolíng	动	草木/鲜花～；◇经济/文化/百业～
82	寿终正寝	shòuzhōng-zhèngqǐn	成语	
83	介入○	jièrù	动	～政治/争端/矛盾/纠纷/私事
84	终结○	zhōngjié	动	危机/关系/寿命/梦想～
85	止痛药	zhǐtòngyào		
86	顺从○	shùncóng	动	～父母/民意/天意/自然之道
87	归途	guītú	名	踏上～；◇人生～
88	无为	wúwéi	动	◎～而治；清静～；碌碌～
89	无常	wúcháng	动	喜怒/人生/变化/反复～
90	柔性	róuxìng	形	～处理/管理/解决
91	冰冷	bīnglěng	形	河水/岩石/手足/四肢/食物～；◇关系/心～
92	生硬○	shēngyìng	形	态度/口气/(处理问题)方式～
93	诊疗	zhěnliáo	动	～设备/仪器/技术/手段/人数；◎～室
94	调和	tiáohé	动/形	～矛盾；不可/难以～；色彩～
95	道高一尺，魔高一丈	dàogāoyìchǐ, mógāoyízhàng	成语	
96	一面○	yímiàn	副	～……，～……
97	讲和	jiǎng//hé	动	跟……～
98	尽责	jìn//zé	动	为……～；◎尽职～
99	濒死	bīnsǐ	动	人/动物～；～状态；◎～经验

100	临终	línzhōng	动	～遗言；～前/时
101	灵性	língxìng	名	很有/充满/富于～
102	安抚○	ānfǔ	动	～人心/情绪/灾民/病人
103	慰藉	wèijiè	动	～心灵；寻求/得到～；精神～
104	死里逃生	sǐlǐ-táoshēng	成语	
105	复活○	fùhuó	动	死而～；◇技术/精神～；◎～节
106	几率○	jīlǜ	名	成功/发病/受伤～；～增加/降低
107	因子	yīnzǐ	名	文化/遗传/危险～
108	厚度○	hòudù	名	物体/煤层/地壳～
109	澄澈	chéngchè	形	溪水～
110	滋长	zīzhǎng	动	～情绪/风气
111	感恩○	gǎn//ēn	动	◎～图报；～不尽；～节
112	悲悯	bēimǐn	动	对……～；◎～之心/之情
113	豁达○	huòdá	形	心胸～；为人/处世～；◎～大度
114	何以	héyǐ	副	
115	无比○	wúbǐ	动	威力/英勇～；～重要/幸运/热情/自信/愚蠢
116	圣洁	shèngjié	形	心灵/情感/艺术/形象～
117	神秘莫测	shénmì mòcè		
118	炽热	chìrè	形	阳光/气体/岩浆～；◇感情～
119	微弱○	wēiruò	形	光线/灯光/气息/声音～
120	脆弱○	cuìruò	形	感情/精神/身体/基础/关系/生态环境～
121	总归	zǒngguī	副	
122	战斗机	zhàndòujī	名	
123	航母	hángmǔ	名	◎～编队/战斗群

124	弹射器	tánshèqì	名	
125	拦阻索	lánzǔsuǒ	名	
126	制止○	zhìzhǐ	动	~（暴力/违法/错误）行为
127	伦理学家	lúnlǐxuéjiā	名	
128	新陈代谢○	xīnchén-dàixiè	成语	
129	躯体	qūtǐ	名	~高大/巨大/强壮；~疾病
130	生死○	shēngsǐ	名/形	~关头；看淡~；◎~之交/兄弟；~存亡
131	反思○	fǎnsī	动	~失败/教训/行为；深刻~
132	支点	zhīdiǎn	名	◇成功/精神~

课文回顾与思考

1. 课文中"全人"的概念是什么？"全人"的生存有意义，而生物学意义上的"苟活"没有意义，你认可这样的看法吗？为什么？
2. 现代医学承载了人们对生命什么样的过高期望？你对"永不言弃"的口号是否赞同？为什么？
3. 如何从正反两方面来看待现代医学的发展？当医学技术与道德伦理产生矛盾时，你认为应该怎么解决这个问题？
4. 你认为在现代社会，是否应该对人进行生死观的教育？为什么？
5. 你认为一个人对待死亡应该持怎样的一种态度？

词语例释

1. 其

"其"有人称代词和指示代词两种用法。

做人称代词时，可以表示第三人称单复数"他、他们"（这里用"他"代替"她/它"），做宾语；也可以表示"他的、他们的"，做定语。做定语的用法最常见。如：

（1）如果克隆技术不受伦理羁绊，人人都可以在同一个世界里拥有一个克隆备份，既可以从中获得可替代器官，也可以其作为整体顶替原来的生命主体。

（2）再就业工程的主要任务就是为失业者提供岗位培训，使其获得再就业机会。

（3）电脑中被我们误删的文件也可以利用特定软件将其还原。

（4）我们有必要质疑现代医学"单行道"式的救治选择，其宣言就是"永不言弃"，正是这一顽强的职业信念将医学逼入一个卒子过河的境地，它是典型的战士思维，而非将军思维。

（5）《论语》中有这样一句话："鸟之将死，其鸣也哀；人之将死，其言也善。"意思是，鸟将死的时候，它的叫声是悲哀的；人将死的时候，他说的话是善意的。

（6）不少演讲者都喜欢引用名人名言以增加其演讲的说服力和感染力。

（7）1619年，德国魏玛公国公布的学校法令规定：父母应送其6—12岁的子女入学。这是最早的义务教育。

例（1）—（3）中，"其"的意思都是"他/他们"。例（1）中，"其"指"克隆备份"，"以其作为"意思是，"把它（克隆备份）作为"。例（2）中"其"指"失业者"。例（3）中"其"指"误删的文件"。例（4）—（7）中，"其"的意思是"他的/他们的"。例（4）中"其"指"现代医学的"，例（5）中两个"其"分别指"鸟的"和"人的"，例（6）中"其"指"演讲者的"，例（7）中"其"指"父母的"。

做指示代词时，指"那个、那样"，有时有一定的虚指意味。成语"不厌其烦、若无其事"中，"其"就是这种用法。"不厌其烦"，不嫌那个麻烦。"若无其事"，好像没有那回事，意思是好像什么事都没有发生。如：

（8）工作时间多处理一些事情，其空暇时间就可以自由支配了。

（9）就其每一代人来说，首先是文化的承继者，然后才是文化的创造者。

（10）看我不会在PPT中插入网络视频，同屋不厌其烦地讲解了好几遍，直到我操作成功。

（11）被别人指责他十分不开心，但表面上还是装出若无其事的样子。

2. 继而

连词。表示做完一件事后，接着做另外一件事，或出现某一情况之后，接着又出现别的情况。多用于书面语。如：

（1）现代医学培育了得寸进尺的超级长寿继而不死的欲念。

（2）掌握了如何用火以后，人类开始食用熟食，继而又陆续学会了制陶和冶炼。

（3）所有的想法都是先在头脑中构思，继而才会付诸行动。

（4）老人过冬天就怕感冒，感冒会引起咳嗽，咳嗽不止，继而又会引发肺炎，导致生命危险。

（5）中午阳光灿烂，下午却突然阴云密布，继而又哗哗地下起雨来。夏天的天气就是这样变幻莫测。

（6）如果我们自我封闭，拒绝先进的技术和文化，就会夜郎自大，唯我独尊，继而从封闭走向愚昧。

3. 再……不过

"再"后接形容词，表示程度最高。形容词多为"简单、容易、轻松、明白、清楚"等双音节词。比如"再简单不过"，表示最简单。用于口语。多做定语和谓语，做谓语时，句尾常有助词"了"。如：

（1）要知道死亡是生命的一部分，是再自然不过的人生节目，相当多的死亡属于生命个体的自然凋零，无须医疗技术的介入。

（2）健康是生命的基石，是人生幸福的源泉。这是再简单不过的道理，应该人人都懂。

（3）对于生长在大山里的人来说，爬山是再轻松不过的事了。

（4）今天是再平常不过的一天，没有什么值得记录的。

（5）比较一下办事效果，谁的能力强、谁的能力弱再清楚不过了。

（6）虽然我为留学也准备了一点钱，但如果能获得奖学金，那就再好不过了。

4. 一面

副词。表示两个或两个以上的动作同时进行，也可表示在一段较长的时间内，同时做几件事情，或几种情况同时存在。常用在"一面……，一面……"的句式里。如：

（1）快下课的时候，她一面听讲，一面已经在考虑中午去哪个食堂吃饭了。

（2）孩子一面哭，一面说，一面还用眼睛观察父母的反应。

（3）一面与死神决战，一面与死神讲和。

（4）大学四年，她一面刻苦学习，一面利用一切机会实习，积累工作经验。

（5）在国外进修期间，他一面去听大学的相关课程，一面跑图书馆、博物馆为论文搜集资料。

（6）虚伪的人是这样的，一面高唱人人平等，一面利用自己的地位欺压弱者。

成语运用

1. 捷报频传

捷报：打胜仗的消息。捷：胜利，成功。频：接连不断。胜利的消息不断传来，比喻好消息不断。现主要指某一领域的研究或建设不断取得突破，取得大的成就。使用中相当于动词，多做谓语。如：

（1）自从换了教练，我们的球队在一系列赛事中捷报频传，多次夺冠。

（2）各种高技术应对不老不死愿望的解决方案可谓捷报频传。

（3）中国高铁 2008 年 8 月开通了京津城际列车，此后便捷报频传，到 2024 年底，全国高铁运营里程已达 4.8 万公里。

（4）中国航天领域可谓捷报频传，载人航天、探月工程、火星探测等计划均取得了阶段性成功，并稳步推进。

（5）从 2013 年中国首次提出建立"国家公园"到 2023 年已过去了十年，十年中捷报频传，除 5 个正式设立的国家公园，候选区已达 44 个，总面积约 110 万平方公里。

（6）人类进入 20 世纪以后，物理学界便捷报频传：相对论、量子力学等重要成果相继问世；数学领域也传出"勒贝格积分"等令人耳目一新的成果。

2. 讨价还价

买卖双方商议价格，也比喻谈判或商议问题时各方反复讨论，以便为自己一方争取更多的利益。有时含玩笑意味。使用中相当于动词，多做谓语，也做定语。如：

（1）现在，许多大商场也允许讨价还价，这使人有点怀疑商家是不是随意标价。

（2）我们的谈判对手非常精明，善于讨价还价，为确保自身利益，我们需要做好充分的准备。

（3）在涉及技术转让的谈判中，在转让费问题上讨价还价是很常见的现象。

（4）这是你的工作，你的责任，怎么能够讨价还价呢？

（5）社会的进步减少了瘟疫对人口早夭的威胁，增加了长寿人群的比例，也开启了与死神讨价还价的空间，培育了得寸进尺的超级长寿继而不死的欲念。

（6）我的猫咪有时会跟我讨价还价，猫粮不吃，要吃我做的鱼。

3. 得寸进尺

得到一寸还想得到一尺，比喻贪得无厌，欲望很难满足。使用中相当于动词，多做谓语，也做定语。贬义，有时也含玩笑意味。如：

（1）在谈判中，我们既要在可能的范围内满足对方的根本要求，又要注意保护自己的基本利益，不能让对方得寸进尺。

（2）没想到邻居的孩子们吃了我送的肉粽后得寸进尺，要求下次肉粽还要加板栗。

（3）养猫的人大多有这样的经历，猫咪开始只要求进主人的卧室，继而得寸进尺，要求在主人的床上睡觉。

（4）俄罗斯文学家普希金（1799—1837）的童话《渔夫和金鱼的故事》，讲述了渔夫的老婆贪得无厌，得寸进尺，最后一无所有的故事。

（5）社会的进步减少了瘟疫对人口早夭的威胁，增加了长寿人群的比例，也开启了与死神讨价还价的空间，培育了得寸进尺的超级长寿继而不死的欲念。

(6) 邻里之间互相体谅是应该的，比如偶尔聚会大声放点音乐没有关系，但得寸进尺的要求就不能答应了，家里天天像酒吧那样热闹，就影响别人的生活了。

4. 死里逃生

在极其危险的情况下，幸运地存活下来，也比喻获得宝贵的成功机会。使用中相当于动词，多做谓语和定语。如：

(1) 那个得急病的孩子经过医生全力抢救，死里逃生，获得了第二次生命。

(2) 在森林中迷路是一件十分危险的事情，能够死里逃生，一半靠野外生存技巧，一半也要靠运气。

(3) 理想的医学和好医生认同并帮助病家接纳无常的死亡，接纳起死回生（死里逃生）、寿终正寝的偶然性。

(4) 高层住宅发生火灾，如果消防员无法施救，那么，靠自救死里逃生的人将极其有限。

(5) 听了朋友从地震中死里逃生的经过，我心惊胆战，同时也十分佩服他有极强的求生意志。

(6) 由于小组赛发挥得不好，想进入决赛，死里逃生的机会只有一个，就是今晚必须战胜对手。

5. 新陈代谢

陈：旧的东西。代谢：更替，更换。新的出现，代替旧的。一般指生物机体的自然生理过程，有时也可以用来比喻新事物代替旧事物。使用中既可以做定语和谓语，也可以做主语和宾语。如：

(1) 对于这个新陈代谢、代际更迭的世界来说，某一个体或群体进入不老不死境地是不道德的，破坏了世界进化的秩序。

(2) 春天，身体机能变得活跃，新陈代谢的速度也加快了。

(3) 最基本的营养素有蛋白质、脂类、糖类、维生素、矿物质和水六大类，是人体生长发育、新陈代谢和抵御疾病的物质基础。

(4) 生物是有生命的个体，生物最重要和基本的特征在于能够进行新陈代谢及遗传。

(5) 人的脑细胞和身体的其他细胞不同，其他细胞可以新陈代谢，脑细胞则是死一个少一个。

(6) 新陈代谢是生命体不断进行自我更新的过程，如果新陈代谢停止了，生命也就结束了。

(7) 传统文化的生命力在于新陈代谢，因此，传统文化也需要吸收新的有益成分。

(8) 企业的技术更新，其实就是企业内部的一种新陈代谢。

修辞讲解

仿词

课文中有这样几个句子：

（1）现代医学无时不在挑战着死亡的必然性，但迄今为止，并未能改变人的必死性。

（2）不仅患者承受着巨大的身心痛苦，家庭与社会也必须牺牲十分稀缺的资源去承担巨大的医疗技术支出，满足"穷生富死"的心理诉求。

（3）人生本是一条单行道，途中也会有若干类型可以选择，譬如赖活好死、好活赖死、赖活赖死，最佳的境遇当然是好活好死，但生命的进程绝对不可逆。

例（1）中蓝色词语"必然性"是汉语中已经存在的词语，而"必死性"是模仿"必然性"临时创造的词语。例（2）"穷生富死"中"穷……富……"借鉴了成语"穷家富路"的结构，"穷家富路"表示在家可节省开支，但出门要多带钱，以便旅途顺利。"穷生富死"的意思因此可以推出，可以一辈子都很节省，但到了最后，为了延长生命可以付出最大的金钱代价。例（3）蓝色的词语都是从俗语"好死不如赖活着"变化而来，课文根据表达的需要，模仿"好死"和"赖活"临时创造出了"好活"和"赖死"，并进行了不同的组合，用以描述对于生和死的各种不同的态度。

模仿语言中已经存在的某个词语或结构，用更换语素或词的方法临时创造出一个新的词语，这种修辞格就叫仿词。仿词能给人耳目一新之感。在使用中，"新词语"和被仿词往往同时出现，形式上保持对照，能产生强烈的幽默感，有时也带有一定程度的讽刺意味。

仿词可分为义仿和音仿两类。

1. 义仿

换用一个反义或类义语素或词，造出一个新的词语。如：

（4）在外是杰出的外交家，回家是优秀的"内交家"，角色转换极其自然。

（5）他虽然不是文盲，但却是科盲，科技知识太欠缺了。

（6）这么不公平的事情你难道没有看见？你不是眼瞎，是心瞎。

（7）自从退休回家，他慢慢变成家庭妇男了。

（8）在空气污染最严重的那些年，我们是谈霾色变。

例（4）—（6）中被仿词和"新词语"同时出现，因为有被仿词做参照，人们很容易联想到"新词语"的意思。例（4），"内交家"仿"外交家"而来，表示处理家庭事务的能手。例（5）"科盲"仿"文盲"，表示在科技知识方面非常欠缺的人。例（6）"心瞎"模仿"眼瞎"，表示毫无辨别是非的能力，不能主持正义。例（7）和例（8）"新词语"单独出现，不过人们很容易联想到原词语，例（7）"家庭妇男"从"家庭妇女"而来，"女"变"男"。例（8）"谈霾色变"

从成语"谈虎色变"而来,"虎"变"霾","霾"是空气污染物,令人生畏,就像可怕的老虎。这种巧妙的仿词能收到风趣幽默的效果。

2. 音仿

利用音同或音近的语素或词,造出一个新的词语。如:

(9) 你说了半天向前看,原来是向钱看。

(10) 该小说的爱情模式不是郎才女貌,而是"郎财女貌"。

(11) 自从开始炒股,朋友见面再不能像以往那样海阔天空、谈古论今了,碰到一起就是谈股论金。

(12) 大家一直以为他们是相敬如宾的夫妻,没想到他们早已相敬如兵了。

(13) 冬季是去东北旅游的最佳时节,童话世界,草木皆冰。

音仿现象十分常见,一般是利用固定短语特别是成语进行巧妙的仿造,以取得意想不到的效果,比如委婉的讽刺。例(9)—(11)都是对拜金现象进行嘲讽,例(9)利用"前—钱"同音,把"向前看"变成了"向钱看"。例(10)从"才华"和"美貌"的理想组合,变成了"钱财"和"美貌"的结合。例(11)中"股、金"与"古、今"同音,从"谈古论今"的话题之广到了只谈论股票和金钱。仿词带来的轻松幽默效果比道德说教、直接讽刺更有艺术性。例(12)中成语"相敬如宾"写夫妻互相尊重,像待客那样有礼貌。"宾"换成"兵",夫妻关系可以想见,已跟敌人一样了。例(13)被仿词"草木皆兵"未出现,该成语形容大战前的恐惧,看到草木都觉得是敌人。"兵"变成"冰",仿词也十分巧妙,表示天气寒冷,到处都是冰。

广告语也经常利用成语的仿词,以求给人留下深刻印象,其中有些是比较成功的。如:

(14) 乐在骑中〖其〗

(15) 咳不容缓〖刻〗

(16) 百衣百顺〖依〗

(17) 一网情深〖往〗

(18) 步步糕升〖高〗

例(14)—(18)中,蓝色字是原成语中某字的替换字,括号中是成语中的原字。例(14)所用成语"乐在其中",表示从做一件事中感到快乐。"骑""其"同音,改成"乐在骑中",快乐在骑车之中,语法也完全正确。这是摩托车广告,是仿成语比较成功的例子。例(15)"刻不容缓"表示一刻也不能等,时间紧急。"咳"与"刻"音近,"咳不容缓",表示咳嗽要马上治疗,不能等,为咳嗽药的广告。例(16)"百依百顺"表示事事都依顺、顺从,"依"换成"衣","百衣百顺"表示熨过的衣服很平顺,是电熨斗的广告。例(17)"一往情深"表示感情一直很深厚,"往"改成"网",表示对网络的强烈依恋,是网吧的广告。例(18)"步步高升"是祝福别人不断升职,"高"改成"糕",很明显是糕点店的广告,吃了糕点就能有升职等好运。

总的来说,仿词辞格因为创造出了新词语,因此能给人新鲜感、新奇感,从而收到意想不到的效果。当然,仿词也要遵守语言规则,不能随意改变原词,为了仿词而仿词,反而会弄巧成拙。

第一部分 词汇、语法、修辞

一、解释加点语素的意思,并根据拼音完成新词,同时说明其词义。

1. 再生（　　　　　）
   再 zào _____
   再 xiàn _____

2. 低温（　　　　　）
   低 diào _____
   低 tàn _____

3. 高技术（　　　　　）
   高 kējì _____
   高 shuǐzhǔn _____

4. 社区（　　　　　）
   社 qún _____
   社 tuán _____

5. 早天（　　　　　）
   早 chǎn _____
   早 shú _____

6. 苟活（　　　　　）
   ___ lài ___活
   ___ lè ___活

7. 零容忍（　　　　　）
   零 wūrǎn _____
   零 zēngzhǎng _____

8. 几率（　　　　　）
   ___ diǎnjī ___率
   ___ lì ___率

9. 易涝（　　　　　）
   易 bào _____
   易 rán _____

10. 战斗机（　　　　　）
    ___ kè ___机
    ___ yùnshū ___机

二、选择成语改写句子并造句。

捷报频传　讨价还价　得寸进尺　死里逃生　新陈代谢

1. 夜里突发的洪水冲毁了村庄，只有一半的人侥幸活了下来。
   改写：_____
   造句：_____

2. 父母要求孩子假期中每周至少打扫一次房间，孩子同意了，不过提了一个条件，打扫完房间，父母要请他到饭店吃一顿。
   改写：_____
   造句：_____

3. 一楼住户在公共绿地放自家养的花，邻居们没有反对，现在他们又要把绿地变菜地，这就过分了，也违法了。
   改写：_____
   造句：_____

4. 艺术需要创新，就像人体，细胞定期就会更新。
   改写：_____
   造句：_____

5. 近年来中国在深海技术领域不断取得突破，2020年11月10日，"奋斗者号"载人潜水器成功坐底海洋最深处——马里亚纳海沟，深度10,909米。
   改写：_____
   造句：_____

三、词语搭配与填空。

瘟疫	脆弱
身心	生硬
态度	健康
光线	流行
感情	微弱

（1）太阳快要下山的时候，森林里_____ _____，笼罩着一层神秘的气息。

（2）医学研究表明，饲养宠物有益于_____ _____，不过，要注意不要让宠物对他人造成影响。

（3）黑死病是人类历史上最严重的_____之一，_____于1347—1353年间的亚欧大陆。

（4）看到病人遭受痛苦，几个_____比较_____的新护士常常流泪。

（5）有些老人说话慢，反应也慢，如果售票员_____ _____，老人一紧张甚至会说不清自己要去哪里。

延缓	时代
提高	发展
开启	尊严
维护	病人
救治	水准

（6）1905年，爱因斯坦连续发表了6篇重要论文，在物理学的多个前沿领域做出了开创性贡献，_____了现代物理学的新_____。

（7）只要病人遵照医嘱好好休养，就能_____病情_____，也能保证生活质量。

（8）人到了海拔2500米左右的高原就可能出现高原病，轻者只需要吸氧、休息，但如果遇上感冒，就很危险了，一定要及时将_____送到医院_____。

（9）我们的旅游公司这几年虽然有了较大发展，但还应该进一步_____服务_____。

（10）我们应以平等之心对待所有人，尊重并_____每个人的_____。

引发	情绪
违背	矛盾
顺从	父母
安抚	行为
制止	诺言

（11）城市中因养狗_____的_____愈来愈多，引起了社会的广泛关注。

（12）"食言"一词的意思是_____ _____，不管在哪种文化中，这种行为都是道德低下的表现。

（13）他从小就是一个听话的孩子，习惯于_____ _____，但并不是说父母错了他也不敢指出来。

（14）地震过后，政府往灾区派送了专业心理咨询师，_____灾民_____，对灾民进行心理疏导和治疗。

（15）森林法规定，护林员的主要职责是巡护森林，_____破坏森林资源的各种违法_____。

（16）一个没有丰富_____ _____的医生，遇到突发情况，很可能处置不当。

（17）中国传统的_____ _____观念，很大一部分是规范家庭内部人际关系的。

（18）一旦机器人学会了独立思考，很有可能不会继续服从人类的管控，甚至会对人类发起攻击，这是目前人们对_____ _____最大的担忧。

（19）人体_____ _____被称为"生命的再造"工程。

（20）_____ _____需要发展，但是否能用之于人，目前在世界上还存在巨大的争议。

◎ 器官　技术
　 人工　移植
　 克隆　智能
　 伦理　经验
　 临床　道德

四、用指定词语完成句子或对话。

1. 他很好面子，即使错了，_____（永不）
2. 不管我们遇到什么困难，他总是第一个给予帮助，_____
_____（可谓）
3. 他从小练习书法，_____（间断）
4. 很多女性不仅要工作，而且还要承担大部分的家务活，_____
_____（双重）
5. 如果你想知道一个词是否常用，_____（频率）
6. _____，他打急救电话叫来了救护车。（急性）
7. 这项运动是从城市兴起的，_____（继而）
8. _____，他就紧张得整夜不能睡觉。（逢）
9. A：我很佩服那些参加辩论赛的同学。

   B：_____（交锋）
10. 他在论文中提出的新观点并不是所有人都接受，_____（质疑）
11. 如果一个人的生活中只有工作，没有休闲，_____（畸形）
12. 虽然有人不喜欢狗，_____（忠诚）
13. 遇到车厢里有人一直高声打电话，_____（容忍）
14. 虽然你总是热心帮助朋友，_____（介入）
15. 他参加校园歌手大赛原定的目标是进入决赛，_____（终结）
16. 每个学期快结束的时候，老师们都喜欢带上水果或自己做的点心聚一聚，_____

_____（一面）
17. 人体冷冻是一项还在试验中的医学技术，_____（复活）
18. 中国有句俗语："滴水之恩，当涌泉相报。"_____（感恩）
19. 人的美德有很多种，_____（豁达）
20. 读大学的这几年他一直没有回家，听说父母这个月要来看他，_____
_____（无比）
21. 一个人犯错并不可怕，_____（反思）

五、选择适当的关联词填空，如果所填关联词是合用关联词中的一个，请画出另一个。

> 另一方面　　无论　　但　　因此
> 从而　　与　　或　　不仅　　都　　一面

众所周知，医学由自然科学_____人文科学交织而成。_____遗憾的是，多数公众并不能看到医疗运行的真实轨迹。一方面，公众所见到的，是门诊里排得很长的队伍与大夫的三言两语，_____是病房里冰冷的仪器与大夫们匆忙的脚步。谈话单上一行行难以理解的术语难以消除内心的疑虑，急诊抢救室亮着红灯的大门加深了家属们的无助。_____，媒体的报道呈现强烈的两极分化，一面用传统的语调歌颂呕心沥血、任劳任怨的医圣，_____不加查证就对医德医风胡乱指责和猜疑。_____是现实经历还是媒体报道，_____让公众对医学形成了并不真实的刻板印象，_____加重了患者对医疗行为的疑虑，也撕裂着本就脆弱的医患关系。

_____，向公众展现医护人员对疾病的真实认识、对医患关系的真实思考，无疑是重要的。正如我们这本书的封面展现的那样，在看似神秘、显得冰冷的医学世界之中，有着一条运行轨迹，这条轨迹就是不断进步的医学科学和高悬于心的道德准则。我们试图通过文字，让你触摸到这条轨迹，让你感受到这条轨迹的力量与温度，_____对医疗行业有更客观的理解和更理性的思考。

六、排序，并画出各句所用关联词及其他可提示句子顺序的词语。

1. A. 当然不是
   B. 但器官移植、人工关节置换、微创腔镜就是医学现代化的真实面目吗
   C. 因为医学在技术之外还始终伴随着对人的生命的终极关怀
   D. 在一般人的认识中，现代医学主要就指医学技术

E. 人不是机器，医学是"人学"

正确语序：_____

2. A. 怎样才算是尊重人的价值呢

B. 人的身上有三种东西是其最宝贵的价值体现：生命、头脑（理性）和灵魂（超越性）

C. 什么是人文精神

D. 人文精神就是尊重人的价值

E. 尊重它们就是尊重人的价值

正确语序：_____

3. A. 并由此引发了一系列社会伦理问题

B. 又是伦理学的一个分支

C. 医学伦理学正是评价人类的医疗行为和医学研究是否符合道德的学科

D. 它是医学的一个重要组成部分

E. 现代医学的飞速发展不断冲击着人类传统的伦理观念

正确语序：_____

4. A. 希波克拉底（前460—前377）为古希腊医师

B. 至今仍是从医人员入学第一课要学的重要内容

C. 相传他留下了一部有关医生职业道德的《希波克拉底誓言》

D. 被西方尊为"医学之父"

E. 也是全社会所有职业人员言行自律的标准

正确语序：_____

5. A. 他认为，生命的产生、存在和发展都是自然的产物

B. 而不是以个人意志去违背它

C. 在先秦诸子中，庄子对生死问题的思考最为深刻

D. 这样人们也就能够对死亡持有一种平常的态度

E. 对待自然的态度应该是顺应它

F. 而不是去惧怕它

正确语序：_____

七、修辞练习。

1. 下面这段文字节选自林清玄的散文《光阴似箭日月如梭》。请指出哪些地方用了仿词辞格，产生了什么样的表达效果。

　　小学的时候不知道为什么，所有的小学生写作文、日记、周记，一开始都是"光阴似箭，日月如梭"。

　　其实，那时候很多人没射过箭，也没有见过织布的梭子。

　　到四年级，我们的导师才严格规定：不论是作文、日记、周记都不准用"光阴似箭，日月如梭"，要使用那些平常看得见的东西来形容。

　　一时之间，光阴和日月就变得很热闹了。

　　例如光阴似鱼，日月如鸟。

　　例如光阴似水，日月如云。

　　例如光阴似风，日月如电。

　　也有说光阴似蝴蝶，翩翩飞去；日月如蜜蜂，一次采蜜只留下一些甜蜜的回忆。

　　从此，创造力大开。

　　一直到四十岁以后，才知道光阴和日月都是快到无法形容和譬喻的。

　　偶尔想起写"光阴似箭，日月如梭"的童年岁月，自己也开心地笑了。

2. 下面各题左列是广告语，右列是商品或商店名。广告语均来自成语，括号中给出了成语原字。请结合商品或商店名推测广告用语中仿造的字，并将仿造的新词语与商品或商店名连起来。最后说明你认为这五例成语仿词是否成功。

　　（1）默默无"＿＿＿＿"〖闻〗　　A. 淋浴器

　　（2）口蜜腹"＿＿＿＿"〖剑〗　　B. 蚊香

　　（3）随心所"＿＿＿＿"〖欲〗　　C. 礼品店

　　（4）一见钟"＿＿＿＿"〖情〗　　D. 口服营养液

　　（5）"＿＿＿＿"所当然〖理〗　　E. 乐器店

第二部分 拓展阅读

八、选择合适的句子填入短文画线处，并概括短文的主要内容。

A. 从进化的角度看，微生物是一切生物的老前辈

B. 微生物对人类最重要的影响之一是导致传染病的流行

C. 一系列举足轻重的科学成果，使巴斯德被后人誉为"微生物学之父"

D. 自古以来，人类已经觉察到微生物的生命活动及其所发生的作用

微生物是一切肉眼看不见或看不清的微小生物的总称。_____。例如中国利用微生物进行酿酒的历史，可以追溯到 4000 多年前的龙山文化时期。北魏贾思勰的《齐民要术》中，列有谷物制曲、酿酒、制酱、造醋和腌菜等方法。不过，因为人眼无法直接观察到微生物的存在，直到 17 世纪，荷兰人列文虎克（Antonie van Leeuwenhoek，1632—1723）利用自制的简单显微镜观察牙垢、雨水、井水和植物浸液后，才发现了这些神奇的"微小动物"的活动，并用文字和图画科学地记载了人类最早看见的"微小动物"——细菌的不同形态。巴斯德（Louis Pasteur，1822—1895）是近代微生物学的奠基人。在他一生的研究中，先后成功地研制出鸡霍乱疫苗、狂犬病疫苗等多种疫苗，还有现已被广泛应用于各种食物和饮料消毒的"巴氏消毒法"，他还第一个提出了以微生物代谢活动为基础的发酵本质理论，并发展了对人进行预防接种的技术。_____。

_____。人类疾病有 50% 是由病毒引起的。世界卫生组织公布的数据显示：传染病的发病率和病死率在所有疾病中占第一位。与微生物的战斗让我们付出了惨重的代价。尽管我们已经取得了长足的进展，但是新现和再现的微生物感染还是不断发生，像大量的病毒性疾病一直缺乏有效的治疗药物，而且疾病的致病机制并不清楚。现代医学上大量抗生素的滥用，虽短时间内抑制了致病菌，但也导致了致病菌耐药性的产生，人类健康不断受到新的威胁。最典型的例子就是流行性感冒病毒，每次的流感大流行，其流感病毒都与前次流行时的病毒有很大的变异，这种快速的变异给疫苗的设计和患者的治疗造成了很大的障碍。

微生物充斥于人类生活的方方面面，_____。如果把地球的年龄比喻为一年的话，则微生物约在 3 月 20 日诞生，而人类约在 12 月 31 日下午 7 时许出现在地球上。所以如何利用有益微生物，剔除有害微生物，还需要人类长久的艰苦研究，不断探索。

这篇短文的主要内容是（请选择）：

☐ A. 人类发现和利用微生物的历史
☐ B. 巴斯德在医学和生物学上的杰出贡献
☐ C. 人类发现微生物的历史和微生物对人类的影响
☐ D. 微生物比人类古老得多，人类不可能消除微生物的危害

九、阅读下面的文章，并完成后面的练习。

道别[1]

自得麒乐

收到挚友发过来的短信时，是在一个阳光明媚的下午，我无法揣测那一刻他的心情，是不是世界在一瞬间失去了颜色。

他的父亲被诊断为肝癌。

之前一直以为只是肝血管瘤。

我们两个，在隔着几千公里的两个城市，做着外科医生。

我们经历过很多病人的生死，经历过很多家属的眼泪，我们跟患者和家属说过无数或有用或无用的安慰，然后又转身，在无影灯下刀起刀落，品读着刀下人生。

直到毫无防备地，自己站到患者家属的位置。

这种打击比普通人遭遇这种情况时更重。

一方面，我们是医生，却让自己的挚爱亲人在自己眼皮底下，得了如此严重的疾病却<u>浑然不觉</u>①；另一方面，也因为我们是医生，我们更清楚这意味着什么。

但是：

即使你看惯别人的经历，并不意味着你在经历的时候就能做得更好。

即使你看见别人这么做，知道那是没有多少意义的疯狂，并不意味着，真到那时候你不会一样手足无措地去那么做，即便你知道那是没有多少意义的疯狂。

置身事外的时候，你看大概率；置于其中，你也会<u>奢望</u>②奇迹。

---

[1] 文章选自协和八编著的《医生你好：协和八的温暖医学故事》，人民卫生出版社，2017年版。本文作者是傅麒宁，医生，笔名"自得麒乐"。

我从后来很多人描述的<u>只言片语</u>③信息中，努力去还原那一段经历：

他父亲的手术<u>耗时</u>④6个小时，术后重症监护室待了近一周，一度严重的凝血功能异常，依靠大量的血浆冷沉淀（是指富含Ⅷ因子及纤维蛋白原的成分血制品，用于纠正患者凝血功能异常）纠正，出监护室后仍然基本不能自主<u>进食</u>⑤……

如果白天上班，晚上陪护的经历只是辛苦，面对这不容乐观的病情，则是情感的煎熬。

最大的无助，就是拼尽全力，却仍然无法改变结局。

多年后，我在一本心理方面的通俗读物上读到这样一段话：

> 我们常常会因为亲人的离世产生深深的<u>自责</u>⑥，好像如果我当时做了什么，这件事就不会发生了一样。这其实是一种幼稚的自恋，它夸大了我们自己的能力，却忘记了决定死亡的是比我们更为强大的力量。

那句话给我的震撼是巨大的：医生何尝不是？我们总自以为手握着生命的托付，却忘记了决定生死的是比我们更为强大的力量。

"永不放弃"是对的吗？

"拼尽全力"是对的吗？

医疗的极限在哪里？在面对无法挽回的结局时，拼尽全力，是为了病人，还是为了减轻我们内心的自责，好让我们可以在面对那个结局的时候，去说，"我们已经尽力了"？

而人生最大的遗憾，不是死亡，而是在死亡之前，来不及去道爱、道歉、道谢，以及道别。

大一的时候我外婆去世，那是在2004年"十一"期间，去世之后两天我母亲才告诉我。后来外公家阳台上外婆种的花少了很多，只记得原来阳台上玫瑰开的时候外婆会用玫瑰花瓣制作玫瑰饼，昙花开的时候会有昙花汤。还有粉红和淡紫的喇叭花，在四月的时候，开满了阳台。

不同国家和地区的华人对死亡大多都持有相同但错误的观念。例如，患病子女不愿父母探访，以为不让父母伤心难过才是孝道；子女不愿父母受病痛折磨，盲目寻求救治方法，最终却让父母饱受更大的痛楚。

挚友父亲离世前，我跟他说，如果还上着监护，血压别测了，能静音都静音。所有抢救措施都不要上了。

第二天，他父亲走了。

我和挚友再次见面已是几个月之后,他从冰箱里拿出一瓶酸奶给我,突然淡淡地说了句:"我爸最后根本吃不了任何东西,就只能喝点这个酸奶。"

四月的北京,一团团杨絮在空中飘散,棉花般地越聚越大。

把清明这个悼念逝者⑦的日子,选在草木吐绿的初春,不知道这是不是先哲⑧在教我们,把生死也看淡成一种自然。

1. 给文章拟一个新的题目(写在下面的横线上)。

_____

2. 解释文中画线词语。

①浑然不觉　　　　②奢望

③只言片语　　　　④耗时

⑤进食　　　　　　⑥自责

⑦逝者　　　　　　⑧先哲

3. 判断下列说法是否符合文章原意(符合请画"√",不符合请画"×")。

(1)"我"和挚友都是经验非常丰富的外科医生。　　　　　(　　)

(2)当医生变成患者家属时,他们遭受的打击可能更重。　(　　)

(3)医生一般不会对自己患病的亲人进行没有意义的抢救。(　　)

(4)作为医生,"我"认为"永不放弃""拼尽全力"是对的。(　　)

(5)没来得及跟外婆道别是"我"一生最大的遗憾。　　　(　　)

(6)患病子女怕父母伤心不让父母探望自己,这种孝道"我"认为是值得提倡的。

(　　)

(7)挚友父亲去世几个月后,"我"发现挚友已经不怎么想念他的父亲了。(　　)

(8)文章最后写清明节,是为了强调对父母尽孝道的重要性。(　　)

4. 回答问题。

"我"认为对待生死应该是一种怎样的态度?为什么?

_____

_____

_____

_____

第三部分 写作

十、写出课文的内容提要。（300字左右）

十一、阅读下面这段文字，想象一下，如果一个人长生不老，他可以做什么。写一个科幻小故事。（600字左右）

> 在中国古典小说《西游记》中，有办法可以使人长生不老，那就是吃蟠桃、人参果、仙丹或唐僧肉。
>
> 今天，我们有了更多的办法，让我们向着"长生不老"的境地迈进。
>
> 不过，此时此刻，我们还是要驻足思考一下，为什么要永生？如果永生，我们打算做什么？这里不是说活上几个世纪，而是永远活着。宇宙的热死寂[1]约在220亿年后，够不够久呢？拥有不死之身的你，依旧活着。宇宙变得寒冷而散漫，所有物质散漫得如此稀薄，以至它们之间无法发生任何相互作用。而你，也在那里，永永远远地看着，思考着……

---

[1] 热死寂：宇宙理论的一种。宇宙最终达到温度处处相等的热平衡状态，这时一切变化都不会发生了，宇宙处于死寂的永恒状态。

语言实践

一、上网听一场王一方老师有关医学人文主题的讲座,记下讲座名称,并整理出王老师的基本观点。

二、收集哲学家、作家、艺术家等不同职业身份的人对"人生意义及生死观"话题的看法。整理归纳其观点大致可以分为几类,每一类中有代表性的观点分别是什么。以图表形式展示。

第九课　神圣的宁静
——维米尔的绘画世界

邹广胜

课文导览

【作者简介】

邹广胜（1967—　），江苏人。浙江大学教授。主要从事文艺学、比较诗学和美学的研究。出版的专著有《比较文化诗学十三讲》《中国传统文化的现代意义：关于中西文化对话的再思考》《中西文化对话：理论与研究》《人的乌托邦》《中国文学图像关系史·魏晋南北朝卷》等。

【作品出处】

课文选自《读书》，2016年第1期，有删减。

【话题归属】

课文可以围绕艺术和人生境界的关系这个中心话题进行学习和讨论。人类自童年时代起便有艺术活动，艺术是人类共通的语言。走近大师，欣赏名作，既可以享受审美愉悦，提高鉴赏水平，也能丰富我们的精神世界。本课以西方油画为着眼点，与此相关的内容，如艺术家、艺术流派、艺术思潮、审美观、艺术的功能等话题，也都可以进行讨论。

课前准备——课堂报告选题

1. 维米尔的绘画艺术；
2. 西方绘画史上的艺术流派；
3. 一件闻名世界的艺术品 / 一家著名的艺术博物馆；
4. 艺术与社会的相互影响；
5. 某一绘画形式的发展和流传；
6. 学生本国的艺术种类（任选一种）。

课　文

🎧 09-01

　　我去年夏天[1]有幸去参观阿姆斯特丹国立博物馆（Rijksmuseum, Amsterdam），令人惊奇的是，博物馆宣传册页的封面既不是众所周知的伦勃朗[2]的《夜巡》，也不是阿维坎普[3]的《隆冬溜冰者》，甚至也不是埃文丁根[4]的《戴大帽子的少女》，而是维米尔[5]的《倒牛奶的妇女》[6]。博物馆还收藏了维米尔另外三件重要作品：《读信的蓝衣女子》《小街》《情书》。画前总是不断地站着很多游人在沉思欣赏，完全可以看出维米尔在荷兰乃至欧美艺术界的重要地位，现已是与伦勃朗、梵高[7]齐名的艺术大师。

阿姆斯特丹国立博物馆（李素　提供）
（2023年6月"维米尔特展"期间）

---

1 作者2015年在德国海德堡大学做访问学者，其间参观了欧洲许多重要的博物馆。
2 伦勃朗：Rembrandt Harmenszoon van Rijn（1606—1669）。荷兰17世纪绘画艺术的代表人物。
3 阿维坎普：Hendrick Avercamp（1585—1634）。荷兰杰出的冬季风景画大师。
4 埃文丁根：Caesar van Everdingen（1616—1678），也译作埃弗丁根。荷兰杰出的肖像画家。
5 维米尔：Johannes Vermeer（1632—1675）。荷兰17世纪绘画艺术的代表人物。
6《倒牛奶的妇女》：*The Milkmaid*，也译作《倒牛奶的女仆》。
7 梵高：Vincent van Gogh（1853—1890）。荷兰最伟大的画家之一，对二十世纪的艺术有很深的影响。

然而遗憾的是，正如他曾在西方艺术史沉默二百年之久一样，现在还基本沉默在中国的艺术界，其影响远不及伦勃朗，更不要说梵高了。目前国内仅见的几本关于维米尔的图书大都不够精美，但精美细致的构图与光彩照人的色彩正是维米尔画作的基本特点。至于其画作所特有的精美宁静气质更是伦勃朗与梵高的绘画所不具有的，对今日艺术及美学理论的发展也有着补偏救弊的意义。

阅读提示（一）

1. 阿姆斯特丹国立博物馆的宣传册页，让作者感到惊奇的是什么？
2. 阿姆斯特丹国立博物馆收藏有维米尔的哪几幅绘画作品？
3. 从观众的反应来看，维米尔作品的影响力如何？
4. 在中国的艺术界，维米尔的影响力如何？什么情况让作者感到遗憾？

词语表（一）  09-02

序号	词语	拼音	词性	搭配举例
1	有幸○	yǒuxìng	形	～认识／结识／拜访／参观；◎三生～
2	国立	guólì	形	～大学／图书馆／美术馆／博物馆
3	册页	cèyè	名	山水／花鸟／地图～
4	封面○	fēngmiàn	名	书籍／杂志～；◎～人物
5	隆冬	lóngdōng	名	～时节／季节／天气
6	溜冰	liū//bīng	动	◎～鞋／场
7	情书	qíngshū	名	写～
8	光彩○	guāngcǎi	名／形	大放／失去～；为……增添～；不～；◎～照人／夺目
9	画作	huàzuò	名	一幅～
10	补偏救弊	bǔpiān-jiùbì	成语	

《戴珍珠耳环的少女》(荷兰海牙莫瑞泰斯皇家美术馆)

维米尔笔下普通市民的日常生活与劳作充分显示了丹纳[1]《艺术哲学》中所赞美的荷兰黄金时代[2]所具有的令人感动的优雅与和谐。画中没有纷争,没有危机,没有狂热的情感,甚至没有戏剧性,人物都是平静地沉浸在自己的事务之中,与其说是他们爱好自己的工作,倒不如说是毫无怨言地承受,平静地、日积月累地、不厌其烦地重复着自己的生活与劳作,正如《倒牛奶的妇女》《绣花边的女工》中的女人一样,读信、写信、绘画、弹琴、恋爱、交谈、倒奶、饮酒等,无不如此。维米尔的绘画充满了一种自然质朴、精确完美、神秘静谧的诗意,特别是画中的房间常常充满了阳光,这些柔和而优雅的阳光使画中寻常的人物充满了一种超出日常生活的神性,这是艺术家美好的愿望使朴素的日常场景通过光的渲染散发出的令人感动的神圣之光,这种光往往从左边的窗口射进来,更能使我们深刻地感受到它。特别是《戴珍珠耳环的少女》中宁静纯真的回眸一瞥所散发出的自然而神秘的美,令人难以忘怀,说其可以与《蒙娜丽莎》[3]相提并论并不为过,只不过《蒙娜丽莎》的美更成熟,更优雅,而《戴珍珠耳环的少女》

---

1 丹纳:Hippolyte Adolphe Taine(1828—1893),也译为泰纳。法国著名文艺理论家和史学家。他的艺术哲学对19世纪的文艺研究产生了深远的影响。《艺术哲学》一书是丹纳最重要的文艺理论著作,集中体现了他的文艺理论思想。

2 荷兰黄金时代:荷兰在17世纪商贸繁荣,艺术和科学也取得了辉煌成就,达到巅峰状态。这一时期被称为荷兰的黄金时代。

3《蒙娜丽莎》:意大利文艺复兴时期的绘画代表作,也是世界上最负盛名的艺术品。达·芬奇(Leonardo da Vinci,1452—1519)所作,现藏巴黎卢浮宫。《蒙娜丽莎》中人物的笑容被称为"神秘的微笑"。《戴珍珠耳环的少女》以其杰出的艺术成就被称为"北方的蒙娜丽莎"。

的美则更清纯无瑕。少女侧身面向画家，也向着我们这些好奇的观画者凝望。她身着朴素的黄色外衣，与头上自然下垂的柠檬色头巾相呼应，白色的衣领、蓝色的头巾鲜明和谐地统一在一起。粉红色的脸庞，殷红的嘴唇，显得健康而又宁静。耳朵下的泪形珍珠垂挂在头巾下的阴影之中熠熠生辉，与同样大小的两只眼睛既遥相呼应，又构成了一道与头巾优美平行的弧线，同时也与整幅画全黑的背景形成了鲜明对比，好似她从不知名的远方走来。她的眼睛、她的珍珠如黑暗中相连的三盏明灯，让我们驻足；她微启[1]的嘴唇似乎在回答我们的询问，更似乎刚从自己的世界与沉思中惊醒，无意中看到了我们，清澈的眼神显露出她纯洁无瑕的内心世界，我们在这无瑕的一瞥中杂念顿消。

阅读提示（二）

1. 维米尔所画的普通市民生活具有什么特点？在他的画作中可以看到哪些主题？
2. 作者为什么觉得维米尔的画充满诗意、具有神性？
3.《戴珍珠耳环的少女》为什么可以与《蒙娜丽莎》相媲美？
4. 作者对《戴珍珠耳环的少女》的介绍，主要侧重在哪个方面？

词语表（二）  09-04

序号	词语	拼音	词性	搭配举例
11	劳作	láozuò	动	辛勤/田间/户外/整天/日夜～
12	赞美○	zànměi	动	～自然/人/生活；◎～诗
13	优雅○	yōuyǎ	形	风度/气质/举止/动作～；～大方
14	狂热○	kuángrè	形	～信仰/追求/鼓吹/迷恋/崇拜；想法/头脑/情绪～；◎～分子
15	戏剧性	xìjùxìng	名	（结局/情节）充满～
16	沉浸○	chénjìn	动	～在幸福（喜悦/烦恼/忧伤）之中

---

1 微启：微微张开。

17	与其○	yǔqí	连	～……，不如……
18	怨言○	yuànyán	名	毫无／满腹～；口出～
19	日积月累	rìjī-yuèlěi	成语	
20	不厌其烦	búyàn-qífán	成语	
21	花边	huābiān	名	◎～新闻
22	女工	nǚgōng	名	工厂～；当～
23	无不○	wúbù	副	～敬佩／赞叹
24	质朴○	zhìpǔ	形	民风／人心／风格～
25	静谧	jìngmì	形	山村／海边／森林～
26	柔和○	róuhé	形	光线／色彩／线条／声音～
27	神性	shénxìng	名	充满～
28	艺术家	yìshùjiā	名	
29	朴素○	pǔsù	形	生活／衣着～；◇思想／认识／看法／语言／感情～
30	渲染	xuànrǎn	动	～气氛；故意／过分／大肆～
31	耳环	ěrhuán	名	珍珠～；戴～；一对／一副～
32	回眸	huímóu	动	～一笑
33	瞥	piē	动	～一眼
34	忘怀	wànghuái	动	难以／不能～
35	相提并论○	xiāngtí-bìnglùn	成语	
36	不为过	bùwéiguò		
37	清纯	qīngchún	形	形象／气质～；泉水／空气～
38	无瑕	wúxiá	动	◎完美～
39	侧身	cèshēn	动	～躲过／挤进
40	凝望	níngwàng	动	～天空／大海／远方／窗外
41	身着	shēnzhuó	动	～礼服／盛装／军装／工作服
42	柠檬	níngméng	名	～水／茶／汁／酸
43	头巾	tóujīn	名	戴～

44	衣领	yīlǐng	名	
45	粉红	fěnhóng	形	～桃花／月季；◎～色
46	殷红	yānhóng	形	血色～
47	嘴唇○	zuǐchún	名	～苍白／红润／丰满
48	垂挂	chuíguà	动	树枝／窗帘～
49	熠熠生辉	yìyì shēnghuī		
50	遥相呼应	yáoxiānghūyìng	成语	
51	弧线	húxiàn	名	～优美／美丽／漂亮
52	盏○	zhǎn	量	一～灯
53	驻足	zhùzú	动	～不前／观看
54	惊醒○	jīngxǐng	动	被……～；从（睡梦／沉思）中～
55	无意○	wúyì	副／动	～打扰／冒犯；◎～中／之中
56	纯洁○	chúnjié	形	心灵／友谊／感情～
57	杂念	zániàn	名	排除／消除～；～顿消；◎私心～
58	消○	xiāo	动	～愁；～毒／炎；◎烟～云散

🎧 09-05

　　女性在维米尔画作中占据着绝对主导的地位，无论是工作中的女性，还是从事简单日常劳作，甚至是纯粹休闲中的女性，她们在享受着生活，即使那些纯粹的肖像画也都充分展示了女性自身的富足、沉静与价值。《倒牛奶的妇女》则是对荷兰日常生活的描绘：简单的构图、朴实的厨房、怀旧的氛围、健壮的摺[1]起裙角的妇女、悬挂的篮子与马灯、日常的面包和牛奶、透着光线的烟熏的窗口。整幅画的主题都在女人随遇而安、自我满足的神情中得到了最高的体现，这是维米尔绘画的基本情调。心如止水的平静、明暗交错的构图、纯熟的技巧、鲜艳的色彩、丰满的体格、宁静的氛围，和谐完美地统一在一起，画作中透露出的令人心旷神怡的宁静与安详使我们深刻感受到

---

1 摺：简体字为"折"，折叠。

艺术家自己也生活在心满意足之中。维米尔对女性细微深刻的刻画、对日常生活场景生动感人的写照、绘画中精美的细节、对家具的深厚感情、对阳光与宁静的赞美都来自他对自己繁忙而充实的生活的感叹，明亮的窗口所带来的阳光正如来自另外一个世界的恩典，把荷兰的每一个房间都照射得令人倍感温暖。

《倒牛奶的妇女》

在对日常细节的处理上，维米尔对生活用品做了精美的刻画。如这幅《倒牛奶的妇女》中女人深浅不一的上衣、微微倒出的牛奶、粗糙的面包表面、条纹清晰的挂篮，令我们印象深刻。特别是女人头顶墙上无用的钉子及其投下的淡淡阴影，还有其他几颗拔过钉子留下的洞痕。这颗钉子显然以前也曾悬挂过东西，正如它旁边依然悬挂着提篮和水壶的钉子一样，这样的钉子在我们小时候的墙上也常常能看到，它之所以没有被取下来，是因为还要等待下次的悬挂，这即将悬挂的东西正是生活的希望。人们就是被这些看似简单的日常生活牵挂着，这看似无用的钉子及其周边依然散落的钉痕，借助维米尔的光线，借助他温柔而亲切的描绘具有了无法言喻的温情，短暂看似毫无意义的日常生活便就此获得了某种永恒，在近五百年后的我们看来，依然是那样生动、亲切而感人，让人充满怀念与遐想。他仅仅注重日常的题材，没有大场面，只有一些简单的日常场景，没有内心的争斗与欲望的挣扎，仅有人物平静的外表与简单的动作，仅靠小尺幅画作所呈现出的精美与宁静来打动观者。维米尔画中的人物感情细腻，人物内心丰富的情感往往被宁静的神情与安详的氛围所笼罩，这种充满宁静的古典主义风格与"高贵单纯,静穆伟大"的古希腊风格有相通之处。维米尔一生清贫,长期居住在岳母家里,和妻子卡塔琳娜一起为养活十一个孩子而挣扎,生活在十一个孩子中的忙乱与环境的吵闹是可想而知的,但这一切在他的画作中竟无丝毫显现,他的画作充满了安静与优雅。

维米尔终生生活在自己的家乡代尔夫特[1],这个令人感觉甜美的小镇正是荷兰这个低地国家城市的普遍象征,而他去世后也是埋葬在这座城市的老教堂地下。这看似狭窄的生活圈子竟然产生出这样伟大的艺术家,不禁使我们想起伟大的苏格拉底[2]与康德[3],他们都有与维米尔相同的经历,很少离开家乡,但他们都达到了人类精神文明的顶峰。

代尔夫特蓝陶（孙继虎　摄）

阅读提示（三）

1. 维米尔画作中的女性有什么特点?
2. 透过画作,维米尔想向我们传达一种什么样的生活体验?
3. 从《倒牛奶的妇女》可以看出维米尔是怎么利用细节的? 达到了怎样的效果?
4. 维米尔画作所呈现出来的宁静与他个人的生活有怎样的反差?
5. 维米尔与他的故乡有着怎样的一种关系?

---

1 代尔夫特:Delft。荷兰西部一座历史悠久的小镇。出产的陶器非常有名,其中以受中国青花瓷影响的蓝陶影响最大。
2 苏格拉底:Socrates（前469—前399）。古希腊哲学家,出生于雅典。
3 康德:Immanuel Kant（1724—1804）。德国著名哲学家,德国古典哲学创始人。他一直生活在故乡哥尼斯堡（Königsberg,今为俄罗斯加里宁格勒）。

词语表（三） 🎧 09-06

序号	词语	拼音	词性	搭配举例
59	肖像画	xiàoxiànghuà	名	人物～
60	富足○	fùzú	形	生活／精神～
61	沉静	chénjìng	形	性格／湖水～
62	描绘○	miáohuì	动	◇～图画／蓝图
63	朴实○	pǔshí	形	性格／为人／文笔～；◎～无华
64	怀旧○	huáijiù	动	～情绪／思潮／情结；◎～电影
65	健壮○	jiànzhuàng	形	体格／身体～
66	悬挂○	xuánguà	动	～旗子／标语／吊灯／画像／油画／书画作品
67	熏○	xūn	动	～肉／鱼
68	随遇而安	suíyù'ér'ān	成语	
69	情调	qíngdiào	名	富有／没有～；生活／浪漫～；◎异国～
70	心如止水	xīnrúzhǐshuǐ	成语	
71	明暗交错	míng'àn jiāocuò		
72	纯熟	chúnshú	形	技巧／技艺／技术／功夫／语言／业务～
73	丰满○	fēngmǎn	形	体态／人物形象／人物性格～
74	体格	tǐgé	名	～健壮／强健
75	心旷神怡	xīnkuàng-shényí	成语	
76	安详	ānxiáng	形	神态／内心／表情／面容～
77	心满意足	xīnmǎn-yìzú	成语	
78	细微○	xìwēi	形	变化／差别／区别～；◎～之处
79	刻画	kèhuà	动	～人物／性格／形象／心理；◎～符号

80	写照○	xiězhào	名/动	真实/生动~；◎自我~
81	繁忙○	fánmáng	形	工作/交通/业务/公事~
82	感叹○	gǎntàn	动	发出~；令人~；◎~不已
83	恩典	ēndiǎn	名	上天/皇帝/国王/主人~
84	照射	zhàoshè	动	阳光/日光/紫外线~
85	倍感	bèigǎn	动	~亲切/骄傲/自豪
86	深浅不一	shēnqiǎn bùyī		
87	粗糙○	cūcāo	形	皮肤/瓷器/手工/制作/技术~
88	条纹	tiáowén	名	黑白/彩色~
89	头顶○	tóudǐng	名	
90	钉子○	dīngzi	名	◇碰~
91	牵挂	qiānguà	动	~孩子/家人；让人~；了无~
92	周边○	zhōubiān	名	城市/学校~；~国家/地区/环境
93	借助○	jièzhù	动	~……手段/力量
94	无法言喻	wúfǎ yányù		
95	温情	wēnqíng	名	充满~；◎~脉脉
96	短暂○	duǎnzàn	形	寿命/人生/药效/合作/繁荣期~
97	遐想	xiáxiǎng	动	产生（无穷/无限/美好）~；沉浸在……~之中
98	争斗	zhēngdòu	动	互相~；内部~
99	挣扎○	zhēngzhá	动	在（贫穷/痛苦）中~；在（死亡线）上~；拼命/痛苦/苦苦~
100	外表○	wàibiǎo	名	~温和/柔弱/精明；从~看
101	细腻○	xìnì	形	皮肤~；感情/文笔/描写/表演/刻画~
102	笼罩○	lǒngzhào	动	阳光/灯光/云雾/夜幕~；◇（不安/忧伤/紧张）气氛~在……

103	古典主义	gǔdiǎn zhǔyì		
104	静穆	jìngmù	形	表情/环境/气氛~
105	相通○	xiāngtōng	动	心灵/精神/心意/语言/文化~；◎息息~
106	清贫	qīngpín	形	生活/家境~；安于~
107	岳母○	yuèmǔ	名	
108	养活○	yǎnghuo	动	~家人/自己/（若干）人口
109	忙乱○	mángluàn	形	生活/工作~
110	吵闹	chǎonào	形/动	环境~；大声~；~不休；◎~声
111	可想而知○	kěxiǎng'érzhī	成语	
112	竟○	jìng	副	
113	终生○	zhōngshēng	名	~难忘/奋斗/学习/获益/遗憾；◎~教育
114	低地	dīdì	名	
115	埋葬	máizàng	动	~死者
116	圈子○	quānzi	名	社会/家庭/亲属/朋友/生活~；形成/加入~；◎绕~
117	顶峰	dǐngfēng	名	泰山~；登上~；◇科学/艺术~

课文回顾与思考

1. 作者认为维米尔绘画的最大特点是什么？作者用了哪些例子来说明这个特点？
2. 通过作者重点介绍的两幅名画，你能看出那个时期的荷兰处于一种什么样的社会状态？
3. 通过课文对维米尔画作的介绍分析，你对画家本人的情况有了哪些了解？
4. 当我们去欣赏一幅名画时，我们应该从哪些方面去观察与思考？
5. 你认为学习如何欣赏艺术，对人来说是一件必要的事情吗？为什么？

词语例释

1. 无不

副词。意思是"没有一个不",表示没有例外,有强调意味。如:

(1) 人物都是平静地沉浸在自己的事务之中,正如《倒牛奶的妇女》《绣花边的女工》中的女人一样,读信、写信、绘画、弹琴、恋爱、交谈、倒奶、饮酒等,无不如此。

(2) 维米尔的画作存世仅为34件(也有说37件)。维米尔画展无论在哪里举办,无不引起轰动。

(3) 在她演员生涯的巅峰时期,所到之处无不收获无数的赞美和钦慕。

(4) 他是一位天才设计师,设计的灯具、家具和各种装饰品,无不造型新颖,光彩照人。

(5) 一般而言,动物的嗅觉优于人类,如狗的嗅觉就极灵敏,所以世界各国的警察无不借助狗来侦察。

例(1)中,"无不"具体指"没有(一件事情)不"。例(2)中,"无不"具体指"没有(一个地方)不"。例(3)中,"无不"指"没有(一个所到的地方)不"。例(4)中,"无不"指"没有(一件灯具、家具和装饰品)不"。例(5)中,"无不"指"没有(一国的警察)不"。

2. 似

"似"有动词、副词和介词三种用法。

做动词时,意思是"像、如同"。成语"似是而非、如花似玉"中,"似"都是这种用法。"似是而非",好像是对的,实际上不对。"如花似玉",像花和玉那样美好,形容女子的美丽。可构成"似……非……"结构,表示"像……又不是/又不像……"。跟单音节名词、形容词或动词组合,如"似雾非雾",像雾又不是雾。"似真非真",好像是真的,又不是真的。"似懂非懂",好像懂了又好像没懂。"似"除了在短语中出现,现多作为语素构成双音节词,如"好似、相似、类似、看似、形似"等。如:

(1) 她在舞台上演的都是柔情似水的女性形象,但在生活中却是另一副面孔。

(2) 每到四月,杨絮会似雪一般飘飞。这是许多城市春天的烦恼。

(3) 不知从什么时候开始,人们形成了一种似是而非的看法:凡艺术家必是打扮怪异、形象不同于常人的人。

(4) 如果老师看到学生似懂非懂的表情,就有必要把问题再讲一遍。

(5) 耳朵下的泪形珍珠垂挂在头巾下的阴影之中熠熠生辉,与同样大小的两只眼睛既遥相呼应,又构成了一道与头巾优美平行的弧线,同时也与整幅画全黑的背景形成了鲜明对比,好似她从不知名的远方走来。

（6）人们就是被这些看似简单的日常生活牵挂着，这看似无用的钉子及其周边依然散落的钉痕，借助维米尔的光线，借助他温柔而亲切的描绘具有了无法言喻的温情，短暂看似毫无意义的日常生活便就此获得了某种永恒。

（7）这看似狭窄的生活圈子竟然产生出这样伟大的艺术家，不禁使我们想起伟大的苏格拉底与康德，他们都有与维米尔相同的经历，很少离开家乡，但他们都达到了人类精神文明的顶峰。

做副词时，意思是"似乎、好像"。表示不确定。成语"似曾相识"，意思是"似乎曾经见过"。如：

（8）近期市场难以复苏的原因，似可从下面几方面来分析。

（9）从目前的情况看，似不应该完全否定初期的治疗方案，有些做法还是有效的。

做介词时，用在形容词后面，用于比较，表示超过。比如："胜似"，表示超过；"强似"，表示比……强。构成"一天＋形容词＋似＋一天"的结构，表示一天比一天……。如"一天好似一天"，表示一天比一天好。"一天"换成"一年"，可以表示一年跟一年的比较。如：

（10）有些场合，沉默胜似千言万语。

（11）孩子在国外留学，这次回来，家里热闹得胜似过年。

（12）从果园的收成来看，今年要强似往年。

（13）心情一好，身体便一天好似一天了。

（14）进入夏季，一天热似一天，露天泳池很快就要开门了。

（15）本来以为今年的工作会少一些，没想到一年忙似一年。

成语运用

1. 日积月累

日：一天一天地。月：一个月一个月地。比喻一点一点地积累起来，也比喻长期坚持做某事。使用中相当于动词，多做谓语，也做状语。如：

（1）医学研究表明，人的情绪跟健康有直接的联系。负面情绪日积月累，就会损害我们的身体。

（2）因为农药用得越来越多，污染了鸟类的食物，毒素在鸟的体内日积月累，一方面导致鸟类中毒而死，另一方面也影响到鸟类的繁殖。

（3）不管是哪一种社会问题，如果不采取措施解决，日积月累，情况就会变得越来越严重。

（4）无论工作多么忙，每天都应该挤出一点时间来学习。只要坚持学习，日积月累，一定会有很大收获。

（5）与其说是他们爱好自己的工作，倒不如说是毫无怨言地承受，平静地、日积月累地、不厌其烦地重复着自己的生活与劳作。

（6）虽然工作非常忙，但他每天坚持收集资料，并用晚上的时间进行写作。他的书是日积月累写成的。

（7）生态环境的破坏也是日积月累形成的。树被砍了，山变秃了，水源枯竭了，土地沙化了，生态系统就这样一步步地恶化了。

2. 不厌其烦

不嫌麻烦，形容有耐心。褒义。使用中相当于动词，多做状语，有时也做谓语。如：

（1）与其说是他们爱好自己的工作，倒不如说是毫无怨言地承受，平静地、日积月累地、不厌其烦地重复着自己的生活与劳作。

（2）他是一位极有耐心的父亲，不管女儿问什么问题，他都会不厌其烦地跟女儿一起讨论，直到把问题弄清楚。

（3）在博物馆参观的时候，讲解员总是不厌其烦地回答观众们提出的问题。

（4）我们的导演绝对是完美主义者，每个镜头都会不厌其烦地一遍遍拍，直到满意为止。

（5）每逢病人出院，医生都会不厌其烦地给病人介绍出院后的注意事项。

（6）刚学太极拳的时候，我们的教练会反复向学员们讲解动作要领，不厌其烦。

3. 相提并论

把不同性质或不同情况的事或人放在同等地位来对待。使用中相当于动词，多做谓语。常说"……与/跟……相提并论"。如：

（1）被誉为"植物肉""素中之荤"的花生，营养价值很高，可与鸡蛋、肉类等相提并论。

（2）世界上有许多令人望而生畏的大沙漠，但任何一个浩瀚的沙漠都无法与北非的撒哈拉大沙漠相提并论。

（3）有些人不了解武术，将武术与暴力相提并论。其实，武术除了武功，还讲究武德。

（4）在我看来，没有一个人工智能程序能与人类思维过程的复杂性相提并论。

（5）他是世界冠军，我们刚有资格参加世界大赛，怎么能跟他相提并论呢？

（6）特别是《戴珍珠耳环的少女》中宁静纯真的回眸一瞥所散发出的自然而神秘的美，令人难以忘怀，说其可以与《蒙娜丽莎》相提并论并不为过。

（7）《老子》是道家学派最著名的经典文献。《老子》对中国传统文化影响深远，是一部可以与《论语》相提并论的著作。

4. 心旷神怡

旷：开阔，开朗。心境开阔，精神愉悦。使用中相当于形容词。常说成"令人/使人～"。

多做谓语,偶尔也做状语。如:

(1)森林里空气清新、充满野趣,树木的芳香使人心旷神怡。漫步森林,人们可以充分领略回归大自然的乐趣。

(2)云南的大理古城不仅风光令人心旷神怡,也是进行攀岩、划船等户外运动的理想之地。

(3)来到意大利著名古城佛罗伦萨,阿诺河(Arno)两岸秀丽的风光和令人惊叹的建筑物,使他赏心悦目、心旷神怡。

(4)心如止水的平静,明暗交错的构图、纯熟的技巧、鲜艳的色彩、丰满的体格、宁静的氛围,和谐完美地统一在一起,画作中透露出的令人心旷神怡的宁静与安详使我们深刻感受到艺术家自己也生活在心满意足之中。

(5)当您驾车心旷神怡地奔驰在一望无际的草原,也别忘了欣赏一下如丝带般延伸的美丽公路。

5. 心满意足

指愿望实现,心里感到非常满足。使用中相当于形容词,常做谓语,也做状语和定语。如:

(1)每次到动物园,孩子都要到熊猫馆看熊猫。看过了熊猫才能心满意足。

(2)旧时代的妇女被称为贤妻良母就心满意足了,现在的女性还有事业上的追求。

(3)我的室友从不害怕考试,我说她心理素质好,她说那是因为她对自己要求不高,及格就心满意足了。

(4)这家餐馆实在是生意兴隆。虽然排了一个小时的队才等到座位,客人还是很兴奋,心满意足。

(5)每到4月中旬,很多人都要到洛阳看牡丹,之后还要参观龙门石窟。两者都欣赏到了,这才会心满意足地离开。

(6)我的朋友对生活没什么特别的要求,每日粗茶淡饭,脸上也总是挂着心满意足的微笑。

下面是课文中的句子,"心满意足"指满足的状态,相当于名词,用于"在……之中"的结构中。

(7)画作中透露出的令人心旷神怡的宁静与安详使我们深刻感受到艺术家自己也生活在心满意足之中。

6. 可想而知

根据已经存在的某种情况,可以推知与此相关的情况,一般用于比较困难或不顺的事情。使用中相当于动词,多做谓语。如:

(1)高考是人生最重要的考试之一,考生的压力可想而知。

（2）大城市的医疗资源尚且不够，小城市或农村就更可想而知了。

（3）城市巨大的噪声污染给市民的工作和生活带来的影响可想而知。

（4）山区铁路修建难度大，筑路工人就住在大山里，生活的艰苦可想而知。

（5）从事水下考古的工作人员，除了要身着厚重的潜水服，还要随身携带探测、拍摄器材。相比陆上考古，水下考古的难度可想而知。

（6）维米尔一生清贫，长期居住在岳母家里，和妻子卡塔琳娜一起为养活十一个孩子而挣扎，生活在十一个孩子中的忙乱与环境的吵闹是可想而知的。

修辞讲解

对比

在第八课《永不言弃？》的结尾处，有这样一组排比句。各排比项的内部，采用的都是对比的方法：

（1）生命之花如此美丽，又如此易凋；生命之火如此炽热，又如此微弱；生命力如此坚强，又如此脆弱；人类生命如此伟大，又如此渺小。

本课在讲到《戴珍珠耳环的少女》时，也与《蒙娜丽莎》有一个比较：

（2）说其可以与《蒙娜丽莎》相提并论并不为过，只不过《蒙娜丽莎》的美更成熟，更优雅，而《戴珍珠耳环的少女》的美则更清纯无瑕。

修辞学上所谓对比，也叫"对照"，是指把两种不同事物放在一起进行比较，或对同一事物的不同方面进行比较。该修辞格最大的特点就是，在对比中突出事物或事物的某些方面，以使其特征更加鲜明和突出。

对比有两种类型。一种是同一事物不同方面的对比，例（1）就属于这种类型，以第一个排比项为例，作者感叹"生命之花"一方面非常美丽，另一方面又十分短暂。把同一事物的正反两方面放在一起进行比较，可以使人对事物的特性看得更全面，更深刻。下面的例（3）—（5）就是介绍同一人或事物的不同方面的特点（句中蓝色词语表示不同的特征）。如：

（3）王熙凤是《红楼梦》中刻画最生动的人物，"明是一盆火，暗是一把刀"，这句话是对她性格两面性最好的概括。

（4）扬州的何园有"晚清第一名园"的美誉，建筑风格中西合璧：园中的厅堂、假山、亭阁都是中国建筑样式，而壁炉、翻窗、百叶门都是西方建筑元素。

（5）东非草原有雨季和旱季之分。草原在雨季是一片生机盎然的绿色，旱季来临则草木枯黄，河水干涸。

对比的第二种类型是把两种性质不同的事物放在一起进行对照，从而使各自的特征更加鲜

明。这种类型的对比被大量使用,例(2)就属于这种类型,例(6)—(9)也是,句中蓝色词语表示进行对比的不同事物。如:

(6)人的大脑分左半球和右半球。左半球被普遍认为更擅长进行逻辑、语言和分析性思维活动,右半球则擅长处理表现性和创造性强的工作,如想象、直觉、艺术创作等。

(7)有缺点的战士终竟是战士,完美的苍蝇也终竟不过是苍蝇。(鲁迅《战士与苍蝇》)

(8)悲剧将人生的有价值的东西毁灭给人看,喜剧将那无价值的撕破给人看。(鲁迅《再论雷峰塔的倒掉》)

(9)信言不美,美言不信。[1](《老子》八十一章)

对比也可以是一个或一组事物多侧面对比,或多组事物连续对比。如:

(10)我爱热闹,也爱冷静;爱群居,也爱独处。(朱自清《荷塘月色》)

(11)举世皆浊我独清,众人皆醉我独醒。([战国]屈原《楚辞·渔夫》)

(12)高山青,涧水蓝。阿里山的姑娘美如水,阿里山的少年壮如山。(歌曲《阿里山的姑娘》)

(13)昨日愈来愈长,明日愈来愈短。回忆的容量愈来愈大,希望的容量愈来愈小。来日方短,去日苦多,这才是令人悲怆的。(林清玄《人间有味是清欢》"序")

例(10)、例(11)是一个或一组事物多侧面对比。例(10)是"我"的性格不同侧面的对比,例(11)"举世—我""众人—我"进行对比,一浊一清,一醉一醒。例(12)、例(13)是多组事物进行对比。例(12)"高山—涧水""姑娘—少年"进行对比,例(13)"昨日—明日""回忆的容量—希望的容量""来日—去日"进行对比。

一首诗或一篇文章,有时也可以通篇采用对比手法。诗人臧克家(1905—2004)怀念鲁迅先生的名作《有的人——纪念鲁迅先生有感》独具匠心,通篇采用的就是对比手法,讽刺了骑在人民头上作威作福、生命没有意义的人,而如鲁迅先生那样为民众服务的人,他们的精神和贡献将永存人间。

有的人
——纪念鲁迅先生有感
臧克家

有的人活着
他已经死了;
有的人死了
他还活着。

---

[1] 意思是:真话不漂亮,漂亮话不真实。

有的人
骑在人民头上:"呵,我多伟大!"
有的人
俯下身子给人民当牛马。

有的人
把名字刻入石头,想"不朽";
有的人
情愿作野草,等着地下的火烧。

有的人
他活着别人就不能活;
有的人
他活着为了多数人更好地活。

骑在人民头上的,
人民把他摔垮;
给人民作牛马的,
人民永远记住他!

把名字刻入石头的,
名字比尸首烂得更早;
只要春风吹到的地方,
到处是青青的野草。

他活着别人就不能活的人,
他的下场可以看到;
他活着为了多数人更好地活着的人,
群众把他抬举得很高,很高。

练 习

第一部分 词汇、语法、修辞

一、解释加点语素的意思，并根据拼音完成新词，同时说明其词义。

1. 沉思（　　　　）
   - fǎn ___ 思
   - shēn ___ 思

2. 齐名（　　　　）
   - 齐 shēng ___
   - 齐 xīn ___

3. 构图（　　　　）
   - chā ___ 图
   - pīn ___ 图

4. 狂热（　　　　）
   - 狂 nù ___
   - 狂 xǐ ___

5. 怨言（　　　　）
   - huǎng ___ 言
   - nuò ___ 言

6. 回眸（　　　　）
   - 回 shēn ___
   - 回 shǒu ___

7. 凝望（　　　　）
   - tiào ___ 望
   - yǎng ___ 望

8. 阴影（　　　　）
   - bèi ___ 影
   - dào ___ 影

9. 弧线（　　　　）
   - qū ___ 线
   - xié ___ 线

10. 杂念（　　　　）
    - shàn ___ 念
    - tān ___ 念

二、选择成语改写句子并造句。

　　日积月累　不厌其烦　相提并论　心旷神怡　心满意足　可想而知

1. 明天是她的博士论文答辩，你可以想象她有多么紧张。
   - 改写：_____
   - 造句：_____

2. 无论是在森林中漫步，还是在湖面泛舟，美好的景致都使人身心愉快，烦恼一扫而光。
   - 改写：_____
   - 造句：_____

3. 我是刚刚踏入文坛的年轻作家，怎么敢跟老作家相比呢？

　　改写：_____

　　造句：_____

4. 不管是好的生活方式还是坏的生活习惯，都不是一天形成的，而是一天天养成的。

　　改写：_____

　　造句：_____

5. 刚开始学汉语的时候，老师会数十次、数百次地纠正我们的发音，非常有耐心。

　　改写：_____

　　造句：_____

6. 能找到工作我就满意了，至于工作条件是不是很好，这个暂时就不考虑了。

　　改写：_____

　　造句：_____

三、词语搭配与填空。

举止	健壮
光线	纯洁
心灵	朴实
为人	优雅
体格	柔和

（1）有人说，儿童的画最可爱，因为它来自孩子们_____的_____，充满童真。

（2）她是一位舞蹈家。舞台上光彩照人，生活中也是_____ _____，气质不凡。

（3）他_____ _____，对人真诚，大家都很信赖他。

（4）他身材高大，_____ _____，只是性格软弱了一点，但这从外表是看不出来的。

（5）晚上用电脑时，室内的_____要_____，这样才不伤眼睛。

失去	自己
描绘	光彩
借助	圈子
养活	手段
加入	蓝图

(6) 大学时，他们几个经常聚在一起讨论哲学问题，没有人想_____他们的小_____，因为哲学问题实在不容易插上嘴。

(7) 刚开始工作，工资不高，但_____ _____毫无问题，不必再向父母伸手了。

(8) _____发达的科技_____，德国德累斯顿"历代大师画廊"修复了维米尔的名画《窗前读信的少女》。画作中隐藏了300多年的丘比特[1]形象显现了出来。

(9) 希望年轻一代为自己的未来_____的_____是可以实现的美好梦想。

(10) 随着社会的发展，很多曾经很受欢迎的艺术形式都_____了往日的_____，变得无人问津了。

◎
封面	情调
狂热	写照
怀旧	分子
异国	人物
自我	电影

(11) 春天在北京，喜爱植物的游客可以去欣赏颐和园几百年的玉兰花、景山公园雍容华贵的牡丹、中山公园充满_____ _____的郁金香，还有潭柘寺、戒台寺的千年古树等。

(12) 重视环保是对的，但也不要成为不讲科学的环保_____ _____。

(13) 不少文学作品都带有一点自传的性质，也就是说，在作品的某些人物身上能看到作者的影子。所以有人说，作品一定程度上也是作者的_____ _____。

(14) 没想到我的一个朋友居然成了健身杂志的_____ _____，我还以为她不爱运动。

(15) 这家餐馆的布置很有味道，墙上贴满了各类_____ _____的剧照，给人一种时光倒流的幻觉。

四、用指定词语完成句子或对话。

1. A：听说你们昨天去听音乐会了？

   B：_____（有幸）

---

[1] 丘比特：罗马神话中的小爱神。拉丁语为 Cupido。

第九课 神圣的宁静

2. 对于同一件艺术品，观众的反应常常很不一样。_____
_____（赞美）
3. 虽然比赛获奖已经过去了好长时间，_____（沉浸）
4. 做导游是非常不容易的，_____（怨言）
5. 看到电影最感人之处，_____（无不）
6. 他的话揭开了可怕的真相，_____（惊醒）
7. _____，所以还请你原谅。（无意）
8. 如果你沿着这里的大街小巷走一走，_____（富足）
9. 我非常喜欢他的书房，_____（悬挂）
10. A：你对这篇小说中的人物形象有什么评价？
　　B：_____（丰满）
11. 学外语的时候，近义词永远是个难点，_____（细微）
12. 每天上下班的高峰期，_____（繁忙）
13. 每年过生日的时候，_____（感叹）
14. _____，他在电话里从来不跟父母说生活中的烦恼。（牵挂）
15. 租房一定要考虑交通是否便利，_____（周边）
16. 大学时代是人生非常重要的一个阶段，_____（短暂）
17. _____，他才做出了这个艰难的决定。（挣扎）
18. _____，其实他是一个非常朴实的人。（外表）
19. 一名优秀的演员，_____（细腻）
20. 一到考试，_____（笼罩）
21. 不管我们来自哪个国家，文化背景如何，_____（相通）

五、选择适当的关联词填空，如果所填关联词是合用关联词中的一个，请画出另一个。

> 不但　　可是　　也　　只有　　而
> 因此　　无论　　尽管　　对于　　由

　　对美和艺术的理解，是文化修养的一个重要组成部分。_____美育最有效的方法，是多接触艺术，包括了解一些艺术史的知识。经验证明：人们对于美的鉴赏和理解力，_____依靠学习才能获得，它是知识所赐。结合我的专业，我很愿意写一本介绍西方美术的书，_____我知道要写好这样一本书并不容易。

　　美术虽然与政治、哲学、文学都有关，_____它有自己独特的规律。这

295

是_____它所运用的艺术语言——雕塑、绘画等特殊的表现手段所决定的。只讲思想内容，不讲技巧的特色，是不能全面提高美术欣赏力的。_____，我穿插了一些关于技巧、技法发展变化的介绍，希望能对不是搞美术的人也有所助益。

我经常采用比较的方法，_____在外国作品之间互相比较，也与中国的艺术作品进行比较。同时，介绍西方的艺术，_____需要听听原作者和西方评论家的意见。因此，_____作品或流派的解释，_____是褒还是贬，我尽量选择一些艺术家自己或与他同时代的评论家的意见。我相信，这样更有说服力一点。

六、排序，并画出各句所用关联词及其他可提示句子顺序的词语。

1. A. 还是画家数量和大师数量
   B. 油画产生了大量传世的经典名画和众多有世界影响的绘画大师
   C. 目前世界上还没有哪一种绘画形式可以和油画相媲美
   D. 在算不上悠久的600年发展史中
   E. 也无论是传播度还是影响力
   F. 无论是作品数量和名画数量
   正确语序：_____

2. A. 后来用它们表达情感
   B. 也代表了西方绘画从写实到写意的发展过程
   C. 西方绘画的历史贯穿了对光线与色彩的探索
   D. 开始画家用它们表现眼睛看到的真实
   E. 这一转变既显示了西方绘画的艺术追求
   正确语序：_____

3. A. 其他分别来自德国、法国、英国、爱尔兰、美国和日本
   B. 展品除了荷兰国立美术馆自身所拥有的4幅维米尔作品
   C. 而2023年2—6月荷兰国立美术馆举办的维米尔画展就展出了28幅
   D. 可以说是有史以来规模最大的维米尔特展
   E. 全球仅有34幅维米尔油画作品存世
   正确语序：_____

4. A. 德加、马奈、莫奈、梵高、高更等许多印象派绘画大师都临摹过他的作品
   B. 他的绘画风格对欧洲画坛影响很大

C. 1998年曾入选美国图画杂志《生活》"千禧年影响世界的100位名人"榜单

D. 梵高的《星月夜》也显然吸收了他的名作《神奈川冲浪里》的绘画语言及特点

E. 葛饰北斋（1760—1849）是日本江户时代杰出的浮世绘画家

正确语序：_____

5. A. 其实徐悲鸿还有着非常高超的油画技巧

B. 他曾经在欧洲留学8年学习绘画

C. 尤其是他的奔马更是享誉世界

D. 他画的奔马、雄狮、晨鸡等表现了令人振奋的积极精神

E. 徐悲鸿（1895—1953）是中国最著名的国画大师之一

F. 油画代表作《抚猫人像》《箫声》等就创作于这一时期

正确语序：_____

七、修辞练习。

1. 指出下面两段文字中哪些地方采用了对比的方法，对比的对象或特征分别是什么。

（1）

海是蓝色灰色的。山是黄色绿色的。拿颜色来比，山也比海不过。蓝色灰色含着庄严淡远的意味，黄色绿色却未免浅显小方一些。固然我们常以黄色为至尊，皇帝的龙袍是黄色的，但皇帝称为"天子"，天比皇帝还尊贵，而天却是蓝色的。

海是动的，山是静的。海是活泼的，山是呆板的。昼长人静的时候，天气又热，凝神望着青山，一片黑郁郁的连绵不动，如同病牛一般。而海呢，你看她没有一刻静止！从天边微波粼粼的直卷到岸边，触着崖石，更欣然的溅跃了起来，开了灿然万朵的银花！

（冰心《山中杂记（七）》）

（2）

中国的农业地带应划分成两个地区：一是黄河流经的黄土高原和华北平原，一是长江流经的长江中下游。黄河、长江都源自青藏高原，起源地相距不远，但两条河流在中游地段，一向北一向南，跨度极大。它们的跨度，象征了中国本部历史的多元发展。最后，黄河、长江分别流入渤海、东海。这两条大江，一是黄色，一是绿色，正代表两种完全不同的自然生态环境。

黄河流域的居民，背向青天脸向地，艰苦求生，每一份粮食都是靠自己的汗水换来的。土地要经过耕耘成为熟地，双手上的厚茧缝里充满了泥土，因此他们坚定地固守在家乡，不愿迁移。他们艰苦耐劳、安土重迁，心态比较保守。但他们在南方长江流域的邻居就不一样了。长江经过高山以后，流入丘陵，穿过四川的峡谷，奔向有着湖泊和小河流的大平原。丘陵山林里有足够的粮食，湖泊和河流旁有许多肥沃的土地，所以这个地区居民的生活是快乐的，心态是活泼的，他们愿意变动，也不在乎变动。他们的歌唱有如树林里的清风和溪谷里的流水。

从新石器时代开始，圆圆的曲线一直都是中国南方最常见的艺术表现形式。相对而言，黄河流域的艺术表现形式却是正方、正圆、正三角，极为厚重。

（许倬云《万古江河：中国历史文化的转折与开展》）

2. 任选一组比较对象，也可以自己拟定一组，用对比的方法写一段话。

    A. 春—夏—秋—冬　　　　B. 汉语—你的母语

    C. 人—动物　　　　　　　D. 阴—阳

_____

_____

_____

_____

第二部分 拓展阅读

八、选择合适的句子填入短文画线处，并概括短文的主要内容。

    A. 荷兰静物画的发展还源自人们对来之不易的安宁富足的小康生活的满足感

    B. 荷兰十五世纪以来的画家们，就有善于表现各种物质特性的传统和兴趣

    C. 丰富了对于视觉美的研究

    D. 它在荷兰画中流行却是有道理的

静物画作为一种独立的艺术样式，是从十七世纪的荷兰画派开始的。

假使我们以中国宋代以来就达到高水平的花卉禽鸟画为标准，就会觉得荷兰静物画未免缺乏诗意。远自晋唐，中国的诗人们品察万物，均以抒情寄兴为主，即使在宋代宫廷中的院体画家，虽有明察秋毫的技艺，却仍更看重情趣的捕捉。但在荷兰

静物画里，却有相当一部分是描绘厨下之物的"厨房画"。孔子早说过，君子是"远庖厨"的，从这种观点看来，那些猎杀的野味和待烹的鱼虾诚然不够"高雅"。不过，_____。

一方面，_____。他们描绘的丝绒、金属、玻璃等具有各种逼真的质感，使意大利的名手也常为之叹服。艺术既然是现实的反映，由人手再造出来一个"现实"，当然也会给人以欣赏的乐趣。古希腊的哲人亚里士多德早已说过，人"最初的知识就是从模仿得来的"，因而"对于模仿的作品总能获取快感"。当然，亚里士多德同时也提出"画家所画的人物应比原来的人更美"，也就是理想化的问题。这在希腊雕刻中有着明显的反映。总的看来，把"模仿"自然作为艺术的基本要求，在欧洲是一种"古已有之"的传统，从好的方面说，它是一种朴素的唯物观，是现实主义的基础之一。

_____。品类繁多的蔬果鱼肉，标志着丰盛的餐宴，揩拭得闪闪发亮的日用器皿，显示出居室的雅洁和主人的勤快。所以在这些刻意求工的静物画中，也不只是对于各种物质特性单纯的"模仿"，它们还表现了人的生活状态、人们的精神需要和对于生活的理想。

静物画的创作，给画家提供了更多的时间和条件，去细心探索各种形体之间因结构的变化而产生的种种不同的形式效果，_____。

这篇短文的主要内容是（请选择）：

☐ A. 西方静物画与中国传统花鸟画的区别
☐ B. 荷兰静物画的起源、特点及表现内容
☐ C. 模仿自然在欧洲具有很悠久的历史
☐ D. 荷兰静物画反映了当时的人们对富足生活的热爱

九、阅读下面的文章，并完成后面的练习。

"遇见梵高——沉浸光影艺术展"中国首展登陆上海[1]

张坤

4月2日，"遇见梵高——沉浸光影艺术展"在"遇见博物馆·上海静安馆"[2]拉开帷幕。展览以149幅梵高经典作品为创作背景，用数字多媒体的技术渲染，结合声、光、影的精湛呈现，打造了600平方米的沉浸式光影艺术空间。在兼具①叙事性和视觉冲击力的同时，重点呈现梵高的人生轨迹和创作历程，探索梵高狂热、浪漫、诗意的内心世界。

本次展览由中国文化国际旅行社有限公司、北京中创文旅文化产业集团联合主办，"遇见博物馆"承办。该展在"遇见博物馆·上海静安馆"的开展时间为2023年4月2日至2023年7月9日。

本展由意大利数字艺术家马西米利亚诺·西卡尔迪（Massimiliano Siccardi）、音乐家卢卡·隆戈巴迪（Luca Longobardi）带领的影像团队以数字多媒体的方式创制。在展示梵高149件经典之作的同时，让观众沉浸在色彩、音乐与光影交织的画境之中，营造极致的视觉、听觉交互的美学体验。

"遇见梵高——沉浸光影艺术展"利用全球先进的数字影像技术，再现②梵高一生的经典之作，包括荷兰阿姆斯特丹梵高博物馆的《向日葵》、法国奥赛博物馆的《加歇医生》、美国纽约现代艺术博物馆的《星月夜》、耶鲁大学画廊的《夜间咖啡厅》、加州保罗盖蒂美术馆的《鸢尾花》等珍藏于全球顶级③艺术机构的作品都在本次光影展中得以呈现。从阳光明媚的风景到迷人沉醉的夜景，从乡间劳动者到田野盛开的花朵、参天大树，从肖像画到静物画，梵高那些焕发生命力的大师之作，经过流光溢彩的动画视效④，笔触、色彩都更显活力。

为平衡展览的视觉效果和故事性，光影的视觉线会穿过梵高一生重要的创作地点；

---

[1] 文章选自中国日报网（2023年4月13日），有删减。
[2] "遇见博物馆"是一个较新的文化艺术品牌，致力于与国际主流文化机构和世界级博物馆合作，打造流动的艺术博物馆。在北京、上海等地设有常设展馆。"遇见博物馆·上海静安馆"每年举办8—10场艺术品真迹展和"遇见"系列原创光影艺术展，此外还会不定期地举办各种艺术活动。

音乐线则从梵高的情感状态及其情感在创作中的外化出发，结合这两个理念呈现梵高的形象。此外，展览设有三大静态展陈区，其中，第二单元为重点，共13小节13幅艺术微喷[1]画，以第一人称为视角，讲述梵高一生中重要的际遇变化、情感经历与创作视角。透过他的双眸⑤，观众得以重新望向这个他挚爱过并投入全部热情描绘的世界。静态展陈的叙述与光影的叙述保持节奏一致，一方面为观众进入梵高的世界提供必要的背景补充，也为观众体验光影厅提供必要的情感铺垫，使观众更容易理解梵高的艺术表达。

梵高将无限的激情倾注于朴素的花朵、麦田、夜空等自然事物中，使画作产生了一种无法超越、无法模仿的艺术魔力，被称为"画家中最纯粹的画家"。展览在展示梵高经典之作的同时，梳理梵高的人生轨迹、创作历程，移步换景间突出其各阶段不同的艺术风格。早期探索艺术的"荷兰时期"、吸收各家之长⑥发生变革的"巴黎时期"、形成独特个人风格的"阿尔勒[2]时期"、人生最后绝唱的"圣雷米和奥维尔[3]时期"，这些时期的代表作在多样化、自由的数字手法加工后，实现了对原作的重构再现。借梵高诞辰170周年之际，通过"遇见梵高——沉浸光影艺术展"让更多人可以感受梵高作品的艺术魅力，探索这位天才艺术家的内心世界。

自2020年开始，展览已陆续在法国、美国、加拿大的近30个城市巡展，均备受关注并取得了巨大成功。沉浸式展览是向更多人展示梵高的最佳方式之一。沉浸式艺术可以将艺术边界推向个人化体验，相较于传统的表现形式，人与作品间产生的互动也是沉浸艺术作品的一部分。值得一提⑦的是，本次上海站为该展览的"中国首展⑧"。

1. 给文章拟一个新的题目（写在下面的横线上）。

_____

---

[1] 艺术微喷：起源于法文词 Giclée，指收藏级别的艺术品复制工艺。
[2] 阿尔勒：Arles，法国东南部古城。梵高于1888年2月到1889年5月在此居住了约15个月。这是他一生中最高产的时期。
[3] 圣雷米和奥维尔：圣雷米（Saint-Rémy-de-Provence），法国东南部城市。梵高在此居住了一年。奥维尔（Auvers-sur-Oise），巴黎近郊的一个小镇。梵高生命的最后两个月就在这里度过。

2. 解释文中画线词语。

①兼具　　　　　　②再现

③顶级　　　　　　④视效

⑤双眸　　　　　　⑥各家之长

⑦值得一提　　　　⑧首展

3. 判断下列说法是否符合文章原意（符合画"√"，不符合画"×"）。

（1）展览既呈现了梵高的艺术，也展示了他的一生。　　　　　　　　（　　）

（2）"遇见博物馆·上海静安馆"是这次展览的主办单位。　　　　　　（　　）

（3）观众通过展览既能享受到视觉的美学体验，也能欣赏到音乐。　　（　　）

（4）149件梵高的经典画作来自世界不同国家的博物馆和画廊。　　　（　　）

（5）展览的全部内容都是多媒体数字作品。　　　　　　　　　　　　（　　）

（6）"画家中最纯粹的画家"，意思是梵高的身份只有一个——画家。　（　　）

（7）梵高独特绘画风格的形成是在"巴黎时期"。　　　　　　　　　　（　　）

（8）沉浸式艺术可以让观众和作品互动。　　　　　　　　　　　　　（　　）

4. 回答问题。

在"遇见博物馆·上海静安馆"展出的"遇见梵高——沉浸光影艺术展"有哪些特点？

_____

_____

_____

_____

_____

第三部分 写作

十、写出课文的内容提要。（300字左右）

十一、阅读下面一则短新闻,并结合新闻内容就艺术交流话题发表你的看法。(600字左右)

> 应美国华美协进社中国美术馆邀请,天津博物馆与常州博物馆共同组织策划的"河上花:中国花鸟画之道,1368—1911——天津博物馆/常州博物馆藏珍选萃"展览于2023年3月23日在美国纽约市华美协进社中国美术馆开幕。展览题目取自天津博物馆重要馆藏文物——八大山人[1]《河上花图》,该作品也是此次展览的最大亮点。
>
> 花鸟画的发展是中国绘画史中的重要组成部分。据了解,本次展览为近三年来全国首个赴美文物展,共展出明清时期跨越五个世纪的中国绘画精品70件(组)。
>
> 据悉,美国华美协进社于1926年由美国哲学家杜威、中国学者胡适和其他教育家共同创建。作为美国历史最悠久的专注于传播中国文化的教育机构,华美协进社旨在通过文化教学、艺术展览、商务讲座等一系列活动来加强对中国的认识,从而增进全人类的相互理解。华美协进社中国美术馆是美国独一无二、专门致力于介绍中国艺术的文化机构,以中国艺术主题展闻名遐迩。

---

[1] 八大山人:朱耷(1626—1705),号八大山人,明末清初著名画家。他的花鸟画和山水画均有鲜明的个人风格和很高的艺术成就。

语言实践

一、参观所在城市的一个艺术博物馆。收集相关资料，介绍其中的一位艺术家及其作品和特点。以 PPT 形式展示。

二、介绍你们国家的一位艺术家。收集其生平资料，并就其一件艺术品进行详细分析。以 PPT 形式展示。

第十课　重返哥廷根

季羡林

课文导览

【作者简介】

季羡林（1911—2009），山东人。中国当代著名学者，北京大学教授。1935—1945年曾留学德国，精通梵文、巴利文和吐火罗文。译著有印度史诗《罗摩衍那》，论著有《印度古代语言论集》《原始佛教的语言问题》《中印文化关系史论丛》，散文集有《季羡林散文集》《留德十年》《牛棚杂忆》《病榻杂记》等。《留德十年》是季羡林先生早年留学生活的回忆录，带有自传性质。书中详细记录了二战时期他在德国学习吐火罗文的经历，以及与德国教授、房东及德国友人之间的交往故事，平静而深情的叙述，感人至深。

【作品出处】

课文选自《留德十年》中的"欧游散记"，中国人民大学出版社，2004年版。

【话题归属】

课文可以围绕不同国家之间民间交往及其影响这一主题来学习和讨论。不管是经济往来，还是文化活动、学术交流，民间交往能加深不同民族之间的了解和感情，是国家友好关系的基石。作为课文背景，留学史、学术交往史、文化交流史等方面的话题，也在学习和讨论的范围之内。

课前准备——课堂报告选题

1. 季羡林先生的生平和学术成就；
2. 近代以来中国留学生派遣史；
3. 中国留学人员归国后的贡献；
4. 德国近现代的教育体制和科技成就；
5. 你们国家和中国民间友好交往的实例；
6. 不同文化中的师生关系。

课　文

🎧 10-01

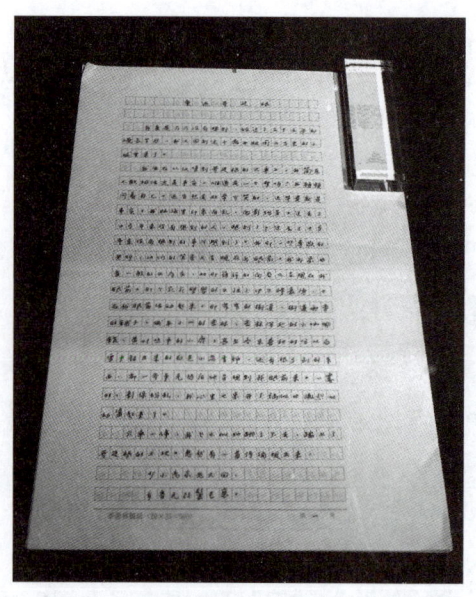

《重返哥廷根》手稿（潘索菲　摄）

我真是万万没有想到，经过了三十五年的漫长岁月，我又回到这个离开祖国几万里的小城来了。

我坐在从汉堡[1]到哥廷根[2]的火车上，我简直不敢相信这是事实。难道是一个梦吗？我频频问着自己。这当然是非常可笑的，这毕竟就是事实。我脑海里印象历乱，面影纷呈。过去三十多年来没有想到的人，想到了；过去三十多年来没有想到的事，想到了。我那一些尊敬的老师，他们的笑容又呈现在我眼前。我那像母亲一般的女房东，她那慈祥的面容也呈现在我眼前。那个宛宛婴婴[3]的女孩子伊尔穆嘉德[4]，也在我眼前活

---

1 汉堡：Hamburg，德国北部城市。德国最重要的海港和经贸中心之一。
2 哥廷根：Göttingen，德国著名的大学城。1980年11月，季羡林率中国社会科学代表团赴德国访问，重返哥廷根。
3 宛宛婴婴：形容女孩子温柔可爱。"宛宛"，柔弱的样子。"婴婴"，象声词，鸟鸣声。这里形容女孩子温柔的声音。
4 伊尔穆嘉德：季羡林房东的邻居。在《留德十年》中，第二十六章为"迈耶（Meyer）一家"，迈耶家的大女儿伊姆加德（Irmgard）就是这里的伊尔穆嘉德。伊尔穆嘉德用自己的打字机为季羡林打出了博士论文，两人结下深厚情谊。

动起来。那窄窄的街道、街道两旁的铺子、城东小山的密林、密林深处的小咖啡馆、黄叶丛中的小鹿，甚至冬末春初时分从白雪中钻出来的白色小花雪钟，还有很多别的东西，都一齐争先恐后地呈现到我眼前来。一霎时，影像纷乱，我心里也像开了锅似的激烈地动荡起来了。

学术圣城哥廷根

火车一停，我飞也似的跳了下去，踏上了哥廷根的土地。忽然有一首诗涌现出来：

少小离家老大回，

乡音无改鬓毛衰。

儿童相见不相识，

笑问客从何处来。[1]

怎么会涌现这样一首诗呢？我一时有点茫然、懵然。但又立刻意识到，这一座只有十来万人的异域小城，在我的心灵深处，早已成为我的第二故乡了。我曾在这里度过整整十年[2]，是风华正茂的十年。我的足迹印遍了全城的每一寸土地。我曾在这里快乐过，苦恼过，追求过，幻灭过，动摇过。这一座小城实际上决定了我一生要走的道路。这一切都不可避免地要在我的心灵上打上永不磨灭的烙印。我在下意识中把它看作第二故乡，不是非常自然的吗？

---

[1] 这是唐代诗人贺知章《回乡偶书二首》的第一首，写游子返乡之情。小时候离开家乡，老了以后才回来。家乡话一点没有改变，但已鬓发稀疏。儿童看到不认识我，笑着问我从哪里来。

[2] 十年：季羡林 1935 年得到赴德研究生项目资助，来到德国，进入哥廷根大学学习。1941 年获得博士学位。1945 年战争结束，启程回国，次年到达上海。

我今天重返第二故乡，心里面思绪万端，酸甜苦辣，一齐涌上心头。感情上有一种莫名其妙的重压，压得我喘不过气来，似欣慰，似惆怅，似追悔，似向往。小城几乎没有变。市政厅前广场上矗立的有名的抱鹅女郎的铜像[1]，同三十五年前一模一样。一群鸽子仍然像从前一样在铜像周围徘徊，悠然自得。说不定什么时候一声呼哨，飞上了后面大礼拜堂的尖顶。我仿佛昨天才离开这里，今天又回来了。我们走下地下室，到地下餐厅去吃饭。里面陈设如旧，座位如旧，灯光如旧。连那年轻的服务员也仿佛是当年的那一位，我仿佛昨天晚上才在这里吃过饭。广场周围的大小铺子都没有变。那几家著名的餐馆，什么"黑熊"[2]"少爷餐厅"等，都还在原地。那两家书店也都还在原地。总之，我看到的一切都同原来一模一样，我真的离开这座小城已经三十五年了吗？

抱鹅女郎铜像

但是，正如中国古人所说的，江山如旧，人物全非。环境没有改变，然而人物却已经大大地改变了。我在火车上回忆到的那一些人，有的如果还活着的话年龄已经过了一百岁，这些人的生死存亡就用不着去问了。那些计算起来还没有这样老的人，我也不敢贸然去问，怕从被问者的嘴里听到我不愿意听到的消息。我只绕着弯子问上那么一两句，得到的回答往往不得要领，模糊得很。这不能怪别人，因为我的问题就是模糊不清。我现在非常欣赏这种模糊，模糊中包含着希望。可惜就连这种模糊也不完

---

1 抱鹅女郎的铜像：哥廷根市政厅广场上1901年建立的铜像。哥廷根大学的博士生在拿到学位以后，都会来此庆祝，并亲吻抱鹅的女孩。

2 "黑熊"：Schwarzer Bär，是一座木结构的老建筑，1637年起就作为餐厅存在了。

全遮盖住事实。结果是:

访旧半为鬼,惊呼热中肠。[1]

我只能在内心里用无声的声音来惊呼了。

阅读提示(一)

1. 重返哥廷根,作者的心情为什么异常激动?他回忆起了哪些人和哪些情景?
2. 作者为什么称哥廷根是他的第二故乡?
3. 踏上哥廷根的土地,作者发现什么一成不变?什么已经大大地改变了?
4. 作者运用了哪些修辞方法来描写自己的感情?

词语表(一)  10-02

序号	词语	拼音	词性	搭配举例
1	重返	chóngfǎn	动	~故乡/校园/舞台/工作岗位
2	万万	wànwàn	副	~不可/不能/没想到
3	频频	pínpín	副	~挥手/举杯/示意/聚会/发生/出现
4	面影	miànyǐng	名	~清晰/模糊/亲切/熟悉
5	面容	miànróng	名	~温柔/憔悴/熟悉
6	咖啡馆	kāfēiguǎn	名	
7	鹿	lù	名	◎梅花/长颈~
8	时分	shífēn	名	◎黎明/黄昏/午夜~
9	争先恐后	zhēngxiān-kǒnghòu	成语	
10	一霎时	yíshàshí	名	
11	影像	yǐngxiàng	名	◎视频/数码/电影/立体~

---

1 这是唐朝诗人杜甫《赠卫八处士》中的诗句。杜甫在安史之乱的背景下与老友会面,得知许多朋友已经去世,忍不住惊呼,内心激动而哀伤。安史之乱:755—763年由安禄山和史思明发动的叛乱。安史之乱是唐王朝由盛而衰的转折点。

12	纷乱	fēnluàn	形	头绪 / 局面 / 世事 / 世界~
13	动荡○	dòngdàng	形/动	社会 / 政治 / 时局 / 市场 / 经济~；~不安；水波~
14	踏上○	tàshàng		~土地/舞台/旅途/工作岗位；◇~（新）台阶
15	涌现○	yǒngxiàn	动	科学家 / 文学家 / 艺术家 / 人才 / 新发明 / 新思想~
16	茫然○	mángrán	形	感到~；一片~
17	懵然	měngrán		~无知
18	异域	yìyù	名	◎~文化 / 风情
19	足迹○	zújì	名	留下~；奋斗 / 发展 / 成功~
20	苦恼	kǔnǎo	形	为……（而）感到~；陷入~
21	幻灭	huànmiè	动	希望 / 理想~
22	不可避免○	bùkě-bìmiǎn		
23	磨灭	mómiè	动	痕迹 / 印象 / 功绩 / 贡献~；难以 / 不可~
24	烙印	làoyìn	名	打下 / 带有 / 留下……~；时代 / 文化~
25	思绪	sīxù	名	~万千/万端/纷乱；~回到……
26	万端	wànduān	形	思绪 / 感慨 / 变化~
27	心头	xīntóu	名	记在 / 涌上~
28	莫名其妙○	mòmíngqímiào	成语	
29	重压	zhòngyā		在……~下；生活 / 政治 / 经济~
30	喘○	chuǎn	动	◎气~吁吁
31	欣慰○	xīnwèi	形	感到 / 值得 / 令人~
32	惆怅	chóuchàng	形	感到 / 充满~
33	追悔	zhuīhuǐ	动	◎~莫及 / 不已
34	市政厅	shìzhèngtīng	名	
35	矗立	chùlì	动	高楼 / 纪念碑 / 雕像 / 山峰~

36	鹅º	é	名	
37	女郎	nǚláng	名	◎封面/妙龄/金发～
38	铜像	tóngxiàng	名	半身～；～安装/落成
39	鸽子º	gēzi	名	
40	悠然自得	yōurán-zìdé	成语	
41	呼哨	hūshào	名	打（一声）～；～声
42	礼拜堂	lǐbàitáng	名	
43	尖顶	jiāndǐng	名	教堂/塔～
44	陈设	chénshè	名	室内/房间～；～精美/豪华/简单/简陋
45	如旧	rújiù		风景/一切～；◎修旧～
46	少爷	shàoye	名	
47	古人º	gǔrén	名	
48	江山	jiāngshān	名	～如画；◎打/坐～；半壁～
49	生死存亡	shēngsǐ-cúnwáng	成语	
50	不得要领	bùdé-yàolǐng	成语	
51	遮盖º	zhēgài	动	～物体/身体/道路/大地；◇～事实/真相/罪行
52	无声	wúshēng	动	◎～无息；鸦雀～
53	惊呼	jīnghū		发出～

🎧 10-03

在惊呼之余，我仍然坚持怀着沉重的心情去访旧。首先我要去看一看我住过整整十年的房子。我知道，我那母亲般的女房东欧朴尔太太[1]早已离开了人世，但是房子却还存在。那一条整洁的街道依旧整洁如新。从前我经常看到一些老太太用肥皂来洗刷人行道，现在这人行道仍然像是刚才洗刷过似的，躺下去打一个滚，决不会沾上一点尘土。街拐角处那一家食品商店仍然开着，明亮的大玻璃窗子里陈列着五光十色的食

---

1 欧朴尔太太：《留德十年》第二十三章"我的女房东"专门介绍欧朴尔太太。欧朴尔：Oppel 的音译。

品。主人却不知道已经换了第几代了。我走到我住过的房子外面，抬头向上看，看到三楼我那一间房子的窗户，仍然同以前一样摆满了红红绿绿的花草，当然不是出自欧朴尔太太之手。我蓦地一阵恍惚，仿佛我昨晚才离开，今天又回家来了。我推开大门，大步流星地跑上三楼。我没有用钥匙去开门，因为我意识到，现在里面住的是另外一家人了。从前这座房子的女主人恐怕早已安息在什么墓地里了，墓上大概也栽满了玫瑰吧。我经常梦见这所房子，梦见房子的女主人，如今却人去楼空了。我在这里度过的十年中，有愉快，有痛苦，经历过轰炸，忍受过饥饿。男房东逝世后，我多次陪着女房东去扫墓。我这个异邦的青年成了她身边的唯一的亲人。无怪我离开时她号啕痛哭。我回国以后，最初若干年，还经常通信。后来时移事变，就断了联系。我曾痴心妄想，还想再见她一面。而今我确实又来了哥廷根，然而她却再也见不到，永远永远地见不到了。

季羡林居住了十年的Münchhausen小街20号（李素　提供）

我徘徊在当年天天走过的街头，这里什么地方都有过我的足迹。家家门前的小草坪上依然绿草如茵[1]。今年冬雪来得早了一点，十月中，就下了一场雪。白雪、碧草[2]、红花，相映成趣。鲜艳的花朵赫然傲雪[3]怒放，比春天和夏天似乎还要鲜艳。我在一篇短文《海棠花》里描绘的那海棠花依然威严地站在那里。我忽然回忆起当年的冬天，日

---

1 绿草如茵：绿草茂盛，像毯子一样。茵：垫子，毯子。
2 碧草：绿草。碧：bì，青绿色。
3 傲雪：比喻梅花不畏惧严寒，天气越冷，开得越好。傲：这里有"蔑视"的意思。

暮天阴，雪光照眼，我扶着我的吐火罗文[1]和吠陀语[2]老师西克教授[3]，慢慢地走过十里长街。心里面感到凄清，但又感到温暖。回到祖国以后，每当下雪的时候，我便想到这一位像祖父一般的老人。回首前尘[4]，已经有四十多年了。

我也没有忘记当年几乎每一个礼拜天都到的席勒草坪[5]。它就在小山下面，是进山必由之路。当年我常同中国学生或德国学生，在席勒草坪散步之后，就沿着弯曲的山径走上山去。曾在俾斯麦塔[6]，俯瞰哥廷根全城；曾在小咖啡馆里流连忘返；曾在大森林中茅亭[7]下躲避暴雨；曾在深秋时分惊走觅食的小鹿，听它们脚踏落叶一路窸窸窣窣地逃走。甜蜜的回忆是写也写不完的。今天我又来到这里，碧草如旧，亭榭[8]犹新。但是当年年轻的我已颓然一翁[9]，而旧日游侣早已荡若云烟，有的离开了这个世界，有的远走高飞，到地球的另一半去了。此情此景，人非木石，能不感慨万端吗？

阅读提示（二）

1. 作者的"访旧"，"旧"指的是什么地方？为什么一定要去"访"？
2. 作者走过哥廷根街头时，看到了什么情景？又回忆起了哪些人和事？作者为什么对他们记忆最深？

---

1 吐火罗文：吐火罗语是印欧语系的一种语言，现已不存在。现今发现的资料都是6—8世纪的。
2 吠陀语：古代的印度语。
3 西克教授：Emil Sieg（1866—1951）。哥廷根大学印度学系主任，吐火罗语、梵文专家。
4 前尘：书面语词。指以前经历过的事情。
5 席勒草坪：Schillerwiese。席勒：Johann Christoph Friedrich von Schiller（1759—1805），德国杰出的诗人、哲学家和剧作家。
6 俾斯麦塔：Bismarckturm。1896年建，是以德国宰相俾斯麦（Otto von Bismarck，1815—1898）命名的一座瞭望塔，位于哥廷根城东的山林中，高31米。
7 茅亭：用茅草搭建的亭子，供行人休息。
8 亭榭："亭"，亭子。"榭"，建在高台上的房子。"亭榭"指建筑。
9 翁：老人。

词语表（二） 🎧 10-04

序号	词语	拼音	词性	搭配举例
54	怀着○	huáizhe		～……感情/心情/梦想/愿望/理想/目的/心理
55	人世	rénshì	名	降临/离开～；◎～间
56	整洁○	zhěngjié	形	衣着/房间/环境～；爱～
57	肥皂○	féizào	名	◎～泡/剧
58	洗刷	xǐshuā	动	～地板；◇～罪名/耻辱/冤枉/污点
59	人行道○	rénxíngdào	名	
60	打滚（儿）	dǎ//gǔn(r)	动	满地～
61	沾○	zhān	动	～上（尘土/油污）；◇～上（习气）
62	尘土	chéntǔ	名	～飞扬
63	拐角	guǎijiǎo	名	◎～处
64	陈列○	chénliè	动	～展品/文物/艺术品/青铜器；◎～馆/室
65	五光十色	wǔguāng-shísè	成语	
66	出自○	chūzì	动	（作品/词语/名言/主张）～……文章/书/人
67	蓦地	mòdì	副	～大叫/发现/想起
68	大步流星	dàbù-liúxīng	成语	
69	钥匙○	yàoshi	名	一把～；配～；◎万能～
70	安息	ānxī	动	灵魂～；◎～之地
71	墓地○	mùdì	名	公共/私人～
72	栽○	zāi	动	～树/花
73	人去楼空	rénqù-lóukōng	成语	
74	轰炸○	hōngzhà	动	飞机～；～城市/建筑/民房
75	逝世○	shìshì	动	不幸/因病～

76	扫墓○	sǎo//mù	动	为……~
77	异邦	yìbāng	名	身居~；~风俗/文化
78	无怪	wúguài	副	
79	号啕	háotáo	动	~大哭/痛哭
80	痛哭	tòngkū	动	~一场；失声~；◎~流涕
81	时移世变	shíyí-shìbiàn	成语	
82	痴心妄想	chīxīn-wàngxiǎng	成语	
83	而今	érjīn	名	
84	街头○	jiētóu	名	◎十字~；~巷尾
85	草坪○	cǎopíng	名	修剪/修整/铺~
86	相映成趣	xiāngyìng-chéngqù	成语	
87	赫然○	hèrán	形	~发现/标出/摆着/写着；~在目
88	怒放	nùfàng	动	鲜花~；◎心花~
89	海棠花	hǎitánghuā	名	
90	威严	wēiyán	形/名	表情/神色/形象/场面~；显示~
91	日暮	rìmù		~时分；◎~途穷
92	十里长街	shí lǐ cháng jiē		
93	凄清	qīqīng	形	月色/冬日/色调/心境~
94	回首○	huíshǒu	动	~往事/一生/历史/历程；◎不堪~
95	礼拜天	lǐbàitiān	名	
96	必由之路	bìyóuzhīlù	成语	
97	流连忘返	liúlián-wàngfǎn	成语	
98	躲避○	duǒbì	动	~车辆/风雨/严寒/危险/战乱
99	深秋	shēnqiū	名	
100	觅食	mì shí		（在）草地/树林~；四处~

101	窸窸窣窣	xīxīsūsū		
102	甜蜜○	tiánmì	形	生活/笑容/回忆/日子～
103	颓然	tuírán	形	神情～
104	游侣	yóulǚ	名	
105	荡若云烟	dàng ruò yúnyān		
106	远走高飞	yuǎnzǒu-gāofēi	成语	
107	人非木石	rénfēimùshí	成语	

🎧 10-05

  我在上面讲到江山如旧，人物全非。幸而还没有真正的全非。几十年来我昼思梦想最希望还能见到的人，最希望他们还能活着的人，我的"博士父亲"[1]，瓦尔德施米特教授[2]和夫人居然还都健在。教授已经是八十三岁高龄，夫人比他寿更高，是八十六岁。一别三十五年，今天重又会面，真有相见翻疑梦[3]之感。老教授夫妇显然非常激动，我心里也如波涛翻滚，一时说不出话来。我们围坐在不太亮的电灯光下，杜甫的名句一下子涌上我的心头：

    人生不相见，

    动如参与商。

    今夕复何夕？

    共此灯烛光。[4]

四十五年前我初到哥廷根我们初次见面，以及以后长达十年相处的情景，历历展现在

---

[1] "博士父亲"：德语 Doktorvater 的直译，即博士生导师。

[2] 瓦尔德施米特教授：Ernst Waldschmidt（1897—1985）。哥廷根大学教授，佛教研究专家、印度学家。他的夫人是 Rose Leonore Waldschmidt（1895—1988），摄影师。

[3] 相见翻疑梦：见面反而怀疑是梦。翻：反而。出自唐朝诗人司空曙（720—790）《云阳馆与韩绅宿别》中的两句诗"乍见翻疑梦，相悲各问年"。这两句诗的意思是，突然相见反而怀疑是梦，心中悲伤互相询问年龄。

[4] 这四句诗也引自杜甫《赠卫八处士》。意思是，人生中充满离别，友人不能相见就像天上的参星和商星。今晚是怎样的一个夜晚啊，我们能在灯烛下相聚叙谈。按现代天文学的划分，参星属猎户座，商星属天蝎座。当一个上升时，另一个就会下沉，永不相见。成语有"动如参商"，比喻人分离后就永不能相见。参，读 shēn。

眼前。那十年是剧烈动荡的十年，中间插上了一个第二次世界大战，我们没有能过上几天好日子。最初几年，我每次到他们家吃晚饭时，他那个十几岁的独生儿子都在座。有一次教授同儿子开玩笑："家里有一个中国客人，你明天到学校去又可以张扬吹嘘一番了。"哪里知道，大战一爆发，儿子就被征从军，一年冬天，战死在北欧战场上。这对他们夫妇俩的打击，是无法形容的。不久，教授也被征从军。他心里怎样想，我不好问，他也不好说。看来是默默地忍受痛苦。他预订了剧院的票，到了冬天，剧院开演，他不在家，每周一次陪他夫人看戏的任务，就落到我肩上。深夜，演出结束后，我要走很长的道路，把师母送到他们山下林边的家中，然后再摸黑走回自己的住处。在很长的时间内，他们那一座漂亮的三层楼房里，只住着师母一个人。

瓦尔德施米特教授

（德国哥廷根大学 Prof. Dr. Thomas Oberlies 提供）

他们的处境如此，我的处境更要糟糕。烽火连年，家书亿金。[1]我的祖国在受难，我的全家老老小小在受难，我自己也在受难。中夜枕上，思绪翻腾，往往彻夜不眠。而且头上有飞机轰炸，肚子里没有食品充饥，做梦就梦到祖国的花生米，有一次我下乡去帮助农民摘苹果，报酬是几个苹果和五斤土豆。回家后一顿就把五斤土豆吃了精光，还并无饱意。

大概有六七年的时间，情况就是这个样子。我的学习、写论文、参加口试、获得

---

[1] 烽火连年，家书亿金：这两句话从杜甫《春望》"烽火连三月，家书抵万金"两句诗而来。写战争期间与家人分开，得不到家人的消息，家书成了最宝贵的东西。

学位，就是在这种情况下进行的。教授每次回家度假，都听我的汇报，看我的论文，提出他的意见。今天我会的这一点点东西，哪一点不饱含教授的心血呢？不管我今天的成就还是多么微小，如果不是他怀着毫不利己的心情对我这一个素昧平生的异邦的青年加以诱掖教导的话，我能够有什么成就呢？所有这一切我能够忘记得了吗？

阅读提示（三）

1. 作者最希望见到的瓦尔德施米特教授是谁？作者是怎么写自己见到教授夫妇时激动的心情的？
2. 战争期间，瓦尔德施米特教授一家遭遇了哪些情况？
3. 战争期间，作者跟瓦尔德施米特教授一家有什么特殊的关系？
4. 战争期间，作者在生活中遇到了哪些困难？瓦尔德施米特教授在学习上给了他哪些指导？

词语表（三）  10-06

序号	词语	拼音	词性	搭配举例
108	幸而	xìng'ér	副	
109	昼思梦想	zhòusī mèngxiǎng		
110	健在	jiànzài	动	父母～
111	高龄○	gāolíng	名/形	八十/九十～；～孕妇
112	波涛○	bōtāo	名	～翻滚/汹涌/滚滚
113	翻滚	fāngǔn	动	乌云/波浪/麦浪～
114	初次○	chūcì	数量	～见面/相识/接触
115	历历	lìlì	形	◎～在目/可数
116	在座	zàizuò	动	
117	张扬○	zhāngyáng	动	个性～；到处～
118	吹嘘	chuīxū	动	自我～
119	从军	cóngjūn	动	
120	剧院○	jùyuàn	名	◎话/歌/影～
121	开演	kāiyǎn	动	电影～；准时～

122	师母	shīmǔ	名	
123	摸黑（儿）	mō//hēi(r)	动	~赶路/上学/回家
124	住处○	zhùchù	名	没有/预订/安排/回到~
125	处境○	chǔjìng	名	~艰难/危险/孤立/不妙
126	受难	shòu//nàn	动	◎受苦~
127	老老小小	lǎolǎoxiǎoxiǎo		
128	翻腾	fānténg	动	思绪~
129	彻夜○	chèyè	副	~不眠/长谈/忙碌/狂欢/庆祝
130	充饥	chōng//jī	动	靠……~；◎画饼~
131	花生米	huāshēngmǐ	名	
132	下乡○	xià//xiāng	动	
133	报酬○	bàochou	名	支付/获取~；~高/低；◎劳动~
134	精光	jīngguāng	形	吃得/卖得/烧得/输得~
135	度假○	dùjià	动	~城市/胜地；◎~村
136	心血○	xīnxuè	名	花费/倾注~；全部/一生~
137	毫不利己	háo bú lì jǐ		
138	素昧平生	sùmèi-píngshēng	成语	
139	诱掖	yòuyè	动	~青年
140	教导	jiàodǎo	动	~学生/孩子；~有方；反复/谆谆~

🎧 10-07

现在我们又会面了。会面的地方不是在我所熟悉的那一所房子里，而是在一所豪华的养老院里。别人告诉我，他已经把房子赠给哥廷根大学印度学和佛教研究所，把汽车卖掉，搬到这一所养老院里来了。院里富丽堂皇，应有尽有，健身房、游泳池，无不齐备。据说，饭食也很好。但是，说句不好听的话，到这里来的人都是七老八十的人，多半行动不便。对他们来说，健身房和游泳池实际上等于聋子的耳朵。他们不是来健身的，而是来等死的。头一天晚上还在一起吃饭、聊天，第二天早晨说不定就有人见了上帝。一个人生活在这样的环境中，心情如何，概可想见。话又说了回来，教授夫妇孤苦伶仃，不到这里来，又到哪里去呢？

就是在这样一个地方，教授又见到了自己几十年没有见面的弟子。他的心情是多么激动，又是多么高兴，我无法加以描绘。我一下汽车就看到在高大明亮的玻璃门里面，教授端端正正地坐在圈椅上。他可能已经等了很久，正望眼欲穿哩。他瞪着慈祥昏花的双目瞧着我，仿佛想用目光把我吞了下去。握手时，他的手有点颤抖。他的夫人更是老态龙钟，耳朵聋，头摇摆不停，同三十多年前完全判若两人了。师母还专为我烹制了当年我在她家常吃的食品。两位老人齐声说："让我们好好地聊一聊老哥廷根的老生活吧！"他们现在大概只能用回忆来填充日常生活了。我问老教授还要不要中国关于佛教的书，他反问我："那些东西对我还有什么用呢？"我又问他正在写什么东西。他说："我想整理一下以前的旧稿；我想，不久就要打住了！"从一些细小的事情上来看，老两口的意见还是有一些矛盾的。看来这相依为命的一双老人的生活是阴沉的、郁闷的。在他们前面，正如鲁迅在《过客》[1]中所写的那样："前面？前面，是坟。"

我心里陡然凄凉起来。老教授毕生勤奋，著作等身，名扬四海，受人尊敬，老年就这样度过吗？我今天来到这里，显然给他们带来了极大的快乐。一旦我离开这里，他们又将怎样呢？可是，我能永远在这里待下去吗？我真有点依依难舍，尽量想多待些时候。但是，千里凉棚，没有不散的筵席[2]。我站起来，想告辞离开。老教授带着乞求的目光说："才十点多钟，时间还早嘛！"我只好重又坐下。最后到了深夜，我狠了狠心，向他们说了声："夜安！"站起来，告辞出门。老教授一直把我送下楼，送到汽车旁边，样子是难舍难分。此时我的心潮翻滚，我明确地意识到，这是我们最后一面了。但是，为了安慰他，或者欺骗他，也为了安慰我自己，或者欺骗我自己，我脱口说了一句话："过一两年，我再回来看你！"声音从自己嘴里传到自己耳朵，显得空荡、虚伪，然而却又真诚。这真诚感动了老教授，他脸上现出了笑容："你可答应了我了，过一两年再回来！"我还有什么话好说呢？我噙着眼泪，钻进汽车。汽车开走时，回头看到老教授还站在那里，一动也不动，活像是一座塑像。

---

[1]《过客》：1925年发表。后收入散文集《野草》。
[2] 千里凉棚，没有不散的筵席：谚语。不管搭多长的棚子，筵席总有散的时候。比喻人生有相聚就有分离，美好的事物终有结束的一天。

过了两天,我就离开了哥廷根。我乘上了一列开到另一个城市去的火车。坐在车上,同来时一样,我眼前又是面影迷离,错综纷杂。我这两天见到的一切人和物,一一奔凑到我的面前来;只是比来时在火车上看到的影子清晰多了,具体多了。在这些迷离错乱的面影中,有一个特别清晰、特别具体、特别突出,它就是我在前天夜里看到的那一座塑像。愿这一座塑像永远停留在我的眼前,永远停留在我的心中。

1980 年 11 月　在西德开始

1987 年 10 月　在北京写完

阅读提示(四)

1. 作者跟瓦尔德施米特教授夫妇的会面在哪里?那里的情况如何?作者有什么评价?
2. 瓦尔德施米特教授和夫人是如何招待作者的?他们的生活状况如何?作者看到后心情如何?
3. 他们的告别是怎样的一种气氛?告别时有什么约定?为什么作者说自己"虚伪"又"真诚"?
4. 当作者离开哥廷根时,他的脑海中又浮现出谁的身影?

词语表(四)  10-08

序号	词语	拼音	词性	搭配举例
141	豪华○	háohuá	形	宫殿/宾馆/游轮/住宅/建筑/装饰/陈设~
142	养老院○	yǎnglǎoyuàn	名	
143	富丽堂皇	fùlì-tánghuáng	成语	
144	应有尽有○	yīngyǒu-jìnyǒu	成语	
145	健身房	jiànshēnfáng	名	
146	齐备	qíbèi	形	手续/设备/材料/功能/设施/物品~
147	七老八十	qīlǎobāshí	成语	
148	聋子	lóngzi	名	
149	概可想见	gài kě xiǎngjiàn		

150	孤苦伶仃	gūkǔ-língdīng	成语	
151	弟子○	dìzǐ	名	◎关门～；大～
152	圈椅	quānyǐ	名	
153	望眼欲穿	wàngyǎnyùchuān	成语	
154	瞪○	dèng	动	～眼睛
155	颤抖○	chàndǒu	动	双手/浑身/肌肉/声音/心～
156	老态龙钟	lǎotài-lóngzhōng	成语	
157	聋○	lóng	形	耳～
158	摇摆○	yáobǎi	动	树叶/船～；～不定；◎（立场）左右～
159	判若两人	pànruòliǎngrén	成语	
160	烹制	pēngzhì	动	～美食/菜肴；～方法/技术
161	填充○	tiánchōng	动	用……～；◎～物
162	打住	dǎ//zhù	动	～话头
163	老两口（儿）	lǎoliǎngkǒu(r)	名	
164	相依为命○	xiāngyī-wéimìng	成语	
165	阴沉	yīnchén	形	天色～；◇脸色～
166	郁闷	yùmèn	形	心情～；发泄/排解～
167	过客	guòkè	名	人生～
168	坟○	fén	名	上～
169	陡然	dǒurán	副	～发现/醒悟/增加/上升
170	凄凉○	qīliáng	形	景色/景象/身世/心情/晚景～；感到～
171	毕生	bìshēng	名	～精力/心愿/心血；～致力于/从事……
172	著作等身	zhùzuò-děngshēn	成语	
173	名扬四海	míng yáng sìhǎi		
174	依依难舍	yīyī nánshě		
175	告辞○	gàocí	动	向……～

176	乞求○	qǐqiú	动	~援助/保护/施舍/怜悯
177	狠心	hěnxīn	动/形/名	~拒绝/遗弃；◎下~
178	难舍难分	nánshě-nánfēn	成语	
179	心潮	xīncháo	名	◎~起伏/澎湃
180	脱口	tuōkǒu	动	◎~而出；~秀
181	虚伪○	xūwěi	形	本性/言语/行为~
182	噙	qín	动	~着眼泪
183	塑像	sùxiàng	名	
184	迷离	mílí	形	睡眼/局势/案情~
185	错综	cuòzōng	动	◎~复杂
186	纷杂	fēnzá	形	头绪/思绪/事务/现象~
187	一一○	yīyī	副	~回答/填写/告别

课文回顾与思考

1. 作者在文章中主要回忆了哪些人和事？他们为什么给作者留下了最深刻的记忆？
2. 从写作的角度来看，作者用了哪些修辞方法来增强文字的表达效果，抒发自己无法抑制的强烈情感？
3. 通过文章的描写，你对德国教授教育学生的特点和师生关系有了哪些了解？
4. 通过作者对留德往事的回忆，你觉得季羡林回国后所取得的学术成就跟留学经历有什么关系？
5. 通过作者的留学经历，你对国家之间民间交往的意义有什么看法？

词语例释

1. 万万

"万万"有副词和数词两种用法。

做副词时，意思是"绝对、无论如何"。用于否定句中，表示强调。常说成"万万没想到、万万不能/不可"等。如：

（1）我真是**万万**没有想到，经过了三十五年的漫长岁月，我又回到这个离开祖国几万里的小城来了。

（2）如果你不能区分毒蘑菇和无毒蘑菇，那么**万万**不可食用在树林里采的蘑菇。

（3）如果不是亲眼所见，你**万万**不会相信喜鹊会为它们去世的同伴举行葬礼。

做数词时，表示一万个万，即"一亿"。常说成"千千万万"，表示数量极多。如：

（4）清末民初，提到中国人口，常有"四**万万**人"的说法。换成"亿"做单位，也就是四亿人。

（5）语法学家根据语法性质，把**千千万万**的词分成了十二类：名词、动词、形容词、数词、量词、代词、副词、介词、连词、助词、叹词和拟声词。

（6）1892年，德国医生卡尔·格尔维希·施莱希成功完成外科手术中的局部麻醉。他的成功为**千千万万**个需要外科手术的病人免除了因剧痛带来的死亡风险。

（7）世界上的物质**千千万万**，它们间的化学反应多种多样。

2. 频频

副词。表示一段时间之内多次出现同样的动作或发生同样的事情。如：

（1）难道是一个梦吗？我**频频**问着自己。

（2）不管老师讲什么，也不管自己听懂了没有，他都会**频频**点头。

（3）走出机场出站口，他一眼就看到了欢迎的人群。他也很兴奋，**频频**挥手致意。

（4）最近一段时间因为加班，大脑过于紧张，晚上睡觉**频频**做梦，不能安眠。

（5）因不满工资低、工作压力大，多个行业的工人近期**频频**罢工。

（6）这几年，新能源电动汽车的话题**频频**出现在媒体报道中，看来传统汽车和新能源汽车之争，即"油电"之争已经越来越激烈。

3. 一一

副词。一个一个地，表示没有遗漏。"一个一个"具体所指根据上文可以知道。如：

（1）我这两天见到的一切人和物，**一一**奔凑到我的面前来；只是比来时在火车上看到的影子清晰多了，具体多了。

（2）考试前的答疑课，不管同学们提多少问题，老师都会**一一**解答。

（3）每课的词语表中都有"搭配举例"这一栏。"搭配"采用的是举例的方式，不可能**一一**列举。

（4）论文写好后，统计数据还需**一一**检查。如发现错误，答辩前还可以告诉老师。

（5）出国留学前想到有可能一两年不能回来，于是他通过见面或打电话的方式，跟亲友**一一**告别。

（6）植物是地球上最常见的生命形态之一。据估计，植物界现存大约有450,000个物种，其中，381,910个物种已被一一描述和命名。

例（1）中，是"人和物"一个一个地奔到"我"面前。例（2）是老师会一个一个解答"问题"。例（3）是"搭配"的可能性，不能一个一个地列出来。例（4）—（6）可以此类推。

成语运用

1. 争先恐后

每个人都争着向前，唯恐落后。形容做事急切，或大家同时急着做某一件事。使用中相当于动词，一般做状语。如：

（1）那窄窄的街道、街道两旁的铺子、城东小山的密林、密林深处的小咖啡馆、黄叶丛中的小鹿，甚至冬末春初时分从白雪中钻出来的白色小花雪钟，还有很多别的东西，都一齐争先恐后地呈现到我眼前来。

（2）每次到了课堂自由讨论时间，同学们都会争先恐后地提问，大家都想听一听别人对自己关心的问题有什么看法。

（3）看到招聘奥运会翻译志愿者的广告，同学们都争先恐后地去报名。

（4）看到明星出现，粉丝们都争先恐后地涌上前去，请求签名。

（5）有一段时间，看到投资写字楼赚钱，很多人便争先恐后地进行投资。

（6）每逢促销打折，商场里就挤满了争先恐后赶来购物的人。

2. 莫名其妙

不能说出其中的奥妙。形容事情很奇怪，不合情理，使人无法理解。使用中相当于形容词，常做定语、谓语和状语。如：

（1）感情上有一种莫名其妙的重压，压得我喘不过气来，似欣慰，似惆怅，似追悔，似向往。

（2）如果你接到一些莫名其妙的电话，比如说你中奖了，奖品是一辆汽车，但需要付一点钱才能把汽车取回来，那你不用怀疑，那是骗子在测试你的智商。

（3）她说要跟我一起参加暑期的汉语强化班，但报名的时候又说最不喜欢假期学习，因为不能休息，真是莫名其妙。

（4）不同文化背景的人在一起，开始可能会出现这样的情况：别人一个很正常的问题，你可能觉得莫名其妙。

（5）忘了是哪一年，我莫名其妙地收到一封单位发来的信，感谢我工作了30年。可那时我工作还不满20年。

（6）1960年夏天，英国某地有10多万只火鸡莫名其妙地死去，当时谁也说不清是什么病。后来人们才搞清楚，原来这些火鸡因为吃了发霉的花生粉饼而中了毒。

3. 五光十色

形容色彩鲜艳或种类繁多，也可以用来形容多姿多彩的生活。使用中相当于形容词，常做定语和谓语。如：

（1）街拐角处那一家食品商店仍然开着，明亮的大玻璃窗子里陈列着五光十色的食品。

（2）刺绣是中国优秀传统工艺之一，当五光十色的丝线在美丽的丝绸上绣出花草、动物、山水云树时，你不能不惊叹，这是世界上最神奇的技艺！

（3）车水马龙的现代化街道上，偶尔也会出现一两栋老楼，在五光十色的夜景中显得无比沉静和庄重。

（4）潜水是不少人的爱好，目的之一是观赏五光十色的海底世界，艳丽的珊瑚、五颜六色的海鱼、漂动摇曳的海草，美不胜收。

（5）小说中所描写的城市生活五光十色，生活在其中的人都在为心中的理想而挣扎、奋斗。

（6）在这个快速发展的社会，新的文化现象层出不穷，五光十色，有待人们去探究。

4. 痴心妄想

痴心：执着于某事的心。妄想：不可能实现的想法。一心想着不可能实现的事，常用来强调某事的不可能。使用中相当于动词，常做谓语。如：

（1）我曾痴心妄想，还想再见她一面。而今我确实又来了哥廷根，然而她却再也见不到，永远永远地见不到了。

（2）其实每个人都很清楚，一个人做事要想让所有人满意，那是痴心妄想。

（3）我喜欢写作，偶尔也能发表几篇作品。但指望靠文学创作来养活自己，我知道是痴心妄想。

（4）你的胆子这么小，看见汽车都要躲着走，就不要痴心妄想学开车了。

（5）他曾无耻地欺骗朋友，背叛朋友，却还痴心妄想朋友们能原谅他。

5. 应有尽有

应该有的全部都有了。尽：全部。使用中相当于动词，做谓语。句中常常有具体的例子，说明有什么。如：

（1）（养老）院里富丽堂皇，应有尽有，健身房、游泳池，无不齐备。

（2）我们大学的校园里应有尽有：食堂、商店、书店、医院、邮局、影院，甚至还有银行。

（3）现在的很多小区健身设施齐全，应有尽有，比如太空漫步机、扭腰机、太极揉推器、蹬力器、上肢牵引器等。

（4）曾经有一段时间，街头有很多书店。门面不大，但除了名著经典较少，学生学习用书、菜谱、美容、会计、电脑等实用性书刊应有尽有。

（5）我家附近的农贸市场，蔬菜种类齐全，菠菜、韭菜、芹菜、西红柿、茄子、黄瓜，哪样都新鲜诱人。羊肉、牛肉、猪肉、鸡、鸭、鱼也是应有尽有。

6. 判若两人

判：明显（有区别）。一个人的前后状况好像两个人，区别很大。使用中相当于动词，做谓语，前面常用"简直"加以强调。用于表示对比的句子，常见的格式是"同/与/跟……（比），判若两人"。如：

（1）他的夫人更是老态龙钟，耳朵聋，头摇摆不停，同三十多年前完全判若两人了。

（2）那天巧遇大学时代的一个同学。她打扮得很时髦，与以前相比，简直判若两人。

（3）他病了三个月，今天我看见他，吃了一惊，他跟健康的时候简直判若两人！

（4）他在上司面前的表现和对待下属的态度，简直判若两人。

（5）她平时很文静，可发起脾气来很凶，判若两人。

7. 相依为命

互相依靠着生活。一般形容在比较困难的情况下，家人相互依靠，一起生活。也可以用于强调感情之深，或关系密切。使用中相当于动词，常做谓语和定语。如：

（1）季羡林在德留学期间，一直住在欧朴尔太太家里。他和这家人相依为命，度过了战争最艰难的时期。

（2）由于父母早亡，她和弟弟相依为命，常像母亲那样照顾弟弟。

（3）看来这相依为命的一双老人的生活是阴沉的、郁闷的。

（4）相依为命的老伴去世以后，他变得精神消沉，不到半年也去世了。

（5）老人有一条狗，养了十几年了，老人到哪儿狗到哪儿，不难看出人和狗之间相依为命的感情。

（6）生物学上的"共生"概念，是指两种生物生活在一起，相互依赖，彼此有利。如果把它们分开，则双方或其中一方便无法生存。我们也可以说这是一种"相依为命"的关系。

修辞讲解

一、比喻

比喻就是打比方，是汉语中使用最多的一种修辞格。一般来说包括三个部分：本体、喻体和喻词。被比方的事物叫"本体"，用来打比方的事物叫"喻体"，联系二者的词语叫"喻词"。本体和喻体必须是性质不同的两种事物，比喻就是利用它们之间的某些相似点来打比方。比喻的最大好处就是可以增强说理性或描写的形象性。

根据所用喻词的情况，可以分为以下三类：

1. 明喻

明喻是本体、喻体都出现，中间用"像、好像、如、如同、似、仿佛、犹如"等喻词。"一样、似的、一般、般"等词可以与"像、如"等喻词结合成"像……似的""如……一般"等格式，也可以独立使用。如：

（1）黄昏是美丽的。我忆念着那南方的黄昏。晚霞如同一片赤红的落叶坠到铺着黄尘的地上，斜阳之下的山冈变成了紫色，好像是云海之中的礁石。（丽尼《鹰之歌》）

（2）汽车开走时，回头看到老教授还站在那里，一动也不动，活像是一座塑像。

（3）一霎时，影像纷乱，我心里也像开了锅似的激烈地动荡起来了。

（4）我知道，我那母亲般的女房东欧朴尔太太早已离开了人世，但是房子却还存在。

2. 暗喻

暗喻的本体和喻体也都出现，但用的是"是、变成、成为、等于"等喻词。如：

（5）学校如同一座花园，一个个学生便是花朵。（冰心《寄小读者》"通讯十八"）

（6）说某某湖是某某城的眼睛，这是一个俗得不能再俗的比喻了。然而说到翠湖，这个比喻还是躲不开。只能说：翠湖是昆明的眼睛。有什么办法呢？因为它非常贴切。（汪曾祺《翠湖心影》）

（7）此情此景，人非木石，能不感慨万端吗？

（8）对他们来说，健身房和游泳池实际上等于聋子的耳朵。

（9）江南苦夏，湖上尤甚。浅浅的湖水久曝烈日下，不异一锅温汤。（俞平伯《眠月》）

3. 借喻

借喻不出现本体，即本体不出现在句中。借用喻体直接代替本体，根据上下文可以知道本体是什么。如：

（10）在这些迷离错乱的面影中，有一个特别清晰、特别具体、特别突出，它就是我在前天夜里看到的那一座塑像。愿这一座塑像永远停留在我的眼前，永远停留在我的心中。

（11）先行者从视频画面中看到，自己的指纹如一道道半透明的山脉，降落其上的"羽毛"飞行器显得很小。最高执政官第一个从"羽毛"上跳下来，立刻摔了个四脚朝天。（刘慈欣《微纪元》）

（12）70天后，我决定不再犹豫，马上出发，亲自钻进这只"耳朵"，去了解这片神秘的土地。（雷殿生《信念：十年徒步中国·穿越罗布泊》）

例（10）中，"塑像"指瓦尔德施米特教授。深夜告别，教授的身影已深深地印在了作者的心灵深处，就像塑像一般。在这里，就直接用"塑像"来指代瓦尔德施米特教授。例（11）"最高执政官第一个从'羽毛'上跳下来"中的"羽毛"，指像羽毛一样的微人飞行器，在这里用"羽毛"直接指代飞行器。例（12），"耳朵"指代罗布泊。罗布泊的卫星图片显示它像人的一只耳朵，故有"地球之耳"的称呼。

二、对偶

课文中出现了这样两句话：

（1）江山如旧，人物全非。

（2）碧草如旧，亭榭犹新。

这两例都有这样的特点：包含两个小句，两个小句字数相等，结构相同或基本相同，同时意思也紧密相关。例（1），两小句均为主谓结构，"江山"与"人物"均为名词，"如旧"和"全非"为动词性词组。两小句要表达的意思相反：环境跟以前一样，但看到的人和物已经全部不一样了。例（2），两小句也是主谓结构，主、谓部分的性质跟例（1）一样，"碧草"与"亭榭"为名词，"如旧"和"犹新"为动词性词组，不过，两小句要表达的意思相近：碧草跟以前一样青翠，建筑也仿佛还是新的。

像这样结构相同或基本相同、字数相等、意义上密切相关的两个短语或句子对称地排列，所构成的辞格就叫对偶。对偶从形式上看，结构整齐，富有节奏；从内容上看，精练概括，余味深长。因起源于文学，故具有很强的文学性，在诗歌、对联及散文中广泛使用。它也是最富汉语特色的一个修辞格。

下面是几例现代散文中的对偶句：

（3）你试想想，秋收过后，河流边三五家人家会聚在一道的一个小村子里，门对长桥，窗临远阜（阜，fù，土山）。（郁达夫《江南的冬景》）

（4）那时什么都没有，却也无所畏惧，两脚踏翻尘世路，一肩担尽古今愁。（林清玄《人间有味是清欢》"序"）

（5）想我初到这秦淮河畔来的时候，正当秋蝉声苦，月桂香清。（倪贻德《秦淮暮雨》）

下面就以表格形式来展示例（3）—（5）中对偶句的结构。

例句	主语 （名词/名词性短语）	谓语部分	
		动词/动词性短语	宾语 （名词/名词性短语）
例（3）	门	对	长桥
	窗	临	远阜
例（4）	两脚	踏翻	尘世路
	一肩	担尽	古今愁

例句	主语 （名词/名词性短语）	谓语部分	
		（小）主语 （名词/名词性短语）	形容词
例（5）	秋蝉	声	苦
	月桂	香	清

从表中可以清楚地看出对偶句上下两句的结构是一样的，相对应的句子成分性质也相同。

流传至今的古诗词名句，很多都是对偶句。或描写自然风景，或抒发人生感悟，或阐述某种哲理。对偶句的形式之美也推动了诗句的流传。如：

（6）两个黄鹂鸣翠柳，一行白鹭上青天。（[唐]杜甫《绝句》）

（7）日出江花红胜火，春来江水绿如蓝。（[唐]白居易《忆江南》）

（8）大漠孤烟直，长河落日圆。（[唐]王维《使至塞上》）

（9）蝉噪林逾静，鸟鸣山更幽。（[南朝]王籍《入若耶溪》）

（10）少壮不努力，老大徒伤悲。（《乐府诗集·长歌行》）

古建筑楹联也基本都是对偶句。如：

（11）园中草木春无数，湖上山林画不如。（颐和园介寿堂）

（12）立身以至诚为本，读书以明理为先。（故宫上书房）

（13）无不可过去之事，有自然相知之人。（故宫养心殿）

（14）清风明月本无价，近水远山皆有情。（苏州沧浪亭）

（15）山川异域，风月同天。（扬州鉴真纪念堂）

例（6）中，两句话的结构都是"数量词—名词—动词—名词"。数量词"两个"对"一行"，名词"黄鹂"对"白鹭"，动词"鸣"对"上"，名词"翠柳"对"青天"。其中，"黄鹂"和"白鹭"都是鸟，颜色"黄"和"白"也相对。"翠柳"和"青天"中的"翠"和"青"是颜色词相对。例（7）—（15）可以类推。

古代律诗所用的对偶最严格，除了结构，还有声音方面的要求，上下句的平仄也要协调。现代诗文使用对偶，条件就宽松多了，只要上下两句字数相等、结构大致相同就可以。

练习

第一部分 词汇、语法、修辞

一、解释加点语素的意思，并根据拼音完成新词，同时说明其词义。

1. 脑**海**（　　　　）
   lín ____ 海
   yún ____ 海

2. 印**遍**（　　　　）
   wán ____ 遍
   zǒu ____ 遍

3. 无**声**（　　　　）
   gāo ____ 声
   lì ____ 声

4. 摆**满**（　　　　）
   zāi ____ 满
   zhòng ____ 满

5. 电灯**光**（　　　　）
   rì ____ 光
   yuè ____ 光

6. **开**演（　　　　）
   开 jiǎng ____
   开 pāi ____

7. **论**文（　　　　）
   论 tán ____
   论 zhù ____

8. **学**位（　　　　）
   学 jí ____
   学 lì ____

9. 养老**院**（　　　　）
   fúlì ____ 院
   liáoyǎng ____ 院

10. 塑**像**（　　　　）
    diāo ____ 像
    huà ____ 像

二、选择成语改写句子并造句。

争先恐后　莫名其妙　五光十色
痴心妄想　应有尽有　判若两人　相依为命

1. 这座新公园是仿古典园林所建，人工湖、假山、亭台楼阁、奇花异草，古典园林的元素它都具备。

   改写：_____

   造句：_____

2. 我的室友一比赛就紧张，水平完全发挥不出来，其实平时演讲无人可以跟她相比。
   改写：_____
   造句：_____

3. 哪个城市提供的工作岗位多，大学毕业生就会抢着往哪里跑。这是很自然的选择。
   改写：_____
   造句：_____

4. 在我看来，这部电影没有一位演员演技在线，不知为什么却火得很。
   改写：_____
   造句：_____

5. 儿子五音不全却想做歌唱家，父母很苦恼，不知道怎么向他解释这完全不可能。
   改写：_____
   造句：_____

6. 我们家的一猫一狗从小一起长大，时时刻刻在一起，像是感情极深的一家人。
   改写：_____
   造句：_____

7. 夜幕降临，小城最热闹的是步行街，五彩缤纷的霓虹灯广告牌下，是川流不息的人群。
   改写：_____
   造句：_____

三、词语搭配与填空。

处境	颤抖
肌肉	虚伪
立场	凄凉
景色	艰难
本性	摇摆

（1）深秋时节，满山枯叶，_____十分_____。

（2）在文学作品中，经常可以见到这样一种艺术形象：傲慢、贪婪，_____ _____。

（3）墙头草比喻那些没有主见、_____ _____不定的人。就像长在墙头上的草，风往哪边吹，它就往哪边倒。

（4）声音频率低于20赫兹的次声，会对人体产生严重伤害，特别是频率低于7赫兹的次声，能使人_____ _____、呼吸困难，甚至神经错乱、血管破裂。

（5）因为竞争激烈，如今的家电生产企业_____越来越_____。

打下　文物
重返　烙印
陈列　足迹
修整　草坪
留下　舞台

(6) 出于对艺术的热爱，他战胜病魔后，又_____ _____。
(7) "南海一号"宋代沉船于2007年被整体打捞出水后，18万余件出水_____中的精品，现就_____于广东海上丝绸之路博物馆。
(8) 虽然还是早春，但墓园里绿草如茵，刚刚_____过的_____上没有一丝杂物，整个墓园肃穆而安宁。
(9) 登山爱好者在喜马拉雅山上_____了自己的_____，但同时，也留下了成吨的垃圾。
(10) 少年时代读过的书，常常能在幼小的心灵上_____深深的_____，影响我们终生。

遮盖　报酬
回首　心血
躲避　危险
收取　历程
花费　道路

(11) 一位与沙漠打了一辈子交道的人说，在沙漠边缘栽树，_____的不仅仅是时间、精力、资金，更是_____，甚至是生命。
(12) 听到火山有可能近期喷发的消息，住在山脚下的居民纷纷外逃以_____ _____，短短几天就有几十万人乘坐各种交通工具离开。
(13) 每次系里举办学术讲座，总有一些学生帮忙准备会场。他们从不_____ _____，都是义务服务。
(14) 雪越下越紧，原野上的_____已被完全_____。他突然悟到，处处无路，其实处处也都是路。
(15) _____几十年来的改革_____，风风雨雨，沟沟坎坎，充满艰辛。

四、用指定词语完成句子或对话。

1. 如果你一个人去陌生的地方旅行，_____（万万）
2. _____，我觉得她不太尊重别人的隐私。（频频）
3. 和平是每个人的向往，_____（动荡）
4. 当社会进入发展的高峰期，_____（涌现）
5. 只要一提未来工作的话题，_____（茫然）
6. _____，而是选择太多，不知道要做什么。（苦恼）

7. 如果你说话过于直率，_____（不可避免）
8. 当我把毕业典礼的照片发给父母，_____（欣慰）
9. 听说毕业实习安排去云南，_____（怀着）
10. 我的外婆是一个极爱干净的人，_____（整洁）
11. A："德不孤，必有邻"，这句话你听说过吗？
    B：_____（出自）
12. 我住的公寓家家爱花，_____（栽）
13. 清明是中国的传统节日，_____（扫墓）
14. 只有对生活感到满足的人，_____（甜蜜）
15. _____，以后习惯了就好了。（初次）
16. _____，但我们无人相信，一笑置之。（吹嘘）
17. 每到学校期末考试的时候，_____（彻夜）
18. 随着生活水平的提高，_____（度假）
19. 旅游有不同的方式，_____（豪华）
20. 听他说出这样的话来，_____（瞪）
21. 虽然目前公司遇到了极大的困难，_____（乞求）
22. 我准备了三个例子来证明我的观点，_____（一一）

五、选择适当的关联词填空，如果所填关联词是合用关联词中的一个，请画出另一个。

> 虽然　　和　　因　　同时　　因而
> 即使　　只有　　或　　还　　却

哥廷根位于德国中部地区，人口只有12万，其中3万多人是大学生，_____是一个名副其实的大学城。_____，哥廷根也是德国当之无愧的科技城、学术之都。47名诺贝尔奖得主，或在此读过书，_____在此教过学，世界上难以找出第二个城市有如此殊荣。

从房屋、街道来看，这座城市_____与德国其他城市没有什么两样，但许多不长也不宽、看似普通的街道_____有着极不普通的名字，它们都是以在哥廷根学习或工作过的著名学者、科学家命名的。如高斯路、韦伯路、洪堡大道、格林兄弟大道等。每一个名字都反映了这座城市_____这所大学的一段历史，同时也反映了人类科学文化发展的一段历史。

在哥廷根的市立公墓，长眠着多位科学家，其中有好几位诺贝尔奖得主，比如与爱因斯坦齐名的马克斯·普朗克（Max Karl Ernst Ludwig Planck，1858—1947），量子力学奠基人，他_____提出量子假说而获得了1918年的诺贝尔物理学奖。鲜花和水池旁边，这些伟大的灵魂伴着东岸教堂的钟声静静地沉睡，唯有墓碑上所刻其生前发现的数学或物理公式，似乎_____在表达着这样一种情感：科学难以割舍，_____是到了另外一个世界。在这里我才真正体会到，_____真正对人类有贡献的人，才会受到后人的尊敬和朝拜。

六、排序，并画出各句所用关联词及其他可提示句子顺序的词语。

1. A. 1935年赴德国哥廷根大学留学以后
   B. 但当时在国内没有人开梵文课
   C. 季羡林在清华大学读书时就对梵文产生了兴趣
   D. 次年就开始跟随瓦尔德施米特教授学习梵文和巴利文
   E. 他才终于有了学习的机会
   正确语序：_____

2. A. 拿学游泳来打个比方
   B. 相传19世纪德国一位语言学家说过这样的话
   C. 当然，这只是一个比方，而且有点夸大
   D. 如果他们淹不死，游泳就学会了
   E. 但从中也可以看出当时德国语言教学的特点
   F. 我教外语就是把学生带到游泳池旁并一下子把他们推下水去
   正确语序：_____

3. A. 该系现已成为中国高校中开设东方语言学科最多、历史最悠久的教学和科研机构
   B. 创建人是中国著名的东方学家季羡林教授
   C. 北京大学外国语学院东方语言文化系成立于1946年
   D. 其中梵文、巴利文和希伯来语言文化专业属于全国高校中独有的专业
   E. 现有波斯语言文化专业、印尼－马来语言文化专业等12个专业
   正确语序：_____

4. A. 17至19世纪上半叶，在"西学东渐"浪潮的推动下
   B. 并开创了中国近代留学教育的先河

C. 都为中外文化教育交流做出了可贵的贡献

D. 有的定居异邦

E. 他们有的学成归国

F. 一批青年学子远渡重洋赴欧留学

正确语序：_____

5. A. 同，表现在内容上

B. 海外汉学是从"他者"的角度来看中国文化的

C. 异，则表现在学术规范和方法上

D. 海外汉学研究的材料、文献也都是中国的

E. 海外汉学和国学之间既有同也有异

正确语序：_____

七、修辞练习。

1. 根据意义和结构将对偶的上下句连起来，并解释其意思。

（1）书到用时方恨少　　　A. 一夜溪声入梦清

（2）酒逢知己千杯少　　　B. 山静无人水自流

（3）北海三月烟花里　　　C. 事非经过不知难

（4）庭小有竹春常在　　　D. 西湖四时风雨中

（5）四周山色临窗秀　　　E. 话不投机半句多

_____

_____

_____

_____

2. 找出下面句子中的比喻句，并根据喻词说明比喻类型。

（1）如果以一天中的时间来对应四季，当然春天是早晨，夏天是中午，秋天是黄昏，冬天是夜晚。如果以乐器来对应四季，我想春天应该是小号，夏天是定音鼓，秋天是大提琴，冬天是圆号和长笛。（史铁生《我与地坛》）

（2）一个人本来自然活在世间，没有什么欲望，但当他过惯了娇贵的生活，就如同生在盆里的兰花，会失去很多自由、失去很多知己，所以人宁可像野生的兰花，活

在巨石之缝、高山之顶、幽谷深处与烟霞做伴。这是自由与自在的追求。(林清玄《野生兰花》)

3. 根据本体写比喻句,也可以自己确定一个本体。

A. 眼睛　　B. 医生　　C. 音乐　　D. 月亮

(1) _____
(2) _____
(3) _____
(4) _____

4. 说出老舍《五月的青岛》中这段文字一共用了哪几种修辞方法。

　　青岛的人怎能忘下海呢。不过,说也奇怪,五月的海就仿佛特别的绿,特别的可爱;也许是因为人们心里痛快吧?看一眼路旁的绿叶,再看一眼海,真的,这才明白了什么叫作"春深似海"。绿,鲜绿,浅绿,深绿,黄绿,灰绿,各种的绿色,连接着,交错着,变化着,波动着,一直绿到天边,绿到山脚,绿到渔帆的外边去。风不凉,浪不高,船缓缓地走,燕低低地飞,街上的花香与海上的咸味混到一处,浪漾在空中,水在面前,而绿意无限,可不是,春深似海!欢喜,要狂歌,要跳入水中去,可是只能默默无言,心好像飞到天边上那将将能看到的小岛上去,一闭眼仿佛还看见一些桃花。人面桃花相映红,必定是在那小岛上。

_____
_____
_____

第二部分 拓展阅读

八、选择合适的句子填入短文画线处,并概括短文的主要内容。

A. 德国还非常重视培养年轻人的文物保护意识

B. 总体来讲,德国文物保护资金来源多样

C. 为了让文物保护有章可循,德国各联邦州分别立法

D. 在德国,文物古迹尤其是工业遗址再利用十分普遍

砸重金修旧物是否值得？在德国人看来，保护文物可谓好处多多：节约资源、促进就业、发展旅游……甚至可以提高文化认同、助推社会和谐。德国在册文物古迹约有100万处，其中部分为州、县等地方政府所有，大部分则握在私人手中。那么，德国又是如何保护这些文物古迹的呢？

_____，除定义何为文物、将本地文物列入"文物清单"供民众查阅外，还明确监管部门职责和文物使用规定。各州法律细节有异，但内容大致相同。例如，各州均规定文物所有者不得擅自更改建筑样貌，改建前须上报文物保护部门批准。改建获批后，文物保护部门还会就如何选择专业技工等提供咨询，避免使用错误的技术或建筑材料。

_____。州、县政府是文物保护主要出资方。同时，联邦政府会通过不同项目为文物保护拨款。除联邦和地方政府外，基金会、协会以及文物所有人也是文物保护资金的重要来源。又如，私人住宅也可能属于文物，维护费用应由所有人承担。不过，此事涉及公众利益，政府也会给予一定支持。为减轻文物所有人负担，掏钱修房子的所有人可以享受部分税收优惠。

_____。原来的厂房变身学校、住宅、博物馆或市政厅，既实现了文物保护，又避免了拆除重建的双重投资，特色外观还让更多人对老建筑的新用途感到好奇。

对于文物保护宣传，德国有关政府机构和社会团体会借助举办活动、设置奖项、出版刊物等方法提高民众文物保护意识。"文物古迹开放日"活动效果颇佳，每年都会吸引超过400万人前往数以千计、平日却较少开放的历史遗迹参观。

同时，_____。分散在德国各地的13个"青年工匠协会"每年都会各自招收数十名16岁至26岁的年轻人，这些年轻人会用一年时间学习文物保护相关知识和技能，积累人生经验。此外，一些基金会、协会等社会团体还会组织中小学生参观文物古迹，并为他们提供有关文化遗产保护的学习材料。

现如今，文物保护已经融入德国人的生活当中。随便走进一座小城，当地人几乎都能列出几样拿得出手的特色古迹。对德国人来说，承载历史的文化遗产不仅可以带来独特的精神享受，也是必须留给后人的宝贵财富。

这篇短文的主要内容是（请选择）：

☐ A. 德国人认为花很多钱保护文物很值得
☐ B. 相关文物法主要规定文物保护的资金从哪里来
☐ C. 德国文物保护有各种措施
☐ D. 德国的每一个地方几乎都有值得骄傲的古迹

九、阅读下面的文章，并完成后面的练习。

清水一片光照人[1]

——追忆傅吾康教授

李雪涛

2007年10月的一天，我还在德国杜塞尔多夫任职①的时候，接到傅复生女士发来的致亲朋的一封信，说傅吾康[2]教授已于9月6日在柏林溘然长逝了。傅女士在信中说，"我父亲漫长的一生，精彩充实，富有尊严而令人敬佩，留给我们宁静祥和的最后回忆"。我想，凡是在近年来接触过傅教授的人，对他女儿的这一说法，是应予以首肯的。今天，这位95岁的历史见证者的离去，带走了一个世纪的风风雨雨，同时也带走了整整的一个时代。

生于1912年7月24日的傅吾康是福兰阁[3]教授的四个子女中唯一子承父业②的汉学家。按照中国的说法，傅吾康可以算是出身于书香门第了，福兰阁在当时为显赫一时的大汉学家。傅吾康实际上是在中国文化的氛围中长大的，作为举世闻名的汉学家之幼子，他的孩提时代的一切好像都是跟中国有着千丝万缕的联系的。正是由于受到这样的影响，1930年中学毕业之后，他毅然选择了汉学作为自己的终身事业。

傅吾康在汉堡大学和柏林大学师从颜复礼、佛尔克、许勒等著名汉学家从事汉学方面的基础训练，并于1932年7月获得了东方语言学院的翻译文凭资格。1935年他在

---

[1] 文章选自李雪涛《日耳曼学术谱系中的汉学：德国汉学之研究》，外语教学与研究出版社，2008年版，有删减。李雪涛，北京外国语大学教授。
[2] 傅吾康：Wolfgang Franke（1912—2007）。
[3] 福兰阁：Otto Franke（1863—1946）。

佛尔克教授门下做了题为《康有为及其学派的国家政治革新尝试》的博士论文，这篇后来发表在《东方语言学院通讯》上的论文，赢得了众多的书评。这篇论述中国保守派与西方改良主义思想论争的专著，后来也奠定了傅氏在明清史研究中的地位。

1937年傅吾康只身③到了中国，辗转上海、南京等地后到达了北平，令他始料未及④的是，这一待就是整整十三年（其间只有短期在日本逗留）。在北平，傅吾康主要参与了"中德学会"（Deutschland-Institut）的组织、领导工作，先后在学会中担任秘书、总干事以及《中德学志》编辑主任等职。从1938年至1944年，共出版《中德学志》六卷（22期），《汉学集刊》（Sinologische Arbeiten）三卷，同时组织出版了"德国文化丛书"等二十余种。

抗战胜利后，经萧公权先生的推荐，傅吾康谋得了设在成都的国立四川大学和华西大学教授的位子，讲授"明史"和"德国历史"等课程。并在中国文化研究所负责汉学研究西文集刊《汉学研究》（Studia Serica）的编辑工作。在成都两年后，傅吾康又接受了北京大学西语系主任冯至教授的邀请，接替了北大空出的德语教授的位子。在北大期间，傅氏与季羡林等学者建立了终身的友谊。

战后的德国乃是一片百废待兴的局面，汉堡大学也在着手重新建立已遭破坏的汉学系。1949年6月傅吾康得到了汉堡大学的正式任命书，他于1950年回到汉堡，接替了自颜复礼退休后已经空置两年的汉堡大学汉学系主任一职。在汉堡大学汉学系主任的位置上，傅氏一直做到了1977年退休。汉堡大学本来就是德国最早成立汉学系的大学，再加上傅吾康的研究领域为明代以来的中国历史、东南亚华人历史，因此汉堡学派的研究方向主要定位在明清史以及中国近代史方面。

1963—1966年间，利用大学和政府给他的三年学术假期，傅吾康接受了马来亚大学客座教授的职位。除了学术研究工作之外，他还恢复了多年来没能够成立的中文系，也利用各种各样的方式，尽量多地培养华文人才。退休之后，傅吾康又应聘到马来西亚做客座教授，以专门研究东南亚华人史。

傅吾康教授可谓著作等身，早在1947年傅氏就出版了用英文编写的《明代史籍汇考，1368—1644》（1947）一书。自1950年回德国之后，他又出版了《中国的文化革命——1919年的五四运动》（1957）、《1851—1949年——中国革命的百年》（1958）、《中国科举制度革废考》（英文版，1960）、《中国与西方》（1962）等一系列研究中国近代史的著作。

作为历史学家,傅吾康一贯重视史料的运用,并将中文文献与西文资料并重⑤,他的《明代史籍汇考,1368—1644》就是在这方面最好的例证。在方法运用方面,他总是力图⑥以西方的学术思想为出发点,这样做的目的是为了让欧洲学界尽可能多地理解远东的文明。在《中国与西方》一书中,傅氏便称:"跟中国人的西方观相比较,在书中我更深入探讨的是西方人的中国观。因此这本小册子署为《中国与西方》,而不是反过来的《西方与中国》。"

作为一位汉学家,傅吾康除了在汉学研究方面取得过举世瞩目的成就外,他一生都在教书育人。曾在四川大学、华西大学、北京大学任教多年,他在中国可以说是桃李满天下。回到德国之后,他在汉堡大学从事汉学教学27年,仅经他指导的博士就有26位之多,他们之中的很多人成了新一代的汉学家。1977年傅教授从汉堡大学的主任教授的位子上退下来后,于次年又应马来亚大学的邀请,在吉隆坡指导研究生。

在不同时期的学生的心目中,傅教授有着不同的形象:北平时期他是一位和善寡言⑦、英俊潇洒的年轻教授;从汉堡时期的一开始他就是一位有着丰富阅历、满腹经纶而又每每面带笑容的学者;而在吉隆坡,傅吾康已经成了一位循循善诱的长者。我常想,对傅吾康来讲,孟子的理想——"得天下英才而教育之,三乐也"是否也就是他的追求!在论及⑧他这一代与父辈之间的差别以及自己的秉性时,傅吾康后来在回忆录中写道:

> 我父亲乃是一位地地道道的外交官,在他的人生中政治至关重要。即使在家中他也总是衣冠楚楚,从不马虎。他的举止考究、自信,富有尊严,从不狂妄。对其自身也不会听之任之。在很大程度上他算得上是19世纪晚期绅士之典范。跟我父亲正相反,对我来说,政治是一个陌生的世界。我更向往无拘无束,在衣着方面常常不修边幅,举止亦笨拙不堪。我甚至很少考虑什么是体面,而更愿意顺其自然。

不修边幅、率真自信,这差不多是傅吾康性格最好的写照。我想,这也是他更能为学生们所接近、所爱戴的原因吧。

1. **给文章拟一个新的题目(写在下面的横线上)。**

2. **解释文中画线词语。**

①任职 ②子承父业
③只身 ④始料未及
⑤并重 ⑥力图
⑦寡言 ⑧论及

3. **判断下列说法是否符合文章原意（符合画"√"，不符合画"×"）。**

（1）认识傅教授的人都同意他的女儿对父亲的评价。（　　）
（2）傅教授的父亲也是大汉学家，所以他的专业成就主要是在父亲的指导下取得的。（　　）
（3）傅教授的博士论文发表后反响很好，已达到较高的专业水准。（　　）
（4）傅教授也曾在中国教授过德语。（　　）
（5）颜复礼教授一退休，傅教授就接替他成为汉堡大学汉学系主任。（　　）
（6）从研究方法来说，傅教授总是以中国的学术思想为出发点，帮助西方人去理解中国和远东的文明。（　　）
（7）作者认为，傅教授一辈子以从事教育为乐事。（　　）
（8）傅教授认为自己与同为汉学家的父亲有相同的性格和行为特点。（　　）

4. **回答问题。**

作为著名的汉学家，傅吾康教授一生主要的成就体现在哪些方面？

_____
_____
_____
_____

第三部分 写作

十、写出课文的内容提要。（300字左右）

第十课 重返哥廷根

十一、季羡林在散文《遥远的怀念》中，回忆了瓦尔德施米特教授对自己的教育。下面这个片段，是季羡林第一次把准备了一年的博士论文绪论交给教授后的结果。谈谈你阅读以后的感想。（600字左右）

> 隔了大约一个星期，教授在研究所内把文章退还给我，脸上含有笑意，最初并没有说话。我心里咯噔一下，直觉感到情势有点不妙了。
>
> 我打开稿子一看，没有任何改动。只是在第一行第一个字前面画上了一个前括号，在最后一行最后一个字后面画上了一个后括号。整篇文章就让一个括号括了起来，意思就是说，全不存在了。这真是"坚决、彻底、干净、全部"消灭掉了。我仿佛当头挨了一棒，茫然、懵然，不知所措。
>
> 这时候教授才慢慢地开了口："你的文章费劲很大，引书不少。但是都是别人的意见，根本没有你自己的创见。看上去面面俱到，实际上毫无价值。你重复别人的话，又不完整准确。如果有人对你的文章进行挑剔，从任何地方都能对你加以抨击，而且我相信你根本无力还手。因此，我建议，把绪论统统删掉。在对限定动词进行分析以前，只写上几句说明就行了。"
>
> 一席话说得我哑口无言，我无法反驳。这引起了我的激烈的思想斗争，心潮滚滚，冲得我头晕眼花。过了好一阵子，我的脑筋才清醒过来，仿佛做了黄粱一梦。我由衷地承认，教授的话是完全合情合理的。我由此体会到：写论文就应该是这个样子。
>
> 这是我一生第一次写规模比较大的学术论文，也是我第一次受到剧烈的打击。然而我感激这一次打击，它使我终生头脑能够比较清醒。没有创见，不要写文章，否则就是浪费纸张。有了创见写论文，也不要下笔千言，离题万里。空洞的废话少说不说为宜。我现在也早就有了学生了，我也把我从瓦尔德施米特教授那里接来的衣钵传给了他们。

语言实践

一、收集资料，了解中国人或学生本国人留学的国家分布，并用图表展示留学目的国和留学生数量。如果有专业信息，可一并收集整理。可自己选择时间段（从哪一年到哪一年）。

二、选择一个领域——经济、文化、教育、体育均可，搜集资料，了解你们国家跟中国的交往情况。具体介绍两国交往中的一个典型事例。以 PPT 形式展示。

附录（一）词语总表

A

安抚	ānfǔ	动	8
安息	ānxī	动	10
安详	ānxiáng	形	9
安享	ānxiǎng	动	8
按钮	ànniǔ	名	5
嗷嗷	áo'áo	拟声	7
傲气	àoqì	名/形	1

B

白痴	báichī	名	5
百万	bǎiwàn	数	4
摆放	bǎifàng	动	5
半径	bànjìng	名	5
拌	bàn	动	1
绑	bǎng	动	7
保管	bǎoguǎn	动	2
保管部	bǎoguǎnbù	名	2
报酬	bàochou	名	10
悲哀	bēi'āi	形	5
悲悯	bēimǐn	动	8
悲壮	bēizhuàng	形	3
备份	bèifèn	名/动	8
备受	bèishòu	动	4
背弃	bèiqì	动	8
倍感	bèigǎn	动	9
本意	běnyì	名	2
崩溃	bēngkuì	动	3
蹦	bèng	动	4
比喻	bǐyù	动/名	2
鄙视	bǐshì	动	3
毕生	bìshēng	名	10
边疆	biānjiāng	名	7
煸	biān	动	1
鞭炮	biānpào	名	7
便捷	biànjié	形	6
表皮	biǎopí	名	1
别号	biéhào	名	1
濒死	bīnsǐ	动	8
濒于	bīnyú	动	3
冰碴儿	bīngchár	名	7
冰冷	bīnglěng	形	8
屏住	bǐngzhù		7
病菌	bìngjūn	名	5
病例	bìnglì	名	4
波涛	bōtāo	名	10
伯父	bófù	名	1
博弈	bóyì	动	3
不锈钢	búxiùgāng	名	5

345

不亚于	búyàyú	动	7	车程	chēchéng	名	4
哺育	bǔyù	动	5	车流	chēliú	名	4
不可避免	bùkě-bìmiǎn		10	车轮	chēlún	名	7
不为过	bùwéiguò		9	彻夜	chèyè	副	10
布景	bùjǐng	名	6	尘土	chéntǔ	名	10

C

				沉浸	chénjìn	动	9
采集	cǎijí	动	4	沉静	chénjìng	形	9
彩云	cǎiyún	名	5	陈列	chénliè	动	10
踩踏	cǎità	动	4	陈设	chénshè	名	10
菜农	càinóng	名	1	成就感	chéngjiùgǎn	名	6
菜市场	càishìchǎng	名	1	城墙	chéngqiáng	名	2
残生	cánshēng	名	5	澄澈	chéngchè	形	8
惨重	cǎnzhòng	形	3	尺度	chǐdù	名	5
苍老	cānglǎo	形	3	炽热	chìrè	形	8
舱	cāng	名	5	冲刷	chōngshuā	动	2
藏品	cángpǐn	名	2	充饥	chōng//jī	动	10
草坪	cǎopíng	名	10	重叠	chóngdié	动	3
册页	cèyè	名	9	重返	chóngfǎn	动	10
侧身	cèshēn	动	9	抽筋	chōu//jīn	动	7
查阅	cháyuè	动	7	惆怅	chóuchàng	形	10
察看	chákàn	动	7	稠密	chóumì	形	4
禅机	chánjī	名	1	筹备	chóubèi	动	2
产	chǎn	动	1	出境	chū//jìng	动	2
铲子	chǎnzi	名	7	出逃	chūtáo	动	3
颤抖	chàndǒu	动	10	出展	chūzhǎn	动	2
嫦娥	Cháng'é	名	3	出自	chūzì	动	10
朝代	cháodài	名	2	初次	chūcì	数量	10
吵闹	chǎonào	形/动	9	除此之外	chúcǐzhīwài		6

处境	chǔjìng	名	10		错别字	cuòbiézì	名	4
储藏	chǔcáng	动	5		错综	cuòzōng	动	10
矗立	chùlì	动	10		**D**			
揣摩	chuǎimó	动	3		打盹（儿）	dǎ//dǔn(r)	动	7
穿越	chuānyuè	动	7		打滚（儿）	dǎ//gǔn(r)	动	10
传染	chuánrǎn	动	4		打火机	dǎhuǒjī	名	7
传染病	chuánrǎnbìng	名	4		打住	dǎ//zhù	动	10
传神	chuánshén	形	1		大数据	dàshùjù	名	4
传诵	chuánsòng	动	3		单车	dānchē	名	4
喘	chuǎn	动	10		单程	dānchéng	名	4
喘息	chuǎnxī	动	7		单行道	dānxíngdào	名	8
创造力	chuàngzàolì	名	6		耽搁	dānge	动	5
吹嘘	chuīxū	动	10		当今	dāngjīn	名	3
垂挂	chuíguà	动	9		荡若云烟	dàng ruò yúnyān		10
垂死	chuísǐ	动	8		导航	dǎoháng	动	4
纯洁	chúnjié	形	9		捣毁	dǎohuǐ	动	5
纯熟	chúnshú	形	9		道人	dàoren	名	1
瓷	cí	名	5		道义	dàoyì	名	3
刺鼻	cìbí	形	7		得劲	déjìn	形	6
从军	cóngjūn	动	10		得主	dézhǔ	名	8
粗糙	cūcāo	形	9		灯光师	dēngguāngshī	名	6
粗略	cūlüè	形	5		登陆	dēng//lù	动	5
蹿	cuān	动	7		瞪	dèng	动	10
催	cuī	动	7		低地	dīdì	名	9
脆弱	cuìruò	形	8		底部	dǐbù	名	2
存储	cúnchǔ	动	4		底线	dǐxiàn	名	3
存放	cúnfàng	动	7		地层	dìcéng	名	5
存活	cúnhuó	动	8					

地道	dìdao	形	1
弟子	dìzǐ	名	10
颠覆	diānfù	动	3
点点滴滴	diǎndiǎndīdī		3
电线	diànxiàn	名	7
电子	diànzǐ	名	8
凋零	diāolíng	动	8
调度	diàodù	动	4
调集	diàojí	动	2
叠加	diéjiā	动	8
钉子	dīngzi	名	9
顶端	dǐngduān	名	5
顶峰	dǐngfēng	名	9
顶替	dǐngtì	动	8
定级	dìng//jí	动	2
动荡	dòngdàng	形/动	10
动感	dònggǎn	名	3
动乱	dòngluàn	动	8
抖	dǒu	动	5
陡然	dǒurán	副	10
豆豉	dòuchǐ	名	1
都城	dūchéng	名	2
度假	dùjià	动	10
渡船	dùchuán	名	5
短暂	duǎnzàn	形	9
断定	duàndìng	动	2
对峙	duìzhì	动	3
炖	dùn	动	1

顿时	dùnshí	副	7
多重	duōchóng	形	8
夺权	duó//quán	动	3
踱步	duóbù	动	7
躲避	duǒbì	动	10
躲藏	duǒcáng	动	3

E

鹅	é	名	10
恶狠狠	èhěnhěn	形	5
恶劣	èliè	形	4
恩典	ēndiǎn	名	9
而今	érjīn	名	10
耳环	ěrhuán	名	9

F

发型	fàxíng	名	6
翻滚	fāngǔn	动	10
翻腾	fānténg	动	10
繁忙	fánmáng	形	9
繁衍	fányǎn	动	8
反思	fǎnsī	动	8
范式	fànshì	名	3
芳香	fāngxiāng	名/形	7
访谈	fǎngtán	动	7
飞行器	fēixíngqì	名	5
肥皂	féizào	名	10
废	fèi	形	2
废品	fèipǐn	名	2
废物	fèiwù	名	5

分封	fēnfēng	动	2
分支	fēnzhī	名	5
纷乱	fēnluàn	形	10
纷杂	fēnzá	形	10
坟	fén	名	10
坟墓	fénmù	名	7
焚化	fénhuà	动	5
粉红	fěnhóng	形	9
粉末	fěnmò	名	5
粉碎	fěnsuì	形	3
丰满	fēngmǎn	形	9
风雅	fēngyǎ	形	3
封面	fēngmiàn	名	9
逢	féng	动	8
服装师	fúzhuāngshī	名	6
浮雕	fúdiāo	名	2
辅导	fǔdǎo	动	6
腐蚀	fǔshí	动	5
付诸行动	fù zhū xíngdòng		6
赴	fù	动	2
复仇	fù//chóu	动	3
复活	fùhuó	动	8
富足	fùzú	形	9
腹	fù	名	2
覆盖	fùgài	动	2

G

咖喱	gālí	名	1
改道	gǎi//dào	动	4
改名	gǎimíng	动	2
盖子	gàizi	名	5
概可想见	gài kě xiǎngjiàn		10
甘蔗	gānzhe	名	6
感恩	gǎn//ēn	动	8
感叹	gǎntàn	动	9
感知	gǎnzhī	动/名	4
干部	gànbù	名	1
高尔夫球	gāo'ěrfūqiú	名	5
高贵	gāoguì	形	3
高龄	gāolíng	名/形	10
高山	gāoshān	名	5
高效	gāoxiào	形	4
告辞	gàocí	动	10
疙里疙瘩	gēligēdā		1
胳膊	gēbo	名	7
鸽子	gēzi	名	10
更迭	gēngdié	动	2
工作量	gōngzuòliàng	名	6
功利	gōnglì	名	3
攻克	gōngkè	动	2
恭喜	gōngxǐ	动	6
拱	gǒng	动	7
共存	gòngcún	动	5
苟活	gǒuhuó	动	8
购	gòu	动	2
够不着	gòu bu zháo		5

孤凄	gūqī	形	3		航母	hángmǔ	名	8
古典主义	gǔdiǎn zhǔyì		9		航行	hángxíng	动	5
古人	gǔrén	名	10		号叫	háojiào	动	7
拐角	guǎijiǎo	名	10		号啕	háotáo	动	10
关切	guānqiè	动	6		蚝油	háoyóu	名	1
观测	guāncè	动	4		毫不利己	háo bú lì jǐ		10
观赏	guānshǎng	动	6		毫不	háo bù		3
馆长	guǎnzhǎng	名	2		毫无	háo wú		5
管控	guǎnkòng	动	8		豪华	háohuá	形	10
罐头	guàntou	名	5		豪迈	háomài	形	7
光彩	guāngcǎi	名/形	9		嚎	háo	动	7
光滑	guānghuá	形	5		好心	hǎoxīn	名	7
光脚	guāng jiǎo		5		号称	hàochēng	动	3
光年	guāngnián	量	5		好奇心	hàoqíxīn	名	6
光速	guāngsù	名	5		浩瀚	hàohàn	形	3
归纳	guīnà	动	1		呵	hē	动	5
归途	guītú	名	8		何等	héděng	副	5
轨迹	guǐjì	名	4		何以	héyǐ	副	8
国宝	guóbǎo	名	2		和尚	héshang	名	1
国立	guólì	形	9		河流	héliú	名	5
果断	guǒduàn	形	7		赫然	hèrán	形	10
过客	guòkè	名	10		狠心	hěnxīn	动/形/名	10

H

					恒星	héngxīng	名	5
海拔	hǎibá	名	7		横亘	hénggèn	动	7
海内外	hǎi nèiwài		3		横贯	héngguàn	动	5
海棠花	hǎitánghuā	名	10		轰炸	hōngzhà	动	10
海峡	hǎixiá	名	4		宏伟	hóngwěi	形	3
寒战	hánzhàn	名	5		洪钟	hóngzhōng	名	5

后背	hòubèi	名	7		幻灭	huànmiè	动	10
后代	hòudài	名	3		荒原	huāngyuán	名	7
后世	hòushì	名	3		晃动	huàngdòng	动	7
后事	hòushì	名	7		回眸	huímóu	动	9
后退	hòutuì	动	7		回首	huíshǒu	动	10
厚度	hòudù	名	8		绘图	huìtú	动	6
呼哨	hūshào	名	10		混音	hùnyīn	动	6
呼吸道	hūxīdào	名	4		火苗	huǒmiáo	名	7
呼应	hūyìng	动	3		货物	huòwù	名	4
弧线	húxiàn	名	9		豁达	huòdá	形	8
弧形	húxíng	名	5		**J**			
胡须	húxū	名	7		几率	jīlǜ	名	8
葫芦	húlu	名	1		讥笑	jīxiào	动	3
湖面	húmiàn	名	5		击败	jībài	动	5
蝴蝶	húdié	名	5		叽叽呱呱	jījiguāguā	拟声	1
糊涂	hútu	形	1		饥饿	jī'è	形	7
花边	huābiān	名	9		饥荒	jīhuāng	名	8
花生米	huāshēngmǐ	名	10		机能	jīnéng	名	8
花纹	huāwén	名	2		基本点	jīběndiǎn		8
华美	huáměi	形	2		基因	jīyīn	名	3
华夏	Huáxià	名	3		基于	jīyú	介	4
画集	huàjí	名	1		畸形	jīxíng	形	8
画作	huàzuò	名	9		激发	jīfā	动	6
话语	huàyǔ	名	3		激光	jīguāng	名	5
怀旧	huáijiù	动	9		激励	jīlì	动	6
怀着	huáizhe		10		激起	jīqǐ	动	5
欢呼	huānhū	动	5		羁绊	jībàn	动	8
环顾	huángù	动	7		及其	jí qí		6

吉他	jítā	名	6		江山	jiāngshān	名	10
级别	jíbié	名	4		疆域	jiāngyù	名	2
极具	jí jù		6		讲和	jiǎng//hé	动	8
急剧	jíjù	形	5		交锋	jiāo//fēng	动	8
急性	jíxìng	形	8		交管	jiāoguǎn	名	4
疾苦	jíkǔ	名	8		交集	jiāojí	动	3
棘手	jíshǒu	形	4		焦	jiāo	形	7
集群	jíqún	名/动	4		狡猾	jiǎohuá	形	7
集邮	jí//yóu	动	6		脚丫	jiǎoyā	名	5
计	jì	动	3		教导	jiàodǎo	动	10
计量	jìliàng	动	5		酵母	jiàomǔ	名	5
计数	jìshǔ	动	4		接管	jiēguǎn	动	5
纪元	jìyuán	名	5		接纳	jiēnà	动	5
济世	jìshì	动	3		街头	jiētóu	名	10
继而	jì'ér	连	8		劫	jié	名	7
祭	jì	动	2		杰作	jiézuò	名	6
寂寞	jìmò	形	7		洁净	jiéjìng	形	4
假使	jiǎshǐ	连	6		结冰	jié//bīng	动	7
尖顶	jiāndǐng	名	10		竭力	jiélì	副	3
监护	jiānhù	动	8		介入	jièrù	动	8
简称	jiǎnchēng	名/动	2		借助	jièzhù	动	9
简捷	jiǎnjié	形	4		金属	jīnshǔ	名	5
间断	jiànduàn	动	8		尽早	jǐnzǎo	副	4
建交	jiàn//jiāo	动	2		紧接着	jǐn jiēzhe		7
建模	jiànmó	动	4		尽责	jìn//zé	动	8
健身房	jiànshēnfáng	名	10		进而	jìn'ér	连	6
健在	jiànzài	动	10		近地轨道	jìndì guǐdào		5
健壮	jiànzhuàng	形	9		近乎	jìnhū	动	3

近前	jìnqián	名	7
近支	jìnzhī	名	2
茎	jīng	名	1
经	jīng	动	2
惊呼	jīnghū		10
惊奇	jīngqí	形	1
惊醒	jīngxǐng	动	9
精光	jīngguāng	形	10
颈	jǐng	名	2
竟	jìng	副	9
敬畏	jìngwèi	动	3
静谧	jìngmì	形	9
静穆	jìngmù	形	9
境地	jìngdì	名	5
境内	jìngnèi	名	7
境遇	jìngyù	名	8
酒器	jiǔqì	名	2
救世	jiùshì	动	3
救治	jiùzhì	动	8
居民点	jūmíndiǎn	名	2
剧务	jùwù	名	6
剧院	jùyuàn	名	10
距	jù	动	5
聚集	jùjí	动	2
聚落	jùluò	名	2
决战	juézhàn	动	8
诀别	juébié	动	3
镢头	juétou	名	2

K

咖啡馆	kāfēiguǎn	名	10
开除	kāichú	动	1
开启	kāiqǐ	动	8
开演	kāiyǎn	动	10
看惯	kànguàn		1
看样子	kàn yàngzi		1
考古学家	kǎogǔxuéjiā	名	2
考量	kǎoliáng	动	8
可视化	kěshìhuà		4
可谓	kěwèi	动	8
可笑	kěxiào	形	3
可行	kěxíng	形	4
克隆	kèlóng	动	8
刻画	kèhuà	动	9
客运	kèyùn	名	4
坑	kēng	名/动	7
空降	kōngjiàng	动	5
恐龙	kǒnglóng	名	5
空白	kòngbái	名	7
口径	kǒujìng	名	2
口味	kǒuwèi	名	1
口沿	kǒuyán	名	2
苦瓜	kǔguā	名	1
苦恼	kǔnǎo	形	10
狂热	kuángrè	形	9
狂喜	kuángxǐ	形	5

L

拉锯	lā//jù	动	7
拉链	lāliàn	名	7
蜡烛	làzhú	名	7
辣椒	làjiāo	名	1
来回	láihuí	副	5
来历	láilì	名	2
来临	láilín	动	5
来袭	láixí	动	7
拦阻索	lánzǔsuǒ	名	8
狼	láng	名	7
朗诵	lǎngsòng	动	5
劳累	láolèi	形	7
劳作	láozuò	动	9
牢固	láogù	形	6
老老小小	lǎolǎoxiǎoxiǎo		10
老两口（儿）	lǎoliǎngkǒu(r)	名	10
烙印	làoyìn	名	10
冷藏	lěngcáng	动	5
厘清	líqīng	动	4
礼拜堂	lǐbàitáng	名	10
礼拜天	lǐbàitiān	名	10
历久不衰	lìjiǔ bù shuāi		3
历历	lìlì	形	10
例证	lìzhèng	名	3
炼	liàn	动	3
亮光	liàngguāng	名	2
烈火	lièhuǒ	名	5
邻座	línzuò	名	1
临床	línchuáng	动	8
临近	línjìn	动	5
临终	línzhōng	动	8
灵性	língxìng	名	8
凌驾	língjià	动	3
零	líng	数	8
领土	lǐngtǔ	名	2
另当别论	lìng dāng biélùn		1
溜冰	liū//bīng	动	9
流量	liúliàng	名	4
流失	liúshī	动	7
流俗	liúsú	名	1
流域	liúyù	名	2
聋	lóng	形	10
聋子	lóngzi	名	10
隆冬	lóngdōng	名	9
隆重	lóngzhòng	形	2
笼罩	lǒngzhào	动	9
镂空	lòukōng	动	2
鹿	lù	名	10
路标	lùbiāo	名	7
路段	lùduàn	名	4
路径	lùjìng	名	4
伦理	lúnlǐ	名	8
伦理学家	lúnlǐxuéjiā	名	8

旅程	lǚchéng	名	5		描绘	miáohuì	动	9
率	lǜ		4		渺小	miǎoxiǎo	形	7
罗宋汤	luósòngtāng	名	1		灭绝	mièjué	动	3
M					灭亡	mièwáng	动	3
蚂蚁	mǎyǐ	名	5		民生	mínshēng	名	3
埋藏	máicáng	动	3		民谣	mínyáo	名	3
埋葬	máizàng	动	9		敏锐	mǐnruì	形	6
迈	mài	动	7		名扬四海	míng yáng sìhǎi		10
满足感	mǎnzúgǎn	名	6					
忙乱	mángluàn	形	9		明暗交错	míng'àn jiāocuò		9
茫然	mángrán	形	10					
蟒	mǎng	名	7		铭文	míngwén	名	2
牦牛	máoniú	名	7		命名	mìng//míng	动	2
贸然	màorán	副	7		摸黑（儿）	mō//hēi(r)	动	10
没准（儿）	méi//zhǔn(r)	动	7		摩挲	mósuō	动	2
美工	měigōng	名	6		摩天	mótiān	动	5
美景	měijǐng	名	7		磨灭	mómiè	动	10
美学	měixué	名	1		蓦地	mòdì	副	10
魅力	mèilì	名	6		谋求	móuqiú	动	3
门类	ménlèi	名	6		墓地	mùdì	名	10
懵懂	měngdǒng	形	4		**N**			
懵然	měngrán		10		纳闷（儿）	nàmèn(r)	动	2
弥补	míbǔ	动	3		纳米	nàmǐ	量	5
迷离	mílí	形	10		难保	nánbǎo	动	8
觅食	mì shí		10		难上加难	nán shàng jiā nán		3
密封	mìfēng	动	5		脑海	nǎohǎi	名	7
面容	miànróng	名	10		内壁	nèibì	名	2
面影	miànyǐng	名	10		嫩	nèn	形	1

能见度	néngjiàndù	名	7		譬如	pìrú	动	6
泥土	nítǔ	名	2		偏离	piānlí	动	7
逆反	nìfǎn	动	3		偏食	piānshí	动	1
年年月月	niánniányuèyuè		3		飘	piāo	动	5
碾压	niǎnyā	动	7		瞥	piē	动	9
尿	niào	名	7		拼命	pīn//mìng	副/动	7
狞厉	nínglì	形	2		频率	pínlǜ	名	8
柠檬	níngméng	名	9		频频	pínpín	副	10
凝结	níngjié	动	5		平实	píngshí	形	3
凝望	níngwàng	动	9		平行	píngxíng	形/动	4
农家院	nóngjiāyuàn	名	2		评论家	pínglùnjiā	名	1
农贸市场	nóngmào shìchǎng		1		凭借	píngjiè	动	1
怒放	nùfàng	动	10		凭着	píngzhe		3
女工	nǚgōng	名	9		迫使	pòshǐ	动	7
女郎	nǚláng	名	10		破费	pòfèi	动	5
诺言	nuòyán	名	8		破裂	pòliè	动	3
					剖开	pōukāi		1
P					朴实	pǔshí	形	9
排斥	páichì	动	1		朴素	pǔsù	形	9
派生	pàishēng	动	3		**Q**			
攀	pān	动	5		凄凉	qīliáng	形	10
攀爬	pānpá	动	5		凄清	qīqīng	形	10
刨	páo	动	2		凄艳	qīyàn	形	3
泡饭	pàofàn	名	1		期许	qīxǔ	动	8
胚胎	pēitāi	名	5		齐备	qíbèi	形	10
烹制	pēngzhì	动	10		齐声	qíshēng	副	5
批判	pīpàn	动	3		奇观	qíguān	名	5
疲劳	píláo	形	6		奇丽	qílì	形	3

祈愿	qíyuàn	动	3
棋谱	qípǔ	名	4
乞求	qǐqiú	动	10
起航	qǐháng	动	5
气味	qìwèi	名	1
汽化	qìhuà	动	5
契合	qìhé	动	3
器物	qìwù	名	2
迁移	qiānyí	动	5
牵挂	qiānguà	动	9
前辈	qiánbèi	名	5
前行	qiánxíng		7
歉意	qiànyì	名	5
抢修	qiǎngxiū	动	4
芹菜	qíncài	名	1
擒	qín	动	10
青铜	qīngtóng	名	2
倾听	qīngtīng	动	6
清澈	qīngchè	形	5
清除	qīngchú	动	2
清纯	qīngchún	形	9
清脆	qīngcuì	形	7
清贫	qīngpín	形	9
清晰	qīngxī	形	4
情操	qíngcāo	名	6
情调	qíngdiào	名	9
情书	qíngshū	名	9
丘陵	qiūlíng	名	7

求生	qiúshēng	动	7
驱动	qūdòng	动	4
驱散	qūsàn	动	7
躯体	qūtǐ	名	8
取代	qǔdài	动	4
取胜	qǔshèng	动	5
圈椅	quānyǐ	名	10
圈子	quānzi	名	9
全盘	quánpán	形	3
全然	quánrán	副	3
缺憾	quēhàn	名	2

R

瓤	ráng	名	1
嚷	rǎng	动	1
人本	rénběn	名	3
人格	réngé	名	3
人工智能	réngōng-zhìnéng		8
人海	rénhǎi	名	5
人类学	rénlèixué	名	3
人流	rénliú	名	4
人世	rénshì	名	10
人行道	rénxíngdào	名	10
人造	rénzào	形	5
日暮	rìmù		10
日趋	rìqū	副	7
荣光	róngguāng	形	2
容错	róngcuò	动	4
容量	róngliàng	名	4

容忍	róngrěn	动	8	奢侈	shēchǐ	形	3
熔铸	róngzhù	动	3	设	shè	动	3
融化	rónghuà	动	5	设定	shèdìng	动	6
柔和	róuhé	形	9	社交	shèjiāo	名	4
柔情	róuqíng	名	3	社团	shètuán	名	6
柔性	róuxìng	形	8	摄氏度	shèshìdù	量	5
柔雅	róuyǎ	形	3	伸手	shēn//shǒu	动	3
如旧	rújiù		10	身心	shēnxīn	名	8
如前所述	rúqián suǒshù		8	身着	shēnzhuó	动	9
入迷	rù//mí	动	6	深浅不一	shēnqiǎn bùyī		9
S				深情	shēnqíng	形/名	7
散架	sǎn//jià	动	3	深秋	shēnqiū	名	10
散失	sànshī	动	7	深邃	shēnsuì	形	3
骚动	sāodòng	动	7	深夜	shēnyè	名	7
骚扰	sāorǎo	动	3	神经病	shénjīngbìng	名	7
扫墓	sǎo//mù	动	10	神秘莫测	shénmì mòcè		8
杀虫剂	shāchóngjì	名	7	神通	shéntōng	名	8
沙尘暴	shāchénbào	名	7	神性	shénxìng	名	9
沙龙	shālóng	名	6	审美	shěnměi	动	3
山脉	shānmài	名	5	审判席	shěnpànxí		8
山体	shāntǐ	名	5	渗入	shènrù	动	3
山崖	shānyá	名	7	升华	shēnghuá	动	5
闪烁	shǎnshuò	动	5	生产力	shēngchǎnlì	名	4
赏赐	shǎngcì	动/名	2	生理学	shēnglǐxué	名	8
上天	shàngtiān	名	2	生命力	shēngmìnglì	名	3
上线	shàng//xiàn	动	4	生死	shēngsǐ	名/形	8
少女	shàonǚ	名	1	生物	shēngwù	名	8
少爷	shàoye	名	10	生硬	shēngyìng	形	8

生育	shēngyù	动	5
圣洁	shèngjié	形	8
盛典	shèngdiǎn	名	3
剩余	shèngyú	动	5
失传	shīchuán	动	5
失效	shī//xiào	动	7
师母	shīmǔ	名	10
诗化	shīhuà		3
诗意	shīyì	名	3
施工	shī//gōng	动	4
十里长街	shí lǐ cháng jiē		10
石料	shíliào	名	3
时分	shífēn	名	10
实时	shíshí	副	4
实物	shíwù	名	7
实证	shízhèng	名	2
食宿	shísù	名	7
世道	shìdào	名	3
市政厅	shìzhèngtīng	名	10
视网膜	shìwǎngmó	名	5
逝世	shìshì	动	10
收购站	shōugòuzhàn	名	2
手杖	shǒuzhàng	名	7
守卫	shǒuwèi	动	2
受苦	shòu//kǔ	动	1
受命	shòumìng	动	2
受难	shòu//nàn	动	10
疏导	shūdǎo	动	4
树木	shùmù	名	5
数以千计	shù yǐ qiān jì		2
衰老	shuāilǎo	形	3
甩	shuǎi	动	7
双重	shuāngchóng	形	8
水管	shuǐguǎn	名	4
水准	shuǐzhǔn	名	8
睡袋	shuìdài	名	7
睡意	shuìyì	名	7
顺从	shùncóng	动	8
顺其自然	shùnqízìrán		7
顺手	shùnshǒu	形/副	7
丝	sī	名	1
丝毫	sīháo	形	5
思念	sīniàn	动	3
思绪	sīxù	名	10
撕	sī	动	7
死神	sǐshén	名	8
四方	sìfāng	名	2
四脚朝天	sì jiǎo cháo tiān		5
四下	sìxià	名	5
艘	sōu	量	5
诉求	sùqiú	名	8
塑像	sùxiàng	名	10
随身	suíshēn	形	7
随行	suíxíng	动	5
隧道	suìdào	名	5

所剩无几	suǒ shèng wújǐ		7		条纹	tiáowén	名	9
所幸	suǒxìng		7		调和	tiáohé	动/形	8
锁定	suǒdìng	动	6		跳动	tiàodòng	动	7

T

					听	tīng	名	5
踏上	tàshàng		10		停摆	tíng//bǎi	动	6
苔藓	táixiǎn	名	5		同伴	tóngbàn	名	1
太平	tàipíng	形	3		同乡	tóngxiāng	名	1
坍塌	tāntā	动	2		同志	tóngzhì	名	1
谈论	tánlùn	动	4		铜器	tóngqì	名	2
弹射器	tánshèqì	名	8		铜像	tóngxiàng	名	10
坦然	tǎnrán	形	7		统治	tǒngzhì	动	2
探测	tàncè	动	5		统治区	tǒngzhìqū	名	2
探险	tàn//xiǎn	动	5		统治者	tǒngzhìzhě	名	2
汤圆	tāngyuán	名	1		痛哭	tòngkū	动	10
陶冶	táoyě	动	6		头顶	tóudǐng	名	9
特技	tèjì	名	6		头巾	tóujīn	名	9
特种	tèzhǒng	形	5		头条	tóutiáo	名	4
提供商	tígōngshāng	名	4		头绪	tóuxù	名	4
啼鸣	tímíng	动	5		投保	tóu//bǎo	动	2
体格	tǐgé	名	9		徒步	túbù	副/动	7
天年	tiānnián	名	8		土木	tǔmù	名	6
天人合一	tiānrén-héyī		3		土崖	tǔyá	名	2
天子	tiānzǐ	名	2		推荐	tuījiàn	动	4
田地	tiándì	名	4		推敲	tuīqiāo	动	7
甜美	tiánměi	形	6		颓然	tuírán	形	10
甜蜜	tiánmì	形	10		退步	tuì//bù	动	6
填充	tiánchōng	动	10		脱口	tuōkǒu	动	10
填塞	tiánsè	动	3		妥当	tuǒdàng	形	7

妥善	tuǒshàn	形	4		文物局	wénwùjú	名	2
W					纹饰	wénshì	名	2
挖掘	wājué	动	4		稳重	wěnzhòng	形	7
外表	wàibiǎo	名	9		问卷	wènjuàn	名	4
剜	wān	动	5		无比	wúbǐ	动	8
蜿蜒	wānyán	形	4		无不	wúbù	副	9
晚年	wǎnnián	名	1		无常	wúcháng	动	8
晚霞	wǎnxiá	名	3		无法言喻	wúfǎ yányù		9
万端	wànduān	形	10		无怪	wúguài	副	10
万万	wànwàn	副	10		无人区	wúrénqū		7
万物	wànwù	名	5		无声	wúshēng	动	10
王朝	wángcháo	名	2		无私	wúsī	形	7
忘怀	wànghuái	动	9		无为	wúwéi	动	8
危急	wēijí	形	7		无瑕	wúxiá	动	9
危重	wēizhòng	形	8		无意	wúyì	副/动	9
威严	wēiyán	形/名	10		五味	wǔwèi	名	1
微	wēi	副	2		雾	wù	名	4
微弱	wēiruò	形	8		**X**			
微生物	wēishēngwù	名	5		悉心	xīxīn	副	8
微缩	wēisuō	动	5		稀缺	xīquē	形	8
巍峨	wēi'é	形	5		稀稀拉拉	xīxilālā	形	7
慰藉	wèijiè	动	8		窸窸窣窣	xīxīsūsū		10
温度计	wēndùjì	名	7		洗刷	xǐshuā	动	10
温情	wēnqíng	名	9		喜好	xǐhào	动/名	6
瘟疫	wēnyì	名	8		戏剧性	xìjùxìng	名	9
文本	wénběn	名	4		细腻	xìnì	形	9
文化部	Wénhuà Bù		2		细微	xìwēi	形	9
文人	wénrén	名	3		细小	xìxiǎo	形	5

细心	xìxīn	形	3	消逝	xiāoshì	动	5
瞎	xiā	动/副	1	小溪	xiǎoxī	名	5
遐想	xiáxiǎng	动	9	肖像画	xiàoxiànghuà	名	9
下场	xiàchǎng	名	5	携带	xiédài	动	7
下棋	xià//qí	动	4	鞋铺	xiépù		1
下乡	xià//xiāng	动	10	写照	xiězhào	名/动	9
下游	xiàyóu	名	2	心潮	xīncháo	名	10
夏日	xiàrì	名	7	心路	xīnlù	名	7
先行者	xiānxíngzhě	名	5	心声	xīnshēng	名	7
先人	xiānrén	名	2	心头	xīntóu	名	10
鲜红	xiānhóng	形	1	心血	xīnxuè	名	10
鲜嫩	xiānnèn	形	1	芯片	xīnpiàn	名	5
咸菜	xiáncài	名	1	欣慰	xīnwèi	形	10
现代主义	xiàndài zhǔyì		1	欣喜	xīnxǐ	形	6
现实主义	xiànshí zhǔyì		1	新生	xīnshēng	名/形	5
限定	xiàndìng	动	3	信奉	xìnfèng	动	8
相比之下	xiāngbǐ zhī xià		2	行进	xíngjìn	动	7
相当于	xiāngdāngyú	动	5	行军	xíng//jūn	动	7
相对	xiāngduì	形	2	行囊	xíngnáng	名	7
相继	xiāngjì	副	4	行星	xíngxīng	名	5
相连	xiānglián	动	6	行走	xíngzǒu	动	7
相通	xiāngtōng	动	9	醒来	xǐnglái		7
享有	xiǎngyǒu	动	3	醒悟	xǐngwù	动	3
想象力	xiǎngxiànglì	名	6	幸而	xìng'ér	副	10
消	xiāo	动	9	性命	xìngmìng	名	7
消毒剂	xiāodújì	名	5	凶猛	xiōngměng	形	2
消解	xiāojiě	动	6	雄辩	xióngbiàn	形/名	3
消磨	xiāomó	动	6	修订	xiūdìng	动	7

词语	拼音	词性	课
修竹	xiūzhú	名	3
锈	xiù	名/动	2
锈迹	xiùjì	名	2
嗅	xiù	动	7
虚伪	xūwěi	形	10
需	xū	动	3
许久	xǔjiǔ	形	5
许诺	xǔnuò	动	3
序号	xùhào	名	6
悬挂	xuánguà	动	9
选址	xuǎnzhǐ	动/名	4
渲染	xuànrǎn	动	9
熏	xūn	动	9
训斥	xùnchì	动	5
驯养	xùnyǎng	动	6

Y

词语	拼音	词性	课
压缩	yāsuō	动	7
殷红	yānhóng	形	9
烟火	yānhuǒ	名	7
烟雾	yānwù	名	4
延缓	yánhuǎn	动	8
岩浆	yánjiāng	名	5
炎热	yánrè	形	7
沿用	yányòng	动	2
研究员	yánjiūyuán	名	6
眼巴巴	yǎnbābā	形	5
眼皮	yǎnpí	名	5
演化	yǎnhuà	动	4
洋溢	yángyì	动	3
仰望	yǎngwàng	动	3
养活	yǎnghuo	动	9
养老院	yǎnglǎoyuàn	名	10
摇摆	yáobǎi	动	10
摇摇晃晃	yáoyáo-huànghuàng		5
要紧	yàojǐn	形	1
钥匙	yàoshi	名	10
野兽	yěshòu	名	7
一一	yīyī	副	10
衣领	yīlǐng	名	9
医护人员	yīhù rényuán		8
依依难舍	yīyī nánshě		10
一面	yímiàn	副	8
一霎时	yíshàshí	名	10
一阵	yízhèn	数量	7
移情	yíqíng	动	3
移植	yízhí	动	8
以此类推	yǐ cǐ lèituī		3
艺术家	yìshùjiā	名	9
异邦	yìbāng	名	10
异域	yìyù	名	10
易姓	yìxìng		2
疫情	yìqíng	名	4
意境	yìjìng	名	3
意蕴	yìyùn	名	1
熠熠生辉	yìyì shēnghuī		9

因子	yīnzǐ	名	8	忧郁	yōuyù	形	5
阴沉	yīnchén	形	10	悠久	yōujiǔ	形	2
阴凉	yīnliáng	名/形	7	由来	yóulái	名	4
音频	yīnpín	名	4	油性	yóuxìng	名	5
引爆	yǐnbào	动	8	游荡	yóudàng	动	7
引发	yǐnfā	动	8	游侣	yóulǚ	名	10
引申	yǐnshēn	动	2	有幸	yǒuxìng	形	9
隐瞒	yǐnmán	动	7	有一手	yǒu yìshǒu		6
隐逸	yǐnyì	动	3	囿于	yòuyú	动	4
荧荧	yíngyíng	形	7	诱掖	yòuyè	动	10
营地	yíngdì	名	7	余	yú	数	4
营建	yíngjiàn	动	2	愉悦	yúyuè	形	6
影评	yǐngpíng	名	6	与其	yǔqí	连	9
影像	yǐngxiàng	名	10	羽毛	yǔmáo	名	5
硬币	yìngbì	名	5	郁闷	yùmèn	形	10
拥堵	yōngdǔ	动	4	预警	yùjǐng	动	4
拥挤	yōngjǐ	形/动	4	欲念	yùniàn	名	8
永不	yǒng bù		8	原型	yuánxíng	名	3
永久	yǒngjiǔ	形	3	圆形	yuánxíng	名	2
永生	yǒngshēng	名/动	8	远古	yuǎngǔ	名	3
勇于	yǒngyú	动	7	远行	yuǎnxíng	动	3
涌	yǒng	动	4	怨言	yuànyán	名	9
涌现	yǒngxiàn	动	10	曰	yuē	动	3
用力	yòng//lì	动	7	月宫	yuègōng	名	3
用心良苦	yòngxīn liángkǔ		1	岳母	yuèmǔ	名	9
优	yōu	形	4	陨石	yǔnshí	名	5
优化	yōuhuà	动	4	运营	yùnyíng	动	4
优雅	yōuyǎ	形	9	运载	yùnzài	动	5

Z

杂念	zániàn	名		9
栽	zāi	动		10
在座	zàizuò	动		10
赞美	zànměi	动		9
赞叹	zàntàn	动		5
早夭	zǎoyāo			8
造反	zào//fǎn	动		3
榨菜	zhàcài	名		7
沾	zhān	动		10
盏	zhǎn	量		9
展出	zhǎnchū	动		2
展品	zhǎnpǐn	名		2
战斗机	zhàndòujī	名		8
战犯	zhànfàn	名		5
战线	zhànxiàn	名		5
战役	zhànyì	名		5
张力	zhānglì	名		5
张望	zhāngwàng	动		5
张扬	zhāngyáng	动		10
帐篷	zhàngpeng	名		7
招架	zhāojià	动		1
召集	zhàojí	动		2
照射	zhàoshè	动		9
遮挡	zhēdǎng	动		7
遮盖	zhēgài	动		10
诊疗	zhěnliáo	动		8
枕	zhěn	动		7

振奋	zhènfèn	形/动		2
争斗	zhēngdòu	动		9
征兆	zhēngzhào	名		5
挣扎	zhēngzhá	动		9
蒸发	zhēngfā	动		7
整洁	zhěngjié	形		10
支点	zhīdiǎn	名		8
支架	zhījià	名		5
知识分子	zhīshi fènzǐ			1
执政	zhí//zhèng	动		5
执着	zhízhuó	形		7
直径	zhíjìng	名		5
植物人	zhíwùrén	名		8
止痛药	zhǐtòngyào			8
指北针	zhǐběizhēn	名		7
指示牌	zhǐshìpái	名		4
指纹	zhǐwén	名		5
志趣	zhìqù	名		6
志趣相投	zhìqù xiāngtóu			6
志向	zhìxiàng	名		6
制止	zhìzhǐ	动		8
质朴	zhìpǔ	形		9
质疑	zhìyí	动		8
致命	zhìmìng	动		7
致死	zhìsǐ	动		4
滞留	zhìliú	动		4
中点	zhōngdiǎn	名		2
中游	zhōngyóu	名		2

中原	zhōngyuán	名	2		滋味	zīwèi	名	6
忠诚	zhōngchéng	形	8		滋长	zīzhǎng	动	8
终结	zhōngjié	动	8		子民	zǐmín	名	3
终生	zhōngshēng	名	9		子孙	zǐsūn	名	3
众人	zhòngrén	名	5		籽（儿）	zǐ(r)	名	1
重压	zhòngyā		10		自称	zìchēng	动/名	2
重症	zhòngzhèng		8		宗室	zōngshì	名	2
重中之重	zhòngzhōng zhīzhòng		4		宗族	zōngzú	名	2
周边	zhōubiān	名	9		综上所述	zōngshàng-suǒshù		4
昼思梦想	zhòusī mèngxiǎng		10		踪迹	zōngjì	名	1
诸侯	zhūhóu	名	2		踪影	zōngyǐng	名	7
逐句	zhú jù		1		总归	zǒngguī	副	8
助长	zhùzhǎng	动	8		总值	zǒngzhí	名	4
住处	zhùchù	名	10		足迹	zújì	名	10
注意力	zhùyìlì	名	6		诅咒	zǔzhòu	动	3
驻足	zhùzú	动	9		组建	zǔjiàn	动	3
铸就	zhùjiù	动	3		钻研	zuānyán	动	6
专人	zhuānrén	名	2		钻头	zuàntóu	名	5
转型	zhuǎnxíng	动	4		攥	zuàn	动	7
转圈	zhuàn//quān	动	7		嘴唇	zuǐchún	名	9
庄严	zhuāngyán	形	5		尊严	zūnyán	名	8
壮阔	zhuàngkuò	形	3		尊者	zūnzhě	名	1
壮丽	zhuànglì	形	5		琢磨	zuómo	动	7
追赶	zhuīgǎn	动	3		作曲	zuòqǔ	动	6
追悔	zhuīhuǐ	动	10					
着陆	zhuó//lù	动	5					
兹	zī	代	2					

附录（二）成语索引

B

半途而废	bàntú'érfèi	7
必由之路	bìyóuzhīlù	10
不厌其烦	búyàn-qífán	9
补偏救弊	bǔpiān-jiùbì	9
不得要领	bùdé-yàolǐng	10

C

长年累月	chángnián-lěiyuè	3
长生不死	chángshēng-bùsǐ	8
车水马龙	chēshuǐ-mǎlóng	4
痴心妄想	chīxīn-wàngxiǎng	10
持之以恒	chízhī-yǐhéng	6

D

大步流星	dàbù-liúxīng	10
大惊失色	dàjīng-shīsè	5
大惊小怪	dàjīng-xiǎoguài	5
荡然无存	dàngrán-wúcún	5
道高一尺，魔高一丈	dàogāoyìchǐ, mógāoyízhàng	8
得寸进尺	décùn-jìnchǐ	8
得过且过	déguò-qiěguò	6
顶天立地	dǐngtiān-lìdì	5
独往独来	dúwǎng-dúlái	1

F

废寝忘食	fèiqǐn-wàngshí	6
风华正茂	fēnghuá-zhèngmào	7
富丽堂皇	fùlì-tánghuáng	10

G

改朝换代	gǎicháo-huàndài	3
高不可攀	gāobùkěpān	5
各取所需	gèqǔ-suǒxū	1
更上一层楼	gèngshàngyìcénglóu	6
苟延残喘	gǒuyán-cánchuǎn	8
孤苦伶仃	gūkǔ-língdīng	10

J

见仁见智	jiànrén-jiànzhì	1
劫后余生	jiéhòu-yúshēng	7
捷报频传	jiébào-pínchuán	8
津津有味	jīnjīn-yǒuwèi	1
尽心尽力	jìnxīn-jìnlì	6

K

| 可歌可泣 | kěgē-kěqì | 3 |
| 可想而知 | kěxiǎng'érzhī | 9 |

L

| 老态龙钟 | lǎotài-lóngzhōng | 10 |
| 鳞次栉比 | líncì-zhìbǐ | 4 |

流连忘返	liúlián-wàngfǎn	10	势在必行	shìzàibìxíng	4
M			寿终正寝	shòuzhōng-zhèngqǐn	8
名存实亡	míngcún-shíwáng	2	死里逃生	sǐlǐ-táoshēng	8
莫名其妙	mòmíngqímiào	10	素昧平生	sùmèi-píngshēng	10
目瞪口呆	mùdèng-kǒudāi	5	随遇而安	suíyù'ér'ān	9
N			所见所闻	suǒjiàn-suǒwén	3
难舍难分	nánshě-nánfēn	10	**T**		
怒气冲冲	nùqì-chōngchōng	5	讨价还价	tǎojià-huánjià	8
P			天旋地转	tiānxuán-dìzhuàn	5
判若两人	pànruòliǎngrén	10	挺身而出	tǐngshēn'érchū	1
破釜沉舟	pòfǔ-chénzhōu	7	**W**		
Q			望眼欲穿	wàngyǎnyùchuān	10
七老八十	qīlǎobāshí	10	无可置疑	wúkě-zhìyí	2
起死回生	qǐsǐ-huíshēng	8	无足轻重	wúzú-qīngzhòng	2
轻而易举	qīng'éryìjǔ	5	五光十色	wǔguāng-shísè	10
取之不尽	qǔzhī-bújìn	5	**X**		
去伪存真	qùwěi-cúnzhēn	4	习以为常	xíyǐwéicháng	4
R			相提并论	xiāngtí-bìnglùn	9
热泪盈眶	rèlèi-yíngkuàng	7	相依为命	xiāngyī-wéimìng	10
热血沸腾	rèxuè-fèiténg	6	相映成趣	xiāngyìng-chéngqù	10
人非木石	rénfēimùshí	10	小心翼翼	xiǎoxīn-yìyì	5
人去楼空	rénqù-lóukōng	10	心旷神怡	xīnkuàng-shényí	9
日积月累	rìjī-yuèlěi	9	心满意足	xīnmǎn-yìzú	9
日日夜夜	rìrìyèyè	3	心如止水	xīnrúzhǐshuǐ	9
S			新陈代谢	xīnchén-dàixiè	8
身价倍增	shēnjià-bèizēng	2	行之有效	xíngzhī-yǒuxiào	7
生死存亡	shēngsǐ-cúnwáng	10	虚无缥缈	xūwú-piāomiǎo	3
时移世变	shíyí-shìbiàn	10	轩然大波	xuānrán-dàbō	5

悬崖绝壁	xuányá-juébì	5		郁郁葱葱	yùyùcōngcōng	4
Y				远走高飞	yuǎnzǒu-gāofēi	10
哑然失笑	yǎrán-shīxiào	3		**Z**		
遥相呼应	yáoxiānghūyìng	9		争先恐后	zhēngxiān-kǒnghòu	10
一脉相传	yímài-xiāngchuán	5		众目睽睽	zhòngmù-kuíkuí	3
应有尽有	yīngyǒu-jìnyǒu	10		蛛丝马迹	zhūsī-mǎjì	7
悠然自得	yōurán-zìdé	10		著作等身	zhùzuò-děngshēn	10
有生之年	yǒushēngzhīnián	3		追根溯源	zhuīgēn-sùyuán	2

《高级中文综合教程》(全三册)

编者分工一览表

编者	第1册	第2册	第3册
李文	第一课　第三课 第八课　第十课	第一课　第八课 第九课　第十课	第一课　第五课 第九课　第十课
杨洁	第二课	第六课	第六课
宋红芳	第六课	第三课	第三课
张亚茹	第五课	第二课	第八课
张咏梅	第七课	第五课	第四课
柯润兰	第四课	第七课	第七课
洪桐怀	第九课	第四课	第二课